臺灣歷史與文化 研究輯刊

五 編

第 3 冊

臺灣省議會黨外精英與民主政治發展
——李萬居問政

徐暄景 著

花木蘭文化出版社

國家圖書館出版品預行編目資料

臺灣省議會黨外精英與民主政治發展——李萬居問政／徐暄
景　著－初版－新北市：花木蘭文化出版社，2014〔民
103〕
序 4+ 目 2+306 面；19×26 公分
（臺灣歷史與文化研究輯刊 五編；第 3 冊）
ISBN：978-986-322-635-2（精裝）
1. 李萬居　2. 臺灣政治　3. 民主政治　4. 政治發展
733.08　　　　　　　　　　　　　　　　　　103001759

ISBN-978-986-322-635-2

9 789863 226352

臺灣歷史與文化研究輯刊
五 編 第 三 冊　　　　　　　　ISBN：978-986-322-635-2

臺灣省議會黨外精英與民主政治發展
——李萬居問政

作　者　徐暄景
總 編 輯　杜潔祥
副總編輯　楊嘉樂
編　輯　許郁翎
出　版　花木蘭文化出版社
社　長　高小娟
聯絡地址　235 新北市中和區中安街七二號十三樓
　　　　　電話：02-2923-1455／傳真：02-2923-1452
網　址　http://www.huamulan.tw 信箱 hml 810518@gmail.com
印　刷　普羅文化出版廣告事業
初　版　2014 年 3 月
定　價　五編 24 冊（精裝）新台幣 48,000 元　　　版權所有·請勿翻印

臺灣省議會黨外精英與民主政治發展
——李萬居問政

徐暄景　著

作者簡介

徐暄景，出生於臺灣省苗栗市，祖籍廣東梅縣。中央大學文學士，中山大學社會科學碩士，中正大學政治學博士。現任職育達科技大學通識教育中心。研究興趣為社會科學方法、政治理論、制度選擇、政治經濟。業餘興趣包括語言文化、書畫、集郵、偵探小說。

提　　要

　　本書的研究背景為臺灣五、六零年代「硬性威權時期」有限民主體制的政治氛圍。觀察對象為當時期代表省級最高民意機關之省議會「黨外精英」—李萬居。透過李萬居作為體制內黨外精英的縮影，陳述其政治智識與仕途風雲、分析其在省議會問政的質詢文本。利用三項政治學論理完成研究主題的學理意義：一、以葛蘭西的「文化領導權」理論解釋統治階級的權力操作，以及知識份子串連政治社會與市民社會的功能；二、以哈伯瑪斯的「溝通行動」理論說明主體相互主觀認證的溝通過程，以及主體藉由理性溝通達成的政治實踐；三、以漢娜鄂蘭的「言說行動」理論界定主體為爭勝與競技的表演者，在公共領域表現勇氣，披露與揭示自身以達成政治性的公共訴求。理論提供通盤骨架的同時，本書藉由論述分析的方法論意涵，解釋黨國威權統治的意識形態、權力結構、黨外知識份子與當權的主體論述過程與結果，最終體現主體問政所創發的民主政治資產暨其溢出效果：一、組織新政黨孕懷邇後臺灣政黨政治與多黨政治的興起；二、問政方式預示「市民社會」的發展；三、懷抱民族主義所興起之救國圖存的理想，創造出批判性的公共範疇。

序　言

立論緣起

　　本研究是博士論文的重編。博士論文的構想最初受惠於二〇〇八年十月兩位學識深厚的教授，他們是在中正大學政治學研究所任教的謝敏捷教授，以及該學期受聘爲講座的李南雄教授。基於他們對臺灣民主政治發展的關懷，同時考量我在博士修業期間主修學門的訓練，最後擇定這個研究主題。關於臺灣民主政治發展的論著不在少數，特別是第三波民主化之後，臺灣一度成爲威權體制轉型民主政體的研究焦點。本論文同樣關注這項發展，並且認知民主歷程並非截然斷裂，既有後期的民主化，就當有前期的民主醞釀期。我們將時序往前推，找到戰後臺灣硬性威權時期的民主契機，發現省議會這個因權宜需要而設計的機制，是體現「有限民主」的重要場域。值得注意的是，當時在體制內存在所謂「黨外精英」的省議員，他們不屬於國民黨籍，但透過基層縣市議員間接選舉後，成爲具有民意基礎而進入體制內的政治反對勢力。這股反對力量格外特殊，規模不大，且身處體制內，他們在五、六零年代戒嚴威權最綿密的時期，創發出臺灣早發的民主政治。

　　能夠在寬泛的民主政治與民主化架構上，找到聚焦的主題，主要得力於李南雄教授。他是臺灣民主鬥士李萬居省議員的次子。基於這個條件，兩位指導教授同我達成默契，我們決定以李萬居先生爲研究個案，從省議會黨外精英的角度，探討臺灣五、六零年代民主政治的發展。經過搜尋探訪，發現黨外精英（以「五龍一鳳」爲代表）的個案研究，大都從歷史研究途徑鋪陳；本研究則嘗試將所希望探究的個案，標誌爲與政治學方法論相結合的學術視

野，不僅僅限於史籍的編整。經過思量之後，決定從理論著手！接下來的任務，就在於找到適切的解釋理論。

李南雄教授對此提供靈感，他經年在香港中文大學任教，就近往來中國觀察中共政權，發現中共的政治秩序與「文化領導權」脫離不了關係。臺灣在民主化之前的政權，同樣在處理不穩定的政治秩序，這個觀察點讓我們萌發以文化領導權為概念架構，試圖解釋臺灣戰後政治生態的念頭。並且因為國民黨戰後的黨國威權性質，已具有學術社群認同之類似列寧式黨國政體，或非共產主義列寧式政黨的說法；為此，西方馬克思主義革命家——葛蘭西的文化領導權理論，便初步成為本研究援引的解釋理論。

同年十二月底，博士論文大綱提要即以葛蘭西文化領導權為分析架構。然而，持續經營論文期間，隨著文獻史籍的增加，李萬居作為研究個案的鮮活形象愈顯。此時，本研究發現葛蘭西文化領導權的理論，雖然同時能處理到宏觀層面之「黨國宰制機制」，以及微觀層面之「知識份子的角色」；然而，關於李萬居的質詢問政，及其政治行動所衍生出來的政治效應，光憑藉文化領導權的概念，似乎已無法完整撐托出個案對民主政治發展的詮釋基礎。後來，回憶起李南雄教授在博論提綱考試當時，曾提及哈伯瑪斯與漢娜·鄂蘭的公共領域觀，認為通理性與言說行動的理論，當可參酌應用以解釋李萬居的質詢問政。經過一番研讀與思辨，意識到從公共領域理論詮釋李萬居所激揚出來的黨外衝撞張力，對本研究立論初衷所關注之個案的政治本質，逐漸提供更為清晰的輪廓。到了二〇〇九年十二月，本研究便展開兼採三項政治理論為分析架構的整合運作。

巧妙的是，當理論提供通盤骨架的同時，本研究認為理論縱然替詮釋的個案增色許多，然若缺乏有效的鋪陳方法，理論意涵的應用則無法充份顯現。反芻理論意涵之際，發現葛蘭西、哈伯瑪斯、漢娜·鄂蘭的理論，都深具「論述」的精神。他們對所建構的概念架構，透過不斷思辨與自我論辯的方式，強化概念意涵，串連概念與概念，進而發展出更高層級且獨創性的論述。基於這項理解，本研究找到論述分析的方法論意涵，擷取論述方法的精髓——話語、語言、言說、權力、情境與衝突，嘗試建構研究自身的論述。析言之，如何從政治學理論的基礎上，解釋李萬居的黨外精英角色，對硬性威權帶來的民主貢獻與政治定位，本研究認為透過論述法，能夠突顯李萬居質詢問政的語言效益，引領讀者從理解其言說行動，進而理解複雜的政治實像；與此

同時，論述法成爲本研究鋪陳的手段與結果。最後，將論述研究方法整合到理論架構當中，解釋國民黨威權統治的意識形態、權力結構，以及黨外知識份子之間的主體論述過程與結果；終究形成本研究所想要體現的信念、所希望提供的智識，以及研究者與被研究個案所共同完成的政治實踐。

立論摘述

　　本研究的背景是臺灣五、六零年代「硬性威權時期」的民主政治氛圍。觀察對象是當時期代表省級最高民意機關的省議會「黨外精英」——李萬居。「黨外」意指非國民黨籍的反對勢力，最巔峰時期爲「五龍一鳳」的興起。本研究選擇「五龍一鳳」的成員——李萬居爲研究個案，以他作爲同時代黨外精英的縮影，乃是基於幾項理由：

　　一、李萬居是省議會黨外精英與國民黨當權，發展合作關係最早的一位。他在國民政府接管臺省前，即參與高層發監的情報工作；擔任「臺灣調查委員會」委員，以及負責前進指揮所新聞部任務；被延攬爲臺灣光復後首份全國性報紙——《台灣新生報》的社長。李萬居所任要職反映他早期被歸屬爲國民黨親信。

　　二、李萬居參加首屆臺灣省參議員選舉，以最高票當選，並於同屆被選爲副議長，同年另當選爲國民大會代表，赴南京參加國大會議；邇後他歷次參選省議員，屢屢當選，是唯一連選連任且深具民意佳績的黨外議員。

　　三、李萬居在省議員身份之餘，另於體制外興辦《公論報》，報紙社論常與議場內的質詢問政相互呼應，逐步建造知識份子與群眾溝通的公共領域，後來還積極參與雷震等知識份子籌組新黨的政治活動。這使得李萬居演變成「黨外精英」中，反威權程度最激烈，與當權緊繃關係最爲鮮明者。

　　四、李萬居問政後期透過議會質詢問政，展現激進反對勢力，政治論述以積極、開放、激情、自由卻貼近市民社會的語言，大量且反覆地拋出質詢文本，掌握主導權，將議壇塑造成彷如小型的公共領域，藉以對抗黨國威權僵化的語言基模——消極、保守、平淡、冷漠且表現爲權宜性質的。李萬居因激進獨特的問政風格，被冠以「魯莽書生」的稱號。

　　爲了盡可能體現李萬居在硬性威權時期與國民黨互動，所激揚出的政治秩序變動以及所創發的政治效益，本研究採取三項政治學理論，掌理各分析層次的意涵：

　　一、葛蘭西的文化領導權理論：解釋統治階級的權力操作，以及知識份子串連政治社會與市民社會的功能。具有文化宰制意涵的統治術，蘊涵意識形態的灌輸與宣導，有別於武力鬥爭的硬實力，是取得「共識」的軟性駕馭，意味統治階級的權力運作，是兼具硬性宰制的霸道與軟性懷柔的王道。並且文化領導權同時存在一體兩面的特質──反文化領導權，反映知識份子認知自身階級（身份），進而反動當權的統治手段，進而爭取政治社會與市民社會關係轉化的機會。

　　二、哈伯瑪斯的溝通行動理論：說明主體相互主觀認證的溝通過程，以及主體藉由理性溝通完成的政治實踐。「溝通－行動」的溝通當發生在公共領域當中，公共領域代表所有社會生活被公共化，且為所有市民皆可以自由參與之「理想言說情境」的空間。

　　三、漢娜鄂蘭的言說行動理論：言說者在公共領域當中，展現爭勝的或競技的劇場特質，他們是表演者或演員。公共領域提供言說行動者「具體自由」的空間，人在公共領域表現勇氣，展現贏取榮耀感的意願，勇氣引領個體將自身推向世界，進而披露與揭示自己，最終傳達政治性的公共關懷，這種目的的完成即象徵言說者完成「行動」的意義。

　　至於，論述分析方法的應用在於關照個案的言說行動、政治論述，以及權力不對等結構的衝突，幫助本研究鋪陳個案政治行為的論述，透過解析史籍，從逐步敘述到理解史實，進而完成研究自身對主體互動的評論。最終體現李萬居對臺灣五、六零年代民主政治發展所帶來的政治貢獻──孕懷並開啟臺灣的政黨政治、轉化市民社會的文化，以及開創批判性的公共範疇。

目

次

第一章 導 論

第一節 研究背景

從政治體制階段性的發展探討臺灣民主政治，時程可概分為兩個階段：一為戒嚴時期，從國民政府接管臺灣到戒嚴令解除前（1944～1987）；二為民主轉型時期，即解除戒嚴後歷經憲政體制改革，進入全球第三波民主化。探究臺灣民主化的文獻不在少數，許多研究著重在第三波民主化，強調臺灣民主發展過程係歷經威權政體瓦解，轉型民主政體，進而邁入民主鞏固。相對的，戒嚴時期的民主政治發展卻較少受到重視。臺灣的戒嚴期自一九四八年四月國民政府於大陸發佈戒嚴令開始，憲法被凍結，國會無法全面改選，黨國威權體制（party-state authoritarian）於焉形成。當時臺灣與大陸部份受到國民政府所控制的省份一樣，已建立起民意機構，從地方層級的民意代表選舉，進展到省參議會〔註 1〕議員的選舉，運作「有限民主」（limited democracy）政權。由此觀之，當九〇年代第三波民主化尉為風潮之際，臺灣政治民主化乃是歷經長時期的過程，並非截然斷裂的，後期的民主化實承接前期的民主醞釀期。

臺灣民主政治發展的醞釀期，可追溯到日據時期地方士紳的自治運動

〔註 1〕 民國三十五年五月一日～四十年十二月十日（1946～1951）為省參議會時期，民國四十年十二月十一日～四十八年六月二十三日（1951～1959）為臨時省議會時期，民國四十八年六月二十四日～八十七年（1959～1998）為省議會時期。後來為配合精省政策，民國八十七年九月立法院制定〈臺灣省政府功能業務與組織調整暫行條例〉，臺灣省議會自八十七年十二月二十一日裁撤，改制為省諮議會。本研究除表達特定階段時期的事件時，區分省參議會、臨時省議會、省議會等時期以資辨識，在通稱性質時則統一以「省議會」稱之。

〔註2〕。到了戰後國民政府的治理，則試圖將本土知識份子納入體制內，當時本土知識份子參政的管道，最高層級的參政就是一九四六年四月十五日舉行的臺灣省參議會議員的選舉〔註3〕。國民黨利用民意代表與國民黨扶植的地方派系交互運作，串連體制內外，確立威權統治精英與黨國威權體制的政權合法性（legitimacy）。首屆省參議員選舉的意義便表現為：國民黨政府將本土精英納入黨國體系，部份本土精英並非國民黨籍的「黨外」；在此情形下，因而無可避免地衍生政治反對勢力（political oppositions），非國民黨籍的省參議員成為首批黨國在體制內所容納的「黨外」政治精英（political elite）。「黨外」政治精英從初期省參議會時期，延續到臨時省議會，以至於省議會時期，最巔峰時期以「五龍一鳳」〔註4〕為代表。

黨國威權有限民主政治的運作，為省議會「黨外精英」帶來政治嘗試的機會，開辦最高層級民意政治的省參議員選舉後，邇後五、六零年代最為醒目的民主運作，也就是省級民意代表的選舉。接著省議會發展到五、六零年代，體制內既已提供「有限民主」的運作機制，省議會民主精神逐漸萌芽，發展到五龍一鳳的局面時，這些重要的黨外議員近距離衝撞黨國威權，在議壇內表現出鮮明的政治反對態勢；他們當中亦有在體制外透過其他管道向中央表達民主政治訴求者，或辦報刊，或參與自由主義派知識份子所組織的新黨運動，形成體制內質詢問政與體制外反對勢力聲氣相通的政治生態。

事實上，自省參議會的黨外精英系統開始，之後省議會議員的選舉，特

〔註2〕 臺灣仕紳在日據時期為爭取參政權，因而形成各類抗日組織，主軸為自治運動與民族意識。最醒目的活動是「臺灣議會設置請願運動」，由林獻堂（當選首屆省參議會議員，與黃朝琴議員競選議長，林獻堂讓賢）領導，於一九二一年至一九三四年間發動十五次連署請願，爭取民選議員。議會設置請願運動透過一九二一年十月十七日成立的「臺灣文化協會」（成立人為蔣渭水，林獻堂為總理）廣泛推動。

〔註3〕 民國三十五年（1946）即有村里長與鄉鎮區民代表的選舉，這些鄉代的職權在於選出縣市參議員，再由縣市參議員選舉省參議員。從省參議會到第一屆臨時省議會的議員，就是透過縣市參議會間接選舉產生的。到了臨時省議會第二屆議員選舉，改為由縣市直接選舉，省議會就與縣市議會不再有關係。參閱林騰鷂，1986，〈省議會的法律地位與展望〉，收錄於臺灣省議會秘書處編印，《回顧與展望──臺灣省議會成立四十周年紀念專刊》，頁 12-13。

〔註4〕 民國四十六年（1957）第三屆臨時省議會選舉後的當選者，包括台南縣的吳三連、雲林縣的李萬居、高雄市的李源棧、宜蘭縣的郭雨新、台北市的郭國基，號稱「省議會五虎將」，加上嘉義縣的女性議員許世賢，形成「五龍一鳳」的態勢。

別是五、六零年代，即伴隨著體制內黨外精英的政治行動演進的。在威權宰制最綿密的「硬性威權時期」（hard authoritarian）〔註5〕，這類型的政治抗爭在臺灣民主政治發展過程中深具歷史意涵；不但提早激發戒嚴初期民主政治的雛型，也為日後民主化發展以至於民主鞏固過程的衝突，帶來臺灣特有的政治軌跡。回顧迄今不到一世紀的臺灣民主政治奮鬥史，且看省議會「黨外精英」如何開啟臺灣民主政治發展的先鋒。

首先，國民黨願意在省議會體系內，容納黨外精英來體現有限民主的政權運作，實受制於大戰方息的政治條件，戰後政治協商會議中，國民政府在各政黨（共產黨、青年黨、民主同盟黨）與社會賢達人士的制肘下，必須對民主作出承諾。同時第二次世界大戰後，在共黨集團與民主陣營壁壘分明的國際體系中，美國取得世界政治主導權，對全球民主化有所期許；在此情勢下，國民黨政府一方面要對內釋出善意，另方面希望獲得美國的政治經濟援助，自然而然實施附和美國的「櫥窗式民主」〔註6〕。政府初以省參議會議員

〔註5〕 胡佛將國民黨威權體制劃分為改建及形成時期（1949～1952）、鞏固及發展時期（1953～1971）、維繫及轉向時期（1972～1979）、衰退與轉型時期（1980～1986），以及民主化的轉型與發展時期（1987～）（1998b：24-31）。黃人傑、施裕勝從議會功能與民主化角度，把省議會的發展比擬為幼獅、馴獅、舞獅、吼獅、母獅等階段功能，分別象徵硬性威權（1949～1969）、軟性威權（1969～1977）、民主萌芽（1977～1986）、轉型（1986～1992）與鞏固時期（1992～2000）（2007）。彭懷恩在較早期時則從反對運動發展的觀點，區分國民黨威權體制為一九五〇年代的威權重組期、一九六〇年代威權控制期、一九七〇年代威權危機期，以及一九八〇年代威權分化期（1989：65-87）。日本學者若林正丈探討國民黨統治模式，指出威權體制在五〇年代確立，五〇年代末以後從「反共準軍事獨裁」轉身為早熟的「開發獨裁」。開發獨裁的時期從一九四九年至一九五二年，其後的威權階段另稱為獨裁期（1960～1978）、修正期（1978～1979），以及轉型期（1980～1987）（1994：44）。相近的說法，還有陳明通解析派系政治時，依據威權性質所作的分類：蔣介石播遷來臺後，從整頓 CC 派到利用陳誠，以及對全島進行本土派系的整頓，是為威權重建時期。陳誠失勢後，蔣介石安頓嚴家淦為副總統，蔣經國任行政院院長，以為將來領導接班時期，則是威權鞏固時期（2001：83-190）。綜合各家之論，以及擷取學者界定國民黨威權體制的意涵，五、六零年代的黨國威權可歸屬為威權體制成形到鞏固階段。部份論著雖未明確標示硬性威權的用法，而以獨裁期或控制期稱之；但解讀其意涵，概指向黨國威權在特定時期所採取較為獨斷而強烈的控制權。本研究彙整各項解釋之後，將五、六零年代的政體定位為威權宰制最綿密的「硬性威權時期」。

〔註6〕 國內學者鄭梓則提出假民主與妝點式民主的說法。他表示國民黨在臺灣實施的民主政治，並非首例。在抗戰末期，蔣中正面對共產黨這股可能顛覆其政權的

選舉釋出善意，隨後在一九四六年五月五日召開制憲會議，臺灣省署因而必須即時建立民意機構，推舉省級代表參加制憲會議。為此，臺灣省參議會就成為《臺灣接管計劃綱要》落實地方政治的前沿指標。省議會體系可說是國民黨政權因應統治需要，以及取得政權合法地位而迫切建制的政治設計，也是臺灣施行有限民主的載具。首屆省參議員選舉即象徵臺灣民主政治的第一聲〔註7〕。

其次，當選為省參議員的政治精英當中，非國民黨籍的黨外人士有高票當選者，對國民黨推出的選區代表構成一定程度的威脅，也演變出一股制衡力量──臺省民意對所謂外來政權的監督。黨外省參議員被納入黨國威權體制後，他們以議會為論政平台，近距離監督政府。國民黨政府面對民意基礎的異質性，容許這種互動模式的存在，同時戒慎於統治權的穩固，因此在既有體制上，從政治社會（political society）與市民社會（civil society）這兩個場域，建構「文化領導權」（cultural hegemony）的防禦工事與堡壘（trenches and earthworks of cultural hegemony）〔註8〕，竭力鞏固政權合法地位。

反對勢力，國民黨必須釋出施行地方自治的善意。到戰後的一九四六年至一九四七年之間，國民黨在全中國能夠控制的三分之二省份，也就是大約二十幾個省份當中，已經都成立省參議會、臨時參議會。在臺灣的地方自治，就是將在中國的假民主、妝點式的門面搬到臺灣來，吸引臺灣老百姓，取得臺灣老百姓一部份的向心力。內容參考〈臺灣演義：台灣選舉史〉（http://www.youtube.com/watch?v=mR3r7q-rBeI）訪問成功大學歷史系教授鄭梓的紀錄。

〔註7〕 臺灣省第一大報──臺灣新生報，在民國三十五年四月十六日報導十五日的省參議員選舉結果時，第四版的日本版標題即以「民主政治の第一聲」為喻語，稱譽該次選舉，並逐一簡介各縣市當選情形與當選者，日文版內容中另置有「當選者一覽表」的中文專欄。除此之外，同日中文版第二版亦刊登「本省參議員各縣市業已先後選出」，第一版則刊有各當選者的致謝啟事，有單獨銘謝者，亦有兩人共同銘謝者，共計十五則。

〔註8〕 「文化領導權」的概念，是義大利馬克思主義者──葛蘭西（Antonio Gramsci）的政治創見。葛蘭西辦報建黨，投身社會運動，創立義大利共產黨，後遭法西斯政權逮捕入獄。他在入獄前的政治觀點散見於各報刊，較有系統的政治論述是被後人集結成冊的《獄中札記》（Quaderni del carcere, Prison Notebooks）。文化領導權可說是其政治思想中最重要的主軸，他藉此概念架構，發展出過渡到社會主義的革命策略與路徑，強調誰握有文化領導權就是統治階級。葛蘭西並將文化領導權喻為「智識與道德的領導權」，象徵統治者成功說服社會其他階級接受其道德、政治與文化的價值觀，進行意識形態的灌輸與宣導。這有別於用武力鬥爭的硬實力，而是取得「共識」的軟性駕馭。換言之，葛蘭西發展的文化領導權概念，試圖從道德與精神優越性呈現統治文化的社會功能。

　　黨國威權與省議會黨外精英之間，所存在巧妙互動關係的因素，大致可透過幾項省議會生態呈現：

　　一、戰後省級民意機構的議員擁有特殊且優越的背景。以首屆省參議會議員爲例，清一色爲臺籍人士，當選的三十位議員係臺籍精英占優勢，包括抗日運動份子、地方民意代表、日據政府官員，以及臺省其他自由業者，總共佔了二十六位，其餘四位被稱爲「半山」（日治時期曾有一段時間在內陸祖國協助政務，光復前返回臺灣者）。首屆省參議員的領導階層，主要由「半山」人士所擔任，包括議長黃朝琴，副議長李萬居，以及秘書長連震東。就組成份而言，省參議會的原型結構形成認同本土的精英組合（附錄一表一-1）（陳陽德，1981：59；鄭牧心，1987：96）。若再就這些政治精英的籍貫、性別、教育程度、經濟基礎與社會成份來看，另呈現兩項特徵：第一項是教育水準頗高，受過大專以上現代教育的約佔一半，還有部份學歷根基深厚的碩彥之士，兼具相當的國際視野，可說是一群高級知識份子。三十位參議員中，擁有大專以上程度的共有十四位，這個比例在歷屆臺灣省議會當中最高。第二項是地主與產業世家出身者幾佔百分之八十，不僅儲備雄厚的經濟與政治資本，並擁有既定的社會聲望，算是當時臺灣社會的領導階層。可見初期省議會體制，可稱之爲舊地主與知識份子的結合體，是仕紳當權的政治世代（陳陽德，前揭書：65；鄭牧心，前揭書：96-99）。

　　二、這些本土省議會精英對臺灣光復後的建設，抱以熱切的期待，對時政抨擊激烈，透過質詢、提案、專案調查，針砭行政獨裁、貪污、省籍歧視、治安不良等議題；但也同時存在本土派與外省派的瑜亮情結，議會成立初始即暗藏外省籍統治當權與臺籍議員在民意代表職權運作的扞格。時任議長的黃朝琴表示：「在這樣權能分開的轉交過程中，議員難免急於發揮民意，質詢繁瑣，建議多端，使政府官員無所適從；而政府官員一向以爲能的發揮，乃係基於權力的行使，所以猶視權能爲一體，這便是權能衝突的根本所在。在這樣過渡時代背景和各行其是的前提之下，雙方自然是鑿枘相左，格格不入了」。副議長李萬居的一席話，更直指臺民心聲──「臺灣同胞受日本五十年的壓迫痛苦，希望解放的熱情很大，光復後對政府官員也寄與多大的希望，所以熱烈的歡迎。政府官員來了，給予民眾多大的失望。要知道祖國近百年來受帝國主義的壓迫，以致國家政治不能達到理想，而臺灣的政治當然也不能使民眾十分滿意，這是理所當然。因此，全省民眾的熱情又寄托在參議員

身上，而民眾對參議員多不瞭解。參議員不是議會，是不可罷免政府，臺胞以為必須熱烈的質問才是民眾代表……」（鄭牧心，前揭書：79）。

三、省議會體系設計的原則，原本是有限民主的權衡機制，形式重於實質。以省議會實質功能檢視，從省參議會成立到臨時省議會，再到省議會初期，省議會地位一直屬於參諮的特質，這使得希望積極監督政府的省議員，無法充份發揮真正的民意代表職權。於是，以臺省精英為主軸的議事殿堂，府會間充滿緊繃關係，這是省參議會時期以本土精英為主軸即已存在的衝突因子。不只制度因素，省議員間或省議員與當權之間的關係，另反映臺省派系與黨國派系的對立。簡言之，探討省議會政治精英定位時，存在一項不容忽視的現象——派系政治。基本上，國民黨利用原生的社會分歧，並在這種分歧結構上建立親國民黨的派系。

四、日據時期以來，有聲望的仕紳有的接受國民黨的懷柔，有的與國民黨扶植的派系競爭，導致省參議會內部早期就發生政治派系傾軋的現象。議會派系相爭後又與二二八事件，以及該事件衍生而來的政爭，形成府會糾葛。最即時也最具殺傷力的衝突起因於「二二八事件處理委員會」，當時推選出來的十七名常務委員當中，有九位省參議員。該委員會原為官民共組以為協調者，行政官署行政長官陳儀亦表示各方多提供意見，以便「採擇實施」，實際上卻分別進行協調與調兵之計，既無誠信，事後又殺戮議會代表〔註9〕。分析處理委員會內的成員派系身份與會議中的派系鬥爭，便不難瞭解此委員會何以會與原來設定的目標（調查緝煙血案）愈來愈遠。這一轉向的過程，從國家機關的角度來看，是國家機關內部軍統勢力相互較勁，既要利用本土派系，打擊屬政學系的陳儀政府，也要趁勢削弱或消滅部份本土勢力的過程（賴澤

〔註9〕 二二八事件起因於一九四七年二月二十七日，專賣局到天馬茶坊查緝私煙時，造成查緝員以槍托擊傷林江邁女士的暴力事件，因而引起民眾群起憤怒，追討查緝員傅學通，傅學通開槍示警誤殺圍觀者陳文溪，此驚人之舉引發民眾包圍警局要求懲兇。由於民眾無法獲得合理回應，次日台北市部份地區罷工罷市，還發生零星焚燒與警察人員死亡事件，有些民眾則到行政長官官署抗議，公署衛兵卻開槍掃射，自此一連串集結抗議政府的反動行動不斷，且延燒全島人民的反抗。二二事件發生之後，行政長官官署陳儀為鞏固政權，不得不下令組織「二二八事件處理委員會」善後，當時參與委員會的九位當任或卸任的省議會議員，包括林獻堂（原擔任省參議員，後辭職就任國民參政員）、李萬居、連震東（省議會秘書長）、王添灯、黃朝琴、黃純青、蘇為樑、林為恭、郭國基。參閱鄭牧心，1987，《臺灣議會政治四十年》，臺北市：自立晚報，頁85。

涵，1993：276-277）。

綜言之，黨國威權在強烈宰制的階段，同時於體制內納入黨外精英，彼此產生扞格，省議會錯綜複雜的生態已無法避免，本土勢力的反擊也就在省議會這個場域中不斷試誤（trial and error），進而醞釀與發展政治反對的能量。

第二節　研究旨趣

一、觀察時期與研究對象

本研究以臺灣省議會作為觀察五、六零年代硬性威權時期民主政治發展的平台，透過李萬居體現為體制內黨外精英的縮影，從分析質詢文本（text）試圖理出府會主體論述過程中，李萬居議員對臺灣戒嚴早期所激揚之政治反對勢力的影響力，以及他實踐自我所創造出來的政治資產與溢出效應（spillover effect）。

以五、六零年代作為研究臺灣民主政治萌芽的歷史意義在於：該時期屬於「硬性威權時期」，國民黨政府為鞏固文化領導權，採取有限民主機制以籠絡本土精英，因而在體制內容納黨外政治精英，黨外精英在議壇內逐漸創發出公共場域，並形成政治反對勢力的態勢，造成府會對立。兩者對立的張力後來受到兩項因素的影響而升高：一、國內方面，行政長官官署治理臺灣初期，因二二八事件處理失衡的衝擊，埋下本土知識份子與人民不滿國民黨政府的種子；國際因素方面，有中國共產黨建國後積極擾臺的威脅，至國民黨政權壓制的手段同時併行。二、黨外精英的反對勢力在體制內近距離且直接衝撞當權，另於體制外結合地方勢力與外省籍自由派知識份子，透過辦報刊與組新黨等政治活動向當權示威。在此情形上，國民黨政權宰制的手段——懷柔與高壓的雙方面能量勢必升高。五、六零年代時期的國民黨威權必然展現較強烈且絕對的宰制權（彭懷恩，1989；若林正丈，1994；胡佛，1998b；陳明通，2001；周慶祥，2006；黃人傑、施裕勝，2007；Winckler, 1984）。

再從省議會權責演變的過程來看，省參議會時期起始於一九四六年，結束於一九五一年。接續為臨時省議會時期，但臨時省議會在一九五四年第二屆起，省議員改由各縣市直接民選產生，民意基礎增強，一九五九年再改臨時省議會為省議會，愈加確立省級民意機構的法律地位。同年，《臺灣省議會

組織章程》修訂九次，省議會地位與職權擴增。此外，省議會在黃朝琴（1946
～1963）到謝東閔（1963～1973）擔任議長期間，可說是從開發期歷經到穩
定期（陳陽德，1986a：18-22；彭懷眞，1986：53-54），這段時間正好是五、
六零年代的階段。五、六零年代的政治生態反映特定的歷史主軸之外，另與
「五龍一鳳」的政治生涯產生聯結，議會黨外精英的極盛時期就在五、六零
年代。諸如：吳三連自一九五四年任兩屆臨時省議員到一九六〇年。李萬居任
爲第一屆參議員兼副議長、第一、二、三屆臨時省議員，及至第二、三屆省
議員（1966年逝世）。郭國基任第一屆省參議會議員、第三屆臨時省議員，以
及第二、四屆省議員到一九七三年。郭雨新自一九五一年到一九七一年間擔
任臺灣省臨時省議員與四屆的省議員。李源棧任第三屆臨時省議員、第二、
三屆省議員到一九六八年。許世賢自一九五四年起當選第二屆臨時省議員，
之後任省議員達十五年。

　　由此觀之，五龍一鳳以省議會的問政殿堂爲舞臺，展現鮮明的體制內反
對勢力，他們象徵黨外精英群像。而本研究探討的對象——李萬居，他在五、
六零年代擔任議員期間，即是政治生命最具爆發力的時期。他衝撞威權的激
進行爲、獨特的政治語言、身兼體制內外言論掌控權的雙棲身份，是本研究
視爲珍貴個案且值得探討的理由所在。選擇李萬居爲研究對象的理由，有兩
項與文獻因素有關：一、本研究準備探討省議會黨外精英之初，當時國內以
「五龍一鳳」爲討論對象的博、碩士論文，尚有兩位議員未有相關論著，一
位是李萬居，另一位是李源棧〔註10〕。二、檢閱文獻後，發現李萬居相較於
其他黨外省議員，其殊異性與反差性相對爲高。這李項因素激發本研究試圖
蒐集豐富的文獻史籍，以呈現李萬居獨特的形象；另方面希望在純歷史研究
的視角之餘，藉用重要的政治學理論，以解釋李萬居的政治行爲與政治定位。

　　那麼，李萬居特殊的角色定位爲何？本研究大致歸納說明如下：

　　一、從參與臺灣抗日組織到投身抗戰時期的情資蒐集工作，進而協助籌
劃臺灣光復的調查與接收計劃。李萬居是黨外省議員當中，深富民族主義情

〔註10〕　本研究進行初期，透過網路蒐尋到的國內博碩士論文，當時尚未有研究李萬
　　　　居的相關論著。及至著手撰文到重新編整出版的過程，研究李萬居相關的學
　　　　術著作已經出現，有中興大學歷史研究所戴宛眞，以《李萬居研究：以辦報
　　　　與問政爲中心》（2009）爲題發表的碩士論文；中山大學中國與亞太區域研究
　　　　所李佳徽，以《知己？異己？港台知識人李萬居與李南雄父子的中國認識》
　　　　（2011）爲題發表的碩士論文。

操與愛國精神，並且與國民政府接觸得最早且最深的一位。

（一）五龍一鳳成員都歷經過日據統治時期，從愛國行動的角度來看，臺灣尚未光復之前，黨外省議員在青年時期即參與特定組織，並以實際行動表達對日本抗議的，包括年齡較長且年紀相彷的吳三連、郭國基、李萬居等三人〔註11〕。李萬居抗日意識與愛國情操的孕懷，最初當是受到臺灣抗日仕紳──林獻堂在一九二一年成立的「臺灣文化協會」所影響，當時李萬居正值二十歲，已在臺中烏日糧廠上班，因地利之便，曾利用假日積極參與協會的活動。後來他到上海文治大學求學，期間亦曾抽空返回臺灣，參加文化協會在民國十四年七月廿九日所舉辦的第二次夏季學校活動。在茶會中他慷慨激昂表達：「我回來臺灣痛感法律非常嚴重，吾人甚受束縛，要如何才能夠解除束縛？這當然不是一兩人的力量可以致之，希望各位研究這個方法，為達此目的我們恐怕非到流血不可」（吳三連、蔡培火，1971：302）。足見青年李萬居的愛國情操已經表現得頗為激昂。原則上，李萬居接觸臺灣文化協會的活動，應該是型塑其青年初期政治態度的重要因素。特別是一九一九年臺灣開始文人總督的民主化過程，他經歷日本自明治維新後的國會選舉和大正民主時代。一九二一年後時常參加文化協會活動，受到一定程度的民主思想洗禮，到了一九二六年在巴黎求學時又歷經法國第三共和的總統選舉（陳延輝，2009：摘要）。本土政治自主訴求與國際民主盛事，當深刻影響著李萬居對國家主權與民主政治的憧憬。

（二）在祖國從事情報抗日任務：一九三二年李萬居自法國留學歸國，因緣際會認識為國民政府效力的國際問題研究所所長──王芃生，一方面受到王芃生的推薦，另方面李萬居本身優異的學經歷與才能，不久便被延攬到該研究所從事對日抗戰的情報蒐集工作。這項資歷延展到一九四一年二月十日在重慶成立的「臺灣革命同盟會」〔註12〕，當時李萬居擔任組織行動組的

〔註11〕　「五龍一鳳」成員的年齡，依年長排序為：吳三連（民國前十三年）、郭國基（民國前十二年）、李萬居（民國前十年）、許世賢（民國前四年）、郭雨新（民國前四年）、李源棧（民國前二年）。參閱臺灣省諮議會網址：http://www.tpa.gov.tw/big5/default.asp。吳三連在一九二○年留學日本時，即大膽批評日本在臺總督府的施政，並以絕食表達抗議，引起日本民政長官下村宏大怒（周慶祥，2006：6）。郭國基在民國十年加入臺灣文化協會，翌年加入「臺灣議會期成同盟會」（日治時期負責推動議會設置請願運動的團體），民國十二年組織留學生文化演講團，並到各地演講，有「郭大炮」的稱號。

〔註12〕　李萬居在「臺灣革命同盟會」擔任要職，受到國民黨相當程度的信任。雖然，

組長。第二次世界大戰即將結束前的重慶政府時期，他另受命蔣中正，與行政院秘書長張厲生，以及軍事委員會國際問題研究所所長王芃生，參與研擬〈臺灣接管計劃綱要〉的前置作業。抗戰接近尾聲時的一九四五年四月十六日，並曾經一度擔任政府機關報《臺灣民聲報》的發行人。同年十月五日，隨前進指揮所代表以國民黨政府名義到臺灣接收新聞事業，擔任《臺灣新生報》的社長〔註13〕，掌控傳媒權力。這些政治經驗讓李萬居成為國民政府接管臺灣之前，就極受黨國賞識的黨外人士。

二、最高票當選第一屆省參議會議員，並且歷次參選省議員選舉都當選。首屆省參議員選舉中，李萬居從五百多位參選人中脫穎而出，得票四十八票，以最高票當選〔註14〕。李萬居不但最高票當選首屆省參議會議員，該屆期他

他在法國期間曾與中國青年黨接觸，這似乎並不影響國民政府對他的「信任」。其實，他在抗戰期間與青年黨關係並不緊密，而國民黨本來就有吸納青年黨的企圖，網羅李萬居當是順理成章的事。相關著作亦指出李萬居與青年黨的關係發展，從待觀察階段到後期的疏離，這種「黨外」背景，至少在二二八事件之前，應該沒有影響到國民黨對他的觀感。除此之外，值得瞭解的是「臺灣革命同盟會」這個組織的性質，「臺灣革命同盟會」的前身是「臺灣革命團體聯合會」，是由臺灣義勇隊、臺灣民族革命總同盟、臺灣青年革命團、臺灣國民革命黨、臺灣革命黨所共同組成，其目的是要打破原本聯合會中各自為政的現象。換言之，這樣的改組，還隱含一個重要的涵意，即國民黨的介入。同盟會成為國民黨的下屬單位，並且接受其領導與指揮；也由於國民黨的介入，使得同盟會內部關係複雜化。如此看來，可推論李萬居從事情報工作，受到國民政府信賴，及至處理臺灣抗日事宜時，國民黨亦將之視為「可信任的人」。與此同時，李萬居已被當權捲入到一場複雜的政治爭鬥的結構當中。後來同盟會創辦機關刊物，從《新臺灣》到《臺灣民聲報》，李萬居還擔任《臺灣民聲報》的發行人，連震東任主編。有關「臺灣革命同盟會」的背景資料，可參閱王政文，2007，《台灣義勇隊：台灣抗日團體在大陸的活動（1937～1945）》，臺北市：五南，頁135-157。

〔註13〕《臺灣新生報》這個名稱在重慶政府時期即已擬妥，並在十月廿五日發刊，是日為光復節，為了使臺灣人充份瞭解自己的根，李萬居曾發表「我國對於臺灣的發見」。參閱李達編著，1987a，台灣風雲名人錄第四集之《落拓書生李萬居——參軍、辦報、組黨》，香港：廣角鏡出版，頁154。

〔註14〕第一屆省參議員選舉結果，次於李萬居得票數，且得票較高的議員為：劉明朝獲四十三票，林獻堂獲三十九票，其次的得票數大都在二十票到三十票之間，低於十票者有六人，最低當選票數為四票。李萬居當選省參議員之後，他在所任社長的《臺灣新生報》（民國三十五年四月十六日第二版）發表感言：這次能得當選省參議員皆為臺南縣參議員諸氏聲援愛顧，不勝感激，向後對於民意上達，官民合作，地方福利等，勢盡全力，俾臺省政治向上，企圖達成新臺灣之建設，將碎身奮鬥，願望諸位亦不棄支援為幸！

還被選爲議會副議長。參議員出爐後的十月卅一日，省參議員在行政長官陳儀的監選下，從廿九名議員選出十七名制憲國大代表，李萬居也是當選者之一，代表臺灣前往南京參加第一屆國大代表會議。李萬居象徵民意基礎的代議士身份，同時又是五龍一鳳的成員當中，任期持續未中斷，唯一屢戰屢勝者。原本五龍一鳳成員裡，李萬居與郭國基是最早當選省參議員的，但是，只有李萬居〔不但〕第一屆時擔任參議會副議長，並一直連任到一九六六年去世爲止，長達二十二年之久。換言之，李萬居的議員生涯是五龍一鳳最早，地位最高，時間相對較長且連續不中斷的一位（陳延輝，前揭書：11）。

　　三、政治運動活躍程度是黨外省議員中涉足層面較廣的一位。青年李萬居留學法國期間即加入中國青年黨，青年黨以國族主義青年團名義活動，且具備相當嚴格的規範。後來他以得票最高當選首屆省參議員之後，其青年黨的背景發酵，不只間接在雲林縣塑造一股青年黨人馬，雲林縣黨外人士亦奉李萬居爲黨外的祖師（劉琪哲，1985：133-135）。至今臺灣省諮議會的文獻，仍將李萬居的政黨界定爲中國青年黨。他擔任省議員期間，還經常與雷震及其他黨外人士如青年黨、民社黨、無黨無派人士接近，積極申張政黨政治，利用自身所辦的《公論報》爲傳聲筒與發聲器，支援雷震籌組「中國民主黨」。並且李萬居投入組黨運動之先，在與石錫勳等七十八人共同組成的「中國地方自治研究會」，即已針對當時的選舉制度召開檢討座談，地方自治研究會的主要目標就是組織新黨，瓦解國民黨的一黨專政（李達，1987b：110）。體制內，李萬居透過質詢，多次促請當權改革選舉風氣與制度，提出諸多選舉議題與改革政黨政治的建言。他的政治功效感在年青初期已相當濃厚，及至進入省議會體系，在體制內外交相運作，其涉入的政治訴求與行動，可謂當時政治反對勢力中，表現得最爲多元化的黨外精英。

　　四、辦報批評時政，並利用報紙作爲聲援市民社會籌組新政黨的載具。黨外省議員辦報的有李萬居與吳三連，《自立晚報》是吳三連在一九五九年籌組新黨失敗，退出政壇之後才經營的；而李萬居的《公論報》是在省參議員任內的一九四九年即已成立，該報是當時最具地方代表性的報紙，社論時常強調言論自由、公民權，促請政府提早落實地方均權。李萬居在議會的質詢內容，亦透過《公論報》宣導，體制內外交相施力。《公論報》成爲戰後臺灣最早出現爲臺民申喉，獨具民間反對勢力特質的重要傳媒，其地位代表一九五〇年代臺灣最具在野色彩的報紙，與同時代雷震主辦的《自由中國》、青年

黨機關刊物《民主潮》，以及民社黨的《民主中國》，被稱作所謂的「一報三刊」〔註15〕（薛化元，2006：序言）。這種態勢與黨報——中央、中華、新生報，形成雙方壁壘分明，造成政治大辯論（楊旭聲，1983：43）。李萬居似乎天生具備敏銳的政治嗅覺，本能地熱愛政治傳播最具影響力的報紙，報紙日日發行，影響力最即時，輿論效果強大，他利用報紙作為傳達社會真相的載具。議會問政與《公論報》社論幾乎無法分立，他將體制內議員身份與體制外公器掌握的身份，合而為一。李南雄〔註16〕因而形容父親的身份為「臺灣報界、議壇雙棲人物」。這項特徵因而成為李萬居仕途的最佳寫照。

　　綜論之，李萬居是省議會黨外精英當中，與國民黨當權關係發展得最早的一位，也是國民黨來臺前後，涉足黨國事務最深的黨外政治精英。雖然有此優勢的黨國背景，李萬居卻是黨外省議員中，反威權的激進程度最強烈，將兩者緊繃的張力表現得最為鮮明的一位。原本有種種條件接受威權懷柔的李萬居，沒有應和黨國威權的政治籠絡，反倒秉持知識份子的良心，不畏強權，選擇在體制內就近衝撞當權，不願機會主義地附和當權，並善盡議員質詢權力，處處逼威當權交出真相。從抗日份子、情報人員，及至擁護國民政

〔註15〕四者之所以相提並論，最重要的原因就是那個（軍事）強人藉由動員戡亂、戒嚴體制遂行高壓統治的時代裡，「一報三刊」是當時社會上少數敢於不依從官方口徑，企圖作獨立報導與評論的媒體。參閱薛化元，2006，《公論報言論目錄暨索引》，臺北市：文景。

〔註16〕李南雄（Peter Nan-shong Lee）教授是民主鬥士李萬居議員的次子。一九四○年誕生於香港九龍醫院。李教授一九六三年畢業於國立臺灣大學法律系，後於一九六六年負笈美國，先後取得印第安那大學政府系碩士，以及芝加哥大學政治學博士。他曾受聘為香港中文大學政府與行政學系教授（1976～2000），並兼任該學系主任（1986～1992），與關信基、翁松燃、鄭赤琰等人，享有中文大學「四大長老」的美名。結束香港的教職之後，李南雄教授受邀主持臺灣國立中正大學政治研究所的創所所長（1993）。後遷居美國舊金山。二○○○年退休後，再度返臺復任中正大學教授兼系所任達五年（2000～2005）。李教授對中正大學卓越有功，在二○一一年獲得中正大學頒贈「榮譽教授」的殊榮。李教授的學術專長為中國研究、公共組織與管理、組織理論與行為、公共政策、比較政治、人事行政與社會科學的哲學。他在中文、日文、英文乃至於韓文的中國研究學術圈當中，享有相當的知名度和影響力。目前國內描繪李南雄，以其政治思想為切入角度鋪陳，相較於其他口述紀錄而顯學術性質，完整將訪問李南雄的專稿、口述紀錄、側寫等文章呈現出來的著作，可參閱李佳徽，2010，〈一抹「中國特色」：淺析認識中國的學者李南雄〉，收錄於中國政治學會年會暨「能知的公民？民主的理想與實際」學術研討會。以及同作者之作《知己？異己？港台知識人——李萬居與李南雄父子的中國認識》（2011），臺北市：臺大政治系中國中心。

府到反抗黨國威權，從愛國主義者與民族主義者，到激進民主主義份子，其性格的轉折可說是黨外精英中最為激昂，也最具悲劇英雄式的殉道者，坊間稱他為「魯莽書生」，正象徵他勇敢直諫，知無不言，言無不盡的強硬性格。

二、研究省思與目的

省思李萬居對抗黨國威權的政治行為，在激發臺灣戒嚴初期早發的民主政治發展上，確實有一定程度的貢獻；而他串連體制內外的政治行動，亦多元且獨特。與李萬居生平相關的史料所能提供的內容，堪稱豐富。惟本研究認為若僅僅只是陳述與彙整李萬居對臺灣民主政治的作用，並無法充份表現李萬居這樣一個微觀個體，在整個龐大的威權體制中所創造的價值。原則上，要說服讀者認同李萬居對臺灣民主政治的貢獻，並非難事；然而，本研究透過檢視相關史籍與研究之後，期望從既定的材料中，突破純粹的研究途徑或研究方法的套用，進而利用政治學的理論去觀察一位有歷史意涵的角色，他所從事過所有與政治活動相關的行為，是否能夠被賦予同古今中外那些同樣被讚許的人物一般，擁有屬於他自身的金字招牌。

本研究觀察李萬居所處特定歷史時期所從事有意義的政治行動，試圖在實務與學理層次上，形塑個體的殊異特質，及其政治行為所衍生具普遍意涵的貢獻。為呈現這些特質，透過幾項觀察點，引領本研究補捉李萬居所激揚出可能的政治效應：

一、其政治行動具有替社會從事價值分配的功能，施壓當局分享權力，也是向當權爭奪公共事務的決策權。

二、關注的政治層面廣及政治、經濟、教育、農業與國際外交等，透過特殊的政治語言與行動，將公共議題集結於議會廳，建構出議壇的小型公共領域。

三、政治運作的模式結合智識背景、社會地位與議事質詢等因素，交相作用成反文化領導權（counter cultural hegemony）的政治論述。

四、問政過程所受到當權回饋的模式，映射出黨國威權文化領導權的雙元特質，既是堅實的文化駕馭堡壘，壓制未成氣候的反對勢力，得以穩固政權，又同時預示往後政權合法性認同的危機。

這些觀察點進而延伸研究的問題意識為：

一、省議會黨外精英的定位為何？省議會是否代表當權所建構之「櫥窗

式民主」的代理人？省議會黨外精英是廣義之黨國威權的統治精英？還是暫時地被納入為（假）民主政治的反對勢力，以合理化國民黨政府製造「非一黨專政」形象的意圖，藉以鞏固黨國威權的政權合法性？

二、威權體制的有限民主機制，兼容威權與民主兩種異質成份，形成相生與共的統制模式。省議會黨外精英是有限民主的產物，其政治行動帶來何種政治效應？黨外精英近距離挑戰當權，形成議壇公共領域的「緊繃」（tension）關係，何以緊繃關係並未在短時間內，造成黨國威權立即崩垮的危機？黨國威權的政治社會如何利用被灌輸文化領導權的市民社會，找到鞏固政權的立基？

三、李萬居個人在宏觀政治體制的約制之下，如何利用所處省議會的優勢地位，展現個人的政治理念？當他的價值觀與當權產生扞格時，他用何種方式為滿懷熱忱的理念找出口？受國民黨賞識的這層關係，是否令他產生更焦酌的對立感？

問題意識引導後續各篇章的鋪陳，整體研究內容將含概學理論述與實務觀察。實務觀察層面，在彙整與析論口述資料、傳記史料、問政紀錄、期刊論文、學位論文等資料。這些資料經過轉化後，組成兩個獨立篇章的內容：其一介紹李萬居的生平與仕途，其二解讀李萬居在議會的質詢文本，掌握其獨特且激進的質詢語言，以及步步逼近當權卻遭到當權層層回擋的申辯模式，最終開創議壇小型公共論述空間，並以此部分的內容回應本研究所援引的政治學理論意涵。

學理論述層面的說明，則在於詮釋李萬居政治意涵上的角色定位，藉著思辨反芻政治學理論的精髓，將之應用到形塑李萬居的政治行為，進而呈現個體特殊的歷史定位論述。本研究採用三個政治學的理論意涵詮釋李萬居的政治行為：援引葛蘭西（Antonio Gramsci）的文化領導權理論（cultural hegemony），解釋統治階級的權力操作，以及知識份子串連政治社會與市民社會的功能；利用哈伯瑪斯（Jürgen Habermas）的溝通行動理論（communicative action theory）與漢娜‧鄂蘭（Hannah Arendt）的言說行動理論（speech act theory），詮釋李萬居質詢問政過程的精英角色，以及他在議壇內所建構的政治論述和公共範疇。

承接省思、觀察與問題意識，本研究的目的在烘托李萬居的主體政治定位，並採取有別於相關論著的研究方法來呈現這項目標。目前國內以「五龍

一鳳」爲研究主題的論著，幾乎從歷史研究途徑處理，尙缺乏從政治學的理論意涵進行研究者，本研究希望塡補這個缺口。本研究掌握李萬居在省議會質詢問政所體現的政治效益——開創議壇公共範疇，因此，試圖利用適切的理論意涵，解釋這種現象背後所象徵的統治意識形態、權力結構，以及省議會黨外知識份子間主體論述的過程與結果。在威權與民主併存之五、六零年代的黨國政治結構中，李萬居成爲與當權既合作又對立，從相互認同到互爲對峙的縮影，同時呈現個體智識力量與總體威權角力的過程。

本研究期許所援引的理論意涵，至少能詮釋兩個層面的現象：其一是象徵政治社會的宏觀因素——黨國宰制機制；其二是代表市民社會力量的微觀因素——以李萬居問政爲研究中心所體現黨外精英的政治定位。最後彰顯李萬居對臺灣民主政治創發出來的政治遺產：一、組織新政黨孕懷邇後臺灣政黨政治與多黨政治的興起；二、問政方式預示「市民社會」的發展；三、懷抱民族主義所興起之救國圖存的理想，創造出批判性的「公共範疇」〔註17〕。

第三節 研究設計

一、理論意涵

本研究嘗試透過政治學的理論意涵，從中找到論述分析的概念架構（conceptual framework）〔註18〕與辯證論述的基礎。在此略說明理論要義，

〔註17〕 李萬居爲臺灣民主政治發展所留下的政治遺產（貢獻），李南雄教授界定得最爲貼切。李南雄陳述父親政治定位的詳細內容，可參閱楊錦麟，1993，《李萬居評傳》之〈台灣版序〉，臺北市：人間出版。此外，著作序原使用「問政方式預示公民社會的發展」，本研究考量國內相關評論與著作，概使用「市民社會」；爲統一用辭，便將〈台灣版序〉使用之「公民社會」，改以「市民社會」劃一稱之。邇後各篇章亦統一標示爲「市民社會」。

〔註18〕 概念架構是對研究問題之性質與範圍的雛型，可以是一個未經驗證的普遍性理論，它可以作爲研究的指引。參閱呂亞力，2000，初版九刷，《政治學方法論》，臺北市：三民書局，頁50。任何政治概念架構或模型的建立，無論在概念界定，假設建立及統合解釋上，皆能增進對政治現象的知識，同時是能「自我修正」並具備充足理由的設計。參閱胡佛，1998a，《方法與理論》，臺北市：三民書局，頁6-7。

本研究援引葛蘭西的文化領導權理論、哈伯瑪斯的溝通行動理論，以及漢娜·鄂蘭的言說行動理論，詮釋研究主題——李萬居的省議會黨外精英在臺灣民主政治發展的政治效益。試圖從理論意涵中，抽繹黨外/政治反對勢力（反文

通盤的理論意涵於本研究第二章詳述。

一、葛蘭西的「文化領導權」理論，寓涵統治者成功說服社會其他階級接受其道德、政治與文化的價值觀，以鞏固政權合法地位；這種統治術蘊涵意識形態的灌輸與宣導，有別於武力鬥爭的硬實力，是取得「共識」（consensus）的軟性駕馭。意味統治階級的權力操作，兼具硬性宰制的霸道與軟性懷柔的王道。文化領導權同時存在一體兩面的特質——反文化領導權，這涉及知識份子的社會革命功能。葛蘭西認為知識份子必須扮演市民社會與政治社會的中介角色，是能夠認知自身階級（身份）、爭取民主政治且深具行動力的知識份子。他們一方面聯繫政權意識型態與民眾的信仰和感情，另方面聯繫政權內部的政治運作。當知識份子對政治社會有所不滿時，反動就發生在市民社會，並逐漸演變為政治社會與市民社會關係的轉化。析言之，文化領導權理論兼具總體意涵的「統治結構與權力概念」，以及個體意涵的「知識份子功能」。本研究認為文化領導權理論意涵，對解釋國民黨黨國威權的統御手段，提供政治實質與理論的新視野，可嘗試作為探索臺灣五、六零年代威權民主的模型；在處理「黨國（文化）宰制機制」，以及「黨外政治精英角色」這兩個層次的互動關係時，具有類比（analogy）解釋的引導作用。

二、哈伯馬斯「溝通行動」理論的意涵在透過溝通行動的內化，發展社會批判的基礎，最終的目的在尋求人的解放。解放要經過溝通認證的過程，每一個具備說話能力的人，都可以透過不斷言說的過程，推演出興趣或期望，證明解放的興趣根植於人的溝通行動當中，並非他人設定，而是個人經過啟蒙而產生的。溝通行動具有理性的實踐原則，溝通產物就是知識，溝通環境必須發生在公共領域（public sphere），公共領域是所有社會生活被公共化，且

化領導權）、政治社會（黨國威權）與市民社會（知識份子）、公共領域等概念架構，進行政治現象的解釋與驗證。從篩選理論，嘗試解釋並通則化理論意涵到研究主題，這種歷程或許可引用 Roger Trigg 說明社會科學的價值時，所陳述的一段話來支持：理論的選定受到價值引領，這對研究實體之理解至關重要。關於理論的適切性，無法避免受到人性、人與社會的關係所影響，這似乎也是互為因果循環的關係。此外，社會科學致力於預測和控制的基本價值訴求，不只與人的本質相關，也與專業研究者的渴望相關，……社會科學的價值必然根植於研究主題，這也使得研究更能看到社會的本質，而有助於發現真相的理論就是好的理論。參閱 Trigg, Roger. 2001. Understanding Social Science: A Philosophical Introduction to the Social Sciences. Malden, Mass.: Blackwell Publishers. pp. 124-125。

為所有市民皆都可以自由參與的空間（1974：49）。公共領域提供的是「理想言說情境」的空間，在這個場域內的溝通，還可藉助另一項重要的媒介——報紙，官方報紙與反對勢力陣營報紙對峙之際，便重整公共輿論的社會功能。本研究援引該理論的理由即在於：臺灣五、六零年代省議會黨外政治精英與當權的對抗關係，象徵公共領域被制約；李萬居辦報組黨則意味市民社會的公共領域，已經被威權以其文化領導權所綑綁，統治者的意識形態充斥於公共領域中，侵略著市民社會。李萬居除了利用報紙為工具，同時透過質詢問政，建構代議士與政府的溝通理性。一而再，再而三，文本不斷積累，嘗試在溝通過程中聚焦，完成主體相互認知的協調與妥協。本研究便嘗試透過溝通行動理論的政治實踐意涵，解釋主體溝通過程的拉扯。

三、漢娜・鄂蘭的「言說行動」理論強調：言說者具有「爭勝的」或是「競技的」劇場特質，言說者被定位為表演者或演員。公共領域提供言說行動者「具體自由」的空間，公共場域的任何事件可以讓每個人聽見、看見，擁有最廣泛的宣傳效果（1998：50）。人在公共領域表現勇氣，展現贏取榮耀感的意願，勇氣引領個體將自身推向世界，開始屬於自己的故事，進而披露與揭示自己，最後完成「行動」本身蘊藏的意義，這是有別於勞動和工作，而寓涵政治性的社會生活。鄂蘭強調人的本質、行動、公域的整合，關注獨立個體本身的多元特質，重視人的價值，認為每個身為人的特定狀態，就是被賦予自我表達的天賦（op cit：176）。鄂蘭言說行動理論帶給本研究的意義在於：競技式公共領域與劇場式公共領域的概念，可作為解釋李萬居在議壇表達的基礎。他克盡厥職、善盡代議士的職權，語言論述表現多元思維向度，將議壇塑造為自身的劇場，積極扮演稱職的演員。

二、研究方法

透過理論解釋「黨國宰制機制」與「黨外政治精英」之間，主體對話與不對稱權力關係的同時，研究論述必須透過合適的析論方法來鋪述，本研究採取的研究方法為論述分析（discourse analysis）〔註19〕。論述分析具備解構

〔註19〕論述分析方法的「論述」一詞，英文寫法為 discourse。Discourse 的中文翻譯有時以「言說」表示。無論是譯為論述或言說，其基本意義與書寫、講說、溝通或爭辯脫離不了關係。按照傅柯（Michel Foucault）的說法：論述是人們說話時所構成對客體的運作（1972：49），意指人在陳述事情時所呈現一系列

語言、文本（資料）與權力結構的方法論意涵，這對解析史籍、逐步敘述與理解史實，進而評論主體互動的研究目標，具有導引功能。同時結合個案研究方法（case study）與文獻分析方法（document analysis）處理廣泛的資料與彰顯研究個案主體性。個案研究法與文獻分析法主要的精神是檔案探究原則的引領，讓本研究採集資料的同時，可充份描述李萬居智識養成、治學、涉政、政治態度的過程，以及剖析質詢文本和政治語言，進而理解主體本身、社會結構、政治系統所聯結而成的知識系絡。並且利用歷史研究途徑（historical approach）與制度研究途徑（institutional approach）部份的方法論意涵，處理特定機制的歷史定位與功能。兩種研究途徑對本研究探討黨國威權的文化建制、統治策略、政治論述，以及瞭解政治社會的理性評估與定型化的政治規則、市民社會所形成的涵化順從現象，或是質疑、反動、相生的府會互動模式，提供論述的規則。

　　這些分析方法與研究途徑的方法意涵，交相綜錯隱現於本研究過程的論述內容當中；純粹單獨使用其一並無法全面關照研究旨趣。特別在撰述陳文時，論述分析的方法論意涵，是本研究極需借助的手法。在此針對上述各種研究方法的基本特質加以說明。

　　個案研究主要是質化研究分析的精神，研究者透過參與式觀察、深度訪談、過程追蹤，對個案進行研究（Gerring, 2007：342）。但有些個案研究也可以是量化取向而能夠驗證理論者，同樣是測重歷程與瞭解脈絡的研究方法（Merriam, 1998）。一般對個案研究的界定，大都掌握對象的特定性，以及對該對象的深度與廣度的挖掘。諸如個案研究的特徵應在於選擇特定的案例，

　　的符號意象，但是，陳述並非符號的整合，而是摘述的問題。是陳述說話時所使用的符號，使之能夠在客體、主體與其他陳述中，把這些符號分配到特定且重覆的關係之中。參閱 Michel Foucault. 1972〔1969〕. The Archaeology of Knowledge（L'archeologie du savior）. London: Routledge。因此，論述可指涉以某種方式共同製造一項事件、人物或同一類人，其特定觀點的一組意義、隱喻、表徵、想像、故事與陳述，是一種以特定方式展示這些現象的表達方式。參閱 Vivian Burr. 2003. 2nd. Social Constructionism. London and New York: Rougtledge. P.64。本研究以論述分析作爲整體研究內容鋪述的方法，本身亦同時在進行類似論述建構的工程，諸如在分析政治權力、宰制與權力不均等的概念時，藉以指涉統治階級利用特定的統治符碼或意識形態控制被統治者，形成統治文化的各種「表徵」（representations）。當本研究以個案作爲反抗統治政權的政治反對縮影時，也是嘗試在宏觀與微觀層次，建構出能夠反映主體「表意」（言說）意涵之特定的、摘述的、甚至是符號的模式。

詳盡而密集地對案例的脈絡進行分析（Ritchie and Lewis. 2003：52）。另有主張個案研究本身應該由特定被研究的對象來界定，而非採取何種調查方法的問題（Stake, 2005：443）。個案研究的對象是任何在封閉體系內（bounded system）研究者所感興趣者，可以是簡單的，也可以是比較複雜的個案。重要的是，個案研究的目標是為了瞭解個案的界限（boundaries），及其在封閉體系內行為模式的綜觀（complexity）（Stake, 1995：xi）。個案研究亦可定義為：建基在一組預先設定（pre-specified）的流程，所進行的實證分析（Yin, 1989：25）。關於個案研究具有實證分析特徵的意義，依寧（Robert K. Yin）強調個案研究是針對「如何」或「為何」的問題導向時，值得優先考量的一種分析策略。這使得個案研究本身成為探索問題的方法，也是對真實行為事件進行控制的偵查（investigator），進而可再聚焦於當代與歷史觀點對立現象的分析。針對不同性質的個案，另可發展出闡述的（explanatory）、探索的（exploratory），以及描述的（descriptive）個案研究類型，這些類型可互為補足個案探討的需求（1989：13）。

其他對個案研究類型的區分，還包括描述的、詮釋的與評價的（Merriam, op cit：43）。亦有本質的（intrinsic）個案分析，如個案本身具備獨特條件並引發興趣者；工具的（instrumental）個案分析則針對特定議題與問題提出見地（insights），藉以精練理論意涵；或是集體性質的（collective）分析是將諸多個案集結在一起進行分析，目的在瞭解特定的現象、母體或普遍情形，又稱為多重個案分析（multiple case study）（Stake, 1995：3-4；2005：446-454）。還有籠統的將個案研究視為描述性研究的類型，其目標在確定情境的性質與程度，描述並解釋現象（陳萬淇，1995：16；劉勝驥，2007：4）。原則上，個案研究所具備解釋社會或個案現象的特徵，這點與廣泛的質化研究特質是一致的。包括寫實調查、解釋研究、田野調查、參與觀察、歸納研究、個案研究、民族誌（ethnography）等等，都屬於質化研究途徑的範疇，他們是可以相互轉化與使用的分析方法（Merriam, op cit：5）。

雖然，個案研究有具備質性分析精神，但是，個案研究法本身與其他質化研究仍存在明顯的差異，個案研究基本精神在通透徹底地描述與分析獨立的單元或封閉體系（Smith, 1978. Merriam cited, op cit：19）。此外，它還存在一項特質——應該以研究過程（research process）的說法來界定之（Merriam, op cit：27）。這表示個案分析形式上被限縮在特定有限的範圍內，部份資料是靜

態的，然而，研究過程不僅僅是對既定資料的鑽研，還會牽引資料的再積累與新意；換言之，分析、解釋、探索的表彰是動態的。因此，就研究實作層面而言，回歸個案研究當是最具體與落實的開端，特別是針對社會問題的研究，就必須根植於研究現場的時空系絡中，對社會實體進行整體的、全像式的（holographic）描述，並以歷史的、本土的和全觀的角度進行詮釋（Denzin, 1992：36。江明修引，2009：151-152）。為此，個案研究便經常被定義為一種經驗研究，研究者必須在時間與空間交織的社會網絡中，找尋意義與創建社會實體（江明修，前揭書：152）。

　　個案研究實兼具客觀事實的理解與主觀理解的詮釋。至於要如何呈現個案研究的深度與廣度，以及如何透過挖掘資料，抽繹出個案本身及其所處的系絡？這需要落實到個案研究的基礎設計，首先是篩選，接著是配置（configuration），最後是建構。如果是量化分析，則需要在建構之前，將因素予以參數化（parametric）（Hinrichs, 1992：4）。整體而言，個案研究的流程所呈現的是質化研究特質，包括：設定個案並概念化研究目標，強調與個案相關的現象、主軸與議題，找出資料模式以便發展議題，多方檢視關鍵目標（triangulating key observations）以強化解釋的基礎，預設可替代性解釋方案，最後提出聲明（評析）並通則化個案研究的結果（Stake, 2005：459-460）。

　　文獻分析法亦稱之為資料分析法，其性質與歷史分析法中的檔案研究法有類似之處。歷史性研究原本是對過去事件與現象的分析，並以「發展」的眼光解釋既存的事實（劉勝驥，前揭書：5）。文獻分析法的功能在於：一、透過文獻瞭解當時人的想法和動機。二、瞭解事件發生的過程、經歷的階段，以及每一個階段起作用的是哪些事件？認識歷史的發展具有偶然性，重視由某一些當時發生的特定事件，及其所帶動的整個歷史發展的進程。三、瞭解當時涉入事件過程有哪些人物，這些人物各是來自什麼背景，持著什麼立場？有些文獻是不證自明，不需大量解讀，可以直接看到答案，即「資料會說話」；這種文獻不多，而且即使是不證自明的文獻，仍需在其它議題上加以解讀才有意義，於是便需對文件內容加以分析（石之瑜，2003：199）。因此，文獻分析所進行的是對各類型資料的挖掘過程，讓研究者從中聯結人事物的因果性、相關性，甚至產生真偽性的爭議。本研究掌握李萬居背景資料，透過對政府出版品、專書、學術論文、紀念研討會、訪談資料、回憶錄、報紙等資料的剖析，勾勒李萬居的形象，解讀史料後並賦予史實新的評論。

　　歷史研究途徑與文獻分析法有部份關聯，兩者同樣以過去的史料和事實為研究對象，從歷史觀點將事實作詳細的敘述，研究者藉史籍等媒介去瞭解當事人的活動或確立彼此的關係。這不僅要鑑定史料、解釋史實，更重要的是要找出歷史的因果關係，並建立歷史演變的法則。賽德（Edward M. Sait）認為歷史研究是辨別制度真正本質的唯一辦法（呂秋文引，2007：19-20）。賽德之語意味要瞭解制度，必得歷經回顧典籍的過程，才能夠掌握制度的性質與功能。倘若如此，這與制度研究途徑亦產生聯結，制度研究途徑可說是歷史研究與法律研究等研究法，無法充份解釋現象之餘，另外興起的傳統研究學派之一。常見的政治現實就是政治制度，這種方法的主要工作是對政治制度層面作細節的描述與解釋（呂秋文，前揭書：21）。除了描述性質，制度研究常牽涉到法制與歷史，因此制度研究途徑還可以再區分為描述歸納的（descriptive-inductive）、形式法律的（formal-legal），以及歷史比較的（historical-comparative）類型（Marsh and Stoker eds, 1995：43-46）。前兩項的意涵淺顯，歷史比較則較為強調將制度放在國家理論或經濟、歷史的脈絡下討論。例如政治制度象徵手段（功能），〔反映國家的性質〕，國家是規範個體與相關要素間特定權力關係的人類社群，這種權力關係就是在政治制度中體現的（Finer, 1932：181. Marsh and Stoker cited, op cit：46）。

　　事實上，制度研究途徑在政治學界於八○年代興起方法論革新時，業已產生變化，擴充發展出兼具個體理性與制度規範的新制度論（new institutionalism）。該研究途徑的基本假設是：個別的行動者處於一連串限制其選擇與策略行動的情境中，個體經過互動所產生的集體結果都受到制度的影響（Hall and Taylor, 1996：937; Weingast, 2002：661-662）。新制度論流派之一的歷史新制度主義（historical institutionalism），便是整合歷史與制度因素的方法論，強調隱含於制度的建構意涵，甚於系統「需求－反應」模式的功能論。將鑲嵌（embedded）於體制或政治經濟體系內，正式、非正式的各種建制考慮進來，概念化制度與個體行為的關係，重視制度運作過程中所呈現權力不對稱（asymmetries of power），並關注制度發展所形成的「路徑依循」（path dependent）模式，以及整合各種足以形成政治結果的因素（Hall and Taylor, op cit：937-938）。制度研究途徑還另發展出計算研究途徑（calculus approach）與文化研究途徑（cultural approach），以周延解釋制度對個體行為的影響。前者測重人基於策略考量，並與制度規範進行理性互動。後者喻

意強制性的機制提供資訊與規範，保障個體的同時，也改變個體的目標、偏好與期望（expectation），最後形成個體遵循既定模式並達成滿足的目的。

　　如此看來，歷史的、制度的或整合歷史與制度的方法論意涵，皆對本研究同時處理宏觀與微觀主體互動關係的陳述，提供方法論意涵的引領。諸如從宏觀視角定義制度與行動者行為的關聯、考量權力在制度的影響與現象、路徑依循與非預期的結果等。這些意涵或多或少說明臺灣戒嚴初期，黨國文化建置的制度受到歷史因素影響，而逐漸發展成定型的統御路徑依循。至於制度內的行動主體──李萬居，從抗戰期間到國民政府接管臺省之前，積極參與黨國體系的政治活動，實意味著他乃是受到黨國文化制度一定程度的影響，因而型塑其偏好與期望，在特定時期他確實藉制度，實踐其愛國救國的民族情愫，並且從中獲得政治滿足。

　　瞭解上述各研究方法的基本內涵後，接著說明論述分析方法的基本原理。論述的概念最初和語言學有關係（Stubbs, 1983; Coulthard, 1985; Paltridge, 2006）。最早由赫利斯（Zellig Harris）在一九五二年提出，當時這種方法是為了分析言說與書寫的關聯（Paltridge, op cit：2）。從語用學的角度，論述分析的意義主要是透過附著於資料的特定框架，顯現地或隱含地去描繪超句式文本（suprasentential text）或社會轉型，或是在協調的系絡（context）中，提出一個獨特的表現方式（characterization），讓參與者能著手解釋意義的過程（Coulthard, op cit：viii）。由此可見，論述分析的吸引力來自於語言、人的行動與知識的關聯（Stubbs, op cit：1）。

　　將三者關聯表現得最極致的情形，是奧斯丁（John Langshaw Austin）在一九五五年提出的洞見──「話語即行動」（utterances are actions）〔註20〕。「話語即行動」擴充言語純粹作為表述的功能，以「表演式話語」（performative utterances, performatives）的概念擴充這個原則。相對於描述性話語的表述性，表演式話語指涉話語的是行動的執行，不是單純說出某些事物而已（1975：3-7）。這區分表述的/表演的，以及表意行動/意向行動（illocutionary act）的概念，讓言說行動理論從特定理論變成普遍性理論（Austin, 1975：148）。整體

────────────

〔註20〕奧斯丁「話語即行動」的論點，出現在知名且影響力最大的著作《How to Do Things with Word》。該書的內容收錄奧斯丁一九五五年在哈佛大學，一項名為「威廉詹姆士講座」的系列演講十二篇。但實際付梓的內容，經過 J. O. Urmson 與 Marina Sbisà 重新編輯，在 1962 年出版。1975 年第二版問世，另增附奧斯丁原稿的註記內容（pp. 165-168）。

而言，話語意涵的深淺程度，從平白描述到話語攜帶意圖，再到話語產生眞實的影響，表演式話語的概念鋪墊言說行動理論，將「意向行動」全然展現（Austin,op cit：40）。

與奧斯丁同屬語言學專長的知名學者──塞爾（John R. Searle），同樣對言說行動理論提出見地。他奠基「意向行動」的概念，強調言說行動完成後的結果；即使知道言語意向，但語言溝通的單位不只是符號、字句，而是言說行動被執行後的產出（production），在特定情境所形成的句子，才是意向行動作爲語言溝通最起碼單位的意義（2000：253-54）。塞爾提出的論點稱爲「間接言說行動」（indirect speech act），他界定這個概念爲：說話者與聽者的溝通，超過他所賴各種背景資訊所眞實說出來的，而是在語言和非語言上，和聽者所表現的一般理性和推理連結在一起（Searle, 1975：78）。透過分析這種互動過程滿足重建話語的意義，塞爾還提出一系列言說行動的假設，形成語言和行爲的規則（2000：256-57）。原則上，奧斯丁與塞爾的論點對論述分析帶來的貢獻，在於找出語言表達背後的意義，以及界定表達本身就是話語。他們的論點大致指涉論述研究的基本意義爲：將語言視爲表演的（performative）與功能（functional）的性質，語言不能被視爲中性的或只是溝通的工具（Rapley, 2007：2）。

論述分析最初的重心是針對言說與行動，以及人與社會文化系絡的議題，進行純粹語意學或敘事結構（narrative structure）的分析，發展到後來則隱含社會建構理論（social constructionism）的精神（Phillips and Hardy, 2002; Paltridge, op cit：9-11; Rapley, op cit）。依據柏爾（Vivian Burr）之論，論述研究的確有部份源自於社會建構論的傳統，社會建構論主要牽涉四個概念：一、對於被視爲理所當然的知識與理解持批判立場；二、我們對世界的知識同時具有特定的歷史與文化意義；三、世界知識透過社會過程被創造、維繫與重整；四、知識與行動密切相關，彼此相互影響（reflexively inform each other）（2003）。社會建構的概念與論述分析所產生的聯結，又可以從兩個面向來說明：一個面向是關注文本與系絡的相對重要性；另一個面向是關注權力的程度，這可再區分爲較重視機動形式的批判研究（critical studies），以及較傾向社會建構過程的建構研究（constructivist studies）（Phillips and Ravasi, 1998. Phillips and Hardy cited, op cit：19-20）。

兩個面向再交叉組成四個限象的分析類型──解釋的建構分析（Interpretive

Structuralism）、社會語言分析（Social Linguistic Analysis）、批判語言分析（Critical Linguistic Analysis），以及批判論述分析（Critical Discourse Analysis）。四種類型具彼此連續的關係，並非單獨分立的範疇，如同韋伯〔政權宰制〕主義的觀點——不是所有的研究必然剛剛好屬於特定的範疇（Phillips and Hardy, op cit：20-21）。四種類型的整合便呈現論述分析爲：語言、文本、權力、結構等因素的組合；其中以批判論述分析（critical discourse analysis）的意涵對本研究尤具啓發性。

范‧戴克（Teun Adrianus Van Dijk）定義批判論述分析爲：主要探討在社會與政治系絡中，權力氾濫、宰制、不公平，如何透過文本與談話被執行、再製造與維持的研究方法（2003：352）。諾曼‧費爾克拉夫（Norman Fairclough）在保留論述分析基本要素——文本與語言的前提上，也將權力在特定結構的形成因素納入，形成文本分析、過程分析與社會分析各層次的交相互動，論述本身最後成爲社會實踐的要素。諾曼‧費爾克拉夫並指出後馬克思主義學者——拉克勞（Ernesto Laclau）與穆芙（Chantal Mouffe）的觀點，他們在探討社會主義的民主革命策略與歷史進程時，所展現的就是一種透過論述權力與結構，說明社會實踐的過程（1995：93; Chouliaraki and Fairclough, 1999：120-126）。其界定權力本質的時候，利用構聯（articulation）的概念聯結社會要素，領導權（hegemony）則是構聯社會要素之後，所形成相對永恆（relative permanency）的概念（Chouliaraki and Fairclough, op cit：25）。

同樣的，諾曼‧費爾克拉夫也利用葛蘭西的文化領導權概念，建構批判論述分析對權力運作的論述，他發現領導權是葛蘭西革命策略的權力論述，代表達成與維持宰制關係的意識形態（Fairclough, op cit：91-111; Chouliaraki and Fairclough, op cit：24）。文化領導權與論述方法的意涵之間，實具有雙重關係：其一是實踐的與爭奪的領導權論述形式，必須透過言說和書寫的互動來呈現，這意含市民社會各種不同宰制場域的發展，鑲嵌著特定的意識形態，包括特定的知識、信念，以及各種社會主體的特定地位。其二論述本身就是文化領導權的一環，整體社會中的各個階級或團體的領導權，所表現的就是自身型塑論述實踐與論述秩序的能力（capacity）（Fairclough, op cit：94-95）。這讓我們得以透過批判論述分析，確認如後馬克思主義者探討權力影響政治實踐的問題，是權力結構被不斷用文本論述來建構的。而且其性質如同威爾森（John Wilson）探討政治本質時指出的——所有論述分析都具備潛在的政治

性，都是政治論述（political discourse）。權力、衝突、控制與宰制等概念也都象徵政治性的意義（2003：398. also see Van Dijk, op cit：360）。

批判論述分析最顯著的要素既是權力，分析言說或文本的過程便在試圖抽繹這項特質（Van Dijk, op cit：354-355; Fairclough, op cit; Chouliaraki and Fairclough, op cit）。但權力的運作還是受到社會制度、結構與權力互動的影響，諾曼・費爾克拉夫即界定社會制度的作用：在體制內維持並聯結各個團體「意識形態──論述形構」（ideological–discursive formations）的分歧。每個「意識形態──論述形構」就是一個言說社群（speech community），每個團體都具備自身的意識形態規範（Fairclough, op cit, 27）。簡要地說，社會制度是口頭互動與論述秩序的一項機制，每個制度架構都包含特定意識形態所展現的樣式或象徵（ibid：38）。如果將批判論述分析運用到政權體制層面時，便是強調政治策略依據什麼而被建構，以及政權如何協助去建構這樣的系絡（Phillips and Hardy, op cit：26）。總言之，批判論述分析是論述分析類型中，將文本（語言）、論述、權力、社會結構等要素整合為較具全方位關照的分析方法。

從論述分析的原理探討主體互動關係的論著，若牽涉語言和權力的關聯時，學界還經常以傅柯（Michel Foucault）的論點為例。傅柯論述的精神，有相當程度是為了解釋知識的歷史，他找到權力的概念，解達歷史的知識是如何被建構的，並將之運用到解釋人類的精神狀態、性史、美學、文明、制度。他在《知識考古學》（L'Archéologie du Savoir, 1969. The Archaeology of Knowledge, 1972）提出知識、權力與論述的聯結，以論述形構（discursive formation）的概念，串連知識意念（will to knowledge）和權力意念（will to power）。傅柯雖認知到權力和知識聯結需要仰靠語言作為工具，但他並非從語言學角度看待語言，而是重視不同歷史階段的語言是如何被規範與執行的（Hall, 1992：291. in 2001：72）？論述透過語言的知識產出，涉及客體與主體關係與實踐的認知問題，甚或是對真理（truth）的理解。因此，界定論述本身有其意義，因為「論述界定形成知識客體，決定主題的意義與合理性，並影響理念能否付諸實現或是被使用來規範行為」（Foucault, Hall add, op cit：72）。

然而，將語言與行動的實質關係，論述得更顯動態性的，當以哈伯瑪斯的溝通行動理論，以及漢娜・鄂蘭的行動理論為代表。兩者對公共空間與公共範疇的論述，一再透過思辨論證，建構出真理愈辯愈明、開放的表達權利、

個體勇於表演的邏輯，這種論述精神的理論意涵提供本研究論述主體政治實踐的基礎。綜論之，論述概念對處理探討的主題、解釋主題所收集的檔案與資料，以及伴隨主題衍生的研究者主觀判斷，可建構與深化政治實踐的可能性。以霍爾（Stuart Hall）的論點為證──所有的實踐都具有論述的面向，論述不會只有語言的表面意義（op cit：72）。

彙整論述分析方法的繁複學理原則之後，本研究擷取（extract）論述分析要義當中，能夠幫助筆者陳文鋪述的方法論意涵，擷取該方法適用於本研究目標的內涵。首先，論述分析強調「語言」（language，或以言說、話語表示）因素，這是表現為動態的立基。誠然，語言最後大都形之於文字，變成靜態的形式，但論述分析納入語言因素，主要的目的便是掌握主體語言的意向，及其與行動之間的因果必然性。這便預設論述分析的資料，要有記載研究對象本身表意的史料，要有足夠份量而得以申論的第一手資料，或者資料來源當具公開認可者。那麼，透過「史籍文字」解釋因果的方式有何特別？個案研究、文獻分析、歷史研究、制度研究等方法，不也試圖從既定資料中，挖掘可能的因果或結果？要釐清這項細微的差異，必須略為掌握論述分析源自語言學和語意學的源頭。

首先，自從奧斯丁與塞爾提出「話語即行動」概念，作為言說行動理論（speech act theory）的基礎之後，確認行動受意向趨使，意向行動的概念便同時應運而生，其意涵為：言說者企圖讓聽者瞭解話語和執行（行動），並以此指涉主體言說背後所蘊藏的意義〔註 21〕。言說行動將言說視為行動的前導，在這個架構上，研究者所進行的「論述」分析，進而超越純粹的「言說─意向」邏輯，一方面擷取文本的意涵，另方面試圖找出被研究對象（主體）言說與行動的因果關係是如何形成的？言說行動在什麼條件上被界定的，以及這種象徵的意義為何？本研究以李萬居質詢問政為材料便是很好的應用，質詢不但以語言為表徵，其性質更具備「有意向和意圖的」基本條件。

其次，「論述」的概念後來擴展並應用到政治、社會、心理、教育等範疇，

〔註21〕「意向行動」是奧斯丁界定話語的三要素之一，這些要素亦代表話語的層次，包括表意行動、意向行動和語導行動。意向行動是話語意圖合理化行動的最主要因素，相較於表意行動之言說者直截表達話語，或是語導行動之超出意向行為，而產生各種意料之外的表達形式，意向行動愈加強調話語背後的意圖，要找出言說者企圖達成目標的意義。參閱 John Langshaw Austin, 1975. How to do things with words. pp.94-108。

其法統另與建構主義（constructivism）〔註22〕產生聯結，建構主義除了「再建構」〔註23〕的本質，同樣重視語言的功能與角色，並將語言視為建構經驗的門路，個體在生活世界存在各種可能的建構方案（alternative），語言是進行社會建構的根本（Burr, 2003：48）。回歸到「再建構」的原則，即使相同資料的基礎上，研究者不只是描述、串連邏輯或是推論因果，還要將文本（語言、文字）、權力操作，以及結構（環境）等因素裝組成一套變項，讓這些變項產生共變與相關，進而詮釋這種組合的意涵。由於論述分析並非可化約為代碼的量化分析，共變與相關的「發現」便成為研究者的「舉證責任」，舉證進行的過程也表示研究者本身在論述情境中，理解他人的論述並進行再論述的過程。質言之，論述分析的目的在擴展資料或文件的內涵，諸如論辯個案、延展爭論、解答問題意識、思考研究主題在過去與現在的意義並做出評論（Rapley, op cit：111-131）。這種過程的前置作業，即在找出資料的關鍵字詞或語句（作者按：關鍵意涵），並確立他們在資料中存在的意義（situated meanings），最後掌握資料產生的完整系絡（Gee, 1999：97）。

　　總之，論述分析既源自於語言學的意涵，對分析史料或言說便深具啟發性。本研究利用論述分析的方法論意涵，並非純粹地剖析文本蘊含的意義，

〔註22〕建構主義在第二次世界大戰後的一段時間，曾被冠以各種別稱，包括批判心理學、論述分析、解構主義，或是後結構主義。到了二十世紀末葉，較統一的稱法是為「社會建構主義」（social constructionism）。當今社會建構主義是支撐與其相關聯之各種理論或分析方法的理論性指標（theoretical orientation）。參閱 Vivien Burr. 2003. 2nd ed. Social Constructionism. London, New York: Routledge. ch1.

〔註23〕對「再建構」概念的認識，部份精神可從建構主義解釋知識、學習、權力關係來理解。若從取得知識與學習的角度來看，知識的獲得有兩種對立理論，其一是指導主義（instructionalism），該理論將學習者定位為白紙，知識被看成只是能夠正確反映真實世界的客觀事實，以這種觀念發展出來的研究方法，在學術界常被稱為實證主義（positivism）。相對的，建構主義主張知識是基於學習者在現實世界中，事務經驗及事件本身的作用關係，持這種觀點發展出來的研究方法，被稱之為相對主義（relativism）。這假設學習者不會一開始就成功地調適新訊息，學習不應該是上對下，強制合理化的過程，應當把學習看作是心志建構（mental construction）的結果。即使是學習新知識，學習者不可能像白紙一般，而是帶著已有的觀念去接觸新觀念，因此，在新舊接軌時產生衝突是正常的現象。內容參閱郭重吉、江武雄、王夕堯，2000年5月26日，從理論到實務談建構主義（彰化師範大學科學教育研究所），發表於台中縣成功國中主辦，「台中縣國中教師資建構主義合作學習」研討會。

主要目標還是在體現行動主體溝通的語言、權力，以及既存結構對溝通的約制，所形成的言說行動邏輯。論述方法的許多意涵爲本研究解析李萬居問政質詢文本，提供適切的分析基礎。最終則進一步將方法論意涵提升到詮釋主體間，以及主體與結構間的對抗，進而彰顯政治行動與政治實踐如何透過對話與互動而完成。在分析文獻與史實的過程，本研究同時從中建構行動者的思想與行爲動機，構聯當時代結構對行動者的影響，以及行動者對體制的回饋。簡言之，就是將宏觀結構和個案言說行動整合，呈現研究個案政治實踐的現象。

援引方法論意涵建構本研究自身論述的嘗試，讓本研究承擔一項責任：對客觀事實（制度與政治建置）進行主觀解釋。這意味在論述的同時，論述本身進行持續與轉化的詮釋，藉著論述的動態性，讓讀者理解歷史當時所發生的事件情境與過程，說服、相信或合理化研究對象的歷史定位；同時認知到論述方法的、言說權力的概念，解釋了政治體系的行動者的主體互動。確切言之，本研究利用論述分析的方法論意涵處理兩項目標：一、突顯威權體制與黨外精英主體互動的轉化關係，從既有的史籍與文獻，建構威權當局、體制結構與李萬居的政治行動之間，所呈現論述主體的權力意識。二、透過分析議政史料、政治事件、記錄、傳記、學術著作、史蹟記載、傳媒報導等文獻，歸整出特定的政治面向，形成知識發掘（knowledge discovery），進而對客觀事實進行主觀的關照與解釋。這正是本研究利用論述分析方法的旨趣所在〔註24〕。

〔註24〕要瞭解言說行動者的意向，無法排除評判或價值觀。姑且不論社會科學曾經在價值中立與價值批判的激烈爭辯，或是產生一種類似兩極化的對立觀——價值中立的科學（value-free science），以及科學中立的價值（science-free value）（Trigg, 2001:120）。社會科學與自然科學最大的差異原本就在於研究對象，前者觀察的是人或是人所制定的所有社會生活規範，後者觀察的是客觀的大自然或物理界。然而，這種分野並不影響任何研究方法，都應當具有科學精神的原則。艾薩克（Alan Isaak）界定「科學」是認眞的研究，具備有系統的或嚴密的（systematic or rigorous），或是經驗的（empirical）特徵。他指出科學的兩種途徑：一組知識（a body of knowledge）或求知的方法（a method of obtaining it），前者指涉自然科學的性質，後者喻涵教導研究者如何取得事實的原則，這也是政治學方法論的基礎（1985：26-28）。追溯科學（science）的字源，本來源自拉丁文的 scire，意指「去瞭解」（to know）。以科學做爲求知方法（method of obtaining knowledge）所建構的知識，就是「科學的知識」（Nachmias, 1987：4）。這同時牽涉到思辨的模式，或是思辨的方法與過程。

　　最後，重申本研究援引論述分析的方法論意涵，目標在托襯出兩個分析層次，其一說明「從文化領導權理論詮釋威權政體運作有限民主的意義」。這個層面的要點在解釋黨國威權的政治實質。其二處理「黨國威權與李萬居問政的互動，所呈現知識份子反文化領導權的意義」。這個層次乃是透過李萬居的政治效益，折射威權體制的宰制模式，並體現在無法選擇的體系內，知識份子建構自身文化領導權的路徑，其實是受制於統治者意識型態的；惟透過知識份子的自我覺醒，反動者亦能發展出批判統治階級的反文化領導權。威權體制的宰制模式、地方政治的操作、黨外精英的反動等種種因素，交織出特殊的歷史向度，並且串連重要的歷史節點，建構特定時空下特定的社會網絡情境與政治效應。

三、研究架構

　　分析架構是整個研究的棚架。本研究的理論架構是文化領導權、溝通行動理論、言說行動理論，分別解釋政治社會與市民社會的政治現象，鋪陳方式則透過論述分析的方法論意涵來呈現，意在彰顯李萬居問政與政治行為所帶來的政治效應，這些源自於政治社會與市民社會關係轉化的政治效應，最後再反饋（feedback）到體系當中，如此循環直到體系達於均衡穩定狀態。

因此，科學亦被界定為思考與提問的過程（a process of thinking and asking questions），其中存在一套判準以面對衝擊和解決問題（Hoover and Donovan, 1995：5）。最後，科學的知識具備兩項要素：一是被瞭解的對象，這構成「科學內容」（scientific content），另一是解釋被瞭解對象的「科學判準」（Popper, 1963; Kuhn, 1970; Lakatos, 1970; Shapere, 1984）。論述分析強調對客觀史料進行不斷論述的過程，並容許理解的主觀批判，其基本前提乃在於科學的求證過程。

圖一-1　研究架構示意圖

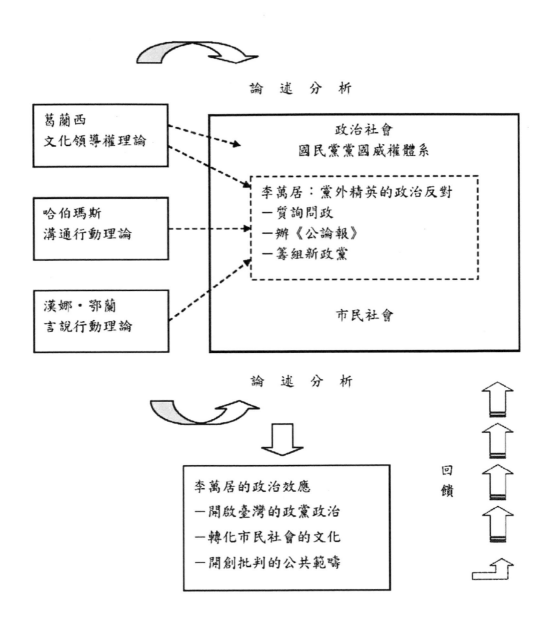

第四節　謀　篇

　　第一章〈導論〉敘述臺灣五、六零年代黨國威權時期的特殊背景——體制內的省議會黨外政治精英，激發戒嚴初期的政治反對勢力，隱伏民主政治發展的契機。並陳述研究旨趣—說明觀察時期、研究對象、研究省思與目的；同時解析本研究所採取的研究方法意涵。

　　第二章〈理論意涵與分析〉闡述葛蘭西的文化領導權理論、哈伯瑪斯的溝通行動理論，以及漢娜‧鄂蘭的行動理論。作爲後續篇章探討黨國威權的權力運作模式、省議會機制，進而詮釋李萬居政治效應的理論基礎。

　　第三章〈國民黨威權政體〉提出威權政體的學理意涵，並利用威權政體的概念架構，從政治社會與市民社會兩個面向，論述國民黨黨國文化領導權的運作策略與特徵，以及反思威權民主對臺灣民主政治經驗的意義。

　　第四章〈省議會黨外精英〉說明政治精英的學理意義，將概念架構套用到臺灣省議會黨外精英的觀察，從「政治反對」的概念，說明黨國威權與政治反對勢力所引發政權合法地位的衝擊，最後反映省議會暨議會黨外精英的歷史定位。

　　第五章〈李萬居生平與仕途〉陳述李萬居的智識建構歷程、政治態度轉型與政治實踐，從黨外形象與仕途風雲。理出他在臺灣硬性威權時期對民主政治帶來的創發性政治效益。這項內容對本研究鋪墊整體研究論述，提供根本的支撐。

　　第六章〈李萬居質詢問政的政治效益〉節錄與分類李萬居的質詢內容，透過解析文本內容，抽繹出統治者的政治符碼，李萬居與威權的主觀論述。進而將〈理論意涵與分析〉應用來詮釋李萬居政治行動的效益，因而在理論與觀察面建構出本研究的論述，而論述本身又同時交織出宏觀微觀的歷史面向——「政治社會與市民社會的關係轉化」與「溝通理性、言說行動暨公共空間」。

　　第七章〈研究結論〉總結李萬居在體制內的政治反對身份，在硬性威權時期對臺灣民主政治發展所激揚的政治效益。呼應〈導論〉李南雄對父親李萬居的政治定位——孕懷並開啓臺灣政黨政治、轉化市民社會文化，以及開創批判性的公共範疇。同時延續並收編前述各篇章內容，完成以政治學理論詮釋特定時期之歷史史實與人物的探索性解釋（exploratory explanation）。

第二章　理論意涵與分析

第一節　葛蘭西——文化領導權

本研究援引葛蘭西文化領導權理論的意涵，主要是利用該理論「文化領導權」與「市民社會」的概念，以此作為分析的概念架構。

一、文化領導權意涵

義大利共產黨創始人葛蘭西（Antonio Gramsci, 1891-1937），終其一生的政治思想，可用「文化領導權」（cultural hegemony）來概括。其思想代表作——《獄中札記》（*Prison Notebooks, Quaderni del Carcere*）〔註1〕的主軸即體現這個概念，舉凡源自於統治與被治互動的社會事實（social truth），以及對國家

〔註1〕　《獄中札記》是葛蘭西在獄中自 1929 年到 1935 年間的思想論著，總共寫了 32 本筆記本，長達 2848 頁的內容。義大利文版本在 1948 年到 1951 年間陸續出版六大冊，英文版的《獄中札記》在 1971 年首度出版，但實際上，應該要稱之為《獄中選輯》（Selections from the Prison Notebooks of Antonio Gramsci），因為內容並非全然翻譯自義大利文的完整版本。本研究引述葛蘭西論述時，當內容是取自《獄中選輯》時，便以 SPN（Selections from the Prison Notebooks）的縮寫顯示於夾註之中，若內容引用西方學者探討葛蘭西思想的論述時，有時出現 QC（Quaderni del Carcere）縮寫於夾註，此則表示該學者參考的是原本 2848 頁《獄中札記》的內容。葛蘭西著作出版詳目表列於附錄一表二-1。事實上，在《獄中選輯》尚未出版之前，與葛蘭西思想相關的英文版譯著，最早出現在 1957 年馬克士（Louis Marks）翻譯的《現代君王及其他作品》（The Modern Prince and Other Writings），此篇論文後來收錄在 1971 年的《獄中選輯》內。

的救贖，皆可收束在這個架構之內。文化領導權源自於社會主義，但受到觀察資本主義統治階級宰制社會的策略所影響，象徵統治者成功說服社會其他階級接受其道德、政治與文化的價值觀，以鞏固政權合法地位，這種統治術蘊涵意識形態的灌輸與宣導，有別於武力鬥爭的硬實力，是取得「共識」的軟性駕馭。葛蘭西站在社會主義革命的立場反抗資本主義，卻同時認知到資本主義政治社會的統馭手段具備文化領導特質，是其屹立鞏固的理由。他因而扮演起激進革命份子，企圖實踐屬於社會主義的文化領導權，在建構假想的影子對立主義時，他將社會主義政黨定位為反文化領導權的角色。指涉權力關係表現在：誰握有文化領導權就是統治階級，現在是資產階級，將來是無產階級。

　　葛蘭西文化領導權的內涵受到社會主義領導權法統的影響。社會主義將「領導權」（*gegemoniya*, hegemony）作為政治策略的源頭，可溯源於一八八三年到一八八四年間的俄國社會民主主義運動，該民主革命首度利用領導權的概念，作為實務政治號召與行動的策略〔註2〕（Anderson, 1976-77：15）。但是，社會主義正式利用領導權的概念解釋統制關係與權力鬥爭，則肇始於馬克思（Karl Marx, 1818-1883）與恩格斯（Frederick Engels, 1820-1895）。他們在《德意志意識形態》提到：「統治階級的思想在每一時代都是占統治地位的思想。這表示一個階級是社會上占統治地位的物質力量，同時也是社會上占統治地位的精神力量。支配著物質生產資料的階級，同時也支配著精神生產資料，因此，那些沒有精神生產資料的人的思想，一般是隸屬於這個階級的」（Marx and Engels, 1845-46。選集第一卷，1972：52）〔註3〕。這意指領導權被定義為握有權力者為資產階級，被統治的群眾為無產階級，以此作為階級對立的基本內涵（Femia, 1987：32-33）。

　　他們在《共產黨宣言》時更加突顯階級鬥爭特質——「到目前為止，既存社會的歷史都是階級鬥爭的歷史」（Marx and Engels, 1847-48. Feuer ed, 1959：7），以及「每一個歷史時代主要的經濟生產方式與交換方式，以及必

〔註2〕　俄國社會運動者——普列漢諾夫（Georgii Valentinovich Plekhanov）與阿克雪爾羅德（Pavel Axelrod），在呼籲工人對抗沙皇的政治運動中，以爭奪共黨領導權為號召。

〔註3〕　夾註標示馬克思、恩格斯原著年份，隨後標示「選集第○○卷」、年份、頁碼。《選集》全稱為《馬克思、恩格斯選集》。同一著作出處，初次標示出版年與頁數，其後則不再標示出版年，亦不標示「前揭書」，僅標示《選集》與頁碼。出版詳目表列於附錄－表二-2。

然由此產生的社會結構，是該時代政治的和精神的歷史所賴以確立的基礎，並且只有從這一基礎出發，歷史才能得到說明。整個人類的歷史（從土地共有的原始部落社會解體以來）都是階級鬥爭的歷史，是剝削階級與被剝削階級之間、統治階級與被壓迫階級之間鬥爭的歷史。這個階級鬥爭歷史包含一系列發展階段，現階段已到達這樣一個階段，即被剝削與被壓迫的階級（無產階級），若不能使整個社會一勞永逸地擺脫差別與階級鬥爭，就無法讓自身從剝削與資產階級統治的奴役中解放出來」（Feuer, op cit：4）。馬克思與恩格斯爲當時代統治與被治的失衡關係，發展具政治經濟意義的普遍理論——階級鬥爭與資本積累定律（Crick, 1987：53-54）。他們的目標在破解這兩種由資產結構生成而來的現象，並訴求人的解放，認爲鬥爭的特質是「所有階級鬥爭都是政治鬥爭」（Feuer, op cit：16）。恩格斯在《霧月十八日》第三版序言中，曾譽稱「正是馬克思最先發現了重大的歷史運動規律，根據這個規律，一切歷史上的鬥爭，無論是在政治、宗教、哲學的領域中進行的，還是在其他意識形態領域中進行的，實際上或多或少明顯地表現了各社會階級的鬥爭」（Engels, 1885。選集第一卷：602）。簡言之，社會階級鬥爭的目標在政治解放，最終是要解決「異化勞動」（alienated labor）的問題。

後來社會主義在實務中運作領導權，並且進行大規模爭奪戰的，是在列寧（Vladimir Lenin, 1870-1924）所主導的十月革命中實踐。列寧的革命與馬克思訴諸廣眾工人爲首要力量的策略不同。在作爲十月革命指導的《國家與革命》，列寧借用馬克思無產階級專政的原則，主張不能遺忘勞動者所要的國家是「組織成爲統治階級的無產階級」（1917。全集第二十五卷，1955：390）〔註4〕。然而在此之前，列寧談如何組織無產階級進行革命時，其領導權模式其實已經產生變化，他把政黨知識份子的角色給提升上來了，強調當結合政黨知識份子進行革命。因爲「工人階級單靠自己本身的力量，只能形成工團主義的意識」，而且「科學社會主義的創始人馬克思和恩格斯本人，按他們的社會地位來說，也是資產階級知識分子。俄國的情況也是一樣，社會民主黨的理論學說完全不倚賴工人運動的自發增長，它的產生是革命的社

〔註4〕 夾註標示列寧原著年份，隨後標示「全集第○○卷」、年份、頁碼。《全集》全稱爲《列寧全集》。同一著作出處，初次標示出版年與頁數，其後則不再標示出版年，亦不標示「前揭書」，僅標示《全集》與頁碼。出版詳目表列於附錄一表二-2。

會主義知識分子思想發展的結果」（1902。全集第五卷：343）。對列寧而言，知識份子就是政黨先鋒隊的職業革命家。這種傾向精英主義的論調，也因而讓他的政黨民主集中制（democratic centralism）〔註5〕蒙上獨裁的色彩。但列寧仍然始終據守「工人階級的歷史任務，是把爭取政治自由作爲首要任務」的原則。只不過爭取政治自由的企圖心，讓列寧不願只停留在以「意識形態作爲文化革命的工具」而已（Femia, op cit：25）。

社會主義領導權的革命意涵，到葛蘭西處理義大利社會主義革命問題時，同樣認同並擴充列寧政黨論的意涵——主張政黨知識份子必須充當教育者，教育並引導無產階級到政治革命的意識形態水平。然而，葛蘭西在利用政黨與政黨精英作爲革命要角之際，卻沒有棄絕無產階級；葛蘭西保全無產階級的手段，並非將他們推向革命而已，而是將馬列以武力奪取政權的立場，巧妙地轉換以「文化領導權」爲普遍原則，將武力的階級鬥爭緩和爲在適當時機奪取政權的推力（nudge）。但無產階級力量要能夠被引導成實踐社會主義領導權的「集體意志」（collective will），以及「集體意志」能量積累的策略，卻始終是個歷史問題。事實上，葛蘭西面對這個問題時，一如其他社會主義前輩，同樣從觀察資本主義爲出發點，但葛蘭西顯然已發現社會主義革命在穩固的資本主義意識形態宰制下，其進程可能不得不延長。或許馬克思與恩格斯認爲在「特定條件中創造歷史」的共產主義，已經以幽靈身份出現在歐洲，構成對資產階級的威脅（Marx and Engels, 1847-48）。然而，葛蘭西恐怕認爲馬克思對無產階級的革命是宿命的。葛蘭西意識到長期以來社會革命事業未竟的原因，在於那些被馬克思奉爲階級鬥爭主力的工人欠缺被有效地領導，因而借鏡資本主義的文化領導權，找到政黨知識份子這項變相，以他們作爲「陣地戰」（war of position）策略的要角，佈局反文化領導權。這個原則可說是葛蘭西在社會主義領導權範疇內，所擴展出既創新又承傳的價值。

葛蘭西與馬列領導權的差異可說是實踐哲學的差異。相較於馬列主義，葛蘭西更清楚地認知到：雖然資本主義本質存在崩垮的危機，卻始終立於不墜之地，因爲資產階級的統治權嫁接在國家機器身上，使國家具有實行階級鎮壓的功能（Draper, 1977：245）。他敏銳地捕捉到無產階級相對於資產階級

〔註5〕 列寧政黨論的「民主集中制」有兩項要點：一、無產階級革命路線與傳統馬克思單純憑靠工人階級爭取主權的路徑不同，工人革命要在政黨的指揮下運作：二、無產階級革命要成功，必須由政黨知識份子（精英）領導，知識份子還需扮演教育工人階級的角色。

的弱勢與癥結點，就在於文化領導權。這是葛蘭西對正統馬克思主義的突破與創見，也是對資本主義本質的洞見，制度的力量不是統治階級的暴力或國家機器的強制力，而是被統治者接受統治者的世界觀（*Weltanschauung*）。領導權的要義在於理解統治階級如何設法贏取附屬階級的同意，洞悉後者如何想設法推翻舊秩序（Fiori, 1970：238）。基於這種理解，葛蘭西從道德與精神優越呈現文化的社會功能，利用文化聯結國家意識形態與社會，以此作為革命的依據（孫晶，2004：95-96）。簡言之，葛蘭西用文化因素作為統治權蘊藏的軟性控制，彰顯政治權力的本質與權力重組的歷史路徑，乃是將馬克思的經濟鬥爭轉化為政治戰鬥，把列寧的政治暴力用文化精神和哲學包裝起來。

　　文化領導權還突破純粹以武力奪取政權的絕對性。馬克思與列寧支持無產階級專政要以武力取得，資產階級崩垮的條件是資本主義結構危機與工人暴力同時發生。葛蘭西沒有直接處理這個問題，他指出領導權的雙面特質——「上層階級的統治基礎有兩方面：一是宰制，另一是智識與道德的領導。當一個社會團體宰制敵對團體時，傾向『消滅』，甚至以武裝制服之；但對血緣關係或聯盟的團體則採領導的方式」（SPN：57）〔註6〕。換言之，領導權是對順服階級的統治，強制則施行於敵對階級。領導權的雙重辯證帶出道德與智識的文化內涵，這是統治者真正在市民社會運作的主要手段。按照布切格魯克斯曼（Buci-Glucksman）的說法，文化領導權在市民社會中被表達為制度、意識形態、慣例，以及行為代理者的綜合體（1974, Carnoy cited, 1984：70）。拉克勞與穆芙（Ernesto Laclau and Chantal Mouffe）詮釋葛蘭西文化領導權的時代意義時，則指出民主革命是在激進民主解構的影響發揮之後達到最大，社會的存在並非靠教條的社會要素，而是在社會分歧與敵對交織，以及從每個特殊事件的偶發與不確定當中獲得確認的。這種從無意義的矛盾到有意義的建構過程，最終的根基就是文化領導權（1985：192-193）。

　　綜論之，葛蘭西文化領導權的概念，同時關照統治者與被統治者的立場。當下取得統治地位的文化領導權模式，也是被統治之市民社會其他集團學習的對象，而政權轉移的領導權意義同樣是以文化因素當作宰制的手段。那麼，

〔註6〕　引用葛蘭西論著之夾註所標示的英文縮寫，代表特定的英文譯著。舉例說明，
　　　　　標示 SPN，即代表《Selections from the Prison Notebooks of Antonio Gramsci》
　　　　　的縮寫。其他引用葛蘭西著作的夾註皆依相同方式表示，著作名稱與年份一
　　　　　併表列說明於附錄 1-2。後文論述引註於夾註內的標示方式，便僅標示英文譯
　　　　　著縮寫與頁碼。

文化領導權的要義便可歸納爲幾點：一、政權合法性的基礎是獲得社會的「同意」，統治者取得社會同意的手段，讓統治文化（意識形態）成爲領導意涵，這就是「智識與道德的領導權」。二、領導權之所以是文化的，在於統治是一種軟性的駕馭。類似以德服人的文化領導權，統治者善用文化工具，在「德」方面下功夫，「德」的部分加厚時，就不需過分依賴「力」的部分，這種「德多於力」的局面，就是完整國家的體現（李南雄，2009：11）。三、文化領導權的特質蘊含政治社會與市民社會兩者間關係的轉化，文化領導權的生機需要透過市民社會爲展現的平台，而且政治衝突被期許在市民社會中獲得詮釋。四、文化領導權是長期觀察與修正的歷程，並且透過「陣地戰」的形式定格，同樣的，市民社會建構（反）文化領導權時，也是以陣地戰的策略整裝待發的。五、文化領導權最後成爲一種普遍性的世界觀，而且這是統治者克服市民社會的「常識」（common sense）之後，所建構市民社會忘卻自身而順勢接納與融入的意識形態。

二、市民社會與政治社會

葛蘭西觀察到資本主義社會的市民社會已被意識形態化，與政治社會的關係變得既緊密又緊張，市民社會體現文化領導權的意涵就變得更多重。諸如：國家、政治社會與市民社會關係的轉化，導致市民社會成爲穩定但不均衡的機制，或是市民社會作爲政治社會意識形態的延伸，已發展成防禦工事，社會民主革命的策略也必須跟著調整。政治社會與市民社會關係的轉化，使得市民社會的性質與進展逐漸呈現葛蘭西所謂新的社會，也是新的「歷史集團」（historic bloc）﹝註7﹞。這是相當於文化領導權意涵的概念，代表不同階段掌握文化領導權的集團所形成的「集體意志」，並且這種集體意志同樣反映爲「智識與道德領導權」的綜合體（Laclau and Mouffe, 1985：67）。葛蘭西市

﹝註7﹞ 葛蘭西所稱「歷史集團」，是「文化領導權」的同位語。他表示社會主義革命成功取代資本主義之後，即形成新的「歷史集團」，意即新的統治意識形態。透過拉克勞（Ernesto Laclau）與穆芙（Chantal Mouffe）詮釋葛蘭西所預想之「特定歷史局勢的社會實踐」，當能對葛蘭西「歷史集團」有所理解：每個歷史集團或文化領導權是透過分殊的規則建立起來的，這些分殊透過各種分歧因素的激增，定義所認同體系的多重性，或是對立體系﹝取代先前主﹞變成正規的，轉而形成相關串連的新體系，或是集中權力以抵制不同形式的權力（1985：142）。

民社會在的概念占文化領導權意涵相當重要的比重，社會主義革命將發生於此，既是政治社會宣揚意識形態的所在，也是無產階級接受訓練的所在。

葛蘭西「市民社會」在特定歷史時代的意涵，大致可歸納出幾項要點：

（一）穩定不均衡的市民社會

文化領導權在市民社會的運作，終將市民社會導向穩定〔卻〕不均衡（stable disequilibrium）的狀態，這種狀態象徵巴力門（parliament，西方的代議民主）機制脅迫式同意所造成的均衡（Thomas *add*, 2009：165 n23）。這意指資本主義本身有其制度制約所帶來體系的暫時穩定，但市民社會存在制約與反制約的雙重性質，統治者的文化領導權終將造成自身的穩定不均衡。葛蘭西將這種矛盾性表達最直接的觀點在於：「現在可以做的就是確定上層建築的兩個「層次」（levels），其一是市民社會，它是私有組織（文化社團、教堂、報紙、政黨）的總和，另一是政治社會或國家，這反應統治集團對社會行使領導權的功能，以及透過國家與司法體制進行直接統治或執行管轄權」（SPN：12）。現在是完成政治鬥爭優先，建立新政治秩序的訴求，在寄望無產階級取得改造社會與道德的文化基礎，形成社會主義民主制度存在的理由（*raison d'être*）（SPWII：270-271）。

值得注意的是，葛蘭西強調市民社會與政治社會的互惠關係，然若將動態變項納入考量時，當特別留意葛蘭西所意識到的現象——市民社會認知自身的矛盾，並非將自身融入政治社會憲政權利的傳統一體化形態當中，而是動員市民社會作為居中協調的角色（Thomas *add*, op cit：190）。這似乎意味著市民社會與政治社會的互惠交流只是過程，市民社會置於與政治社會同屬上層的最終的目標，是為了利用政治社會與市民社會的聯結，進行資本主義過渡到社會主義民主的準備。葛蘭西掌握市民社會存在潛在的衝突，以「穩定的不均衡」的概念辯證這種過程，詭譎之處當在於：市民社會被統治領導權控制為某種程度的穩定，對於要完成社會主義革命並不樂觀，然而，「相對穩定的局勢」卻鏡映雙方隱藏「穩定的不均衡」。這種現象彷彿折射出葛蘭西焦慮的理由所在，這深刻地激發他發展國家、政治社會與市民社會的辯證關係，為自身在思維策略上以至於心境上，為長期以來社會主義革命失敗獲得解套的慰藉。

市民社會被置於上層建築之後，葛蘭西開始形塑國家或政治社會與市民社會關係轉化的幾種可能現象：一、國家是政治社會，與市民社會對立，這時國家具強制力，可透過對市民社會的操作展現國家領導權；二、國家包含

市民社會，國家是政治社會與市民社會的結合，領導權是同意與強制的複合體；三、國家是市民社會，國家融入在廣泛的社會集團中（Anderson, op cit：12-13; Carnoy, op cit：72-74; Bocock, 1986：28-33）。

第一種模式的國家是政治社會的同義詞，強制權（統治權）歸屬國家，文化領導權屬市民社會，統治領導權以取得同意的方式涉入市民社會，並利用國家的強制性機制進行控制（Carnoy, op cit：73）。這種模式亦反映資產階級文化領導權當家，市民社會就是資產階級社會，憲政權力與政治代表都成為資產階級規範下的「櫥窗裝飾」（window-dressing）（Cohen and Arato, 1994：146）。第二種模式的國家由政治社會與市民社會組成（國家＝政治社會＋市民社會），領導權伴隨強制力取得防衛（Anderson, op cit：12-13），這是「完整的國家」，也是「倫理的國家」（ethical State）。此時的國家被市民社會與政治社會整合的力量包圍，成為披著冑甲受到保護的領導權（SPN：263）。這個階段的政治社會是被合理化的統治階級，維持宰制權，企圖贏取積極同意，兼具理論與實踐活動的綜合體（SPN：244）。第三種模式的思維源頭，在於「領導權屬於市民社會，它等同於國家」（SPN：261），以及「現實中的市民社會與國家是同一件事」（SPN：160）。這個模式亦反映葛蘭西「規範的社會」（regulated society）概念，國家以守夜者身份保護規範的社會持續成長，並減少自身威權強行介入，在政治社會的外殼建立構聯良好以及自我管理的市民社會（SPN：263）。這三種互動關係代表文化領導權運作的歷程，實則呈現市民社會進展的階段意義。文化領導權形成於前期，接著以宰制的模式呈現，最終確認統治的維持（Thomas, op cit：161）。

原則上，葛蘭西所界定政治社會與市民社會的兩層社會，一方面應和宰制集團的領導權在市民社會的實際運作情形，另方面展現司法政權（juridical government）與國家直接的宰制（Anderson, op cit：22）。誠然，葛蘭西對政治社會與市民社會關係轉化的推論，反映資本主義社會所呈現穩定卻不均衡的市民社會，終將被社會主義醞釀的反文化領導權所取代。然而，仍不能忘記馬克思主義系絡長期以來所掌握鬥爭的基礎——奪取生產工具。當資本主義國家的問題逐漸暴露出政治社會對市民社會的經濟制約已經不穩定之際，在馬克思與恩格斯的立場而言，就是資本主義最根本的問題——資本積累與生產權所造成的階級鬥爭。同樣的，葛蘭西掌握經濟因素對無產階級的宰制，但是，他顯然已經瞭解以暴力革命奪取經濟主宰權的訴求未見效力；因而將

受制於經濟因素的階級鬥爭轉向，提出文化領導權作爲社會革命的思想根基，政治手段必須是文化智識的宰制手段，才能反過來鬆綁經濟挾制。

　　因此，葛蘭西觀察資本主義市民社會的實際現象，他的理論思維已經與先前論述俄國辯論（Russian debates）的立場有所不同。他切實地關照西歐先進資本主義國家的領導權運作，發現市民社會的布爾喬亞（*bourgeois*）結構，要求更進一步的主題強調（thematic accentuation），這項主張與巴力門的民主制度是相聯結的。葛蘭西曾指出：「目前在巴力門建制下的領導權，是暴力與同意結合的變異均衡，並且暴力不至於凌駕於同意」（SPN：80; Gramsci, QC III：1638. Anderson cited, 1976-77：22）。這反映文化領導權功能已從〔全然的〕同意轉變到同意——強制（consent-coercion），這意味政治社會必須重新定位（Anderson, op cit：22）。如此看來，進階到上層的市民社會，不再與政治社會對立，資產階級與無產階級乃是在互惠中共同維持彼此的利益，以此維持平衡狀態。當然，這般平衡狀態一方面代表資本主義文文領導權的成功，另方面又蘊含反文化領導權蓄勢待發準備反擊的失衡暗流，以至於「穩定不均衡」。

　　至此可理解葛蘭西在方法論的意涵上，將市民社會在西方學理與實務上的定位予以突破，從思想論理去建構新的市民社會歷史角色——將市民社會置放在與政治社會同屬的上層建築，讓雙方的衝突升高爲政治性的，不僅僅是綑綁在經濟因素層面上的。葛蘭西對政治社會與市民社會的互動邏輯，或許還可以從一體兩面的角度，更爲延伸出他對民主治理的藍圖：其一是統治者意識型態精純化之後的政治社會，並且高度地宰制社會集團（市民社會）：政治社會實際地對市民社會深入探索與控制，甚至洗腦了市民社會。政治社會對市民社會的文化精神加以篩選、容納與融合後，再透過文化領導權的軟硬兼施手段，自然而然地將統治領導權滲透到市民社會，最後市民社會的種種社會集團都存在著統治階級意識型態的人、事、物。其二是統治者意識型態世俗化之後的政治社會，並且高度地融入社會集團（市民社會）：完整國家在整合政治社會與市民社會的同時，一方面具有威權，另方面容許雙向互動的社會力進入政治社會；這樣的國家便具備進步的世界觀，能夠充份發揮道德與教育的功能，也是個「倫理的國家」（ethical State）（SPN：263）。兩種視角都指涉共通的目標——上層建築的改造。

（二）陣地戰本質的市民社會

　　葛蘭西社會主義民主革命的意識形態，最初是以十月革命爲藍本的；但是，當歐洲社會主義革命歷經一連串失敗之際，他意識到俄國經驗不再能在西歐重現，因爲他終於清楚瞭解到俄國與西歐在政治社會與市民社會的關係是截然不同的，他發現社會主義革命在東西方策略性的涇渭分明，這因而讓他不但和同時期的其他馬克思主義者產生區隔，實際上他也將自身從國際共產分離出來（Anderson, op cit：50-51）。作爲革命思想受到列寧所啓蒙的布爾什維克（Bolshevik）〔註8〕精神者，葛蘭西對東西方革命路線的差異，雖不免環繞著資本主義布爾喬亞民主國家領導權在東西方運作的差異，以至於似乎高估雙方社會形成的政治權力，但我們卻不得不認同葛蘭西至少發展出一套足以解釋的理論。

　　針對俄國與西歐社會主義革命路線必然的差異，葛蘭西強調：「在東方，國家就是一切，市民社會處於原始而膠著狀態的狀態；在西方，國家與市民社會間存在恰當的關係，當國家動搖時，市民社會穩固的結構隨即顯現」（SPN：238）。這種現象反映資產階級文化領導權成功控制西歐市民社會的結構，西歐與東方俄國的根本差異也就源自於此。俄國革命可以輕易摧毀資本主義，因爲資本社會並未在俄國的環境，發展出屬於自身的意識形態堡壘，以至於當社會政黨領軍無產階級與農民暴動時，便取得一致性行動的前提；十月革命的國家（State）無法藉市民社會建立戰壕或堡壘（SPN：238）。俄國革命的形態，其國家與社會的敵對只限於武力爭奪，缺乏意識形態的緩衝，革命在意識形態眞空的狀態下進行，不存在精神與道德的價值之爭（Femia, op cit：54）。相對的，西歐環境提供足夠的條件，讓資產階級醞釀與傳播其意識形態，讓市民社會與政治社會的互動發展密切；資本優勢力便象徵政治社會強大的防禦工事與堡壘，當〔來自於市民社會的〕攻擊發生時，充其量只摧毀外部工事，內緣卻還存在一道堅固的防線（Femia, op cit：191-192; Sassoon, 1987：193-204; Buttigieg, 1995：3）。

　　簡言之，西歐的市民社會已在資本主義的文化領導權下，儼然形成一道防禦工事，不易摧毀。要破解這道堅強的防禦工事，葛蘭西轉而繞道武力訴求，認知並借鏡統治階級的文化領導權，師敵之長以制敵，主張透過文化武

〔註8〕　布爾什維克是俄國馬克思主義者所組成之社會主義政黨的一個支派，以列寧爲領導人，其政黨組織採取民主集中制。

裝的方式取代眞正的軍事武力；他因此創發出「陣地戰」的策略。陣地戰的概念相對於俄國以武力迅速取得革命成功的「運動戰」（war of manoeuvre）概念。陣地戰是在紮根已深的資本社會中，一種長期、漸進、分子滲透的文化領導權鬥爭過程。在完成長期且深厚的戰鬥之前，葛蘭西主張應擺脫教條的革命口號，他認爲「革命應該清除純教條且模糊的國際主義，而賦予實質的政治意涵」（SPN：241）。葛蘭西的陣地戰革命策略可謂反省的產物，追溯他在入獄前的實戰經驗，他曾經表示社會主義革命的弔詭辯證——「對無產階級革命最有利的時機（關鍵點），並不必要發生於那些資本主義最發達的國家，而可能發生在工人階級及其聯盟對資本主義體系反擊最小，卻特定結構的弱點產生之際」（SPWII：345）。這項軌辯並不構成其思維理論的矛盾，而是巧妙地反溯他在入獄前，便在認知資本主義在西歐紮根已深的同時，亦同時存在宰制權被統治者「理解」與「借境」的弱點；最後在天時、地利、人和的條件俱足後，社會革命一舉成功。

　　無論是獄前洞見抑或是獄中反思，社會主義革命是歷時良久的未竟事業，原本就是拖拉反覆不斷上演的戲碼。但是，葛蘭西至少企圖在文化上、道德智識上、黨的策略上，去建構出可以教育且承傳的一套戰略。對葛蘭西陣地戰的理解便可說是：作爲西方的革命模式，其主要目的在於激發無產階級的階級覺醒，孕育反文化領導權，並發展無產階級的世界觀（Carnoy, op cit：82）。一九二〇年，他在《新秩序》即寫道：「如果革命運動無法掌握時機，任何一種形式的暴動將會被利用來鎮壓農民與工人」（Renton cited, 1999：31）。

　　然而，值得思考的是：葛蘭西所指特定結構的弱點或時機，是否可能在無產階級尚未備妥文化領導權的情況下發生？或如何在特定時機集結特定階級認同進行革命？眞正的社會主義革命所仰賴的手段是什麼？按葛蘭西的理念，無產階級革命不靠武力，而是文化領導權，那文化領導權從何凝聚？葛蘭西所憂慮的或許是：無產階級革命的困難點是從屬階級在被整合到多元經濟統合集團的過程，受制有限的覺知與需求，使得這些被統治階級有目地聯合爲集團的統一，持續被中斷（Jessop, 1982：146）。一如霍布斯邦（Eric Hobsbawm）指出左派的矛盾在於：左派革命在穩定工業社會的困難不在於機會，而在於身處的環境妨礙他們捉住罕見的機會發展革命運動（1973：14-15, Przeworski cited, 1985：15）。

　　如此看來，葛蘭西略帶玄機並蘊含掌握機先的論點，反射出掌握時機是

革命的最後一根稻草。「機先」在過去長期的社會革命運動恐怕發生過數次，但也令人數度失望，葛蘭西的「陣地戰」似乎能爲社會革命緩頰，陣地戰的醞釀需要多久多精緻，或許亦不容輕忽它當與潛在的階級意識和革命機先，相存與共。要如何在市民社會運作陣地戰？葛蘭西在〈論南方問題〉中，主張城鄉不可分離，城市工人知識份子應該影響鄉下農人，創造工農聯盟的歷史進程，透過城鄉聯結與資訊交流發展社群聯盟，並達成營造集體意志的協議（PPW：313-337）。亦曾指出「都靈（Turin）共產黨具體提出無產階級領導權的問題，是關於無產階級專政與工人國家社會基礎的問題。無產階級能夠變成領導與宰制的階級，以至於他能夠成功創發出同盟體系，得以動員大多數人民對抗資本主義與資產階級國家，在義大利這也意味成功地取得廣大農民的同意」（SPWII：443）。工農聯盟的進階是發展民主聯盟，這是解放後的工人與社會主義目標結合的終極理想，同時是「國家超越階級，致力於消滅國家與集團的內部分裂，並締造技術與道德統一的社會有機體」（SPN：258-259）。

析言之，葛蘭西的陣地戰基本上成員是工農聯盟，目標是無產階級發展自身的文化領導權，同時肯定是長程漸進與有機運動的模式，是且戰且走、亦步亦趨的。「無產階級的願景在擺脫統合主義或工團主義的殘渣」（SPWII：448）。文化領導權的革命是透過漸進主義，掃除時代殘渣的政治革命歷程（Boggs, 1984：159; Kuper & Kuper eds, 2004：342）。然而，雖有陣地戰這般兼具省思與紮根的戰略思想，又儘管葛蘭西極度關注無產階級的政治實踐，他卻發現這個目標往往受到廣眾的矛盾意識而受阻（Femia, op cit：185; Forgacs, 1988：336；李孝悌，1989：77）。廣眾意識即所謂的「常識」，常識是群眾自發性的情感，代表統治階級在複雜的世俗化網絡中，被統治者所接受的世界觀，群眾接受他們所處社會制度化的行爲、習慣與道德（Fiori, op cit：238）。廣眾意識受到資本主義長期宰制的過程，往往使勞動者忘記自身被異化勞動，一如經濟主義的僵化，穩定卻也同時制約無產階級；再加上廣眾缺乏自身文化意識，以致於無從批判資本主義。

葛蘭西對廣眾難以成軍的憂慮，表達在〈怎麼辦〉的論述中。他指出：義大利革命政黨的弱點是「沒有意識形態，無法在群眾中灌輸理念，無法振奮群眾擁有道德實質與心理特質的戰鬥意識」（SPWII：171）。換言之，他將重責大任放在政黨知識份子的身上。事實上，這項精神與他受列寧社會主義

政黨民主集中制的影響有關聯，政黨是訓練知識份子的組織。要如何進行反文化領導權意識形態的傳播，他從義大利社會革命認知殘酷的事實，因而記取歷史教訓，發展出「政治－文化工程」的觀點（Urbinati, 1998：377-378）。政治－文化工程是爲革命作準備所進行「淨化」（catharsis）的過程。淨化過程就是將純經濟移轉到道德政治的過程，這象徵人在心志上從基礎進展到上層的超越，表示從客體到主體，以及從索求到自由的意涵（SPN：366-367）。淨化代表市民社會克服常識，建立象徵公共集體的民主，落實正統馬克思主義的根基信念——實踐哲學（Boggs, 1976：17）。

　　歸根究底，陣地戰需要仰賴主體的道德文化意識，從政黨本身、政黨知識份子，以至於群眾。葛蘭西以義大利民族復興運動時期（Risorgimento）的經驗，強調「陣地戰」作爲政治行動的必要。回顧義大利民族復興運動，當時溫和派與行動黨對決，行動黨原本握有特殊的群眾基礎——南方農民，卻由於領導者缺乏辯證的自我批判認知，無法將政治資源投注鬥爭而喪失良機（SPN：61, 109）。相對的，溫和派凝聚社會集團，以分殊的和分子滲透的方式吸納知識份子，行動黨自身也被吸引，導致他們的群眾被削弱，而無法納入政治軌道的範圍中（SPN：60-61）。出生南方的葛蘭西對工農聯盟有著與眾不同的認知，他說「很明顯的，爲了有效地抗衡溫和派，行動黨必須同農村群眾，特別是南方的群眾聯繫，並且不僅在外在的『形式』或氣質，而最主要的是在社會經濟的實質上，要成爲『雅各賓』（Jacobin）……，而且要從兩個方向取勝：接納農民群眾的基本需求，並將這些需求變成政府綱領的組成部份，以及團結中下層知識份子，並關注他們最在乎的事務」（SPN：74）。顯然，行動黨並沒有掌握主觀的力量，但是即使勝出的溫和派代表北方工業知識份子，吸納其他集團份子，仍無法眞正體現理想中的工農聯盟，充其量還是個消極政權，只不過建立「沒有領導的統治，沒有文化領導權的專政」（SPN：106）。

　　民族復興運動還激發葛蘭西辯證出另一項重要的概念——消極革命（passive revolution）（Finocchiaro, 1988：179）。葛蘭西認爲資本主義社會是危機與契機併存的結構弔詭：「危機有時出現令人出乎意外的延續，同時反映自身無可改變的結構矛盾，即使如此，結構仍努力保留與防禦既存結構的政治勢力，並試圖在特定的範圍內克服，這是持續努力所形成『暫時的』應戰場域，也正是在這個場域中，反對勢力組織起來」（SPN：178）。這段論述的辯證意義便在於：一、

統治階級保持最低限度的領導權，以有限的統治維持與鞏固脆弱的領導，暫時阻止敵對階級建立新的文化領導權（Sassoon, 1982：102-3. Carnoy cited, op cit：76）。二、當似強卻弱的權力仍然發揮作用時，唯有呼籲工人階級建立自身的領導權，才能在適當時機取得政權（SPN：232）。消極革命的概念反映所有建構中的市民文化領導權，伺機取代資產階級統治權，政治社會領導權不願被取代，卻由於已經背離理想的完整國家目標，只好試圖在上層建築保持形式的政權合法地位，進行自上而下的改造以拖延政權。

　　在此情況下，市民社會就變得既開放自由又緊張衝突。葛蘭西曾把所有在市民社會進行的改革或暴動，視為過渡到社會主義的消極革命性質，這些事件不能僅僅被看作事件，所有事件都是整個體系持續過程的一環（Jessop *add*, op cit：144）。這讓我們理解到葛蘭西營造激進革命的原因——壓制與生產關係的矛盾擴大，構成未來社會主義生產方式的新歷史認知，政爭的根本問題不再只是勞資正面衝突，而是要重新賦予市民社會文化領導權（Adamson, 2002〔1987-88〕：484; Hunt, 2002〔1986〕：458-459）。他掌握的乃是資本社會危機與契機相生的機制，工人伴隨資本匯集的城市共生，有機會在資訊發達的城市中掌握世界脈動，就近觀察並向資產階級文化領導權學習，改造自身階級文化的不足。工人在最先進的生產部門有可能發展他們的智識（Sassoon, 2000：15），他們與融合上層意識形態的市民社會發生聯結，進而批判資本官僚，形成對抗威權國家的有機過程（Schecter, 1991:1-3; Ransome, 1992：204）。這種有機的過程就是陣地戰的歷程。

（三）有機知識份子的市民社會

　　無論是明確化市民社會與政治社會相生相息的結構，並且承認兩者在既穩定又暗藏危機的關係中運作，或者是將市民社會界定為隨時整裝待發，進行社會革命的「陣地戰」場域。葛蘭西市民社會的重要成份，也是市民社會的代理人——知識份子，乃是不容或缺的角色。葛蘭西談論知識份子的歷史任務與功能之際，區分傳統知識份子（traditional intellectuals）和有機知識份子（organic intellectuals）的差異。傳統知識份子出現在義大利南方資本主義未成形，社會統治處於小資產與地主階級的環境；這種知識份子是農民與小資產家的橋樑，在既定社會持有特定任務的教士，或專業人員如律師、教員、公證人、醫生等，就屬於鄉村型的傳統知識份子。有機知識份子則是處於義大利北方城市型的知識份子，他們是工人階級與企業主之間的環節，

有時候工程師等技術專家甚至並不特別對工人群體運作任何政治活動，反而是工人擔負有機知識份子的職能，對技術專家產生政治的影響（SPN:14-15）。

關於傳統知識份子的特徵，葛蘭西在批判義大利行動黨在復興運動失敗的原因時，即指出領導人喪失主體性與自我批判，他所批判傳統的知識份子——克羅齊，是爲「世俗教皇」（lay Pope），挾宗教宇宙主義的內在論哲學，像他這種傳統知識份子有影響力卻僵化，其最大的弱點便是：無法整合上下層的意識形態，使知識份子與人民之間形成意識形態的落差，甚至是反人民取向的精英主義（SPN：329）。事實上，葛蘭西認爲自十九世紀以來，西方民主政治的知識份子都未能贏取廣眾的共識，即使復興運動時期以仲裁者姿態現身的知識份子，最後還是喪失領導權（Urbinati *add*, op cit：376）。另外資本主義的衍生者——小資產家，也被葛蘭西視爲受困於傳統的知識份子，他觀察美國主義與福特主義的文化侵略與民主管理，指出義大利小資產的偏狹，他們受限於自身的地域觀，無法體察美國成爲世界生產方式的利基點，或去思索歐洲應當如何創造國際世界觀。鄉村型的資產階級及其伴隨而生的寄生者，或是反動派的知識份子，皆受困於這種狹隘的文化傳統迷思當中，無法代之以生機的力量（SPN：278）〔註9〕。

相對的，有機知識份子是能夠化身爲企業家形象的知識份子。葛蘭西抬捧了美國資本家的角色，他認爲美國資本生產力造成的社會重組成爲世界經濟的機制，象徵技術革命，透過擴大消費將廣眾置於不斷的運動階段中。他從美國主義反思工業民主，瞭解敵對性不僅出現在資產權力階級，同時是無產階級自身的分裂；因而格外強調與關注工人要有自發參與決策的能力，要擊倒官僚主義，這是工廠委員會要成爲未來社會雛型的理由所在，也是改良政黨本質的寄望（PPW：155-162）。葛蘭西從這種體悟中將社會主義政黨暨政

〔註9〕　葛蘭西所稱的寄生者是與南方鄉村型小資產家共生的舊階層，反動派知識份子意指北方資產家與大地主勾結的勢力，特別是意大利復興運動（Risorgimento）以來所發展出來的北方都市型知識份子。反動派知識份子帶有溫和知識份子（Moderate）的遺序，欠缺眞正革命的鬥爭力，只想在不受威脅的狀態維持既得利益，暫保領導權，並且潛意識裡鄙視南方農民。法西斯政黨雖曾一度試圖結合南北資本家、地主、工人與農民的支持，但葛蘭西認爲墨索里尼缺乏文化說服的領導。這種紛亂的政治現象，激發葛蘭西先是抗爭社會黨無法延攬群眾爲力量，以對抗法西斯政權的失策，進而另立門戶，組織義大利共產黨，強調結合群眾的行動派政黨策略，以及仿效列寧之政黨民主集中制，培養政黨有機知識份子，實務地從無產階級的教育、訓練與領導權建構，逐步建構社會主義民主革命的策略。

黨知識份子的角色予以強化；他主張政黨要成為爭取群眾力的重要組織，黨的知識份子必須是有機的知識份子，有機知識份子應能夠在統治者形塑擬似市民社會的氛圍中，讓統治文化受到廣眾的同意，知識份子的中介功能則在於聯繫政權意識型態與廣眾信仰和感情，並聯繫政權內部的民主運作，他們明確地執行引導所屬階級產生理念與期望的功能。除此之外，透過競爭機制與公開溝通的模式，知識份子扮演中介身份，聯結政治力與社會力，當統治階級成功掌控政權時，政黨知識份子同時扮演政治傳播功能，讓公共領域得以克服「常識」（Nun, 1986：206）。

　　葛蘭西指出傳統知識份子和有機的知識份子的社會功能差異，進而對政黨有機知識份子有特別的設定。他意有所指地指出：政黨的知識份子是新型態的知識份子，不再是雄辯家或是煽動外在瞬間感情與情緒的鼓動者，而是締造者、組織者、永恆的推動者（SPN：10）。這與列寧鼓舞型的知識份子產生區別，再次區隔出東西方社會主義革命戰略的差異。陣地戰既需要仰賴政黨有機知識份子的引導，政黨便應該凝聚集體意志，使自身等同於集體（有機的）知識份子與新秩序的代理人，並負擔起形塑民主意識的責任（Landy, 1990：167-8）。政黨知識份子是有機的，也要是代表市民社會與群眾對話的機制，透過公共領域凝聚集體意志，讓實踐哲學在政權和民權互惠過程中展現（Morera, 2002〔1990〕：177-178, 180; Joll, 1977：111）。與此同時，再整合政黨在陣地戰扮演承上啟下的功能，政黨知識份子在建構道德與智識的政治集團時，即能在群眾當中組織主觀歷史意識（Bellamy, 2002〔1990〕：138）。這讓我們得以理解葛蘭西認為政黨知識份子善盡功能後，無產階級也就獲得力量——「無產階級的願景就在擺脫統合主義或工團主義的殘渣，克服自我主義的偏見，鋼鐵工人、木工、營造工人等，不再只是所屬工作性質的身份，他們要能夠更上一層樓，成為領導農民的知識份子」（SPWII：448）。這便反映政黨知識份子對工人的教育，亦回應陣地戰訴求工農聯盟的策略。

　　葛蘭西陣地戰所打的策略，終究在喚起社會各階級與集團產生覺醒，變成知識份子，展現自身職能的價值。然而，他似乎仍自覺地區隔階級的社會意義，表示「我們可以稱所有人都是知識份子，但並非所有人在社會中都具有知識分子的職能。不能成為知識份子的原因在於職能未被刺激與開發。理想上，任何知識份子參與的人類活動，都無法將製造者（*homo faber*）與思想者分開（*homo sapiens*）。每個人在其專業之餘，實行特定形式的知識活動，當

下他是哲學家、藝術家、有品味的人，他們參與特定的世界觀，而且擁有道德意識，能為世界注入新的思維模式」（SPN：9）。基本上，這個論點期許著所有人在市民社會中涵化出文化道德的精神。

至於要如何讓知識份子融入群眾以取得信任，進而用適切的方式教育與改造群眾？葛蘭西主張從文化的角度進行政治傳播，一旦社會各階級與集團都覺醒，他們就會變成知識份子。「工人或無產階級的特徵並非受限於手藝或工具性的作業，而是在特定條件的社會關係中，他們執行的工作功能，使他們表現出知識份子的特質」（SPN：8）。這隱喻市民社會的進展，將轉化工人的階級意識與文化道德。若將市民社會的公共功能納入，所有執行特定工作的階級都表現該層次知識份子的功能，那麼，這般境界當是歷經階級意識重建的過程，階級意識乃是透過公共溝通的空間，營造相互主觀情愫的集體意志（Fontana, 2006：71）。伴隨主體認知的集體意志，幾乎就像資產階級形成階級意識一般，無產階級最終的目標在發展屬於自身的文化意識，並取得政權。然而，關於葛蘭西期許無產階級認知自身，到訓練他們成為知識份子，他營造的集體意志仍需回歸「完整國家」的意涵，最終的辯證結果還是階級消融。「國家應超越階級，致力消除與集團的分裂，締造技術與道德一統的社會有機體」（SPN：258-259）。

綜論之，葛蘭西定位知識份子的功能在串連政治社會與市民社會。在政治社會中，其功能是化異順從（coerce dissidents into conformity），並維護法律與秩序；在市民社會內，則藉由私人組織如教堂、傳媒，執行意識型態的領導權，端正社會秩序創造廣眾的自發性認同（spontaneous consent）（Todd, 1974〔2002〕：152）。兩層組織的職能互為關聯，從政治社會知識分子的角度來看，他們是統治集團的代理人，透過教育向廣眾傳達統治階級的道德哲學、文化價值與意識型態；從市民社會知識份子的立場來看，他們激起民眾自覺，創造自身的文化領導權，結合群眾力量對抗統治階級，以取得新的「歷史集團」為目標。

第二節　哈伯瑪斯——溝通行動理論

一、公共領域的意涵

本研究利用哈伯瑪斯（Jürgen Habermas, 1929- ）溝通行動理論中的溝通理

性（包括語言）與公共領域的溝通行動意涵，利用「溝通理性」和「公共領域」
〔註10〕為概念架構。哈伯瑪斯的溝通行動理論是整體理性批判架構的一環，他
在理性批判的概念上，爬梳出的批判性精神，包括對工具理性的反思、啓蒙
方案（enlightenment project）、溝通理性與公共領域等。這幾個面向的議題環
環相扣，諸如哈伯瑪斯宣稱啓蒙方案或現代性方案（modernity project）是溝
通理論與公共領域的實踐，知識、理性，以及對社會進化的信念都可視為啓
蒙的歷程；而知識建構或啓蒙的歷程，又發生在公共領域當中，並且透過公
共領域內的溝通來完成。哈伯瑪斯為公共領域提出簡要的界定：社會生活中
能型塑公共意見的所有領域，並且所有市民皆可自願加入（1974：49）。

　　加入這個領域的每個人，被假定具備理性的潛能，可以透過溝通實踐「理
想的言說情境」（ideal speech situation）。「理想的言說情境」涉及經驗，言說
者除了說出合乎語言規則的句子，這些句子還與社會條件以及歷史條件所約
定成俗的因素產生結合。言語的功能拓展到人際關係後，溝通條件的形成在
於：言說者的言辭符合理解（comprehensibility）、眞理（truth）、眞誠
（truthfulness）、適切（rightness）等要素（1979：2-3, 26-34; 50-59）。進而語
句、語辭與外在實體、內在心理，以及規範實體（社會）便串連在一起（1979：
27-28）。

　　然而，人藉由語句的溝通就能夠彼此瞭解嗎？溝通就能夠形成心志的啓
蒙嗎？按照哈伯瑪斯建構「公共領域」的要件，理想上應存在特定的結果：一、

〔註10〕　在此所稱哈伯瑪斯的「公共領域」，英譯是 public sphere，德文以 Öffentlichkeit
　　　　表示。事實上，Öffentlichkeit 的原意很豐富，有「人類全體」（Gesamtheit der
　　　　Menschen）、「不特定的觀眾或聽眾」（Publikum）、「在公開場合所做或宣示的」
　　　　（etwas in aller Öffentlichkeit tun und verküden），以及「在公開場合產生公共
　　　　效應的」（etwas in die Öffentlichkeit tragen）等意義（以上定義來自 Störig. 1990.
　　　　Das große Wörterbuch der deutschen Sprache. Parkland. p.712）。英譯反而較窄化
　　　　Öffentlichkeit 原本的意涵。哈伯瑪斯使用 Öffentlichkeit，強調理性論辯後所建
　　　　立的共識與公共性。若將 Öffentlichkeit（public sphere）翻譯為「公共論域」，
　　　　則兼具「論辯」和「領域」的意義，目前同樣使用這種稱法的論著，有曾慶
　　　　豹，1998，《哈伯瑪斯》，生智出版。劉小楓，1996，《現代性社會理論緒論》，
　　　　牛津大學出版社。這些說明與論點節錄自吳豐維，1999，《公共性的考源、批
　　　　判與重建：一個哈伯瑪斯觀點的探究》，政治大學新聞研究所碩士論文，頁6。
　　　　本研究認同「公共論域」的意義，惟稱法乃採取一般通用的「公共領域」，因
　　　　為，本研究的要點並非測重公共性字詞的考源與批判，主要是闡述與剖析哈
　　　　伯瑪斯溝通行動理論當中的公共範疇概念，論述過程即已將（理性）論辯的
　　　　意涵呈現。

溝通理性促使人在公共領域進行互動；二、在自由開放的公共領域，所進行的
溝通會產生附加價值——理想的溝通情境；三、理想的溝通情境並非理所當然
存在的，它與溝通理想相輔相成；四、最後，公共領域的理性溝通必然產生（政
治）行動的邏輯。一個理想言說情境的公共領域，言說者之間又當如何互動與
溝通？哈伯瑪斯提出「相互主觀認證」（intersubjectivity）〔註11〕的概念，指涉
溝通的完成容或人我之間能夠產生「理解」（*verstehen*）〔註12〕。

〔註11〕　「相互主觀認證」（intersubjectivity）是科學哲學重要的概念。首先提出「相
　　　　互主觀認證」概念的是胡塞爾（Edmund Husserl），但這個概念歷經許多詮釋
　　　　上的爭辯，爭論焦點主要是主體——客體的對立或是主體——客體「之間」
　　　　（between）的差異。後來邏輯實證論的學者，同時也是物理學家的卡納普
　　　　（Rudolf Carnap），跳脫胡塞爾的現象學觀點，從經驗論定義「相互主觀認
　　　　證」，他曾讚譽物理語言的優點就是「相互主觀認證」與普遍性（universal），
　　　　這種語言所描述的事，原則上都為所有語言的使用者觀察得到。如此一來，
　　　　物理語言在知識的討價雖沒有客觀的還價，至少可以逼近客觀（馮耀明譯述，
　　　　1971：71。何茂田引，2006《哈伯瑪斯溝通行動之互為主體論述及其教育啓
　　　　示》，臺灣師範大學教育學研究所碩士論文，頁38）。
　　　　卡納普的觀點同樣受到爭議，然而，邏輯實證論者暨其修正者，大致都接受經
　　　　驗互為主觀的立場。因此，「相互主觀認證」或許可籠統地被定位為：科學社
　　　　群在特定的語言系統中，任人都明白所指涉之客體與主觀的認知，而不致發生
　　　　誤解。波柏（Karl Popper）建基邏輯實證論的基礎，對該學派進行修正時，依
　　　　然保留「相互主觀認證」的精神，以及某種程度的普遍原則（他與傳統邏輯實
　　　　證論的主要差別在於，以「否證論」預留修正認同的空間）。他將「相互主觀
　　　　認證」看作是開放科學社群應持有的共通科學哲學原理。雖然，我們無法完全
　　　　信任每個個人在認知上的判斷，但是，一個知識社群之所以能夠積累知識，或
　　　　是一項科學理論能夠被普遍接受，係建立在科學社群的集體理性，而集體理性
　　　　這項結果亦象徵認知均衡，也是科學社群「相互主觀認證」的結果。
　　　　原則上，「相互主觀認證」並非絕對的客觀準則，而是建基個人主觀的觀察；
　　　　但發展為集體理性時，則代表某種程度的標準，並且是經過檢證推理足以被公
　　　　認接受的結論。這項科學哲學的建構，牽引出決定科學的關鍵，乃是在於「方
　　　　法」，而非「內容」。一體的兩面，「相互主觀認證」一方面是在個人主觀的觀
　　　　察基礎上，因著與他人相同經驗的「理解」而獲得的「認知」；另方面卻也是
　　　　超越個人主觀判斷，所形成互助且共同之「客觀的主觀共識」，這類似卜雷赫
　　　　特（Arnold Brecht）所指出：「相互主觀認證」具交互溝通的性質，是為「共識
　　　　主觀認證」（consubjectivity）。總言之，「相互主觀認證」是主客觀併存的科學
　　　　哲學概念，必須收束在客觀的科學準則之下，共識的結果則反映集體理性，其
　　　　過程透過主觀互證，建立相對客觀的認知。在此基礎上，科學社群便能維持開
　　　　放且富自由主義的精神，讓科學知識得以流通、發展與積累。參閱 Arnold Brecht.
　　　　1959. Political Theory. New Jersey: Princeton University Press. Karl R. Popper.
　　　　1957. The Open Society and Its Enemies. London: Routledge and Kegan Paul Ltd.
〔註12〕　Verstehen 是德文「理解」的意思，根據艾克斯坦的註釋（Eckstein, 1975：81），

　　溝通行動理論背後的意涵即利用「相互主觀認證」概念，鋪陳溝通情境的自主與理性，意即人透過表意建立相互瞭解的人際關係，雙方視對方為主體，而非單純的訊息接收者。這還衍生出溝通互動的關係中，語言具決定性影響，有助於溝通的語言，讓溝通者能從訊息間獲得邏輯性或概念性的推演或同意，進而人類言說的目標就在彼此互為詮釋的過程中完成。再深化到社會化的層次，人因為協調（coordination）需要而產生溝通，即使詐欺這種表面的理由，這預設共同的理解或共識，也是需要獲得社群的信任。社會化的目標就在建立共同社群彼此的理解與共識（1984：285）。這表示人我的溝通除了語句語法規則，理解、真理、真誠與適切的要素，還需要主體之間對溝通的客體產生互為認知。這當能再予以擴展為不斷透過溝通形成修正、共識、內化，等到相當比例的人接納特定的語言結構之後，人就可以透過溝通得到啟蒙。為此，回應了哈伯瑪斯所謂「理想的言說情境」不是烏托邦，而是經驗的觀點。

　　與此同時，在理想言說情境下的溝通當能產生知識，同時知識根植於社會，社會是人製造與生產活動的產物，人對於其所製造與生產的活動，受到勞動和語言在社會文化的生活形式所影響。人類的旨趣便是來自社會化的媒介──工作、語言和權力等形成的溝通網絡，知識的旨趣也就從工作、語言和權力當中完成。如此看來，語言與表達情境乃是與社會行動（social action）的概念緊密聯結的。哈伯瑪斯在《溝通行動的理論》，即系統地呈現公域言說與溝通理性如何構成社會行動的基礎（McCarthy, 1984：xiii）。他強調每一個都具備說話能力的人，即透過不斷言說的過程，推演出興趣或期望，證明解放的興趣根植於人的溝通行動中，這並非他人設定的，而是個人經過啟蒙產生的。

　　如果我們充份利用這種能力，應該在政治與社會生活的公共辯論上都是平等的，每個人都能透過相等的途徑獲取相關的資訊，也有同等的權力去爭論與聆聽。溝通的公開性進而形成民主的條件，這便是哈伯瑪斯利用「溝通理性」的概念，詮釋民主制度產生的原因。民主開放的社會特質不但提供個體言說的自由，而且經由溝通激盪出的結果是集體的心理傾向，代表多數人

Verstehen 與同理心（empathy）意同，指涉從他人觀點瞭解行動與互動的意義。引自 Gary King, Robert Keohane, Sidney Verba. 1994. Designing Social Inquiry：Scientific Inference in Qualitative Research. New Jersey: Princeton University Press. p. 37。

意志的指標。因此，「利用理性溝通認同的語言為工具，人類對自主與負責的旨趣就不再是幻想，並且這種旨趣可以先驗地加以掌握，將人提升到自然表象之上」（Habermas, 1989）。這種溝通模式讓對話總是能鑲嵌（embedded）在各種關係當中，溝通的行動則端賴參與者對客體、社會與其主觀世界的論述，這便是一種歷經激發而形成的合作過程（Seidman, 1989：166）。

　　原則上，哈伯瑪溝通行動理論的根本邏輯與哲理意涵，可歸納出幾項要點：一、利用語言學（linguistics）概念區別表演式言說行動（performative speech acts）與溝通的言說行動（communicative speech acts）。前者指涉工具、目的與策略，後者則透過溝通瞭解對方或讓自己被理解，並開放提出修正的機會，共同意識便可能達成，如此一來，透過語言執行溝通理性，進而發展知識。二、所有關於科學、道德、美學的，都能透過溝通理性而協調，所有爭議都可達成共識，並形成普遍的實踐（universal pragmatics）。直到社會達成同意之前，所有的人都能自由爭論與辯論。三、思考過程挑戰自身。直截的詮釋途徑有限制，我們需要的是懷疑的詮釋（hermeneutics of suspicious），或稱為批判的詮釋（critical hermeneutics）。四、工具理性代表功能理性（functional rationality），維持功能的同時便對生活世界帶來威脅，溝通理性在人與人開放溝通的層次上，方能解釋生活世界（Benton and Craib, 2001：115-116）。可見溝通行動理論牽涉的層面相當多元。

　　瞭解哈伯瑪斯界定公共領域的要素之後，接著必須進一步探索哈伯瑪斯「公共領域」的「公共性」是如何興起的？哈伯瑪斯曾初步區分公共領域為「政治公共領域」與「一般公共領域」。政治公共領域主要是討論與國家相關聯的主題，誠如國家當權常被視為公共主權，他們的任務就是關懷與公民完善相關的議題。而且只有在政權的政治控制能傳遞公眾的民主訴求，並且該政權受到服從之際，政治的公共領域才能取得制度性的影響力。這意味政治的公共領域還負擔一項任務──政權有效行使並受到擁護。當政治公共領域與一般公共領域結合之後，公共意見便代表公民透過正規與非正規管道所表達的意見（1974：49）。最後整體的公共領域就代表社會與國家間的仲介者，在其中廣眾根據公共領域的原則，組織自身成為傳播者或是公意，這些公意的原則一旦與專制對抗，那時便可能帶來民主政權（1974：50）。

　　至此哈伯瑪斯的公共領域已將一般的公共領域，拉提到政治的公共領域，並也只有這種內容的公共領域可以讓廣眾在利用公場域的同時，為市民

社會帶來串連到政治社會的機會，進而有效地實踐人們在公共場域的溝通行動精神。並且當認知到哈伯瑪斯的公共領域雖反映公意，公共領域的原則與社會歷史的制度性質仍應有所區別，公共領域的原則代表典則與行為的模式，透過這些模式，公共意見可以自動在第一時間呈現，同時變成緩和暴力衝突與利益競爭的場域。基於這些原則，公共領域的模式具有幾項要素：普遍影響力（general accessibility）、無特權（elimination of all privileges），以及普遍準則與理性正當（1974：50, n3）。

　　哈伯瑪斯提出「政治的公共領域」，有助於建立批判意識的公共領域模型，政治性功能的公共領域，所展現的其實就是資產結構的變化，是伴隨傳媒影響力的興起，併同政治社會利用傳媒整合市民社會所產生的現象。這種政治性公共領域最早出現在十八世紀的英國，表現出社會力（social capital）開始致力於影響國家主權的決策（1974：49，54；1989：57）。因此，政治性的公共領域最初夾帶經濟利益衝突的特質，但尚非尖銳的階級矛盾，而是新的利益衝突交織在一起的情形。當時資本主義生產方式發展的結果，還牽涉廣泛的層級，較弱勢的政黨便開始將政治衝突帶到公共領域中（1989：58）。這種結果發生之前，其實已經有三項事件預示這種發展：一、資本主義生產方式改造後，商業制度受到鞏固；二、檢查制度廢除，促使理性批判精神有機會出現在報紙上，報紙變成支援政治決策的工具；三、隨著國家權力的議會化，在政治範疇的公共活動將自身組織成國家的一部份（ibid：58-59）。

　　原則上，哈伯瑪斯區分「政治的」與「一般的」公共領域，即在呈現被政治與經濟涵化的公共領域現象，這種現象代表整個歐洲對當時資產結構的省思，所形成的知識建構。誠然，要討論哈伯瑪斯的公共領域意涵，當然需要認知到其公共領域的源生性。哈伯瑪斯公共領域的概念包含理性成份，自不在話下，但我們無法忽略這種公共「理性」存在的條件，卻需要仰賴一群有能力表現理性的人；有能力表現理性的人，就是所謂的布爾喬亞階級（bourgeois）或資產階級者。哈伯瑪斯主張的公共領域概念，實伴隨著歐洲布爾喬亞創發公共領域的歷史進展歷程，因此，他將這種「布爾喬亞的公共領域」（bourgeois public sphere）稱之為「自由（資本經濟）模型的公共領域」。

　　後來隨著經濟重商主義興起，原本略帶私我性質的「布爾喬亞公共領域」不再能充份反映國家權力的介入；與「自由（資本經濟）模型的公共領域」相對的「社會福利國家大眾民主模型的公共領域」，應運而生（1989：141-151；

1974：52-53）。事實上，兩者的意涵雖有概念架構的些微差異——前者的資產階級試圖去政治化，後者的資產階級勢然與國家主權產生較深的聯結；然而，其基礎背景同樣都是資產結構。當「自由（資本經濟）模型的公共領域」試圖脫離王權，不再定位自身為統治集團的資產階級者時，去政治化之後的資產階級，變得強調公共權威，但不直接對抗「被分享」（shared）的權力。在此結構中的公共領域，成了確保社會成為私人主權的場域，並對公共權威有所限制（1974：52-53）。

　　相對的，「社會福利國家大眾民主模型的公共領域」意涵，最初的用意在彌補自由經濟模型，無法充份解釋工業先進國家社會現象的缺失，主要原因出於自我調節市場機制不敷應付變化，轉而由國家取得調節的掌控權。在此情況下，公共領域變得更需調和各種競爭利益的衝突，這又或多或少揭露私域利益衝突的妥協。然而，這種公共領域模型實際運作的結果，卻在公域與私域交織（interweaving）下，使得政權不只被期許要在社會勞工與產品交換扮演特定功能，而且社會力（social powers）本身完全變成政治性的功能，這彷彿形成公共領域的「再封建化」（refeudalization）。哈伯瑪斯認為要為此解套的方式，仍要回歸以公共領域為管道（channel）的公眾溝通過程，並且取得被合法化的政治妥協（1974：54-55）。這相當程度回應哈伯瑪斯「理性溝通」或「理想言說情境」的訴求，公意可以是私個體的組合，但卻不容許無限度的公意權威。換言之，公意形成一股力量之後，不能任其成為另一種暴力。

二、公共領域歷史溯源

　　原則上，哈伯瑪斯區分公共領域類的類型，主要是從歷史脈絡探尋公共領域發展的路徑。資產階級的公共領域另與現代化脫離不了關係，現代化在根本上是理性化世代的觀點。現代化代表理性化的精神，亦象徵資本主義經濟結構的發展與轉變，這使得哈伯瑪斯從觀察資產階級結構，說明公共領域的興起，以及談論私我性如何融入公共領域？經濟結構造就新（資產）階級，他們扮演著搭建市民社會與上層社會的功能，這是他有別於其他法蘭克福學派（Frankfurt School），而較重視資產階級影響力的原因（Villa, 1992：712）。但是，哈伯瑪斯看待布爾喬亞的基本出發點，並非如同馬克思的「階級意識」，本研究認為哈伯瑪斯關切的是一種脫離統治政權宰制（從莊園制度瓦解到重商主義都是），並且在市民社會中發展出來的中產階層——布爾喬亞。他們透

過所謂的咖啡廳、沙龍（salon）等集會點，進行對政治、社會、經濟等公共議題的討論，甚至這些屬於城市的聚會場所，也逐漸發展爲從擁有權勢的資產者到較廣泛層級的中產階層，包括手工業與商家都參與其中（1989：33）。

　　原本布爾喬亞的公共領域，與象徵中古歐洲莊園貴族之「代表的公共性」（representative publicness）形成對比。代表的公共性進行的只限於公開的事情而非私事，特別是某種與生俱來並環繞權威的「氛圍」（aura），如模擬騎士戰鬥的騎馬比武（joust）。這種公共性的展示（staging）與個人特質，如象徵物（徽章、武器）、裝束（衣著、髮式）、言行舉止，以及論說的修辭都聯結在一起（1989：7-8）。直到新階級的布爾喬亞興起，也就「資本經濟模型的公共領域」出現後的中產階級，資產階級知識份子才進而與「理想的言說情境」或是理性要素產生聯結。哈伯瑪斯並沒有規避只有布爾喬亞階級才具備理性可能性的立場，非但如此，布爾喬亞公共領域甚至具有排他性（exclusiveness）。如果說哈伯瑪斯的公共領域是以資產階級爲代表的公共領域，從理論的意義上，某種程度確實也是如此的。布爾喬亞性質的公共領域，其排他性其實起因於這群人同時擁有雙重身份：財產擁有者以及單純簡化的個體。這兩種身份形成「虛擬認同」（fictitious identity）（ibid：55）。意味有條件參與並組織公共領域的人，在基礎上是具有財產能力的人。

　　然而，當哈伯瑪斯從歷史演進去談公共領域及其公共性的時候，特別勾勒了布爾喬亞的形象，但他仍關注到公共領域是具備普遍自由且開放空間的特質，因此，他在主論公共領域概念的《公共領域的結構轉型》，便從社會結構的視角談公共領域，順理成章將市民社會各種集團併同考量。本研究擷取《公共領域的結構轉型》的精髓：經濟結構轉型帶來市民社會的出現，社會得以因爲公域公開的各種議題而變得活絡，社會各集團當有機會從中汲取養份。因此，私產的客觀條件雖然象徵資產階級有能力與時間，少承擔勞動的壓力，自由選擇與同類屬階層的人在沙龍、咖啡廳自在地談論，或者在報章媒體表達意見。但是，資本經濟最根本的源頭──個人主義，一如哈伯瑪斯所指涉之單純簡化的「個體」，卻與財產擁有與否或多寡無因果關係。簡言之，不管是隨著社會結構轉型，抑或是人的解放已經實踐，公共領域的發展與實際運作最終乃繫乎所有個體。哈伯瑪斯即曾經表示：儘管如〔德國的〕桌社（*tischgesellschaften*, table society）、〔法國的〕沙龍與〔英國的〕咖啡館，他們以不同的規模、風格、辯論氣氛與主題趨向運作，這些公共領域組織的演

進卻在最後帶來普遍準則（common criteria）（1989：36）。究其意涵，從其演化與衍生出來的公共領域特質，無疑是社會結構轉型的結果。

　　這些制度性準則又蘊含三項內涵：一、公共領域代表社會交往的一種類型，這種交往並不假設地位平等問題，而是不將地位考慮進來。平等只不過是人自我理解為人的單純性（purity），這種單純性的根基，依附在那些能夠為己身對抗官僚制度，創造產生良好爭辯的權威身上，在當時的思維，這種權威就是「共通人性」的單純性。公共概念最早真正被認知到並且建立，即是發生在咖啡廳、沙龍和社團，有了這些組織，公共領域也才變得制度化並且被聲稱為客體，即使那些尚未出現的，也因為這些組織所開創的精神而持續進展。二、以往普遍受到關注而不受質疑的教會與國家權威，成為社會討論的範圍，他們不再是代表性的，其原本非凡不得褻瀆的神聖性失落，取而代之的是文化產出的私人，可以透過與他人的理性溝通，輕易地決定自身的意義。三、個體的文化產出成為被討論的文化，這種過程使公共性存在廣泛包容的原則（principle inclusive）；然而，公共排他性也可能在任何情形出現，但它卻從不會完全封閉而變成堅固的一個集團（clique），因為它能自覺處於由許多私人所組成的團體內，只要有私產與受教的讀者、聽眾、觀眾，都能夠透過與主體論述聯結的客觀市場，而得到益處（1989：36-37）。

　　為解釋上述的現象，哈伯瑪斯除了在宏觀層次上定位資產結構對公共領域興起的影響；微觀層次上，他提出「家庭」作為資產結構中經濟性質的單位，其融入資本生產模式所產生的變化，象徵「公域」與「私域」的界域在資本主義社會中的演化。公共領域既伴隨著資產主義的結構變化而誕生，與此同時，原本私人性質的領域也隨著產生變化；原本私領域的核心——家庭，這個屬於親密領域（intimate sphere）組織，與經濟市場上的私領域是有所區隔的。然而，作為社會代理人的家庭單位，其界域後來變得有些模糊，私個體融入資產經濟的生產模式後，同時是貨物擁有與眾人中的個人，既是資產者，也是個體（homme）（1989：54）。換言之，個體在公共領域結構轉型的過程中，人們不再受限於僅僅與特定的主體溝通，而是以財產擁有能力者的身份，試圖與他人在共通利益上去影響公共權力。

　　哈伯瑪斯提出公共領域本質的轉型，致使公共領域概念延伸出兩個層面的議題：一是資產結構如何刺激公共領域的形成，其特質為何？另一是在資產結構轉型下的新階級，諸如中產階級或知識份子，如何在公共領域中表現

主體性？哈伯瑪斯針對資產階級在公共領域，發展其特殊歷史意義的深層論述：它是由私人集合而成的公眾領域，而這種由私人構成的公共領域，很快會抵抗公共權威，這讓他們投身於基本上為私有化，實際上卻是商品交換與社會勞動相關之公共領域的爭辯，這種政治對峙史無前例，也是形成公開批判的理由所在（*öffentliches Räsonnement*）（1989：27）。這般的公共領域內涵，成因像是哈伯瑪斯所界定之自由資本經濟模型的公域，反抗時則轉而成為質變的福利國家大眾民主式的公域精神。基本上，哈伯瑪斯建構的公域模型，是在政治經濟發展的歷史脈絡被賦予以意義的，也是公共領域本身必然變化的本質。

據此，我們能夠理解哈伯瑪斯的資產階級公共領域模型，所衍生出來的城市公共領域的概念。哈伯瑪斯指出受過教育的中產階級與前衛資產者，藉由接觸城市的上流社會，學習批判理性的公共論辯技巧（1989：29）。透過觀察、學習、質疑與批判的資產階級公共領域，是一種將私我性融入到類似政治社會之上層建築內的過程，其批判精神也就在這種交融、觀察與質疑的情境中，逐漸形成對立性。相對應的弔詭卻是，市民社會與政治社會的對立，卻又隨著經濟結構的變遷、國家功能轉型、中產階級知識份子的興起，不再具有顯明的對抗性。哈伯瑪斯從歷史進展的角度區分公共領域的類型，說明公域與私域界域演化的事實，這些論點象徵統治者將中產階級收編到體制內，併同其所屬原生的政治精英階級，加上在市民社會建置各種政治論述，所形成代表統治者的公共領域空間。

由於哈伯瑪斯是著作產量可觀，且實際歷經世界政經局勢轉變的各種階段，本身的政治論述其實是逐步變化的，意即具有階段性發展的意義，不能完全將前期的論點與後期的觀點等同論之。哈伯瑪斯就曾表示資產階級的公共領域模型雖具指導（instructive）原則，卻無法反映工業先進國家政治經濟的實際情況。於是，需要再發展對立模型——福利國家大眾民主的公共領域模型（1974：49）。同樣從國家與經濟、社會的關係上詮釋公共領域的結構轉型，哈伯瑪斯觀察到十九世紀末，即已出現國家與社會的逆轉趨勢——國家與社會分離的現象消失。一般論著重視從社會組織的規範與意義，說明國家與社會的融合，但哈伯瑪斯則是從資產階級公共領域，過渡到趨向社會福利國家的大眾民主途徑，審視資本主義發展過程所出現的反作用力，包括私領域與私我自律的社會基礎、公共領域結構與公眾的組成與行為，以及大眾民

主的合法化過程等議題。

最後，當瞭解哈伯瑪斯特別關注到一項影響人們在公共領域內，進行理性批判精神的重要媒介——報紙。他在區分政治的與一般的公共領域時，便掌握到資產結構這項特質，隱藏著利用傳播媒介對公共領域施力的意圖（1974：49）。特別是官方報紙與反對勢力陣營報紙的對峙，扮演重整公共輿論的社會功能。哈伯瑪斯即曾經引述一段描述英國以博林布魯克（Bolingbroke）為首的反對勢力——托里黨（Tory），如何與執政的輝格黨（Whigs）競爭傳媒力量，並且在公共領域中創造出獨特風格的政治新聞（Kluxen, 1956：187. Habermas cited, 1989：60）：

> 反對勢力帶來的革新就是創造大眾輿論。博林布魯克和他的朋友知道如何建造這種公共意見，那就是具有相同目標、聲氣相通、能帶動政治用途的輿論。這種革新不是蠱惑人心與呼喊口號，或是無規劃之公共會議的喧嘩，而是受到另一種因素趨動——透過建立獨立自主的新聞業。這種新聞業知道如何堅守對抗政府的立場，並能將批判的建議以及公共反對變成正規國家事務的一部份。

傳媒原本就象徵表意自由，這相當符合哈伯瑪斯探討自由社會「民主」特質的發展，也是公共領域出現與轉變的重要因素。他指出自由社會的公共領域是平等、多元、公開與理性地對公共事務進行討論與批評，公共領域成為市民自由表達與溝通意見，以形成民意和共識的社會生活領域（1984：341-342）。不過，關於傳媒的重要地位，哈伯瑪斯在一九九〇年為《公共領域的結構轉型》（1962）增撰序言的時候，提出三點擴展性與修正意義的內容。其中一項關於公共領域在國家與社會整合過程的結構轉型，就是伴隨著書籍，報刊雜誌生產、銷售與消費形式所產生的變化。後來再起因電子傳媒的興起，廣告取得新的意義，娛樂與資訊交融且聚合化，公共領域更歷經數次的轉型，其中最大的轉型就是具有操縱力的傳播媒介，這影響並統御公共領域，剝奪公眾的中立原則。

本研究發現傳媒在哈伯瑪斯的定位，與葛蘭西的統治文化領導權亦有相近之處，傳媒在資本主義社會的興起，既是市民社會可利用的工具，也是官方操縱的政治工具。雖然哈伯瑪斯最後無法找到立場，合理化社會建制在進步與組織化的資本主義制度下能夠更具效率；然而，超組織的公共場域和民主精神一直都是哈伯瑪斯學理上的重要理念。後來他將這種現象以「合法性

危機」的角度進行論述（Calhoun, 1992：29-30）。無論如何，哈伯瑪斯在一九九〇年的序言，意識到公共領域喪失競爭的力量，因而對這種現象進行總體分析，重新評估變化中的公眾行為。

不難理解哈伯瑪斯在公共領域灌注傳媒力量的原因，在於溝通行動理論最根本的要素原本就是「無強制」（coercion-free）的溝通，只有當政治行動是無強制力的溝通時，來自該行動的共識才不會被暴力綁綁（Villa, op cit：713）。免於強制或暴力侵害的場域，也才得以讓理性－批判的爭辯（rational-critical debate）無障礙地運作（Montag, 2000：135. Lee cited, 2008：13）。這與哈伯瑪斯強調之「相互主觀認證」，或稱為相互理解（mutual understanding）的溝通意涵，其實也是相呼應的。正因為哈伯瑪斯將溝通情境與主體意識，當作公共領域成型的基本條件，以至於他擔憂後現代的學者疏於處理相互理解的議題，可能會導致公共主體意識的喪失。原則上，哈伯瑪斯談公共領域的結構轉型時，轉型即意味在公共領域中行動的主體，隨著足以影響其社會生活變化的因素，在溝通理性的前提上相互理解，因此，溝通行動理論的動態性質便表現為：行動的本質就是可以溝通的（Villa, op cit：713）。

第三節　漢娜鄂蘭——言說行動理論

一、公共領域的特質

本研究援引漢娜·鄂蘭（Hannah Arendt, 1906-1975）「公共領域」與「言說行動」為概念架構。言說行動是個體行動的展現，公共領域則提供個體表現的平台；籠統地說，本研究利用鄂蘭的公共領域為概念引導，試圖去呈現研究個案在特定威權時期的場域內，他所展演自身為道德、勇氣的政治行動。相較於前述哈伯瑪斯的公共領域概念，鄂蘭的公共領域在行動者本身的定位層面上，賦予行動主體在公共領域表達價值上更細膩的論理，至少有三方面的意涵：人可以透過公域善盡本能或完成人的責任、言說（speech）與行動併同形塑公域的價值，以及市民不服從（civil disobedience）可藉由公共領域得以展現。鄂蘭強調個體政治行動暨行動者參與公共領域的論述，當以早期著作《人之境況》（*The Human Condition*）為代表，該論述將政治與社會、勞動與工作，以及各種形態的行動，作了詳細的概念界定。目的在傳遞一種在公共領域內個體言說行動，與其他生活領域的表現是有所差異的。切確地說，

公共領域內的言說行動當是更具「政治性」目的。同時這樣的政治目的又是源自於未相互策謀之彼此所共同存在的想望，並且自然而然地與家庭、工作場所中的行為產生區隔，甚而為了在公共場域有效表達對議題的關注，以及對結果的期望，行動者會展現競爭、得勝、表演的本能（1998）。

　　雖然，鄂蘭的志業在於振興公民共和主義傳統中有關政治行動以及公共領域的理論（蔡英文，2002：86），但是，她卻洞察到作為現代性政治思維之結晶的自由主義政治概念，反映了資產階級不信賴，甚至敵對公共事務的天性。換句話說，現代性潛藏著反政治的性格，這一性格造成公共世界的式微、個人僅關注於特殊利益之追求，以及人際關係趨向於絕對隔絕等現象（蕭高彥，2002：199）。基於此，鄂蘭試圖透過反省的行動者，以言說行動去彰顯人本身的自由，公共領域亦同時形塑自身的意義。那麼，鄂蘭如何建構公共領域作為行動者表現的場域？首先，瞭解鄂蘭公共領域的幾種內涵，就所蒐集探討鄂蘭公共領域的論著，大致上認同鄂蘭的公共領域內涵，不脫言說－行動，以及表現－爭競。目前學者從鄂蘭論著理出其公共領域（公共空間）的類型，主要為「爭勝模式的公共領域」與「溝通與互為主體的公共空間」（蔡英文，前揭書：77）。

　　一、爭勝模式的公共領域 [註13]：是從古希臘城邦政治的歷史詮釋建立起來的模式。具有類似城邦政治的「競技場」的特質，當可另稱之為「競技場式的公共空間」；這種公共領域是行動者以爭取勝利的方式肯定自身的成就，以優勝的特殊事蹟和成就，證實自身是最優異者（the best of all, *aien aristeuein*）（Arendt, 1998：41）。這個模式的公共領域亦象徵鄂蘭對古希臘城邦共和體制的儒慕，雖然鄂蘭並未交待她對當時政權組成份子的結構與後來社會結構差異的認知，如城邦政治時期的勞動階級與婦女並不見容於當時公共領域，與她主張人能自由參與公共事務的論理，似有背離（Benhabib, 1992：91）；然原則上，

[註13]　按照 Seyla Benhabib 對當代西方公共領域所作的歸納，她指出三種公共領域的模式：以鄂蘭為代表之「爭勝的」（agonistic）公共領域、自由主義傳統理論之「崇法的」（legalistic）公共領域，以及象徵哈伯馬斯論理之「辯論的」（discursive）公共領域。其中「爭勝的」公共領域模式，是以鄂蘭在《人之境況》所論述的公共空間性質為藍本，究其意涵，爭勝的表現便成就「競技場式的公共空間」。參閱 Hannah Arendt. 1998〔1958〕. The Human Condition. Chicago: The University of Chicago Press. Seyla Benhabib. 1992. "Models of Public Space: Hannah Arendt, the Liberal Tradition, and Jürgen Habermas" In Craig Calhoun ed. Habermas and the Public Sphere. Cambridge: MIT Press. pp. 73-98。

鄂蘭以古希臘城邦政治爲典範的公共領域是一種規範性的原則（蔡英文，前揭書：87）。

　　二、溝通與互爲主體的公共空間：是以美國革命的歷史解釋爲脈絡所建立的模式。此種模式的公共領域，公民透過言語的溝通、說服、協商，形成多重認知觀點互動的網絡。並且當人整合一起與共同行動時，權力就形成，權力若有其目的，這目的並非工具性的，而是內在於政治的實踐（蔡英文，前揭書：91）。

　　這兩種公共領域模式的意涵，若再與以強化「行動者」的政治實踐，則亦具備象徵劇場式公共領域的精神——行動就是表演，演員（行動者）的成就感來自觀眾的喝采與掌聲，並且在此過程中成就自我。與此同時，表演的行動者與旁觀的觀眾，形成共存爲一體的公共領域，以至於旁觀者的角色也反映他自身的選擇，這種選擇又象徵其心靈活動，也是另類的行動表現。因此，我們大致可以掌握到鄂蘭公共領域的精髓，是發掘自《人之境況》（The Human Condition）對人意義的界定，加上《論革命》所表達結社以完成政治實踐的觀點，據此形成之如競技場與劇場的公共空間〔註14〕。

　　相較於哈伯瑪斯的公共領域觀，鄂蘭所界定的公共領域意涵有其特異性；連帶地，行動者在公共領域的言說、行爲與溝通，兩者之間也產生行動者自主程度上的差異。哈伯瑪斯從歷史演變的角度觀察公共領域的生成，從資產階級公共領域的私域融入到公域，再到私域無可必免地與國家和經濟結構掛勾的公共場域，即福利國家大眾民主式的公共領域政治論述出現時，具有政治（宰制）性質的公共領域同時產生。哈伯瑪斯強調伴隨資本社會衍生而來的階級、文化傳播媒介等因素，讓市民社會得以利用其社會資產（social capital）進而與政權互動；其公共領域的基調總是國家、社會和經濟結構相生相隨的空間。

　　因此，有些論著認爲哈伯瑪斯的公共領域，一如他看待現代化爲理性化的觀點，是技術功能取向的（Villa, op cit：712），或認爲其公共領域內的主體並非積極的行動者，他們只是在既存的公共空間，遵行公共性的規則，而取得社會的認證（certain qualifications）（Lee, op cit：14）。哈伯瑪斯公共領域歷

〔註14〕本研究擷取鄂蘭公共領域所蘊含「競技場」與「劇場」的意義。試圖藉其要義解讀臺灣五、六零年代，省議會黨外精英質詢問政時所象徵爲赫赫之士的角色，襯托出代議士克盡厥職，表現多元思維向度的精神，同時呈現他們利用議壇作爲公共論述的劇場，自身同時積極扮演稱職的演員。

史性發展的演變，雖取材自對資本主義結構，但他對資本主義社會下的公域卻略帶悲觀的想法，提出「公共領域終結」（end of public sphere）論，他發現國家與社會關係的逆轉趨勢，讓社會失去自身的權力。這似乎隱喻國家與社會結合的趨勢，國家卻較（市民）社會更具有力量，其矛盾之處便在於：僅僅要求一個免於強制與暴力的公共空間，讓行動者能自由表意，但個體的主體性並沒有被論述與建構起來。特別是當理想型的布爾喬亞公共領域，逐漸瓦解而變得不純粹的時候，非布爾喬亞的其他社會集團如何建構公共領域，哈伯瑪斯並沒有著墨清楚。誠然，「溝通理性」或「理想的言說情境」是支撐其公共領域的要素，惟對於行動者的表現還是比較停留在規範性層次。

　　相對的，鄂蘭的公共空間將行動者視爲主角。強調行動者在「具體自由」（tangible freedom）的空間內表現自身，這是個讓身體與受法律約束的工作以及與勞動場所分開的獨立空間（Villa, op cit：713）。鄂蘭跳脫規範性談公共領域的前提爲何？那應該是她傾向認定：人以特定的行爲表達想法，當某些想法與其他人產生聯結，就產生公共領域。那麼，如何具體化鄂蘭對人與公共領域發生關聯的想法？這必須略爲瞭解鄂蘭對公域與私域的劃分。公域的概念可追溯到希臘的城邦政治，私域就是家庭。城邦政治是凡事透過語言和說服來決定的，不是靠暴力或強制力解決問題。而私域的個體爲營謀生計，必須仰靠暴力與馴服奴隸（1998：26-31）。爲此，公域象徵自由互動的秩序，是人擺脫家務事，對共通關注的政治生活進行對話；不僅如此，這種對話是人願意呈現自身的特殊性，並同時認知它人的特殊性，因而自然而然建構出一種與他人平等溝通的情境，否則獨夫式的暴力就足以伸張意志了（江宜樺，2002：4；陳怡安，2008：24）。

　　換言之，鄂蘭主張人要主動開放溝通的空間，讓原本個體天生才能不平等的限制消除，並透過同時間出現〔在共同場域〕具有關係卻各自獨立的個體互動，保留人境況的多元性（plurality）。這正是鄂蘭的公共領域與多元性密不可分的理由。尊重殊異所伴隨而生的多元性，讓鄂蘭連帶地對個體自由格外重視，公共領域的特質，則在於容納各式各樣的人有機會聚集在公開的空間，進而形成公共領域的集體政治行動（collective political action）（Lee, op vit：14）。然而，這種集體政治行動並非是被某些特定規則限制的集體行爲，而是人將我願意（I will）與我能夠（I can）聯結在一起所運作的自由，是一種願意開始付諸行動的起心動念（Arendt, 1968b：160; 1998：177）。

　　當然，鄂蘭與哈伯瑪斯對人在公共領域的行動與溝通表徵雖有些差異，但原則上，兩者的公共領域仍然具備三項相同的要素：人的解放、主體自由，以及公共領域的政治性。惟哈伯瑪斯的公共領域，預設理性相當濃厚，他將理性看作是公共領域得以成型與維持的要素；「理想的言說情境」或「相互主觀認證」的概念架構，都依靠理性來鋪墊。相對的，鄂蘭將公共領域看作是劇場，強調爭競心態與表現欲望，我們無法指涉這種「表達」（expression）是非理性或為感性的，這可以從鄂蘭對人之境況的理解來體會，這當是鄂蘭的公共領域是先從人之本質著手的原因。人是實體的存在，這使鄂蘭的公共領域並不是想像的，她不預設語言溝通必然是理性的，也是尊重人表意的自由與萬有可能。但亦有另一種可能，她的公共領域雖非想像的，卻也未必是實體的。競技場式的、結社式的、劇場式的，以及行動者與旁觀者式的四種公共領域，是否也可以不必然要在實體的空間進行？姑且不論空間實存與否的問題，至少鄂蘭清楚地區隔公共領域與私我領域的界線。前者指涉政治性的、自由、妥協、調和的，後者意涵家務性的、約束、爭論與需求的。

　　哈伯瑪斯與鄂蘭的公共範疇概念，其實都重視主體與公共領域聯結所形成的政治實踐。哈伯瑪斯在《公共領域的結構轉型》，從資產階級對公共領域的宰制歷史，說明公共意見的表達、轉變與分化（1989, preface）。自主的公共範疇應該成為當代政治理性與論述的重心，因為在此制度場域，透過對話與理性溝通可形塑共識，對個體而言，則能夠呈現個體的反思（reflexive），以及對批判性態度的認同（identities）。也正是這種反思效應與個體的投入，才是公共領域存在的關鍵（Benhabib, op cit：85）。同樣具有鼓舞公眾參與的意義，鄂蘭與哈伯瑪斯的差異，又在於切入視角的不同。鄂蘭公共空間的政治行動意涵，不在於刻意強調語言如何展現其作用，亦非主張理性溝通與否的前提，更不預設理想的言說情境，重視的是個體能否自由表意，強調從溝通與行動的動態過程，自然而然產生主體自由「表現」的可能，並且形成「相互認可」（mutual recognition）的尊重，以及獲得欣賞的公眾意識。

　　大體而言，鄂蘭探討公共領域的背景，與歐陸批判學派的許多學者大致具有相近的目的，志在克服資本主義社會所衍生的工具論，並力求人類身心的解放。她克服勞動理論與工具理性所提出的行動理論暨公共領域的意涵，主要有兩個不同的理論進程：一為美學式的，注重行動者展現自我德性的活動，這代表「劇場性格的政治觀」；另一為嘗試建構一個市民共同參與、互為

主體的協同行動理論，這代表「市民協同行動的政治觀」（蕭高彥，前揭書：204）。這兩種意涵反映公共空間的「爭勝模式的公共領域」，以及「溝通與互為主體的公共空間」（蔡英文，前揭書：77）。至於劇場性格、協同、爭勝、互為主體等用語，只是詮釋者標示足以形容鄂蘭立論的用法。其實鄂蘭公共領域的類型當中，言說行動理論較具渲染力的，可說是競技式與劇場式的公共領域意涵。競技式公共領域與鄂蘭對古希臘言說的爭競，以及對蘇格拉底的孺慕應有關係。她鼓勵好的市民應透過行動彰顯真性情，並在彰顯過程中表現運動家精神，有勇氣接受挑戰與質疑，這便代表雅典市民自傲的「爭勝精神」。劇場式的公共領域則強調市民的政治行動如同舞臺的表演者，行動的偉大與否端視觀眾的掌聲（蔡英文，前揭書：33-34）。

香港學者 Nelson K. Lee 實務地運用鄂蘭競技式與劇場式公共領域的論述，詮釋一九七六年與一九八九年在中國北京天安門廣場的反政府運動，說明政治公共空間是如何產生的（how a political public space is born?）？他利用鄂蘭論述公共空間的理由，深刻反映出這項命題：一、公共空間是透過人的行動而被創造的，不是理所當然存在的，人公開行動的主旨是基於勇氣與表現的意願，以及贏取榮耀的企圖（Arendt, 1998：186）。二、個體殊異性的行動並非孤立的，而是相互主觀認證（ibid：176），並且只有贏得他人的協助之後，才能將個體事務付諸實現（Arendt, 2005：127. Lee cited, op cit：15）。這兩項要點支撐了 Lee 界定天安門運動的兩項意義：作為啟蒙（enlightenment）的經驗，天安門運動首度標誌現代中國，一些擁有西方心志的學生與學者，為了共同利益（common good）動員自身，並公開展現政治行動，以及人的行動將空蕩的空間轉變成具代表性的空間（representative space）（ibid：3）。

二、言說行動的實質

（一）人之境況

鄂蘭公共領域意涵的闡述或是概念架構的運用，都脫離不了生動的行動者——個體。呼應開門見山所指出鄂蘭公共領域的特質，同時廓清鄂蘭公共領域的意涵。首先要談的是鄂蘭對人之境況的說明。鄂蘭指出人的生命特質有兩種，一是活動的生命，另一是沉思的生命，他們分別代表動與靜，也代表不同的核心關懷（central concerns）；前者追求的是不朽（immortality），後者思考的是終極的永恆（eternity）（1998：17-20）。鄂蘭藉著呈現兩者的差異，

突顯「寧鳴而死，不默而生」的人，以此作為區隔人與動物的差別（江宜樺，1987：36）。人與動物的區別進而延伸出人本身活動的區別，鄂蘭另將人類「活動的生命」（*vita activa*）區分為勞動（labor）、工作（work，或稱製造）與行動（action）。勞動是人以生物的活動維持生存，工作是人營造世界或俗務的活動，行動的活動則是人唯一不需要透過中介，而能反應多元性活動的行為，這種多元性就是人類所有政治生活的條件，是必要條件（*condition sine qua non*），也是充份條件（*condition per quam*）（1998：7）。「行動」既然是具備政治性質的，其動態且生動的展現，則在鄂蘭界定之競技式公共領域，以及劇場式公共領域當中發生。這兩種類型的公共領域經常併同發生，反映鄂蘭在《人之境況》的理想型公共領域。一般將此稱之為「爭勝的主觀主義」（agonistic subjectivity）或是「爭勝的/競技的模型」（agonistic model）（Benhabib, op cit：74-81），意指競技的公共領域，爭競帶有鼓勵個體採取行動、顯示個人特質的意義，在此種條件上的公共空間，同時象徵個體表演與自我呈現的空間，而且是以被他人看見和聽見為前提的宣示（1998, ch. 2, 4. also see Villa, op cit：717）。

　　鄂蘭強調人在公共領域中的角色與功能，但並非從理性與否的規範性去談公共領域的成因、變化與存在。而是不刻意標榜理性或者感性的言說，卻對人善盡其責、人盡其才具高度的期許。更重要的是人之善盡本能與完成責任的行為，乃預設人選擇公開的行動或在公共空間的行動，是與政治掛勾的事務，所討論與溝通的也是這方面的事務。又由於鄂蘭效法古希臘人的城邦政治，城邦（polis）是自由市民活動的領域，家庭（household）則是以自然血緣關係為基礎的領域，這兩種生活秩序之間存在著某些顯著的差異（江宜樺，2002：3）。為此，鄂蘭除了重視個體在公共領域的表現，她的公共領域還是政治性質的。這與哈伯瑪斯指出政治批判性質的公共領域的初衷或許類同，只是哈伯瑪斯批判的公共領域，主要象徵資產階級（布爾喬亞）的公共領域，或是後來大眾民主的福利國家公共領域，主要還是國家與社會互動關係結構下的產物。相對的，鄂蘭的公共領域似乎就顯得較為平民化，某種程度上，她賦予廣眾能夠討論政治的言說能力，公域是否具有發展為反極權主義場域的可能，同樣是公共領域的言說－行動也是政治性質的。

　　鄂蘭鮮明呈現反統治文化或反政體的精神，哈伯瑪斯相對較為接納既定資產政體所衍化出來的現象。鄂蘭反撲的是人我之間溝通的界域和管道問

題，在極權政體下，多元性喪失為「巨大一人」的面向（one Man of gigantic dimensions）（1968a：164）。因此，在論述人之自由時，她企求人從宰制中解放，這種過程必然要牽涉政治，不管是隱含的或明示的意義上，在碰觸政治議題時，很難不談人之自由（1960：28）。鄂蘭還指出「政治的理由是自由，政治經驗的場域則是行動」、「自由也是人共同生活於一個政治組織的理由；在危機時代或革命熱潮，自由甚至成為政治行動的目標」，或者「自由與行動其實是同一件事」（1968b：146）。如此看來，鄂蘭的政治領域等同於自由領域，人們可以利用自由與行動的雙重天賦而建立他們自己的真實性（莫大華，1998：200-201）。

可見，鄂蘭預設公共領域的政治性，表示在特定的公共場合同樣進行政治決策的事務；然而，鄂蘭真正關注的還是人的價值，這種價值需要被顯現，顯現的場域就在公共領域。人的特質只能在公共領域展現，也是最重要的，這當是超越政治生活，是為精神領域（spiritual realm）的。這種切角呼應個體殊異性，強調行動者能夠在公共領域被他人看見與聽見，才是「真實」（real）的觀點（1998：50. also see Villa cited Arendt, 1957, in 1992：716）。個體在公共領域的行動容或表現的勇氣，以及為展現贏取榮耀感的意願。勇氣意味個體將自身推向世界，開始屬於自己的故事；這是個體離開私我躲藏之所，進而披露與揭示自己（1998：186）。如此構成的公共領域乃建基於：相信只要人我之間是具爭論與深思熟慮的特質，普遍空間的展現必然為世界的實相（Villa, op cit：717）。伯恩斯坦（Richard Bernstein）詮釋鄂蘭之論，另指出人對於「何者是好的」必須經過爭辯而產生，這種爭辯也是政治生活的本質。微拉（Dana R. Villa）則稱鄂蘭具有政治性質的公共領域，標誌著行動乃是建基於多元性與市民的法律平等（isonomy），在這個條件上，個體彼此爭論並試圖說服他人。沒有武力與暴力的說服是政治生活的精髓，說服不是製造假象的操弄，而是在同等自由與開放的爭辯中，發現可以釐清與檢測公意的特定形式（ibid：714）。

（二）言說──行動

從鄂蘭談人之境況及人以行動串連公共領域為政治性的，這個過程當是人自我意義的實踐，究之，也是（理想）政治的實踐。無論是「競技式」與「劇場式」公共領域的特質，焦點皆建基在個體成就自我的基礎上。接下來，要將互動的實質體現出來，就要解釋鄂蘭如何將人之「行動」與人之「言說」

聯結在一起？並以此生動化鄂蘭論述公共領域之言說——行動的運作與意涵。鄂蘭從人的「行動」爲出發點，界定公共領域與私人領域的區別與性質，並提到公域建基於人之多元性的環境，使得公共領域必然與多元性密不可分，這其中使多元性有意義的關鍵便是「言說」（江宜樺，1987：46）。當行動與言說聯結，所產生的「我」並非「我是怎麼樣的一個人」？而是「我究竟是誰」？（Arendt, 1998：178-181）。這種論點意指人在言說之際，不在於告訴他人自己有如何的能力或才華，重點乃在於人是否善盡他之所以爲人，對特定議題表達意願，並且有勇氣表達其意見的行爲。乍看之下，兩者難分，相關論述在解析鄂蘭這項論述時，亦各有千秋；有些論點似乎未全然掌握到要點，諸如區分「我是誰」與「我是什麼樣的人」，爲人之特殊性與個人能力、稟賦、素養和缺陷的說法，意義並不大。本研究認爲還是要整合鄂蘭關於這種區分的兩大要點：一、「我是誰」的表現是當事人無法控制的；二、體現人行動的完成是榮耀（glory）的展現，而且這種榮耀感只有在公眾場域才可能存在（ibid：179-180）。

　　基於上述兩項要點，這才有可能進一步論述鄂蘭爲何在初階先將人各種活動中具有政治性的「行動」抽譯出來？接著才將「言說」作爲賦予「行動」力量和意義的工具？這種鋪陳最終要體現的便是個體在公共領域（或公開）的「表演」，是語言或言說將人的意圖清楚呈現出來，這時也才能夠辨認每一個言說者的差異。這已跳脫每一個個體都具有能力、稟賦、素養和缺陷這種框架，每個人在這些方面有多少記點或分數根本不重要，或者依憑這些標準去定義誰較有成就也已經變得敷淺！雖然「我是誰」的殊異特質，的確因著行動者將自己推向公眾，必須承擔別人怎麼去看待這種差異的風險，然而，勇氣似乎成了護身符。鄂蘭所要彰顯的當是個體能行動、能表意的生命力，她表示「行動」是相較於勞動與製造，能夠與原始生命境況（human condition of natality）最密切聯結者（1998：9）。

　　鄂蘭之言說－行動證成的根本，在於公共領域的政治性特徵，那是人脫離私域以行動和言說將自己插入人類世界，也可以說是在人類關係網絡中建構個體的故事（莫大華，前揭書：86）。這同時回應鄂蘭區分生命的兩種質性：活動的生命展現的是「不朽」，相對於動態而沉思的生命，只是永恆（eternity）（1998：17-18）。切確地說，鄂蘭公共領域的言說－行動，意味著能激盪出許多有意義的議題，更重要的是，個體展現自我與公域的結合，便創造自身的

不朽。這也使得公共領域讓人得以擺脫私域的困擾，令不同的個人能在共通的世界當中，顯現自己需要的「空間」，好像意味著人企求不被俗務纏身的另一個世界。鄂蘭因此明確地指出：「為了自由，人必定設法從生活的需求解放出來」（1960：28）。鄂蘭想要保留是「自由」，誠如她指出自由必須是能夠主動積極地參與公共事務與進入公共場域，而保留政治生活的空間就是公共場域，一個能夠讓個體「行動」的劇場（1968b：154）。

　　然而，自由與行動產生聯結後，卻因為自由與主權（sovereignty）發展的歷史關聯，導致自由意志與主宰的概念糾纏在一起，因而失去古代如希臘哲學所主張真正的自由（筆者按：Arendt, 1968b：156-158）。這種原本屬於公眾的政治行動，被主權統治者給整合之後，形成鄂蘭所擔憂的「社會領域」（social realm）。社會領域是在現代萌生的現象，其政治形態是民族國家，它逐漸以類似私域的外觀侵入公共領域，最後產生一種「龐大的、全國的家庭事務的行政組織」（gigantic, nation-wide administration of housekeeping），因而脫離「政治的」意涵（1998：28）。政治的意涵指涉公眾在公共領域所言說、所表現者，並且公共領域的政治意涵以及對人之自由的主張，還具有政治思想的層次。在探討極權主義的政治宰制時，「自由」象徵人從生活的束縛解脫出來，也意涵人從極權主義解放出來，此時極權主義在鄂蘭的觀念反而代表政治的。鄂蘭曾說：「自由的產生始於政治（主權）結束，當政治考量凌駕生活的時候，也是自由消失之際」（1960：30）。如此，鄂蘭建構一個可以談論政治的場域，其根本訴求還是在人行動的自由，以及言說表現的勇氣。這意指反極權所進行的公眾議題討論，跳脫私我性的家務，是神聖重大的政治議題，公共領域也就理所當然成為政治的。行動之有別於勞動與工作，同樣在於「行動」能夠創造不同於日常生活的言說，在公共領域中與他人的互動，最終擴展公共領域的功能為檢討主權政治的反對勢力。

　　綜論之，人之自由與公私區隔，究竟與言說－行動有何特殊的關聯？鄂蘭曾說政治生活原本就是由語言與行動所構成的，語言分析比任何理論學說，更能幫助我們掌握政治事務的真相（1968a：35）。那麼，如果反問：私域與日常生活不也是語言所構成的？則如何合理化政治生活必然要透過解析語言來獲得認證？這就不得不從鄂蘭的政治哲學關於「論述」的角度，來詮釋「言說行動」的理論意涵了。鄂蘭的政治哲學方法是「概念分析」（conceptual analysis），其工作是追溯某些重要的概念來源，藉著語源或語言方析，重新發

現概念最初被使用的歷史情境，以及當時人們賦予它的經驗內涵或意義（Young-Bruehl, 1982：318。江宜樺引，1987：111-112）。鄂蘭的語言分析還帶有現象學的意涵，實踐意味濃厚，她應該是為了型塑一個「可資實踐的理想」（an ideal for practice），因此，她的政治學又時被稱為「特例政治學」（extraordinary politics）。

這似乎又意味著「行動」在公共領域的政治性，是鑲嵌著特定的語言或言說模式，那麼，人又如何自動自發地將私域和公域的言說轉化？鄂蘭較明確表達言說的政治性論點是：「言說使人成為政治人」（1998：3），以及「欠缺言說的行動不算行動，因為如此無法產生行動者，所謂行動者必須是在意義上與實際上有所行動，也只有在行動者同時是說話者的時候才成立」（ibid：178-179）。藉此推論，我們捕捉到鄂蘭言說行動的政治特質：鄂蘭自始至終都強調的人的表現或在公共領域表演的勇氣，以及創造自身的故事。雖然對語言的轉化並未詳細說明，但公共領域的政治性，以及言說行動發展為政治語言的趨勢，似乎是不證自明的。

或許這還是得回歸到鄂蘭對希臘城邦政治的意象，以及他對蘇格拉底論辯之公共領域的崇敬來理解。因為城邦是自由市民平等互動所構成的生活秩序，所以它是一種典型的公共領域。但是，鄂蘭對公共領域的瞭解不僅止於「成員具有平等身分」，還有其他更重要的特質：公共領域是行動者透過言行展現自我、與他人協力行動的領域，以及公共領域是一個以意見取代真理、從意見中掌握真理的領域（江宜樺，2002：2-3）。在這般理想型之「古典的公共領域」框架內，即使鄂蘭不刻意談「理性」溝通或言說行動的理性，「言說」與「行動」恐怕還比預設理性來得高標，也就是它明確地與私域的需求截然二分，政治性的公域廣開大門予廣眾，預設廣眾離開私域所獲得的自由，轉而談論政治之屬的議題，其活絡的生機因而發生在公共領域之中。

（三）市民不服從

人在公共領域的的言說行動的自由，還可能帶來什麼溢出效果？鄂蘭提出了「市民不服從」的概念，這是她批判美國式的共和國體制與代議制度的缺失時，在《共和國危機》的幾篇專題（包括政治謊言、論暴力、再思政治與革命）中，以〈市民不服從〉為文探討的議題。原則上，鄂蘭界定市民不服從為：法律威權明顯的喪失。但這與犯罪的不服從（criminal disobedience）有所不同，刑事的不服從是對警察職權與權力的強烈反擊，造成無可倖免的

結果（1972：74）。鄂蘭的市民不服從指涉的是非暴力的反對，它也不是革命，主要是針對政權及其法律體系正當性的不滿（ibid：77）。鄂蘭對市民不服從的運作模式亦有其定見——即使基於最簡單的理由，市民不服從並不會以單獨一人的形式出現，因為這欠缺影響力，只有以群體的方式才能發揮功能並得以延續。而且不服從還具有「間接不服從」的特質，就嚴格的意義而言，反對者所抗議的不涉及自身利益，而是為了對抗不公不義的法律、政策或命令（ibid：55-56）。這便區隔因私領域而採取暴力行為之犯罪型的不服從者。

　　鄂蘭論述市民不服從，與她對人之責任與能力的期許是相呼應的。不過我們恐怕需要十分謹慎地理解鄂蘭對人之責任的觀感，何以總是帶有政治性質的原則？她雖然強調人即使間接地表達不滿，也是針對不公不義的政策與法律，政治責任或道德義務所展現的也當屬於這個層面，公共領域則是表達的空間。的確公民的義務是必須遵行法律，但傳統上，這個原則是基於以下的假設：公民若非基於同意而遵守法律，要不他本身就是立法者。然而，鄂蘭卻又同時表示：在法治之下，公民並非服膺於外來的意志，而是他們自身，結果便是每個人是自己的主人，也是奴隸，結果是關心公益與追逐快樂的對立，成為公民原始衝突的由來。麻煩的是，解決這種問題的方式常常被期許應該訴諸良心（conscience），這讓問題再度轉向自我的層次，並且似乎於事無補，問題仍然出在「同意」（consent）的虛構上，許多說法都將社會契約論或者類似政治義務的基礎，建立在多數人的意志，通常〔依這種邏輯〕的論點是：因為擁有投票權，所以在民主制度中必須守法。正是這些普遍參政權讓民主自由與公眾自由受到侵襲（ibid：84）。鄂蘭究竟想藉此表達什麼？她在共和國危機的框架上，當是對時下民主政體賴以為生的基礎——同意或是良心，感到不安，即使「同意」對公民遵守法律的義務仍是關鍵，但鄂蘭想要強調的或許是：要慎防同意與社會契約很容易成為虛構的，也因為這些模糊的基礎造成政治責任的爭議。

　　當然，良心、道德與政治不必然產生關係，「市民不服從」的焦點是非暴力地反抗律法，與市民本身有沒有良心並無關係，與同意則有關聯，這必須要加以區辨之。鄂蘭利用偽善（hypocrisy）作為探討人的本質的切入點，提醒人要注意「偽善是惡賦予善的恭維」（hypocrisy is the compliment vice pays to virtue）。鄂蘭巧妙地利用偽善的概念，並以蘇格拉底和馬基維里為例，說明兩者思維的差異。蘇格拉底說：「做你希望顯現於他人面前的樣子」，相對的，

馬基維里說：「展現你所希望顯現的樣子」、「不用在意你是誰，那與世界的或政治的無關」。鄂蘭指陳馬基維里之論有偽善之嫌（1977：100-101）。大概可以推論的是：鄂蘭將人之表現與他人對表現的注意和觀察結合在一起，以至於認為只顧及自我的展現就變得無意義，因為這已忽略了公共領域的本質。這樣的論點似乎又令人感到鄂蘭對於公民責任，亦頗具規範性。

此外，鄂蘭當是將公共領域作為鼓舞市民自由參與的平台，但觸及跳脫個體私益而屬於群眾性的政治議題時，鄂蘭則將公共領域提升到集體負責的層次上。以間接不服從為例，即使非關個己利害，但為法律相關的不合理，市民都當反抗，共同形成市民不服從的力量。她就曾表達蘇格拉底未能善表不服從義務之行為，她表示蘇格拉底接受審判的時候，卻沒有對雅典的律法進行反抗，是過於被動的回應；這與鄂蘭認為市民不服從，應當表現為勇氣、膽量、政治性的精神，有所不相符。可見，鄂蘭雖認同蘇格拉底言說行動的本質，貼近真實的公共領域的精神，然而，她更在乎行動的實質，她亦曾因此批判同樣論述市民反抗精神的梭羅（Henry David Thoreau, 1817-1862），認為梭羅只是從內在良知來對抗律法，〔卻非出於行動〕，這並未真正涉足公共福祉（筆者按：陳怡安，前揭書：63）〔註15〕。

本研究回顧鄂蘭肯定人之價值，以及主體言說行動的政治關聯，掌握鄂蘭所勾勒的公共領域，無疑是政治性議題醞釀與開展的空間；而象徵市民社會精神的公共領域之所以為政治特質的，一方面是統治意識形態激發市民社會使然，另方面是被統治反意識形態所促成。市民不服從產生亦牽涉政治權力的運作體制，這就不得不連帶談論鄂蘭理想中的政治體制論。我們同時以鄂蘭論述市民不服從與政體的關聯，總結其「市民不服從」的論點。

鄂蘭在《論革命》支持傑佛遜起草美國獨立宣言時，提出「基層共和國」

〔註15〕梭羅為十九世紀的美國哲學家，他的論著並沒有切確提出「市民不服從」的概念，但是，他提出市民反抗政府的論述，起因於反對美國對墨西哥發動戰爭、抗議南方蓄奴，以及爭論印第安人受到不平待遇。梭羅撰寫〈個人與國家的關係〉（On the Relations of the Individual to the State），為自身反對政府並主張拒向政府納稅而辯護（參閱許宗力，1988，〈試論民主法治國家的「市民不服從」〉，臺大法學論叢，第十八期，第一卷，頁 194-195）。梭羅以市民不服從為宗旨，發表著名的〈反抗市民政府〉（The Resistance to Civil Government, 1849），表達不服從精神的原則，在於「當政府機器不正義之時，良心的公民有義務成為反對者，制止機制運作」（Thoreau, Henry D. 1992. Walden and Resistance to Civil Government. New York: W.W. Norton. p.18）。基於這些立論，梭羅反駁政府的論點，當可視為探討「市民不服從」思想的淵源之一。

（elementary republics）的觀點。這種制度是將全國劃分為數個社區（subdivision of the countries into wards），讓每個社區成為小型的共和國，每個共和國內（State）的市民各適其職。如此，所有人都成為公共政府（Common government）的行動者，切實執行權利義務；重要的是，個體完全約制（subordinate）於自身的職權（1977：249，253）。這樣的論點與鄂蘭建構理想中的公共領域時，所崇仰古希臘城邦政治的競技與爭勝精神，表面上似有差異；但內涵實有異曲同工之妙。鄂蘭對於公共領域精神之徹底體現，原本就賦予個體重責要任，期許行動的個體能充份展現在政治場域內之「人的境況」，並從參與表現中取得成就感與責任歸屬感。在這個基礎上，便能夠進一步審視鄂蘭所提及的協調會（councils）（1972：231-233，1977：263-281）。這種制度有個鮮明的特質——跨越政黨界線，不受政黨約束。協調會是個政治組織，也是自由的空間，目標在建立「真實的共和國」（the true Republic），真實的共和國不受代議制度的政黨政治所制約（1977：263-264）。

　　承鄂蘭對理想政體的觀點，一般的代議制不足以反映公民直接參政，意即「再沒有比統治與被統治的關係來得真實的。公民企求的是被代表，而非僅僅代表憲法的利益或福利，因為那無法展現公民真實的行動與意見」（1977：268）。協調會的基礎正是基層共和國制度的理念，每個社區選出代表，各代表再選出更上級的代表，如此層層機制的推選，最後組成全國性的議會代表。在一般的代議制度當中，權威自上而下，協調會成員則來自所有層級，可說是公民自給選舉自己（they had selected themselves）（1977：278）。這讓公民歷經逐步且真實的選舉過程，並且更貼近於自己。

　　協調會制度的全貌，在鄂蘭接受瑞福（Adelbert Reif）專訪時，針對國家主權、革命、戰爭等問題，她再度重申該組織的精神[註16]：「我們要參與、要辯論，要將我們的聲音發表於公眾，要有機會決定我們國家的政治事務。然而國家太大，我們無法共聚決定命運，因此，我們需要在國家之內設立無數個公共空間。選舉時在投票處投下一票無疑太不足道；政黨亦有所不當，在政黨中，我們只是受操縱的選民。但只要我們當中的十個人圍桌而坐，表達意見，聽取他人的看法，那麼透過意見交換，必定能形成理性的結論。同

〔註16〕協調會制度（The Councils）是鄂蘭《論革命》（1963）的要點。後來她在1972年接受專訪時再次重申協調會的制度意涵，內容收錄於同年發表之《共和國危機》（Crises of the Republic）的〈政治與革命〉（Thoughts on Politics and Revolution）。

時，能清楚地看到誰最適合成為代表，在最高層級的協調會中表達意見，在這裡我們的觀點透過他人的影響、修正與否定，而得以更明確」（1972：232-233）。

第三章　國民黨威權政體

第一節　威權政體的意涵

　　威權模式（authoritarianism）、民主模式（democracy），以及極權模式（totalitarianism），同屬分類標準廣泛、模糊且包容性高的概念，因而在政治變遷過程中，當某些分類過時或與時代脫節時，具有較高包容性的分類較易獲得存留。亞里斯多德以統治精英數多寡的政體分類，得以歷久不衰的道理，也是在於該理論屬於分類標準較具包容性者（趙建民，1994：6）。舉例而言，威權政體或威權主義的運用情形極為鬆散，即使被歸類為威權政體的國家，就其國情與政權實際運作的差異，同樣的概念卻有不同的稱法，以及政治意涵上的差異。其實，杭廷頓（Samuel P. Huntington）即曾指出一個真實的爭論：政體並非代表國家的唯一要素，或者也不是最重要的因素。秩序或無政府狀態的區分，還較之區分民主或專制更為重要。但是，民主與專制的分野仍存在關鍵的理由：民主政治與個體自由有關聯，政治穩定與政體有所關聯。民主政體象徵國際關係的演進，並且受到聯合國的支持（1991：28）。

　　姑且不論民主體制與威權體制的界定是否精確抑或是鬆散？兩種體制都在某種程度上，存在足以界定自身的要素。甚至民主與威權併存的現象，還較理想型（ideal type）來得頻繁，惟因國情文化等因素的差異，而產生政權運作過程中，民主與威權比例成份的程度差異。研究威權政體與威權轉型的重要學者——利茲（Juan José Linz），探討西班牙佛朗哥政權時，發展出「威權政體」（authoritarian regimes）的意涵。她定義威權政體是某種看似既有民主精神，卻非民主政體的政治系統，屬於政治光譜的兩極，介於民主政體與極

權政體之間，所存在一種擁有內在特殊且穩定政治邏輯的政體。利茲利用四
項要素爲威權政體定格——多元主義（pluralism）、意識形態（ideology）、領
導權（leadership），以及動員（mobilization）（1964, 1970. also see Linz and Stepan,
1996：38）。爲此整理出威權政體的廣泛性定義爲：「有限但無責任，政治多
元主義，沒有精緻與指導性質的意識型態，卻有獨特的思想體系，除非特殊
情況，否則不會出現廣泛而強烈的社會動員，政權領袖或是特定團體，能夠
在形式上無明確界線，但實務上乃可預測的範圍內行使權力」〔註1〕（1964：
255; 1973：171-259. also see Linz and Stepan, 1996：38 n1）。

　　麥可利迪斯（Roy C. Macridis）也提出威權政體的輪廓：一、軍隊具壓
倒性的勢力；二、廣眾參與通常不高；三、公民權特別是政治權不存在，或
者嚴格把關。偶而舉行選舉、公民複決與公民投票，主要是讓多數人宣示對
當權者的支持；但民意機構即使存在，也只是爲領導者已決定的政策背書（蓋
橡皮圖章）而已；四、通常沒有一套用來動員群眾的政治意識形態；五、當
試圖說服社會組織與利益團體時，並不採取廣泛滲透或改造社會的方式。統
治精英多半由社會不同的精英集團組成，屬於開放且具策略性的寡頭聯盟，
目的在確保利益並延續統治權（1986：216）。

　　如此看來，威權體制大體具備一項基本特徵——有限民主（limited
democracy）。並且決策不脫一人與少數的精英政治與寡頭統治的模式。國家或
政府在符合威權統治的理念與利益上，允許民間團體的存在與活動，但仍有
所制約。格外重要的是，威權政體不會輕易動員或形成動員的意識型態，當
是爲了避免大規模社會行動帶來的動盪，這似乎帶有保守中求穩健的統治精
神。總體而言，威權政體兼具民主體制與獨裁體制的精神，是兩種體制之間
的灰色地帶，屬於混合體制（hybrid regime）（Geddes, 1999; Diamond, 2002;
Levitsky and Way, 2002; Schedler, 2002a; Linz and Stepan, 1996. in Hadenius and
Teorell, 2006：1）。

　　後來利茲與史丹潘（Alfred Stepan）探討南歐、南美與後共產國家民主轉
型，及其民主鞏固發展的政治現象時，擴展最初從西班牙個案研究發展出來

〔註1〕 利茲著作原文內容：Authoritarian regimes are political systems with limited, not
　　　　responsible, political pluralism, without elaborate and guiding ideology, but with
　　　　distinctive mentalities, without intensive nor extensive political mobilization,
　　　　except some points in their developments, and in which a leader or occasionally a
　　　　small group exercises power within formally ill-defined limits but actually quite
　　　　predictable ones.

的威權政體意涵，另從轉型路徑與鞏固任務的因素，重新修訂政體類型
（typology），在民主政體、威權政體與極權政體之外，再增加後極權政體
（post-totalitarianism）與蘇丹型政體（sultanistic regimes）的概念（Linz and
Stepan, op cit：40）。然而，這樣的區分仍被認爲指涉單一特定國家，而顯得不
夠完整。亦有將政體分類得更寬泛者，諸如從政治上相近的威權政體概念，
區分競爭威權（competitive authoritarian）、支配選舉型威權（hegemonic electoral
authoritarian）與模糊政體（ambiguous regimes）等（Diamond, 2002. in Hadenius
and Teorell , op cit：2）。

　　其實政體類型區隔難免受限於概念的狹隘性，爲解決這種模糊性，海德
尼斯（Axel Hadenius）與梭利（Jan Teorell）根據其他學者對政體所做的界定，
並利用自由之家資料庫（Freedom House data），從政權維持的角度，提出幾項
指標作爲區分政體的依據：政權維持的穩定程度、政權世襲或宗派承傳
（hereditary succession or lineage）與否、使用軍事武力的次數，以及是否舉行
普選（op cit：5）。他們的結論是：多元政黨有利於民主政體發展，但需分步
進行，並且前提必須是具有競爭性、包容性與參與傳統的政體，才可能較爲
容易。這種論調並非新意，有雞生蛋、蛋生雞的套套邏輯弔軌；但不容否認
的是，海德尼斯與梭利所提出政黨政治被容許的程度、政黨數及其態勢的差
異，這種分析的確成爲影響或區隔不同威權政體本質差異的重要因素之一，
且或多或少爲其有限的假設略爲緩頰。此外，海德尼斯與梭利的研究結果亦
指出：多黨政府形式愈來愈成爲近年來威權政體發展的特徵（ibid：24）。

　　界定威權政體的權力運作特質，政黨這個變項成爲重要的指標，通常威
權政體是以一黨專政的宰制形態出現，但亦也假性政黨的現象出現。雖然，
海德尼斯與梭利指出近代威權政體，在政黨態勢的發展可能以多黨型態展
現；但就傳統威權政體在國際政治體系上的趨勢與變化而言，如杭廷頓探討
一九七四年至一九九〇年間全球第三波民主化浪潮，新興民主國家轉型前的威
權政體，大致還是以一黨體制居多。威權模式大致出現爲一黨體制、軍事政
權、個人獨裁政權等類型。若以一黨體制來看，無論一黨專政在實際運作上
有何差異，當假設一黨專政與威權體制具有關聯時，特別是在社會多元分歧
較高的環境，也唯有一個凌駕於所有紛歧勢力之上的單一政黨，對威權體制
的持續性和權力的延伸才可能提升（Huntington, 1968：415, 425-428）。這似乎
意味「特殊時期，非常手段」的原則，威權模式中獨霸政黨的宰制，反而是

維持政治穩定的條件。

對於威權政體之一黨專政，薩托里（Giovanni Sartori）提出細緻的檢視原則，在一黨威權政體的前提上，說明個項因素強弱程度的差異，導致威權專政的權力操作產生差異。這些可能的因素包括：一、意識型態的強弱——全面或局部性；二、政權強制力——吸收人民的程度（extraction）與社會動員程度；三、對待社會團體的政策；四、給予次級團體存在的獨立自主性程度與政治容忍度；五、政治權力的絕對性（arbitrariness）與受限制的程度，以及政策的可預測性。薩托里具此原則區分一黨威權的類型包括：極權式一黨專政（totalitarian unipartism）、威權式一黨專政（authoritarian unipartism），以及務實性一黨專政（pragmatic unipartism）（1971：227）。

一黨專政與威權政體確實存在相當程度的關聯，然而，一黨專政是否代表一個國家內部僅僅只有一個政黨？抑或是專政的一黨是最為強勢的，沒有等同能力的其他對立者？雷蒙・阿弘（Raymond Aron）區別「專斷政黨」（monopolistic party）與「獨大政黨」（monolithic party）的概念，解答了這些問題。前者宣稱在政治活動或政治代表地位的獨占；後者指涉一個政黨內部結構的整合與一統性。一個獨大政黨未必是專斷政黨，例如法國共產黨以反對者身份而具有獨大特徵，但並非控制政治活動者（1972, 16）。另還有將威權政體之主政的政黨，稱之為「單一政黨」（single party）者，這表示該政黨因背負歷史任務的需要，合理化其政權獨攬地位（Aron, op cit：20）。至於一黨專政情形的政體轉型，里馬尼利（Marco Rimanelli）在編撰的《比較民主化與單一政黨國家和平變遷》（Comparative Democratization and Peaceful Change in Single-Party-dominant Countries）論著當中，歸納出五種單一政黨體系和平轉型的類型，其中義大利、墨西哥、日本、南非等國家，都因為源自於歷史因素，即使在政權和平轉型之際，最初掌權的統治政黨都戮力堅守政權，以至於並不因此喪失權力（2000：14-15）。

事實上，學界提出「一黨專政」或「一黨國家」（one-party states）的概念，實則起於俄羅斯與東歐國家，自一九六五年後反對勢力產生的背景，並且還牽涉到極權與威權界線的劃分，以及威權轉型的議題（Schapiro ed, 1972）。至於威權轉型的型態如何？若以一般轉型為民主政治的角度來看，按照杭廷頓的說法，民主轉型（democratic transition）有三種類型：一、變革型轉型（transformation）——由執政精英主導的轉型，當面臨民心向背危機，衝擊政

權合法地位，在原有民主的基礎上進行改革，以鞏固政權，如匈牙利、保加利亞；二、取代型轉型（replacement）——由反對勢力主導的大規模轉型，也較爲激烈，如葡萄牙、菲律賓；三、移轉型轉型（transplacement）——朝野雙方協商合作完成的轉型，另稱「協商轉型」，如韓國、西班牙（Huntington, 1991：114）。然而，威權轉型卻也未必導向民主模式，很可能其過程與結果有很大的落差。歐多諾（Guillermo O'Donnell）、施密特（Philippe C. Schimitter），以及懷特赫（Laurence Whitehead）等探討威權統治轉型時，於《威權轉型：不確定民主的試探性結論》（Transitions from Authoritarian Rule：Tentative Conclusions about Uncertain Democracies）則指出：威權轉型的後果殊難逆料，可能會是威權政體解體過程現象的持續而已，也可能產生民主政治，或是另一種型態的威權統治復辟，甚至出現革命政體。這意味轉型的政治遊戲規則難以掌握（1986：6）。

　　研究非洲單一政黨的李維斯（Sir Arthur Lewis）〔註2〕，則讓我們瞭解區域政治的非洲單一政黨態勢，與其他地區的威權轉型也有所差別。李維斯指出非洲許多國家的單一政黨是擁有政治代表的獨占者。即使這種政體在政治經濟層面缺乏效率，許多國家還是無可避免成爲這種類型的國家。這與在一黨掌權下的部份西方國家，雖非支持主政政黨的選民，仍然認爲自己所屬集團在國家中具有代表性，並未被排除在政治生活之外，並保有政治過程參與感的情形不同（Aron, op cit：21）。這意指一黨國家的性質，可能因政治文化差異而有所不同，也間接反映一黨態勢下的其他勢力或反對勢力，在不同政治文化中的型態與心態也會有所不同。

　　以政黨作爲區別政體型態的概念是否絕對？當我們以一黨國家或一黨政府解釋特定政權時，是否意味著專制是該政體顯明的特徵？或是官僚系統（bureaucracy）透過政黨包裝？以布蘭史坦（George Blanksten）分析拉丁美洲的政黨與政體體系爲例，他歸納出拉丁美洲政黨類型的多樣與變異特徵，將政黨區分爲兩大類：一黨體系與競爭性政黨體系。理論上，一黨體系又有三種可能的類型：全方位國族主義政黨、專制政黨、支配的非專制政黨。全方位國族主義體系主要是發生在爲政治獨立而鬥爭的殖民地。專制政黨以多明尼哥與委內瑞拉爲代表，掌權政黨之外的其他政黨理論上合法，但常以反

〔註2〕 Sir Arthur Lewis 是一位經濟學者。他在 1979 年榮獲諾貝爾經濟學獎，是除了和平獎之外，首位在特定領域獲得諾貝爾獎的黑人。

動姿態出現，因而可能遭受牢獄之災或流亡。非專制政黨支配的墨西哥與厄瓜多，掌權政黨並無明顯的敵對政黨，其他政黨合法存在（1960：479-480）。第二類型的競爭性政黨體系，則意指兩個以上的政黨互相較勁，並且政黨常以結盟或集團方式合作。這種政黨體系在拉丁美洲頗為多數，包括智利、阿根廷、玻利維亞、巴西、哥斯大黎加、古巴、瓜地馬拉、巴拿馬與秘魯等（Blanksten, op cit：481）。但無論政黨類型如何多樣化，布蘭史坦認為六〇年代的拉丁美洲並無專制統治，具有個別意識形態的威權政體才是該區域的政體面貌（ibid：489）。

如此看來，威權政體的政黨態勢，以一黨型式出現似乎是極為平常的現象。但一黨威權與一黨國家的概念還是有所區別的，這同時涉及政府與國家概念的區分。理論上，政府並不完全等同國家，或執政政黨亦不等同國家，充其量是類似民主機制的政府，在特定時期掌握政權者，並且需要面臨更迭。然而，威權體制生成的環境因素，或為獨大黨，或為歷史任務使然，開始取得執政權的政黨，往往長期成為政府代表者或者象徵國家。因此，要通則化一黨國家的概念是困難的，特別是某個單一政黨能夠成功掌握既得利益，根本就無法在政黨建制與國家機器中劃出明顯的界線（Schapiro, 1972：30-31）。

馬克雷（Donald Macrae）則直指一黨體系就是宰制政黨，也就是能干涉並利用權力破壞他人形成制度性政黨者（1972：28）。上述夏皮洛（Leonard Schapiro）與馬克雷的論點，即指出在一黨國家的國家與政黨關係，不若民主體制之政府有更迭替換，政黨不會永遠代表國家。如果暫且將一黨威權與一黨國家的模糊性擱置，純就一黨國家的權力運作模式而言，達倫多夫（Ralf Dahrendorf）則認為一黨國家絕大部份的政治過程，都在處理甄選領導人、動員計劃，以及組織異議份子等三件事，這是所有一黨國家都存在的社會利益結構（1972：31）。

綜觀威權政體的意涵及其政黨態勢，該體制的本質有其既定的規範；然而，定位威權政體的稱法仍然分歧，或稱獨裁政治、暴君統治、專制主義、專政、絕對主義、寡頭統治、拿破崙主義（Bonapartism）或軍事統治等（趙建民，前揭書：7）。雖然稱法殊異，惟各家立論仍反映威權政體的基本要素。本研究歸納各項學理，或可再增述筆者理解反芻後之威權政體的意涵：一、通常以掌握政治資源的單一政黨控制政權；二、有軍事靠山，軍事力甚至可能扮演吃重角色，但為備而待用的硬實力。三、規避社會動盪的機會，因而

不刻意進行社會動員，但政權具一定程度的政治操控，統治文化領導權仍強力灌輸於市民社會；四、政治精英在有限度民意政治的原則上，串連政治社會與市民社會，傳播統治文化或者試圖同化社會。總之，無論威權體制形成的理由是基於國家建立的需要、維護國家安全、政治文化的影響，抑或是現代化的需求，鑲嵌於威權政體內的民主意涵，與民主政治或憲政主義的主要差異，不是壁壘分明的民主與非民主陣線，應該是在操作政權的過程中，如何管理政治社會與市民社會的秩序，並在可行的情況下，實施可收編民心的有限度民主。

第二節　國民黨領導權

　　戒嚴時期的國民黨威權政體，具備有限民主的精神；至於如何界定當時特殊的政治體制，學理上的稱法殊異。原則上，國民黨黨國威權是一黨體系性質（Huntington, 1991：110, 120）。學理上相關的稱法有：一黨威權主義（one-party authoritarianism）、威權軍國主義（authoritarian militarism）（胡佛，1998b：15）、列寧式黨國政體（Leninist party-state regime）（Chou and Nathan, 1987：277；Huntington, 1991：117；田弘茂，1989：9；林佳龍，1999a：25）、列寧式支配性政黨（Leninist type party and hegemony party）、家長式威權統治（patriarchal authoritarian rule）（Chao, 1989：20。趙永茂引，1996a：41）、威權統合主義（authoritarian corporatism）（丁仁方，1999a：1-2）、動員式威權主義（mobilisational authoritarianism）（Rigger, 1996：301）、官僚威權政體（bureaucratic authoritarian）〔註3〕（黃琛瑞，2003：33）等。亦有精英政黨、法西斯政黨、親資本主義政黨、群眾政黨等各種不同的稱法；或是將國民黨黨國威權定位爲：受到前蘇聯列寧主義影響〔註4〕，卻非共產主義國家之屬的

〔註3〕　「官僚威權政體」的概念來自於卡多索與費雷托，他們從現代發展理論與依賴理論的觀點，檢視拉丁美洲政治經濟發展的實情與問題，發現拉丁美洲國家的威權，與一般威權國家的獨裁性質不同，拉美的威權屬軍事威權，制度特徵在於：以民族主義爲國家發展前提，個體利益被納入政治體系中，利益團體沒有生存的空間，不鼓勵政黨活動等。因此，官僚威權多被用來界定拉丁美洲國家特殊的統治模式。參閱 Fernando Henrique Cardoso and Enzo Faletto. 1979. Dependency and Development in Latin América. Berkeley: University of California Press。

〔註4〕　國民黨黨國威權與蘇聯共產黨或列寧主義的關係，應追溯到孫中山效法十月革命的精神。國民黨在 1924 年的全國代表大會（National Congress）中，便

列寧主義威權體制，若就經濟成長的因素來看，臺灣是威權體制之外一個具戲劇性且出奇意外的異例（Eberstadt, 1991：262-263）。

由於國民黨並非純粹的社會主義政黨，統治模式卻與源生於歐洲法西斯政黨的性質亦有相類似之處，因而又另外有「擬似（準）列寧主義的黨國體制」（quasi-Leninist party-state system）的說法（倪炎元，1995：110）。簡言之，列寧式威權結構原本在社會主義國家乃屬常態，卻在非社會主義國家中實現，就僅有臺灣一例（同上：104）。若林正丈也認同臺灣威權政體是疑似列寧主義的黨國體制，指出這種威權的特徵為：以法統體制排除大眾、政治精英的族群二重結構、對外部正統性的依存、二重侍從主義（1994：32-42）。

無論以何種稱法界定國民黨黨國威權體制，國民黨威權體制在臺灣執政初期，基於試行民主憲政的訴求，發展出有限民主與類似「威權式民主」的權力運作模式。實際上，學理並無「威權式民主」的特定用法，若要將有限民主與威權式民主相結合，則有威權過渡到民主的統治形態、民主體制內的行政獨裁等說法，或者有以「主權式民主」（sovereign democracy）描述俄羅斯不受外力干擾的特殊政體（林永芳，2005：2）。利茲與史丹潘則以官僚受命的民主式主權（威權）為要素，指涉類似具有民主外觀與威權實質的特殊體制；他們曾利用民主意涵的指標，審視威權過渡到民主的威權轉型，發現威權政體的分殊很大（Linz and Stepan, op cit：xiv）。但必須認知到，並非所有威權政體都具備非要轉型的必要性，這只是在區隔極權與威權的分野時，可茲辨認的指標之一，威權與極權的差別其實可以簡縮為一項顯而易見的因素——威權政體寓含民主精神，極權政體就沒有這種立基。

如何解釋或定位國民黨黨國威權的特質，若基於上述的學理意涵，當牽涉威權政體的定義、威權過渡民主的意涵，或是西方民主國家企圖通則化的民主優位，暨其所發展而來的現代化理論或依賴理論等概念。本研究認為：與威權政體及其轉型相關的理論與研究旨趣，對於解勢臺灣戒嚴初期五、六零年代的國民黨黨國體制，確實有其相近與可資援引的基準點；並且在某個程度上，似乎亦可嘗試引用以反映國民黨接管臺灣初期的政治權宜設計，誠然，亦當有不盡然能套用的理由所在。

揭示這個立場：We live a dangerous time....the results of the Russian revolution are visible to call, and we must take it as an example. If we desire to construct a strong, organized, and discipline party. 參閱 Nicholas Eberstadt. 1991. "Some Comments on Democracy and Development in East Asia." In Thomas W. Robinson ed. Democracy and Development in East Asia. pp:262。

　　國民黨黨國威權透過各種正式或非正式的組織，層層節制控制統治社會、政治社會與市民社會，形成「現代威權政體的傘狀結構」（the umbrella structure of modern authoritarianism），可稱這種威權體制是建立在以家族為核心的統治集團，形成一種高度封閉的特權階級或社會（胡佛，1991：36；1998b：14-17）。按照林佳龍的解讀，國民黨的黨組織是一把雨傘的骨幹，傘柄控制在強人的手中，強人透過末端幅射出去的枝幹，乃能穿透國家和社會，撐起威權統治的傘面，在內外的風吹雨打中前進。國民黨這把傘並非完美無缺，〔但〕有它的護衛，國民黨還是比一般的非民主政體更能適應挑戰（1999b：101-102）。

　　事實上，關於國民黨的適應環境的能力，利傑（Shelley Rigger）的「動員式威權主義」，肯定了國民黨對社會的控制（op cit：306）。白魯洵（Lucian Pye）探討臺灣、中國、南韓、日本、越南等亞洲實行儒家主義的政權時，稱臺灣的統治者是少數能跳脫傳統儒家父權宰制框架的，並在國內分裂的族群認同中取得平衡者（1985：228-236）。杭廷頓則認為臺灣在快速經濟成長與社會變遷時，出現對傳統中國政治文化的根本變化，並且突破相對而言較弱勢的儒家法統，進而採取政治開放政策（Huntington, 1991：304）。杭廷頓所指這種明顯變化在蔣經國與李登輝時期尤為明顯，或許該說硬性威權過渡到軟性威權的歷程，再次展現國民黨威權的彈性統治。無論如何，國民黨黨國威權帶有濃厚的主權宣示，但基於戰後意識形態陣營的束縛，透過有限民主展現文化領導權策略，黨紀、精英、資本、群眾等要素，都融入到市民社會與政治社會的互動過程中。

　　學界用各種名稱試圖為國民黨的黨國威權特質下註腳，這些名稱皆分別從不同的視角，定義國民黨威權宰制的部份精神。以最為普遍之威權政體的定義為例，如利茲界定威權政體為：擁有內在特殊且穩定的政治邏輯。本研究陳述國民黨黨國在硬性威權時期的統治，即企圖呈現黨國體系所具備穩定的政治邏輯，及其穩定結構下所產生特殊的文化領導權，以及衍生而來的政治反對勢力。在此擬先從政治社會與市民社會兩個層面，陳述國民黨黨國威權的特徵，但這項分類僅僅是為了方法論上的便利，政權實際運作上並非絕對切割的概念。本研究從市民社會與政治社會的層面，說明國民黨黨國威權的權力結構，即回應所援引研究理論之葛蘭西文化領導權，援引其「完整國家」（integral State）的概念，解釋國民黨致力串連政治社會與市民社會成黨國

體系，其文化領導權同樣表現為：領導權是對順服階級的統治，強制則施行於敵對階級〔註5〕。

一、政治社會

（一）政黨民主集中制

學者研究毛澤東決策制定過程時，曾以列寧式黨國體制的概念論述中共黨國政治，為民主集中制的組織與決策架構。民主與集中原本是兩個互為矛盾的概念，〔但兩者結合後的〕民主集中制的運作結果，往往朝向集權的光譜靠攏，使得權力分配經常受到個人意志所主宰，就是「核心」在集權領導中扮演最後決定性的角色（趙建民、蔡文軒，2005：2）。這與臺灣早期的威權民主頗為相似，也就是蔣介石的強人政治形成核心領導，以層峰掌控政治資源的模式進行統治，環繞蔣氏政權的一群統治精英，秉持全然的效忠，對統治聖雄的政策表示支持，這群精英同時成為政治強人控制社會的代理人（agents）。下級對上級必須服從、效忠、聽話，以便取得升遷利益；上級對下級強調控制、忠心耿耿。為了有效監督控制，在機關內部設置「人二室」負責「忠貞調查」（賴澤涵、黃俊傑，1991：278）。

關於國民黨威權統治的諸多稱法當中，較能反映政黨集中精神的概念，大概就是帶有列寧政黨論之「民主集中主義」（democratic centralism）精神的「列寧式黨國政體」，或是「擬似（準）列寧主義的黨國體制」。後者是倪炎元認為國民黨威權與源生於歐洲法西斯政黨有其相似之處，所採用的稱呼。然而，本研究認為國民黨紀律確實與列寧政黨民主集中制類似，但法西斯主義與列寧式的政黨精神仍有本質上的差異，不應過於模糊化法西斯與列寧主義的界線，而概約地將之視為同性質者。特別是在葛蘭西文化領導權的階級鬥爭概念中，他說明統治階級與被統治階級關係轉化的議題上，法西斯主義與列寧主義是截然不同的概念。以國民黨實務的權力操作手段來看，將之定位類似列寧主義者，當是說得通；但是，國民黨或許並不像法西斯主義刻意

〔註5〕 葛蘭西論述文化領導權的意涵時，指出上層階級的統治基礎有兩方面：一是宰制，另一是智識與道德的領導。當一個社會團體宰制敵對團體時，傾向「消滅」，甚至以武裝制服之；但對血緣關係或聯盟的團體則採取領導的方式。參閱 Antonio Gramsci. 1971 Selections from the Prison Notebooks of Antonio Gramsci. Quintin Hoare and Geoffrey Nowell Smith eds. London: Lawrence and Wishart. p. 57。

動員社會力，即便其操作手法有時亦有動員社會的行動，還是較傾向利傑的「動員式威權主義」，其背後的意涵是政府有效掌控市民社會認同威權民主，重點在掌握群眾的政治認同感，並兼具如文化領導權之軟性駕馭，與法西斯社會主義動員社會，甚至激發反資本的罷工等社會運動，有相當程度的區別。若回顧本章第一節陳述威權體制的學理意涵，威權模式在動員社會的意識形態面確實較不著力。

　　國民黨掌握群眾的手段，部份仰靠政黨，利用政黨組織的布建，其對黨紀律與黨功能的要求，在強化政黨精英的訓練，布建稠密的黨組織，黨精英具有代行政治傳播與布建工作的性質，亦有列寧先鋒政黨的味道。國民黨透過政黨革命奪取政權，再建立國家，政權合法地位透過黨的革命精神來鞏固，黨因此要維持一個紀律嚴密的組織。國家建立之後，黨對國家的關係是監督與指導，國家政治精英的甄補透過黨來進行。在政治社會中，黨絕對壟斷，多元競爭被禁止，在民間社會中，黨則是高度滲透與控制（倪炎元，前揭書：104-105）。田弘茂同樣指出國民黨改組成是以民主集中制為中心，並成為有紀律的革命黨（同上：9）。因此，國民黨的黨紀律近似列寧政黨民主集中制的精神，黨國特徵表現為「以黨領政」，但不直接動員社會，而是嚴格要求政黨精英的訓練，以便進行市民社會之政治傳播的工作。

　　國民黨綿密的統治功能，透過國家機器與政黨運作環環相扣。由於列寧政黨的民主集中制，將知識份子塑造成政黨先鋒隊的職業革命家，這種傾向精英主義的論調，讓列寧的政黨制度蒙上獨裁的色彩（Femia, 1987：25）。事實上，國民黨擬似列寧先鋒政黨，即帶有獨裁統治精神。關於國民黨威權的「黨國專制」特性，需追溯中華民國主權的發展過程，民國初年為整頓新興國家政權，國民政府自俄國一九一七年的十月革命，吸取如何有效動員社會力建立國家的經驗，孫中山因而主張擷取國際共產主義推翻沙皇的農工聯盟政策。當時一方面爭取國際力量，另方面為整合已擁有廣大農民基礎的共產黨勢力，因此，孫文採取「聯俄容共」的政策。但整合政黨合作的同時，北洋政府仍有所擾攘，於是，國民政府另興改組政黨的構想，並受蘇維埃建議，創建黃埔軍校為軍事武力後盾。自此之後，國民政府在擁有黨國軍隊力量，更進一步建立起黨政軍合一的國家統治。隨後國民黨就在一九二四年依照列寧模式，改組成以民主集中制為中心而有紀律的革命黨，行使統治權（田弘茂，前揭書：9）。

　　黃埔軍校的建立，讓以往以游擊戰法從事革命的國民黨，遂有了一支較為正規的革命武力。軍校設立後教育訓練大多延襲日本士官學校，但在校務組織運作上卻以蘇聯紅軍的黨控制制度為藍本，此即國軍「黨代表」制度的由來。此制度後來推及「國民革命軍」所屬部隊，形同國民黨在軍中的耳目，負有監軍之責（蘇進強，1999：195），這就是一般所謂的「政工」人員。臺灣政治安定的原因之一，即採行黨政二元結構，國民黨不同於西方民主國家的大眾政黨，它基本是平行於政府之外的「官僚系統」，無形中就發揮了「制衡」功能。舉軍方為例，開發中國家軍人干政現象十分普遍，但在臺灣軍人始終未捲入政事，也沒有在幕後干政，遑論動員軍隊從事政變。追本溯因乃是在軍隊中設置「政工」人員，發揮節制職業軍人的功能（彭懷恩，1987：43）。而且除黨代表制度外，當時亦雷厲風行「連坐法」，此制度在使官兵層層節制，這種「班長不退，班兵退，殺班兵」，「全班皆退殺全班」的集體暴力及相互監督的管理方式，對當時由各地散兵游勇聚合而成，倉促成軍欠缺訓練即開赴戰場的國民革命軍，產生嚴肅軍紀的效果（蘇進強，前揭書：195-196）。

　　國民黨政黨集中制的強力手段，自與國民黨背負反共統一目標的重擔有所關聯；為此，黨國組織嚴謹度相當縝密，文宣與政令亦皆顯現黨國政權思想與文化控制的手法。播遷來臺後，仍依循列寧式的基本架構，並進而在一九五〇年到一九五二年間進行黨的改造運動〔註6〕（Hsu, 1984：64。田弘茂引，前揭書：9）。蔣介石的改造國民黨，其子蔣經國知之甚深，他在民國三十八年一月二十二日的日記上寫道（陳正茂引，2009：162-163）〔註7〕：

　　　父親對於本黨改造方案，特別研討。在日記中作如下檢討：「當政二
　　　十年，對其社會改造與民眾福利，毫未著手，而黨政軍事教育人員，

〔註6〕　民國三十九年國民黨撤退來臺之際，蔣介石為力挽狂瀾，拯救瀕臨崩解的國府，擬訂救國必先救黨的策略，決心先從改造國民黨做起。此即五〇年代在臺灣雷厲風行的國民黨改造運動。有關國民黨的改造，過去學界已有李雲漢、李守孔、呂芳上、陳三井等學者研究過，許福明甚至撰寫《中國國民黨之改造》(1950～1952)》專書，由臺北正中書局出版，可說是此專題的權威之作。以上取自陳正茂，2009，《臺灣早期政黨史略（1900～1960）》，臺北市：秀威出版，頁161。作者本身則在這些學術研究成果的基礎上，對檢視改造運動成敗得失的成因有詳細的說明。

〔註7〕　內容取自蔣經國，1982，〈危急存亡之秋〉，《蔣總統經國先生言論著述彙編》第二集，臺北市：黎明出版，頁557，563。

只重作官，而未注意三民主義之實行，今後對於一切教育，皆應以
民生為基礎，亡羊補牢，未始為晚」。

一周後，又寫道：

父親接見黃少谷先生，決將中央黨部先行遷粵，就現況加以整頓，
再圖根本改革：父親認為：「本黨非徹底再造，斷不能從事復興革命
工作」。

蔣經國日記之語，時為國民黨政權還在大陸據守時的國共內戰景況；意即在
國民黨正式進行改造之前（1947 年 7 月），即意識到必得著手進行各項黨務的
前置作業。在思想路線上確立黨為革命民主政黨，黨組織採民主集權制，以
實踐每個黨員皆有貫徹主義、尊重組織、堅持政策、講求實效與認真團結的
精神（許福明，1986：60-66）。以九月十六日在草山設立的「革命實踐研究院」
為例，該研究院的教育宗旨為恢復革命精神、喚起民族靈魂、提高政治警覺、
加強戰鬥意志；教育實施著重理論與實踐之溝通，……。自成立以來，為黨
國訓練各部門人才達四萬多人，具有非凡的時代意義（中國國民黨秘書處，
1988：235）。

國民黨進行的黨改造計劃，整體的目標是為了「以黨治國」。然而，國民
黨在威權主義下的黨國體制理念型當中，黨國二元一體原是基本特徵，但國
民黨在一九四七年行憲後，已不可能再如同訓政時期一樣，進行以黨治國，
因此，在一九五二年黨的改造時，為有效達成「黨國一體」的目標，在組織
的形式上便先將黨的體系與國家行政部門的體系合為一體，再透過政黨民主
集權式的領導系統，達到以黨領政的目的（倪炎元，前揭書：110）。因此，所
謂「國民黨黨國機器」，即因為中國國民黨成立以來，不論在中國大陸或是臺
灣時期都是主要的，甚至是唯一的執政黨，加上以列寧式政黨運作模式，黨
的意識形態與目標，往往是政府的意識形態與目標（周慶祥，2006：61）。

關於黨意識與國家治理的聯結，國民黨的確採取了頗為強硬與嚴密的自
我要求。但「以黨領政」的背景與列寧或葛蘭西時期，有著不同的政治經濟
條件，因此，同樣主張以黨領政的權力運作策略便有所不同。回顧葛蘭西的
政黨論，他處理的是階級權力與國家權力的轉化關係，其政治目的在完成無
產階級專政的社會主義政黨，矛頭指向與資產階級掛勾的法西斯政黨。但
是，他認知到法西斯在聚眾的策略上跨越階級，深具社會號召力（Carnoy,
1984：68; Renton, 1999：32）。也意識到法西斯是有力量解決經濟危機的群

眾運動，能夠扮演穩定資產階級的角色（Renton, op cit：68）。相對的，義大利社會黨或共產黨都表現得太過狹隘或不妥協，而且忽略群眾，無法提出群眾運動真實經驗的策略（SPWII：159）。為了扭轉社會政黨對抗資產階級的劣勢，葛蘭西利用列寧的政黨理論，強調在民主集中制的黨紀規範下，訓練政黨精英為革命先鋒隊。政黨精英在列寧的革命策略為何如此重要？因為他識破那些將工人納入工會系統的資產階級的技倆，只能以罷工、爭取工資等經濟面進行社會運動，無法將革命帶到政治面，只會讓工人在社會運動中平白耗殆精力，惟有將蘇維埃的政黨精英武裝起來，連結群眾與黨綱，革命才有希望。

在建立政黨紀律嚴明與軍政獨裁的手段上，國民黨同樣具備革命願景，因此，極為強調黨精英的培育；民國三十八年動員戡亂臨時條款頒布之後，關於中央委員改造計劃暨黨組織革新等策略（秦孝儀，1984：442-445），都展現出民前鋒的黨國精神。這點與列寧政黨的特徵頗為相近，但國民黨與列寧或葛蘭西政黨論的差別還在於部份政經結構條件的差異。在馬克思主義者的觀點，無產階級革命事業必須由最先進、最自覺的無產階級政黨來領導，無產階級的革命武裝團體，無論在理論上、組織上，只能是該政黨的有機組成部份，它絕不應，更不能有獨立自主的意識；基於這種認識，在共黨國家，其文武關係是一體的、共生的（蘇進強，前揭書：229-230）。

相對的，國民黨並不需在經濟層次上處理政治性的階級鬥爭問題（後續統合主義部份另有陳述），雖然如，同社會主義或共產黨國家處於資本結構當中，但國民黨的身份反而像是葛蘭西與列寧所要反撲的對象——資產階級。換言之，國民黨本身是經濟利益控制者，特別是當他們自美國取得經濟援助後，擁有資本與本土精英較量；更重要的是，國民黨實施土地改革政策，削弱小地主，卻成功籠絡大地主，透過公營債券交易的方式，讓大地主成為實業家與大企業主，這讓重要的士紳階級成為國家經濟計劃的一環。

為此，政黨集中制的集權、特訓、先鋒等特質，在列寧與葛蘭西具有濃厚的階級鬥爭意味，在國民黨身上則在黨領導的層次上，直接處理社會主義的困局。加上對政治自由的控制，使臺灣民眾將注意力轉移到工商業，而對政治冷漠（Cole, 1967。王振寰引，1999：160）。這種現象或許可引用白魯洵探討政治文化議題時，將臺灣的政治文化看作是「反政治的儒家主義」（antipolitical Confucianism），意味臺灣社會在經濟發展有所成就的情形下，

市民社會的焦點轉移到經濟面多於政治面，並放棄傳統父權的儒家主義（Pye，op cit：228）。雖然白魯洵的論著是八○年代的背景，但其回顧歷史的各項政策，到了八○年代的政治氛圍轉型，源頭與臺灣五、六零年代的政治經濟政策，乃是遙遙相連的。早期經濟扶植政治穩定，加上統合主義的籠絡，國民黨在軟性威權時期，還是受到戒嚴初期文化領導權的餘序所庇護，尚能在後期階段維持威權不墜。

　　高立夫（Ralph N Clough）曾表示：「蔣介石先生來臺之後的用人政策，比在大陸時代有效率多了，他手下的軍政人員大都精明能幹」。其實這裡所指精明能幹的人員，有許多在美援帶來好處，國民黨為求富國強權，所任用的技術官僚，這些人與中央改造委員會篩選忠黨愛國的精英皆有所關係。彭懷恩認為這種因經濟政策成功所產生的現象，成功並不是自由放任的結果，相反的，政府主導是主要因素，國民黨的技術官僚在此關鍵時刻扮演重要角色（前揭書：79）。若接納其說法，本研究發現國民黨黨國威權亦步亦趨、逐步修正的策略仍有相當的效益。並且認為黨國威權的階段性特質可以歸整為：初期發展以政黨集中制進行政治整肅與一統，中期奠基臺灣本土經濟資源，後期是掌握政治與經濟資本的威權政黨。此外，「以黨領政」的鮮明特殊性還在於：政黨集中並不假赤裸裸的軍事鎮壓，而是從政治相對優位，演變成全方位既得利益，雖然威權政體皆具有軍事力為後盾的特徵，國民黨戒嚴初期有效率的政權與政黨整合，的確塑造名符其實具有軍事後盾的宰制，只是這是無需動用武力的軟實力威權主義。

（二）文化堡壘的建置

　　五、六零年代的臺灣威權政體，存在濃厚的黨國精神，在此特別討論國民改造計劃的意義。追本溯源，國民黨改造的前奏，早在全面抗戰時期就已經開始，民國二十六年曾通過「三民主義青年團組織要旨」，戰後則率先於三十六年於南京召開的第六屆四中全會中，通過「統一中央黨部團部組織案」（李守孔，1994：502-503）。大陸失守的打擊，使國民黨痛陳黨必須改造之迫切和需要，民國三十八年七月，中央常務委員會在廣州提出「中國國民黨之改造案」（中國國民黨秘書處，前揭書：247）。一切運作依〈本黨改造綱要〉的原則進行，改造綱要的各項原則，不僅是改造期間的指標方針、改造藍圖，整個改造運動都依照改造的內容，逐步展開（許福明，前揭書：58）。在此架構上，國民黨大致從六個方面進行改造：一、在思想路線上，確立黨

爲革命民主政黨；二、黨的基礎在工農青年、知識份子及生產者等廣大民眾；三、黨的組織採民主集權制；四、黨的基礎在於小組；五、黨的領導一切通過組織，組織決定一切，以思想溝通全黨，以政策決定人事，以原則解決問題；六、黨的作用在使每一個黨員皆有貫徹主義、尊重組織、堅持政策、講求實效與認眞團結的精神（同上：60-66）。

　　民國三十九年九月通過相關實施辦法，以爲辦理黨員重新登記及歸隊工作之依據，〔擬於〕四十一年九月改造工作全部完成（中國國民黨秘書處，前揭書：247）。黨改造計劃重新調整國民黨與國家、政治社會與民間社會的關係，蔣介石以黨總裁身份領導改造委員，從中央到地方與特種黨部，逐級進行改造。正式朝向「以黨領政」、「以黨領軍」的方向發展（薛化元，2006：9）。究之原因，改造的內部因素還在於解決內部派系與組織鬥爭，在外因素則在於韓戰爆發之際，美國經援臺灣，所處情勢稍有穩定，得以推動黨務。撤守大陸之後，這些改造委員成爲在臺灣深根立足的重要推手，這也使得在大陸時期未盡完成的黨國一體、黨軍一體，以至於社會動員與控制的目標，在臺灣終於落實。

　　黨改造運動涉及派系整頓，從整合擁蔣介石派系開始，這些派系包括：一、陳果夫、陳立夫兄弟主導的 CC 派，他們掌控教育、民政、金融、宣傳，以及特務部門的中統局；二、非黃埔軍系的政客、企業家與學者所組成的「官僚政客」；三、黃埔軍系如胡宗南等秉持三民主義精神，控制軍隊的政治訓練，並在各地保安隊、學校、職業團體，吸收優秀份子加入軍隊黨部。知名人物如陳誠、戴笠，他們控制軍事委員會的軍統局；四、掌控金融業界的親美人士如孔祥熙、宋子文（陳曉慧，2000：13-15；筆者按：陳明通，2001：38-41）。接著依據〈本黨改造之措施及其程序〉，從黨組成份子、社會基礎、組織原則、幹部、作風、領導、黨員權利義務、黨紀律、秘密組織，以及黨政關係（以上爲〈本黨改造綱要〉的原則）層層推展，主要的重點在於：採取民主集權之「由選舉產生幹部，以討論決定決策，個人服從組織，組織決定一切，少數服從多數，下級服從上級」，最後由中央改造委員會主宰領導歸於一元化（筆者按：陳曉慧，前揭書：36-37）。

　　改造計劃承最初重視建立青年團體的前置作業，展開青年運動以擴大黨的社會基礎，民國四十年一月通過〈中國國民黨現階段青年運動指導方案〉，從文化、生產、服務、軍事、敵後、海外等項目勵行（李守孔，前揭書：520-521）。

這後來擴展到大學校園之知識青年黨部，許多校園內的團體如臺灣大學的逸仙學會、政治大學的覺民會、師範大學的研究室等（林玉体，1990：72），都是布建於校園內負責吸收黨員與灌輸思想的組織，而有制度的思想傳播則是將三民主義設為基本黨務課程，而行之於大學教育之中。這也算是實踐蔣介石在三十九年中國國民黨改造會議中，屢向同志說的——黨團合併統一工作，應視為政治革命性的，而非技術的事務工作……（陳三井，1994：560）。

此外，國民黨改造計劃十分重要的一環，即情治與軍統體系的編整。蔣中正召集蔣經國、唐縱、毛人鳳，討論新的編整。在民國三十八年八月二十日，政治行動委員會成立，由唐縱擔任負責人，其主要任務為「負責協調及監視黨政軍和社會各個階層的安全工作」。蔣中正復任總統之後，這個機關於一九五○年底成為政府正式機關，改名「總統府機要資料室」（薛化元，前揭書：50）。國民黨改造的無孔不入，在軍中的任務主要就是在軍中吸收黨員與發展組織，以及透過偵查工作以確定軍隊對黨的服從（陳正茂，前揭書：177）。

其他在五、六零年代，體現黨國文化領導權精神的政策與建置，尚包括：民國四十年七月政工幹部學校成立，蔣中正檢討國共內戰失敗的原因，在於軍隊缺乏效忠與實力，欲重整武力必先恢復政工制度，以確保軍隊的效忠度。民國四十一年三月青年節宣布成立中國青年反共救國團（簡稱救國團），以凝聚青年力量從事反共救國工作，並命蔣經國擔任首屆主任。此為改造運動的一環，救國團的前身即前述的青年團。國民黨訓練全國青年，目的在使人人信仰三民主義，並將預備黨員制取消（林泉，1991：261）。國民黨對青年知識份子的重視，在改造黨綱指出：「本黨以青年知識份子及農、工生產者等廣大民眾為社會基礎，結合其愛國的革命份子為黨的構成份子，共同為國家民族及廣大勞動民眾的利益而奮鬥」。並且在中央改造委員會第二十九次會議通過組織規程，決定專科以上學校一概設知識青年黨部，由中中央直接指導（李雲漢，1994：625-626）。除了教育性質的思想灌輸，秘密政權與治安維護的操作，則是民國四十七年（1958）五月臺灣警備總司令部的成立，職責從接收臺灣到維持臺灣治安事宜，改制後的任務主要是負責戒嚴地區的軍管。民國五十六年（1967）二月國家安全會議成立，這是裁撤原國防會議，將改制的組織功能擴編，職權包含國家建設、戰地政務、科學發展以及國家總動員等。

二、市民社會

（一）威權統合主義

國民黨威權形式基本的特徵之一是：經濟發展帶來政治轉型。一般政治經濟學研究，將包括臺灣在內的亞洲四小龍（南韓、香港、新加坡）歸納為「新興工業經濟體」（newly industrialized economies-NIEs），象徵經濟優先於政治的威權政體。即使在總體經濟發展策略上，經濟是臺灣的命脈，但實際政權操作上，乃是以強大的政治力進行社會資源分配。較為明顯的現象就是，國家機器與社會團體的互動，形成統治精英與市民社會社經團體精英之間的恩侍關係（patron-client relations，亦稱依侍、侍從、恩庇）〔註8〕。就陳明通分析蔣氏政權的依侍主義時，指出依侍的影響力分別發生在統治社會、政治社會，以市民社會等三個層面。其中黨國威權在市民社會方面，乃是以國家統合主義組織各行各業的利益團體，卻不讓他們發揮應有的功能（前揭書：2）。國民黨在經濟利益的控制方式為：將地方精英派系化、社經部門地域化、利益分配壟斷化（丁仁方，前揭書：31）。這種政治社會與市民社會之間所形成特殊的關係，是為「統合主義」（corporatism）的精神，是國家機關與社會關係的制度安排（Schmitter, 1974：89; O'Donnell, 1977：47; Chalmers, 1985：57。丁仁方引，前揭書：1）。

統合主義是現代非極權國家中，國家機關組織民間利益，動員與控制市民社會的四種模式之一〔註9〕。原本西方學界所定義的統合主義，或視為國家

〔註8〕 恩侍關係的基調在於政府以酬庸的方式，取個人或市民社會組織的忠誠，彼此之間存在有形利益與無形精神的交換關係。統合主義較傾向經濟層面，地方政治派系雖於經濟無法脫勾，但國民黨初期培植派系主要在政治層面的需求為多。因此，本研究以「威權統合主義」和「派系恩侍關係」，分述國民黨黨國威權在市民社會的權力操作。

〔註9〕 陳明通指出學者研究現代非極權國家，國家機關組織民間利益，動員與控制市民社會的模式大致上有四種：多元主義、統合主義、依侍主義，以及民粹主義。「多元主義」指的是一種利益代表體系，在此一體系中，選民可依自己的意願組織各種不同的利益，不受個數限制，也沒有由中央到地方的層級約束，完全在一種開放競爭的環境下，無任何團體可壟斷利益代表權。「統合主義」指的是國家機關跨越傳統社會部門藩籬，以經濟產業的分際來垂直分割社會，把個人強制編織進入法定的職業團體，包括各種資方的產業組織及勞方的工會組織。每一職業團體都依中央到地方作層層分割，上下隸屬，層級分明。「依侍主義」指的是以恩庇──依隨二元聯盟關係，完成對政治社會體系的動員與控制，派系政治即為其中的具體表現。這種恩庇──依隨關係是一種附著於既存政治社會體制中，不平等權力地位的行動者間的非正式、特

形式（Jessop, 1990），或者視爲一種經濟體系（Winkler, 1976），或是利益匯集系統（Schmitter, 1974），或是政策形成的制度化模式（Lehmbruch, 1979），或是政治結構（Panitch, 1980）。這些結構曾經出現在法西斯集團體制、拉丁美洲一九三○年代民粹體制、一九六○年代以後的官僚威權體制，兩次世界大戰之後的歐洲社會民主體制，以及臺灣的黨國威權（以上丁仁方引，前揭書：4-5）。但由於臺灣國民黨黨國對民間社會的強大穿透，社經組織高度政治化，非正式交換關係超越法制關係，使得黨國威權性質超越純粹的統合主義與侍從主義意義（同上：31）；因此，學者另以「威權統合主義」或「國家統合主義」（state corporatism）指涉國民黨黨國威權的特徵，這也使得臺灣的威權統合概念較西方意涵來得豐富（同上：1-2）。

臺灣的威權統合主義透過何種宰制方式呈現？美國發動韓戰（1950-1953）之際，開始提供國民黨經濟援助，並於一九五四年雙方訂定〈中美共同防禦條約〉，從而強化國民黨政權對臺灣社會的控制力。美援帶給國民黨在經濟上的好處，還在於創造重要科技轉移的機會，並支持五○年代初期的臺灣進口替代政策；美援送來大量消費品和生產設備，還幫助政府降低通貨膨脹（彭懷恩，前揭書：80）。可謂彌補國民黨在臺灣初期經濟力相對不足的缺撼。這也同時反映臺灣轉而戮力發展經濟，臺灣利用美國經援，採行出口導向工業化（export-oriented industrialisation）、限制進口的計劃性經濟政策。這種有限的資本經濟模式，其主要的特徵是扶植大企業，甚至限縮中小企業的創業資本，在銀行信貸拒絕中小企業（Winn and Yeh, 1994：200. Rigger cited, op cit：308）。

然而，政府全面掌控經濟發展之際，卻衍生出額外的問題，即受制的中小企業爲求生存，最後不是融入地方政治府派系，就是有些中小企業在與地方派系勾結中，獲利有限，相較於政府對大企業的慷慨支援，心生不滿，轉而成爲反對勢力（Rigger, op cit：308-309）。又如土地改革眞正受到實惠的也只是少數大地主，政府雖以公債、公營股票交換地主土地，但由於公債利息遠低於當時商業行情，許多人將補償的國營事業公債以遠低於市價的價格脫手（Gold, 1986：66。also Fei, Gustav, and Kuo, 1979：43。田弘茂引，前揭書：37）。

殊互惠關係。「民粹主義」指爲經組織化，而以政治運動直接向都市勞工階級或鄉間農民群眾尋求政治支持，或以反既存體制意識形態，尋找勞工部門選民支持的動員方式。詳參陳明通，2001，二版，《派系政治與臺灣政治變遷》，臺北市：新自然主義，頁 7-8。

國民黨接收美援，卻不受制於西方資本自由經濟體制，而是建立一套獨特的政治經濟整合策略，這類似薛密特（Philippe C. Schmitter）定義部門統合主義精神，國家統合資源限制在經濟體系的特殊部門，有些組織被集中化並享有獨占代表性，而且透過政府特權管道，組織的提昇與強而有力的政治制度化產生聯結。總體而言，西方統合或新統合的分析方向與發展，大致可統整爲三類：一、集中式的利益組織或擁有獨占代表性的層峰；二、政府特權管道的提昇，和組織化的公共管理與利益組織產生的聯結與成長；三、有組織的勞工與企業形成「社會夥伴關係」，以規範團體衝突，並以向政府政策取得合作爲目標（1982：259-273）。國民黨在戒嚴初期的國家統合主義與第一、二項精神一樣，第三項在臺灣當時期的市民社會較不成熟。理論意義上有學理相符之處，但實際執行，並非向美國自由經濟跟進的模式，而是採取抑制進口，出口導向的經濟政策（Gold, op cit; Rigger, op cit）。

如果從文化領導權的理論架構來看，國民黨在經濟的統領策略，與葛蘭西所處西歐當時的資產結構不同。葛蘭西面對的義大利已形成資產階級宰制的意識形態霸權，他與其他歐洲社會主義者的焦慮一樣〔註10〕，當他提出美國主義與福特主義的經濟模式時，存在心理的矛盾。一方面他認知到資本主義宰制市民社會的手段就是操弄廣眾的偏好，另方面不得不肯定資本主義經濟是國家資本累積體制（capitalist accumulation）的象徵，福特汽車的大規模生產機制代表科學管理（scientific management）的理性化工業生產機制（SPN：277; Jones, 2006：109）。這些體制的分殊化（ramification）特質若能夠落實到社會生活的各層面，既能壯大國家，也能建造無產階級有能力與資本階級對

〔註10〕 十九世紀到二十世紀中葉，歐洲社會主義者的政治論述相當程度受到當時政治經濟環境的刺激，係建立在考察西方相對穩定的資本主義社會，以及資產階級對工人階級的宰制手段。他們主張的革命路線與精神，深刻反映自身所處國家內部的政治秩序，也明顯反撲資本主義與社會主義既共生且衝突的結構，這種背景造就出歐洲社會主義民主思維的法統，諸如馬克思（Karl Marx, 1818-1883）與恩格斯（Frederick Engels, 1820-1895）爲首的民主共和制、柏恩斯坦（Edward Bernstein, 1850-1932）修正社會民主論、列寧（Vladimir Lenin, 1870-1924）的民主集中制（democratic centralism）、盧森柏格（Rosa Luxemburg, 1871-1911）針砭德國社會民主政治的危機，以及後期馬派學者拉克勞（Ernesto Laclau, 1935～）與穆芙（Chantal Mouffe, 1943～）的基進民主理論（radical democracy）等。當時歐洲社會主義的政治鬥爭與奪取經濟領導權過程，所伴隨而來廣義的社會民主主義（socialist democracy），其基本的目標就是企圖解決資產階級與無產階級的不對等權力關係。

抗。葛蘭西的社會主義國家或完整國家的形象，其實也是主張國家必須提供總體經濟條件的，因此，他期望工人在大眾生產的形式中受益，能夠享受消費者民主（consumer democracy），而非被資本家剝削，並期許工人階級獲得新式工作模式的訓練、消費、行動，可以讓法西斯社會主義舊秩序下的寄生者（parasites）失去時代的意義（Jones, op cit：109-110）。

葛蘭西從社會主義反動者的立場，批判當權與資本主義掛勾，用資本文化的意識形態，同化無產階級的軟性宰制特質。確切地說，他認為資產階級統治權之所以取得優位的原因，在於資產階級對社會灌輸資產意識形態，形成供需體系的控制，文化領導權因而意喻為民主設計的軟性宰制特徵。相較之下，國民黨在資本主義自由經濟的框架中，不走美國經濟模式，政經結構亦非西歐的資產模式，而是改造資本經濟內涵，轉為以適用自身體質的經濟宰制手段。簡言之，國民黨在政治上採取向美國靠攏的「櫥窗式民主」，但透過政治統合經濟運作，形成「威權統合主義」的政權運作。原則上，國民黨在經濟因素的控制手段，與葛蘭西無產階級奪取政權的發展路徑，截然不同。

國民黨透過維持經濟利益的恆常性，以及利益酬庸制度的安插，滿足基本需求，讓政局傾向安定，降低社會衝突所要付出的代價與成本。也為自身的文化領導權建構起穩建的基礎。因此，探討國民黨利用經濟手段進為其政權正當地位，「威權統合主義」的確頗為適用於解釋黨國威權的宰制，這是整合恩侍主義與統合主義，透過下層結構權力（infrastructural power），國家機器與社會各種團體建立關係，使權力滲透到社會基層以維繫統治（王振寰，前揭書：160）。誠然，臺灣黨國機器控制政經部門達到鞏固政權目的的手段是廣泛的，甚至是強烈意識型態與目標取向的。

從歷史延續（historical continuity）的概念回顧黨國功能，威權統合主義不外乎是整合出「有機國家主義」（organic statism）的形象（丁仁方，前揭書：22）。根據薛密特的說法：「統合主義是利益系統，個別利益在系統內組織成獨裁的、強制的、非競爭的、層級規則的，以及功能分殊的形式，由國家認可並刻意賦予壟斷權，以交換國家對他們挑選領導人和表達要求與支持的控制」（Schmitter, 1979：13）。蔣氏的威權統合可說是恩侍主義精神的呈現，在國家機器內部有效掌控追隨者，在國家機器外動員社會與建立派系，以「國家統合主義」組織各行各業。威權統合的國家便成為領導與指揮利益團體的仲裁者（Wilson, 1983：103）。威權統合主義的意涵，可擴充解釋國家與社會

制度的許多面向。例如西方起因於經濟制度的批判常成為重要的論戰領域；因此，將統合主義的概念應用於工團、勞資與階級鬥爭是常見的。西方統合主義制度的歷史變化大致有三種類型：一、政經體制的危機，如第一次世戰後的歐洲模式，政府主導勞資利益，將之納入經濟決策中（Charles Maier, 1984; Katzenstein, 1985）。二、國家機關與社會組織的相對地位，如拉丁美洲之國家穿透民間社會以對抗以往較強勢的寡占精英（Malloy. 1977; Purcell, 1981）。三、國家機關的發展策略，意指國家能跳脫階級鬥爭的侷限，轉而建立對其自身有利的資本累積或霸權計劃（Jessop, 1990：198-201, 207-209）。類似的情形發生在官僚威權的拉丁美洲，他們軍事政權以維護秩序，建立經濟結構的訴求，並壓制民粹主義（以上丁仁方引，前揭書：22-27）。

　　國民黨黨國威權的統合威權定位如前述，其意涵是較為多元的，也有不同的切入角度與分析焦點。純粹就統合主義存在的基本要素──組織利益及其與政府關係的途徑來觀察，則國民黨黨國威權初期的統合主義，其權力運作的影響力較顯而易見，行動者也較明確，基本上就是以國民黨官僚精英為主軸，由國家掌握經濟資源，誘發地方利益團體與之靠攏，所形成政府、地方派系、利益組織等三邊關係的網絡。事實上，就統治效率而言，國民黨官僚系統在統治之初是有其正面意義的。行政機關形成「嚴密的組合系統」（tightly coupled system）、強調帶有實證論精神之「理性－工具」的行為，以及讓組織內部維持均衡以發揮功能。然而，嚴謹的理性模型卻同時造成理論與實際的脫節現象（筆者按：賴澤涵、黃俊傑，前揭書：282-285）。揆諸國民黨黨國威權在政治社會與市民社會的布局，暨其所衍生之官民互動與省府溝通，便能察知官僚威權一體兩面的政治結果。

　　國民黨這種統合威權所呈現的三邊關係，或許可透過威廉遜（Peter J. Williamson）的觀點來定位：一、統合主義是生產集團與國家關係的再建構，透過商業組織與國家的協商消弭原本不平衡的關係。二、統合主義也是政府介入生產的一種制度安排，這種過程稱為「統合主義與生產政治」。三、透過給予利益團體正式的地位，讓政府得以認可利益團體的行為。四、政府認可利益團體的條件，包括生產的利益團體結構是階層化的、生產無法與政府脫勾、即使未獲得政府協議的利益團體，仍然享有執行權力的權利。五、統合利益得聯結是在國家威權下的妥協與議價，即使這項交易並非多廣泛或多數支持的。六、統合關係扮演公共政策的補給角色。七、國家在統合關係中是

囊括利益以尋求或維護既存社會秩序，對抗敵意行為的宰制結構。八、總體而言，統合主義是一種對個體部門與市場，以至於公司的經濟介入，甚至伴隨國家福利服務的安排（1989：205-218）。

（二）派系恩侍關係

統合主義主要以經濟因素，籠絡社會力到國家發展的計劃中。在政治因素方面，因牽涉選舉機制的操作，國民黨便以政治職務為酬庸，懷柔政治精英，這是派系政治的雛型〔註11〕。無論是政治與經濟資源都是國民黨酬庸本土精英的手段，目的在藉以交換忠誠。戒嚴初期屬於國民黨將民主機制鑲嵌於威權體制內的民主政治蘊釀期，政府透過實施地方自治展現開明專制，當時最為醒目的民意代表選舉是臺灣省議會議員的選舉，此制度建立的背景在於：國民政府對實施民主憲政的承諾，同時也受到戰後國際情勢的影響，為應和美國為主導的民主陣線所發展而建立的櫥窗民主。但議會在當時定位猶如幼獅，議員表達民主的需求，卻受制於客觀條件，議會只能接受國民黨的監護（黃人傑、施裕勝，2007）。因此，初期議員職權與實際民主政治的運作，形成認知上的距離感。

硬性威權時期當權的界限首重緊握統治權，避免被共產黨取代，還要應付臺省政治精英的挑戰。因此，當時黨國威權與黨外政治精英，都存在強烈的政治訴求，即使在五、六零年代高壓手段最為綿密，文化領導權的操作甚為周延，反文化領導權的勢力卻也伺機從體制內萌芽與攻防，直接要求政治反饋的強烈需求。此外，在省籍認同上，國民黨同時面臨集團內部派系的衝擊，外省籍的自由派知識份子對威權宰制首先發難。兩股力量相互拉扯，使得國民黨治臺之初面臨嚴厲的政治反對考驗。為此，國民黨治臺初期不得不在「穩定中求發展」的原則上，懷柔社會力以鞏固政權，所有挾帶民主自由精神的機制，也是精心設計來襯墊黨國威權的。

〔註11〕但是，國民黨扶植的地方派系後來面臨轉型。台灣地方派系的轉型開始於威權轉型前國家與社會關係的轉變，其中主要的關鍵在於國家機關採取的統合化策略，給予派系自主性的基礎，加上選舉競爭的關係，地方派系的自主性得以逐漸積累，因而衝擊到地方派系的內部結構改變，威權轉型則加速了這種派系轉變的趨勢。地方派系轉型的結果造成半侍從結構（semi-clientelism）的出現，其特色是傳統侍從結構交換標的更趨於物質性的誘因，另外也同時存在交換管道的開放，以及資源分配的開放等其他的轉變趨勢。參閱丁仁方，1999b，〈統合化、半侍從結構、與台灣地方派系的轉型〉，《政治科學論叢》，第十期，頁 60-61。

　　派系政治是穩定社會而採取的懷柔策略之一。按黎安友（Andrew J. Nathan）研究中共派系的說法，他將派系政治界定為精英政治的形式，它稱不上文化，但為制度性的體制，並且這種政治團體圍繞著個人忠誠的網絡而建立（何大明譯，2007：44）。國民黨在社會各階層與組織設立節點（focal points），進行意識形態的灌輸，這些主導與執行者也大致為精英之屬。但是臺灣的黨國威權比較特殊的是：派系政治轄下的地方派系帶有本土草根的地域特徵，簡言之，地方派系或可能以地方政治代理人為首，但轄下組織成員則廣及社會各層面。然而，恩護主義與派系政治兩者間雖有其重疊之處，又不盡相同。就政治機制而言，恩侍主義存在於草根層級，派系政治的精英政治互動主要透過恩侍主義來組織。草根的恩庇可以透過非個人取向的物質報酬構成，精英的恩侍則更親密與穩定（Nathan，何大明譯，前揭書：45）。

　　原則上，派系政治這與前述統合主義類似，充份表現出國民黨在對社會組織的控制，統合主義傾向從資產結構控制社會，政府利用經濟成長與土地改革政策，收服民心，階級鬥爭因而被緩衝為派系，這讓社會達到一定程度的穩定，這種策略在早期威權時期，降低社會暴動的可能，而讓政權得以延續。臺灣階級轉型與政治反對運動的關係，土地改革呈現國家資本主義官僚系統，這是在二二八事件後本土地方精英撤出舞臺，所產生另一批在鎮壓行動中受益，並且願意與當權合作的政治新貴（吳乃德，1993：328-329。陳嘉宏引，1994：49）。土地改革造成政府、地主與農民之間利害糾葛的局面，生產關係改變，製造大量的小自耕農，使戰後臺灣可以在小農階級為主導的社會結構上，形塑新的階級關係（徐光正，1990：37。陳嘉宏引，前揭書：52）。

　　上述現象實則意味國民黨的統合主義與派系政治，形成難分難捨的關係，形成一種「派系恩侍關係」，這種現象當能夠視為國民黨運用侍從主義寵絡地方精英的歷史解釋。高永光則表示派系的侍從在與選舉產生關聯後，就有了特殊的政治意涵（2001：56）。如果國家的力量不強，可能會與傳統地方勢力合作，如果國家能力較強，通常會培養地方勢力作為國家機器的「代理人」（Weingrod, 1968：381。高永光引，前揭書：56）。其實，國民黨兩者兼用，初期傾向前者，後期則孕育成功派系，地方派系也就扮演較明顯的代理人身份。換個角度來說，恩侍關係即包含在派系政治體系之內，派系政治也可以同時是廣義恩侍關係的一環。國民黨還將這種聯結發展為制度化的形式，蔣氏威權政體就是以強人政治主導，再經由黨、政、軍、特等正式及非正式組

織，層層節制而下，控制統治社會、政治社會及市民社會。蔣介石以所謂的「依侍主義」（clientelism）來維持威權統治。這種依侍主義的影響力可分為三個層面：統治社會方面，即在國家機器內部構築了以蔣氏父子為上層核心，下轄諸派系的權力結構；在政治社會，構築地方基層政權的統治聯盟，即形成地方派系；市民社會方面，則以國家統合主義組織各行各業的利益團體，卻不讓他們發揮應有的功能（陳明通，前揭書：1-2）。

層層節制的派系內部形成有組織的次級團體，為爭取政治上的權力，這些次級團體之間相互競爭甚至敵對（Drnnis C. Beller and Frank P. Belloni。吳文程引，1996：53）。它們可以是永久性組織，也可能是短暫的集結，一旦組織凝聚力很強的時候，往往會基於自利的考量而共組政黨。當政黨形成之後，派系再演變成維繫政黨生存〔的功能〕，透過黨綱選擇候選人與公職人員提名的組織，並與敵對勢力直接競爭政治資源（Raphacel Zarisiki。吳文程引，前揭書：53）。如此看來，派系政治象徵利益追求，無論是將來有發展為政黨的可能，或現在支援政黨，甚至牽制執政黨，其目的皆在於獲取政治經濟資源。

從結構性質來界定臺灣的派系，可定義為「二元聯盟」（dyadic alliance）的單位，派系是為達成公部門或準部門資源取得與分配的集體目標，所建立起來的多重人際網絡，活動的領域包含中央與地方層次（陳明通，前揭書：13-14）。其實國內研究派系常稱的二元或二重關係，是蘭德（Carl Landé）說明發展中社會所出現（政治）特屬關係的用法，依程度差異，區分為二重關係、二重非合作關係、社會網絡等三項。二重關係發展得較複雜時就形成聯盟，聯盟所體現的便是多重需求、利益交換與信賴的關係，並且彼此都存在履行協定的義務。為此，交換是目的也是手段，當交換是目的時，提供對方的是恩惠與所需；當交換是手段時，目標在於呈現結盟的意願，或證明這種關係的持續存在（1977：xiii-xix）。國民黨中央與地方的結盟，則形成兩種類型的宰制關係——「族群二重結構」與「二重侍從主義」現象。前者象徵戰後臺灣政治結構，國政層次由外省人主持，是為統治精英，地方公職的精英幾乎是臺籍人士，彼此間很少流動。後者是為統治精英透過黨國的宰制力，以政權與金權控制地方精英，形成恩侍的網絡關係，這同時是國民黨派系形成的背景〔註12〕（Nai-the Wu. 1987：2-3。若林正丈引，前揭書：37，108）。

〔註12〕 Nai-teh Wu（吳乃德）. 1987. The Politics of a Regime Patronage System: Mobilization and Control within an Authoritarian Regime. Ph. D. thesis. University of Chicago. pp.2-3。若林正丈引用，於若林正丈著，洪金珠、許佩賢譯，1994，

　　地方政治派系如何維持運作並達成政治目的？這與恩侍關係的運作自是脫離不了關係，另外還涉及（人際）關係網絡（陳明通，前揭書：16-18；高永光，前揭書：56-57）。恩侍關係在以統合主義方式呈現之前，原本是代表臺灣早期農業社會地主與佃農的社會聯帶關係。地主擁有土地提供土地供佃農耕作，讓之營生，並附帶保護其安全的責任，佃農則回饋以效忠和勞務。於是地主成為「恩護者」，佃農成為「侍從者」。簡要地說，這種關係是在不對等的利益交換與互惠關係中，所形成統治者與被統治者的聯動，統治者透過物資與服務交換侍者的效忠與勞動。以二元聯盟模式來看，恩侍關係就有如「附加物」（addenda），需要借助並附於現存的體制來強化，例如：上級長官與某些特定的部屬發展出二元聯盟時，就造就所謂的「班底」，這類似「垂直二元聯盟」的性質（陳明通，前揭書：14）。這就表示地方派系的成員不僅是以彼此的共同認定維繫關係，也要仰靠恩護者與侍從者的利益交換為結合的基礎（田弘茂，前揭書：202）。

　　除了與派系較緊密關聯的二重結構，另有社會網絡（social networks）的概念，這是較二重關係與二重非合作關係更為廣泛的人際關係，是人我關係發展所形成的社會聯結網（matrices）或社會場域（social field）。場域內的人我關係不必有直接關係，也不必人人與核心人物有關係，只要至少與場域之中的任何一人有直接聯結即可（Landé, op cit：xxxiii）。這種說法類似梅耶（Adrian Mayer）的「準團體」（quasi-group）概念。梅耶將準團體區分為兩種類型，其一是依賴共通利益而結合的潛在團體，他們並非可識別的結構，但成員間存在特定利益或行為模式，任何時間都能確認定自己歸屬該團體（以Ginsberg 的定義為例）。另一種類型稱為互動的準團體，意指個體認知自身的地位是透過與他人的互動（以 Barnes 的定義為例）。他較為認同的是第二種，這種網絡如同 Radcliffe-Brown 所說，是社會關係真實的現象，不但維持結構還能約制因利益分岐所形成的衝突（1977：43）。再思蘭德的社會網絡概念，這似乎與梅耶同樣重視人際的互動關係，他提及接觸頻繁的網絡與實際的二重互動的比較，意味著綿密的社會網絡反映二重互動的實際網絡，也間接說明何以有些互動會發展成組織，有些則不會的原因（Landé, op cit：xxxiv）。

　　回歸到國民黨派系──恩侍的關係，若引用蘭德的論點及相關學者的研究指出，此種政治社會對市民社會的統御，應該能找到學理上的意涵。但是，

《臺灣──分裂國家與民主化》，台北：月旦出版，頁37，108。

由於臺灣在戒嚴初期具濃厚的農業社會精神，社會網絡的模式反映當時的生態，這是黨國威權在控制派系時，必須認知的現象，進而充份利用這樣的關係。如陳明通認爲準團體所指涉較缺乏權利義務的關係模式，容易形成「水平二元聯盟」關係，例如：雙方不分上下的合夥人。而派系通常則是由爲數個二元聯盟串連起來的，同時有垂直與水平的關係存在（前揭書：13-21）。吳芳銘也界定派系有垂直的和水平的兩種關係，前者是侍從主義，後者代表結盟的雙方在地位、權力和財富上相當，沒有上下從屬或層級指揮關係，彼此的合作或結盟建立在平等的交換關係（1996：25）。則我們或許可說派系是較精實且立體的關係，社會網絡是廣泛而水平的聯結，但社會網絡卻是派系形成過程中可茲利用的社會環結。

　　因此，學理上雖區分兩種模式的派系關係，但恩侍關係與人際網絡往往是相輔相生的。人際網絡看重的是在恩侍關係上動員力量，這些人脈來源常與各種次級團體聲氣相通，逐漸形成具有群帶關係網絡的恩侍。例如加博（Bruce Jacobs）對嘉義縣新港鄉（Matsu）進行田野調查，發現具有共同經驗或認同的結合（血緣、地緣、同鄉會、宗親會、同學會）形成特殊的歸屬感，即「關係」的人際網絡的模式，經由特定的歸屬性與認同，往往在個人與群體中發展出多元聯帶（Jacobs, 1975：81; 1992：92。高永光引，前揭書：56）。此外，「人情」是形成派系的另一個重要因素。關係加上人情，使政治聯盟得以長期存在，使這類政治聯盟獲得社會資源的機會較多，並且可以累積信任與信用，使關係具有延續並成爲資本（Jacobs, 1992：91, 109。高永光引，同上：56-57）。另外還有一種對地方派系的定位，特別說明低階恩庇主及侍從間交換關係的社會基礎，是一種以人情關係爲主的特殊主從交換關係，這種交換關係以傳統關係爲基礎而重新整合，構成一種非正式的社會人情網路，有時候比較像團體之屬，而非派系或黨派，主要是基於政治經濟交換的需要（Bosco, 1992：157-158）

　　總體而言，國民黨治理臺灣，施行地方自治的需要，必須培養基層勢力動員選務工作，必須以國家機器代理人的方式控制地方利益，爲籠絡與懷柔地方鄉紳，因而形成具有政治經濟意涵的地方政治派系。派系另外與統合主義產生聯結，國民黨在臺灣自保與建立和本土的親近關係，乃是透過地方派系政治，讓國家力量通達地方，交換地方派系對統治階級的支持。然而，地方勢力一方面顯現多年來實施地方自治的成果，卻也帶來一些問題，政治參

與擴大,社會多元化,使得地方勢力在整個國家的政治發展上發揮重大的影響力(時報雜誌序,1985:8)。甚至取代政黨而發揮相互制衡的功能(黃德福,1994:76)。如此看來,地方派系政治的弔詭之處即在於:早期威權統治所仰仗的力量,演變成後期威權統治衝擊的反動。

無疑的,地方派系的興起,與國民黨企圖透過選舉達成威權宰制的目標有關。戒嚴時期所培植的地方派系,憑著國民黨恩寵系統的政治經濟優勢地位,長期主導臺灣的選舉競爭,即使解嚴後,這種緊密的政治聯盟關係還持續著。特別在立法委員選舉制度尚未改變之前,單記不可轉讓選舉制度下常見的金權政治現象,就是受惠於這種關係。而且這種現象似乎並未因民主化與民主鞏固而稍減,黃德福在一九九二的研究發現,民主化不必然降低派系的政治影響力,甚至由於國民黨與民進黨選舉競爭的激烈化,無形中提昇地方派系舉足輕重的影響力(前揭書:88-89)。趙永茂亦指出地方派系仍依賴政治、社會、經濟關係,其活動採半公開方式,以選舉、議會為主要活動場域,並在此場域中擴展勢力,具有在地方政治上決定選票、推薦人才、影響選舉與決策的功能(1986:63。於1996b:280)。可見國民黨培植的派系雖與弊端相隨,派系與選舉的恩侍關係產生密切的關聯之後,卻更加強化統治的合法性,這也就是國民黨善用原生的社會分歧,所組織而成具有自發性社會基礎的合作關係。此外,藉由國民黨恩侍關係的保護傘體系所形成的派系政治,與獨占的經濟利益產生掛勾,諸如合作金庫、信用合作社、農會、漁會、水利會、汽車客運等,還往往成為地方聯合獨占經濟的產業(陳明通、朱雲漢,1992:89)。表示國民黨施予地方甜頭,利用政權獨大勢力將地方性的公共財私有化,用酬庸分配來以換取特定人士對當權的依賴(朱雲漢,1989:152)。

酬庸分配同樣代表國民黨透過排除的統合主義(exclusionary corporatism)架構,壟斷社會組織的資源,由上而下操控工、農、商等社會部門的方式,並以黨政情治單位介入,取代各階級組織之間可能的衝突與協商,目的在於剝削一般群眾的政治意識與參與,又以籠絡、分化、牽制等方式防止地方精英的團結與壯大。這種關係反映標準的國民黨「垂直二元聯盟」派系政治的基礎,打破水平連結所可能形成的階級合作與集體行動。勞工、農民、資本家都被納入單一層級式的結構中,卻又被排除在決策過程之外,對政治並無實質的影響力或發言權。換言之,國民黨從根本上去設計不利於階級間政治協商的制度設計(林佳龍,1989:134-136)。因此,就「垂直二元聯盟」與「水

平二元聯盟」的派系意涵來說，國民黨黨國威權的宰制是較爲傾向政治社會
對市民社會的控制，意即以垂直二元統治爲原則，水平二元則較多是維持在
已經接受其意識形態，能夠在市民社會呈現其統治精神的集團。換言之，地
方派系政治的政治性，在於體現統治者掌握社會資源分配的權力，而它所蘊
含的恩侍精神，則反映爲願意接納國民黨文化領導權的民間，並從體制中獲
取利益。

如果從制度整合決策的路徑來看，國民黨黨國威權的國家與社會利益，主
要表現在派系扶植，雖然經濟發展與國家建設是強國目標，但並非勞資議價的
宰制，而在精英與國家關係上，將統治精英收編在意識型態的框架內。對於身
爲外來政權的立場，如何對付自日據以降的本土知識份子與政治精英？國民黨
採取的方式即恩侍網絡的建構，省議會代表民意機構的選舉運作，相當程度即
表現黨國試圖控制本土精英的策略。冷曼即指出國民黨的〔政治〕精英意圖緊
密地控制組織，以確保基本的意向都支持〔黨國〕目標（Lerman, 1979：212）。
這些少數精英還是經過縝密分配與安置的，機制內的黨、政、軍、特，主要還
是外省籍精英，代表廣眾基礎的地方自治系統才容納較多的本土精英，這便是
國民黨有限民主展現的模式。

黨國機制對政治社會成員的安排，經過嚴格的篩選；惟國民黨在有限民
主的制度上，建置如省議會機構，且透過選舉產生民意代表，雖然初衷在於
對公民社會進行籠絡，主要的目的是想藉此在地方安置國民黨所屬派系，達
到表面上的全民參政形象，讓當權可以掌握社會脈絡。然而，透過選舉產生
的省議會之黨外精英，他們的基層勢力壯大，卻起因於非全然由國民黨扶植
的派系，民意基礎也往往是來自於他們個人的聲望。國民黨建置省議會機制
之初，並無法預知會出現「五龍一鳳」的反對勢力，黨國威權體制竟出現特
殊的政治容忍，這種現象乃是透過省議會巧妙地扮演緩衝平臺，讓省府與議
員在交相質辯的過程中，暫得以維持政權的穩固。與此同時，省議員在議會
殿堂內，無形中融入在當權文化領導權的機制中，致使政治社會與市民社會
之間存平衡機制，不致於形成即時性之體制內與體制外的正面衝突。按照道
爾（Robert Dahl）提出不同政體系統的反對黨概念，他曾指出一種名爲「混合
制的政體」（mixed regime），是融合支配型政體（hegemonic regime）與多元政
體（polyarchy）特徵的體制，意指政府提供少數精英參與政治競爭的機會
（1973：2-5）。其實國民黨的政治精英建置模式，就或多或少就呈現這種特徵。

最後，可再略爲說明的是：國民黨應付政治派系鬥爭的方式之一，即實行收編與重劃的統治策略。其中造成日後臺灣威權政體在國際上成爲特例，以及經濟成長被譽稱奇蹟的，就是土地改革政策的財富重劃，以及善用美援建立公營事業。這是以財力擴張國家資本，並節制私人資本，且涉及上述以經濟酬庸本土士紳的政策。回顧省議會在省參議會時期的政治精英，他們當中有許多就是地主身份，到後來省議會時期的臺灣社會已產生不小的變化，特別是自民國三十八年實施的土地改革業已運行數十年。地主階級如大江東去，新興的是工商社會的「地主」，這些新式地主無論是民族資本家或買辦，他們均有強烈的利潤觀念，政治成了一種商業概念中的「事業」，萌發成所謂的「商人政治世代」（南亭，〈臺灣選舉與社會流動關係〉。鄭牧心引，1987：177）。經濟發展導致六〇年代市民階級產生，如李萬居、郭國基、李源棧、郭雨新、許世賢等類型的代議士就是新市民階級產生以後形成的領袖。與此同時，由地主士紳所領導的舊社會瓦解，農村出現空檔之際，一些幫會型的人物甚至在政治上，成爲一群操縱政治經濟利益的「政治狡狼」（political wolf）（陳陽德，1981：87）。這些勢力最後又反過頭來重整威權統治的恩侍網絡。

（三）黨國政治教育

學校是國民黨灌輸政治教育最直接且持續性最強的團體。學校可以把學生的時間系統化，也能形式化，更重要的是被統籌成爲集體的形式，將教育「建制化」。這種建制化教育反映特殊世代與社會階層的權力結構關係，是一種宰制關係，學校文化領導權的性格就在這種關係形式中剔透出來。整體來看，學校所呈現的文化內容反映居優勢之統治階層的意識型態與文化理念，並且往往把自身的利益隱藏其中。特別是大學教育不只是具政治或經濟意涵手段性知識的傳授，此階段的價值還透過象徵符號意義的創造、修飾、重組、批判與宣揚來呈現其批判性。政治仰賴知識份子提供理論與詮釋，以支持與正當化權力，這對假民主、實施專制之政治在權者，尤其明顯（葉啓政，1990：26-31）。

黃庭康利用葛蘭西文化領導權爲理論架構，分析戰後新加坡與香港的華文學校政治時，曾引用第一位運用霸權概念分析教育問題的學者──艾普（Michael Apple）之論點。艾普在《意識形態與課程》（Ideology and Curriculum）中，解釋學校如何影響意識形態，幫助統治者不必動用武力就能維持統治。學校所傳播的是一特透過吸納、改造被壓迫者的常識（common sense）及日常

生活實踐而建立的選擇性傳統（selective tradition）（1979：4-6。黃庭康引，2008：2）。原本艾普分析的是美國教育界在七〇年代到八〇年代，面對學校暴力、家庭制度被破壞、宗教失去影響力等威脅，保守主義重新抬頭（新保守主義），他們的主張與人們的常識、認知、恐懼連貫起來（Apple, 1988：172-173。黃庭康引，前揭書：2）。此過程顯示掌握權力者必須把被治者的文化，改造成爲對自己有利的形式，方能鞏固不平等的社會關係，這種過程又稱爲「文化吸納」（culture incorporation）（Apple, 1993：63。黃庭康引，同上）。

同樣的，國民黨黨國威權的政治思想傳播方式，不僅透過各種社會組織與團體來操作，同時透過學校生活與教材內容的設計進行文化領導權的傳播。九年國民義務教育之義務性便表現在遵循政治教育的規範，包括朝會精神講話、聞國歌起立、言蔣總統立正、領導人誕辰宣讀祝壽辭等政治社會化（political socialization）的運作。黨國威權特別強化在大學校園的文化領導權灌輸。課程方面以三民主義、國父思想、軍訓爲必修課程，試圖將教育變成革命化與民眾化〔註13〕。戒嚴威權時期的政治教育，即擔負重要的精神理念——反攻大陸，收復國土；因此，教材內容深具黨國化、三民主義、反共教育的特性。

國民黨政府並在大學內置教官或知識青年黨部，下設分支機構，師生歸屬小組，以吸收新黨員或偵察作爲獎勵依據。這是承續一九五二年以來高中（職）學校「中國青年反共救國團」的運作，包括出刊物、貼標語、登海報、演話劇、辦歌舞的反共救國題材，以及冬令或夏令營之娛樂性、消遣性、勞動性活動，以及思想教育的文學寫作營等（林玉体，前揭書：70-74；林佳龍，1990：90）。林玉体因而以「一隻看得見的手」，形容黨國威權對大學教育的操縱模式。黨國教育同時延展到行政建制，人事安排是爲層級從屬的關係，承教育部設軍訓處，大學法規定大學置軍訓總教官、主任教官與教官，除了擔任軍訓工作，並協助訓導工作。訓導的主要重在課外活動與生活輔導，課

〔註13〕中國國民黨自承：「我們所謂黨化教育，就是在國民黨指導下，把教育變成革命化與民眾化。換句話説，我們的教育方針，要建築在國民黨的根本政策之上。國民黨的根本政策是三民主義、建國方略、建國大綱，和歷次全國代表大會的宣言和議決案。我們的教育方針應該根據這種材料而定，這是黨化教育的具體意義。……我們有了確定的教育方針，便要把學校的課程重新改組，使與黨意不違背……，並能發揮黨義和實施黨的政策。」參閱林玉体，1990，〈一隻看得見的手——學術自由與政黨之運作〉，收錄於賀德芬編著，1990，《大學之再生——學術自由、校園民主》，臺北市：時報文化，頁70-71。

外活動發展出全校性的化名黨員社團,如覺民學會、文學院的文風社、理學院的思潮社、法學院的炯炯社、醫學院的德杏社、工學院的長青社、農學院青青社、夜間部的藍星社、僑生的僑光社等。這些社團主要都在執行上級黨部交付的任務,目的在組織動員競選出代聯會、院代會主席與各系學代,生活輔導則由軍訓教官進行監督與管理的工作(林佳龍,同上:88-89)。除了正式編制,非正式編制則設立知識青年黨部與救國團影響社團,知青工作明白指出任務之一在於指導社團活動推動黨的工作。更甚者,包括國安局、調查局、情報局與警備總部等情治單位皆隱藏於校園之內,以竊聽、監視、約談、滲透或威脅手段,訓練學生與教職員為黨國工作(同上:89-92)。

事實上,國民黨黨國威權在教育上的思想控制,挾帶統治者的主權宣示與威勢,其背後乃暗藏在臺島統治的威脅感,因此,在政治與文化思想上,一如其經濟宰制的目標,用意在於傳達全民以赴的使命感。為此,黨國教育富有一項重要特質,即民族主義意識的灌輸,將臺灣地位界定在以中國為主體的研究方向。原本民族主義是鞏固統治權極為重要的精神指標,本研究所探討省議會黨外精英,他們的知識份子屬性上,其實保留濃厚的祖國與國族認知,例如個案研究李萬居多次在質詢問政過程,不斷提出民族與國族生存的議題,甚至關於反攻大陸的議題,他亦多次表達關切,甚而擔憂,有意無意間身處黨國霸權與主體自主的拉扯中,形成一種既反文化領導權,又為當權文化領導權捍衛的衝突與矛盾感。

國民黨在教育政策上所灌輸的民族主義精神,原本要追溯到二二八事變後,陳儀益發認為「事變的主要因素是:臺胞思想深受日人奴化教育和隔離教育的遺毒」,因此,傾向以強力手段推行國語文運動與強化民族精神教育。也是回應一九四五年三月〈臺灣接管計畫綱要〉第四項關於文化措施的規定:應增強民族意識,廓清奴化思想,普及教育機會,提高文化水準。林清江在臺灣實施地方自治近三十年的專輯中,提到教育文化是臺灣省實施民主政治過程中,增進社會穩定與創新的動力。他指出臺灣不僅是一個教育性的社會,而且是民主政治形態中的教育性社會(1980:60-61)。並且認為臺灣的教育負有一項重要的任務,就是民族精神教育,民族精神教育的實施,若能結合信仰、道德、人生哲學,以及政治價值等方面教育內容,兼重學校氣氛、教師、學生團體、課程、大眾傳播各種因素,便能發揮極大的功效(林清江,同上:73)。這些論點為正規與保守的黨國威權體制發聲。

　　我們無法忽略國民黨黨國教育在民族主義思想的傳播與深根化，黨國政治教育的確達到一定程度的效果。透過黨宣傳部、憲政協進會發起「臺灣新文化運動」，國立編譯館、文化協進會等官方或半官方組織，以教育爲文化實施手段，強調以去日本化達到中國化的目的，其中以三民主義、中國民族教育、國語教育等，經由教育內容、書本、傳播媒體等，全面進行中國化的意識形態形塑（周慶祥，前揭書：62）。影響所及，到七〇年代，類似五、六零年代省議會體制內的黨外反對行動，再度因地方選舉產生正值三、四十幾歲的黨外民意代表，如黃信介、康寧祥等人，他們在體制內掀起另一波政治改革的訴求，進而延伸爲體制外的政治運動。其實，後者如無黨無派的黨外，前者如五龍一鳳合法黨外的政治反對者，他們都受過日本皇民教育與日人壓迫，皆具有反殖民的情愫；他們又同時接受三民主義教育思想的影響，其政治論述便與民族主義緊緊相扣。最後卻隨著教育意識形態的附加價值被創造出來，反而蘊釀出反領導、反主流的另類文化。

　　最後，總結本節國民黨黨國威權的全貌。白魯洵曾界定臺灣威權爲：一個分裂國家、存在同國族敵對者的威脅、強人政治的威權政體、宰制性政黨和弱勢反對勢力、軍隊在國家事務上扮演一定程度的角色（Pye, op cit：228）。上述國民黨威權在政治社會與市民社會的步建，便足以回應白魯洵之論。總體而言，五〇年代後的國民黨政權，透過雙元統治結構對政治社會強化控制，不但政黨部門被國民黨壟斷，國會部門被凍結，選舉部門也被操縱。並壟斷市民社會，工商業、媒體、勞工、校園、農民，均被國民黨所操控或動員，形成準黨國威權政體（倪炎元，前揭書：104-130）。但某種程度上，正因爲國民黨建置各種文化堡壘，得以鞏固權力，因此，後期從硬性威權過渡到軟性威權的過程，政治社會結構堪稱穩定的「政治平靜」（political quite）（Gold, op cit：74）。

第三節　再思黨國威權

　　再度省思威權政體有限民主的意義，本研究以利茲定義威權政體的意涵回應國民黨黨國威權的治理模式──某種看似既有民主精神卻非民主政體的政治系統，是在政治光譜的兩極，民主政體與極權政體間，所存在一種擁有內在特殊且穩定政治邏輯的政體。則我們確實發現國民黨威權所具備「內在特殊且穩定政治邏輯的政體」，再將此意涵結合文化領導權在政治社會與市民

社會的運作，便掌握黨國威權沒有立即崩垮的根基。相對的，威權政體在何種條件上會面臨可能崩垮的危機？普沃斯基（Adam Przeworski）探討威權過渡到民主的議題時，他提到威權政體崩解的因素：一、威權體制意識到體系出現功能性的需求，不再需要威權終至瓦解；二、喪失政權合法性之後解體；三、統治集團出現衝突，特別是軍隊問題導至內部無法自我協調；四、外國勢力施壓以民主訴求（1991：50）。若將這些因素檢試國民黨硬性威權時期的宰制，崩垮的臨界尚未真正衝擊而來，威權政體或體系自身能夠修復而得以延續。

為此，我們反思威權體制的有限民主歷時相當時間後，可能衍生那些問題，以致維持住威權或是催促威權解體與轉型？這形成辯證的議題：一、威權政體既然具備有限民主精神，其有限民主與民主政體的民主意涵是否有重疊之處？或是鑲嵌於內的民主政治，終將致使體制逐步或無可避免地趨向民主政體而轉型？二、威權政體的穩定機制會受到什麼因素影響而瓦解？威權轉型民主是否意味機制失衡？體系自身調節機制反映的是政治社會政權宰制的結果？還是市民社會緩衝的結果？

針對這些問題，或許有必要再從瞭解西方民主政治的意涵來思辨。道爾主張民主政治的精神為自由參與與公開競爭（Dahl, 1971：130-141）。蘭尼（Austin Ranney）依人民主權、政治平等、大眾諮商、多數統治的原則界定民主政體（1982：278）。包威爾（Bingham Powell）認為透過選舉過程型塑選民政治參與，要求政府具備聯結社會、經濟與憲政制度的功能（1982：74-110）。李普塞（Seymour Martin Lipset）以經濟發展為前提預設的民主，同樣意指在政府替換過程中，仍能維持正常憲政運作的體系（1959：71）。普沃斯基則提出民主政治的現象包括：一、多元團體能夠建立組織追求利益，他們得獲得制度機制的認可而參政；二、參與政治的準則明確，以提升參政的機會並減少衝突發生；三、武力作為所有團體訴求與永久組織的一環，在保衛國家正當地位的條件上，其合法性被容許且具自發性（autonomous）；四、體制接受特定團體的行為與對國家的影響；五、政治資源不會永久受到特定者的掌控，在位者不能被確保連任；六、體系在既定的經濟、意識型態、資源的分配上，並不能保證政治權力可以滿足所有團體的利益，衝突性必然存在（Przeworski, op cit：56-57）。

此外，受到社會、政治、經濟條件，或國家結構與政策實行等因素的差

異，民主的實質卻也可能隨時日而產生變化。卡爾‧施密特（K. Schmidt）便
曾經表示：現代民主政治是一種制度化政治體系，在此系統內統治者的政策
決定或行爲對集體具有約束力，這項承諾必須基於國家利益，並受到國家公
民追究責任的限制，透過競爭性選舉的政府官員必須依法執行法律（1991.
Rimanelli cited, op cit：2）。若從利茲與史丹潘探討開發中國家的民主轉型來反
思，他們利用民主國家維持政權鞏固的五項要素，作爲審視民主轉型的原則，
這五項要素交相運作與執行的場域（arenas）分別爲：活躍的市民社會、相對
自主的政治社會、法治、無爲國家（unable state），以及經濟社會（但未必是
資本主義社會）（Linz and Stepan, op cit：xiv）。

　　西方民主體制意涵如是，威權政體與民主政體的差異究爲何？本研究提
出幾項要點：一、同樣具備以民意爲基礎的選舉機制，威權爲間接且經過操
作與設計的，透明化程度較低。二、同樣標榜憲政，威權有條件實施，前提
可能是國家階段性保守政策的需要。三、兩種政權都無法確保滿足所有群體，
民主政體較認同反對與衝突存在的可能性。四、軍事力或武力都是國家安全
的防線，民主政體不濫用軍事，威權政體或有以軍隊爲黨軍者如中國大陸，
或有以軍隊爲警察者如蘇聯，或有採行民主政治方式，將軍隊定位爲國家軍
隊者如臺灣。差異之餘，威權政體與民主政體還是存在共通的結構現象——
政治社會與市民社會相生與共。這項特質是檢視統治權與被統治權消長的重
要指標，也是觀察政治社會與市民社會關係轉化的場域，並且在此關係互動
架構上，能爬梳出來的相關議題諸多，包括政治反對勢力、社會變遷、政權
更迭，以及威權轉型民主的意識形態轉折。

　　其次，威權政體的有限民主或多或少象徵權宜之計，正因爲這種界於極
權與民主之間的範疇，使得威權政體有各種可能，但無論其發展差異程度如
何，統治與被統治關係的轉變一直都是政治學範疇所關注的。誠然，威權體
制的轉型並不一定必要，但就世界上大部份政體的運作情形看來，朝向民主
體制調整與治理的可能性，或許是相對合乎需求的，當今世界體系發展的主
軸確實也以朝向民主化的路徑爲原則（Huntington, 1991）。並且學界認同第三
波民主化起始於一九七四年南歐的葡萄牙、希臘、西班牙，最高峰就是一九
八九年至一九九一年間的蘇聯解體，彷彿政體的發展趨勢，民主治理已是主
流（Huntington, ibid; Fukuyama, 1992; Rimanelli, op cit）。

　　支持民主化趨勢的觀點，主張朝向自由民主政治的過程，偏離該機制的

因素是爲障礙，這些障礙試圖取代自由民主。不過，民主化雖尉爲趨勢，但政體轉型與過渡，在政治社會與市民社會的認知與發展恐怕無法同調，甚至需要相當時間取得磨合。以工業亞洲威權轉型的情形爲例，亞洲國家威權政體轉型過程中抗拒西方民主的企圖，與威權體制領袖標榜的亞洲價值（Asian values）產生共鳴，這不但強化亞洲的差異性，還被利用來對付那些挑戰其國內政治的非亞洲人（Rodan, 1996：3-4）。羅登（Garry Rodan）觀察工業亞洲反對勢力興起的背景時，發現到工業亞洲國家的政治反對勢力，在結構變化中的處境與實質變化，而且這與工業化與民主化產生一定程度的關聯；當階級結構產生轉變，國家與社會的關係也就隨之產生變化。他利用國家中心與市民社會兩種基調，作爲解釋工業亞洲社會變遷的楔子，藉以說明工業亞洲在經濟自由與政治民主的趨向中，所可能帶來不同主權社會變遷，以及反對勢力與國家、政府關係的變異。所謂亞洲價值似乎成了各個主權國家本身，維持既有文化或政權基礎，而共同標榜的意識形態，這其間不但有各個主權本身的差異，也暗指工業亞洲作爲從開發中國家起步的路徑，在較爲鞏固的威權控制之下，恐怕無法急速快步跨越到西方的民主政治。

亞洲價值曾經受到動搖，當二十世紀末亞洲經濟危機發生之際，國際社會質疑亞洲價值，加上當時部份亞洲國家內部的政治貪腐，引發政治革新的反對勢力抬頭，後來學界另外興起一股良好治理（good governance）的論述，試圖取代傳統的亞洲價值（Thompson, 2004：1079-1080）。這樣的論述在一九九七年至九八年間，僅曾經客串地扮演過反專制的抗爭角色，不論是對快速現代化的馬來西亞或是高度發展的新加坡而言，亞洲價值在發展目標獲得實質成就時，〔反而〕再度合理化威權統治（ibid：1091）。這就是何以良好治理對那些曾經一度施行威權統治，卻要他們犧牲威權規範爲代價的民主化國家，並不能帶來多大的益處。

類似的省思，其實早在艾蒙（Gabriel Almond）與葛曼（James Coleman）調查發展中國家的政治經濟（1960），以及杭廷頓探討開發中國家變遷社會的政治秩序（1968），或白魯洵研究亞洲政治權力與文化差異（1985），至後期高隸民（Thomas Gold）討論臺灣奇蹟下的國家與社會（1986）等研究中，都表示亞洲區塊或個案，並非全然走西方民主機制，而是呈現區域內各種威權體制的變異。或是里馬尼利在探討第三波單一政黨威權國家的和平轉型時，曾質問轉型是否眞的超越單一政黨宰制而走向多元？她發現第三波民主

化浪潮當時，即使以色列、西班牙、義大利、希臘等國家的威權宰制政權相繼垮臺，仍然有許多第三世界國家的單一政黨體系不以爲然（regardless）（Rimanelli, op cit：12-13）。爲解釋開發中國家威權過渡的分殊性，盛行於六○年代的現代化理論（modernization theory），以及七○年代依賴理論（dependency theory）便試圖回應與爭辯這些現象，進而引發諸多與開發中國家威權政體特質及其轉型相關的議題範疇（issue area）。

　　若從現代化理論檢視經濟發展影響民主存續，諸如民主、社會、經濟發展與現代化程度有關，國家愈富裕，民主體制維持的機會愈大（Lipset, 1959），則經濟成長應先於政治發展，如果社會動員和政治參與頻率過甚，政治組織與制度化不足因應變化，將導致政治紛亂（Huntington, 1968, 1971, 1976），或是經濟發展促使市民社會擴展，使之有能力檢視專制政府，並且弱化威權的權力（Bunce, 2000：707）。然而，杭廷頓在大方向上肯定經濟發展對民主穩固的作用，但他深入關注現代化與原生的政經基礎，以及現代化所可能帶來的負向影響。他利用四項指標釐清現代化的基本意涵：一、體系功能從分殊與個別轉變爲普遍的合理化過程；二；國家建立、政治社群、認同危機、種族衝突等所形成的國家整合層面；三、多元競爭社會、權力分立與制衡機制的程度；四、社會動員與參與度所反映的政治發展現象等（Huntington, 1971：239-241）。其論著《轉變中社會的政治秩序》亦指出：不要盲目主張現代化可全然通則化到所有開發中國家的政經發展，過度現代化反而會造成不穩定，許多在六○年代倒退（backward）的國家卻是實施現代化的國家（Huntington, 1968：32-58）。這起因於原本在經濟不平等的社會實施現代化，不是更加深化這種不平等現象與暴動的可能，就是在經濟在快速成長的短期過程帶來通貨膨脹，這種衝擊若沒有克服，則導致長程的積弊，現代化就成爲罪因（ibid：57-58）。

　　由於威權政體轉型發生在第三波民主化階段時，最爲壯觀與複雜，轉型國家類型最多元，其間又有許多國家在轉型過程中，伴隨政治反對勢力的衝擊。回溯臺灣被納入第三波民主化潮流之前的硬性威權時期，因特殊的客觀環境牽制，蔣氏外來政權正式在臺灣建立事實的（de facto）〔註14〕主權國家。

〔註14〕「事實的」國家概念相對於「法定的」（de jure，另稱合法的）國家概念。原本客觀的國家構成要素，包括領土、人民、政府、主權，國民黨政府在臺灣的統治權已具備這四項基本要素，堪稱爲一個主權國家。但是，學理上界定一個政治實體是否成爲公認的國家身份，乃是從法律的事實來定位，「事實的」

相較於其他國家的威權政體，國民黨算是在政權甫成立之初期，就面臨廣大臺灣本土勢力的對抗，但政府透過軟硬兼施的文化領導權，得暫時壓制當時境內可能大規模的對抗勢力。延續前述威權有限民主的議題，同樣的現象發生在國民黨身上，在大規模與體制外社會運動尚未成形之前，國民黨示範美國在亞洲「民主櫥窗」的功能，因而實施公開的民主機制——選舉〔註 15〕。意外的是，在硬性威權的五、六零年代開放的地方選舉，提拔與培養出一群素質與教育背景精良的黨外政治精英進入體制內，讓威權政權的政治社會極早期就面臨反對勢力的衝擊。威權民主在國民黨黨國身上是交織相生的，同時呈現威權民主的困局——有限民主既是控制反動的權宜策略，卻反過來反擊體系鬆綁，並對政權穩定帶來威脅的推力。

若按彭懷恩的說法，臺灣的現代化運動是一種以「依賴經濟發展」爲主體的依賴現代化發展，而且儘管臺灣經濟發展的指標極爲出色，作爲世界經濟體系之邊陲結構特質並沒有減弱。如果將發展理論的命題逐一檢視臺灣，不得不指出臺灣經驗有太多不同於其他亞、非、拉丁美洲等第三世界國家的例證，這另形成依賴理論（dependency theory）〔註 16〕的「異例」（a deviant

---

與「法定的」的概念分別代表客觀存在與實質存在的區隔。由於臺灣地位屬國內與國際因素的主權爭議，一般便以「事實的」國家來給予定位。美國政府稱呼臺灣的時候，在顧及中共的原則上，有時正式的公文或官方用法，便有稱臺灣爲「事實的中華民國」（de facto Republic of China）的説法。

〔註 15〕關於國民黨開放的選舉，若林正丈對臺灣的觀察，提出頗爲貼切的論點：臺灣在威權主義體制下，經由長期戒嚴令及稠密的特務機關之監視，自由表達政治意見是受到壓抑的。因此相對地，一種人稱「自由選舉」的，往往在某些時空中被壓抑的政治能源，便迸發出來。因而產生台灣選舉的獨特活力。解嚴前，台灣的選舉被稱爲「民主假期」的原因也在於此。但進行幾次的「選舉觀察」後，我也看到選舉作爲一個統治技術的層面。也就是舉行這種選舉除了可以在安全的控制下，定期讓壓抑的政治能量得以宣洩，同時有可確保壓倒性的多數議席，以運作獲得民意承認的辯證根據等各種有利於體制的層面。參閱若林正丈著，洪金珠、許佩賢譯，1994，《台灣：分裂國家與民主化》，臺北市：月旦出版，頁 7。

〔註 16〕依賴理論主要反映拉丁美洲過度依賴西方已開發國家發展模式的失敗經驗，在七〇年代反撲現代化理論的觀點。依賴理論的基本論點是西方工業發展國家對開發中國家進行剝削，導致開發中國家不但無法從已開發國家擷取經驗，更淪爲以西方國家爲中心的「邊陲」（periphery）或「半邊陲」（semi-periphery）。由於依賴理論認爲核心國家與邊陲國家被納入全球體系後，最終以階層結構呈現，是結構與歷史因素導致依賴情境。這種權力的地緣概念，反映依賴理論爲一種結構研究途徑。其依賴特質表現爲：受資本社會經濟的約制，造成經濟在生產結構的意義與經濟階級結構，同時帶動政治結構的聯結，這種結構導致資本國

case）。無論是現代化理論或是賴理論都屬國際主義的思維模式，忽視「國權」
（或國家）往往是影響一個政治經濟體系變遷的主要因素。從國權研究途徑
解釋臺灣的發展，能解釋何以國家在相似的外在環境及內在結構條件上，卻
呈現不同發展結果（筆者按：前揭書：25-27）。

　　柏雷特（Richard Barrett）與懷特（Martin King Whyte）從依賴理論的前
提——「外國經濟滲透，導致經濟成長遲緩與高度不平等」的角度，分析臺
灣經驗，顯示臺灣是變異個案。其政治經濟發展完全不受任何依賴機制的限
制，不但經濟高度成長、快速緩和社會不平等，而且在勞力密集取欠缺強而
有力資產階級的情況下，仍然可以快速發展（1982：1064-1065）。臺灣黨國威
權在政治上有條件的壓制之外，經濟政策是懷柔中帶有權宜的強制特徵，柏
雷特與懷特注意到土地改革政策的施行，他們認為這項政策讓臺灣成為少數
以援助農業來擔保，並且切實提升整體經濟成長的政權（Griffin, 1973; Lipset,
1977. Barrett and Whyte cited, op cit：1073）。誠然，國民黨的土地改革政策，
反映的不僅僅是一個開發中國家經濟成長的現象，它具有更深層的文化領導
權意涵：是在有限度自由經濟政策中，將民間社會擁有大量恆產者的私產以
利益交換的方式，轉換為政治控制。大地主交出的是國家徵收為國有的公共
財，也代表威權有效進行資源分配的權力執行。

　　最後，承前述威權政體的概念架構、黨國威權的實務運作，以及對威權
有限民主的反思，總結國民黨黨國威權的特徵如下：

　　一、國民黨黨國威權是由意識型態指導的體制，以反攻大陸作為愛國主
義與民族主義的口號。三民主義意識型態主宰教育的內容，除了學校、教官，
另透過救國團網羅青年，灌輸忠貞愛國思想，解嚴時期的黨國威權實具相當
濃厚的政治霸權，並教育政策形成緊密的聯結。包括灌輸精簡的政治標語，
表達政黨的政策、思想與要求。除了教科書，黨公文、年報、年鑑、政府出
版品、報章雜誌，都是政治宣傳的重要媒介。

　　二、黨國威權秉持富國強兵政策，一方面具有軍隊國家（政黨）化的堅
持，另方面善用美援積極發展經濟。並將經濟力下放到農會、工會、商會、

家造成依賴國家的低度發展。參閱 J. Samuel Valenzuela and Arturo Valenzuela.
1978. "Modernization and Dependency: Alternative Perspective in the Study of Latin
American Underdevelopment." Comparative Politics 10(4): 535-557. 以及 Fernando
Henrique Cardoso and Enzo Faletto. 1979. Dependency and Development in Latin
América. Berkeley: University of California Press。

水利會,以酬庸方式形成來自統治力的既得利益階級,以掌握這些單位特定精英的效忠。國民黨在經濟層次的掌控,較戰後其他開發中國家傾政治威權,而沒有下放經濟利益於民間的模式有所不同。

三、國民黨威權反映十分濃厚的黨、政、軍、特性質,軍方勢力重要,深涉綿密的情報系統,但秉持「軍隊是國家的軍隊」原則,甚於軍隊屬於黨軍,並置政工人員,讓播遷來臺之後的國民黨不受軍事政變的威脅,亦得以肅清軍隊成為反叛勢力的機會。

四、國民黨有一套動員社會的方案,但他們不從啟動社會激情的方式操作,而是利用意識形態的滲透,從教育、基層布樁、經濟利優等籠絡手段,達成社會全面的效忠目標。黨幕僚單位需對統治者絕對忠誠,重要單位如國防、外交、央行、財政、情治單位、內政等,皆由親信出任。

概括地看,國民黨的黨國威權是整合黨、政、軍、特於一體的威權體制。如果再從比較政治經濟的層面來看,另可歸納幾項特徵:

首先,統治政策精緻且精益求精,但社會有限多元的精神不如西方威權政體所界定的那麼廣泛。以五、六零年代的民主政治為例,頂多表現在地方選舉,早期威權定位仍介於極權與威權之間(陳明通,前揭書;吳文程,前揭書;丁仁方,前揭書)。如果對照拉丁美洲國家的威權模式,臺灣的威權體制與拉丁美洲多為軍事官僚威權政體(military-bureaucratic authoritarianism)〔註17〕的統治模式仍有所不同。卡多索(Fernando Henrique Cardoso)研究巴西,或是歐多諾(Guillermo O'Donnell)探討阿根廷的政權,大致意指拉丁美洲國家的威權除了冠以官僚威權,還額外帶有濃厚的軍人掌政色彩,而且往往是由制度化的軍團來組成政治團體。拉丁美洲的官僚威權所形成軍事指導的形態,應該是依賴英美國家的同時,所形成對英美干預反撲的特種體制,其政權操作模式與歐洲的法西斯主義或統合主義亦有所差別。卡多索便認為法西斯主義以民族主義為號召,官僚威權則以國家發展為前提;統合主義使

〔註17〕學者將威權政體分為三類:軍事威權型政權、官僚威權型政權、一黨威權型政權,亦有人將軍事威權型政權和官僚威權型政權,合稱為軍事官僚威權型政權。軍事型和官僚型威權政體都是 O'Donnell 根據阿根廷 1970 至 1980 年代的政權所建立的概念。有些軍事威權型國家完全由軍人統治,有些則由文人和軍人共同統治,這裡的文人指的是技術官僚。軍事威權型政權和官僚威權型政權通常不喜歡政黨政治,所以不允許政黨活動。參閱吳文程,2007,《政治發展與民主轉型》,臺北市:五南,頁 61。

國家、工會、資本家形成穩定的社會三支柱，各階層利益都有表達的代理團體，官僚威權則將個別或私人利益納入政治體系中，讓壓力團體無法存在（Cardoso, 1979）。

然而，卡多索提出三項衡估威權控制力的指標：政權獲得權力的手段、市民社會的發展程度，以及技術層面，這在檢視國民黨威權民主時有其作用。臺灣在政權取得的本質上，一開始就是單一政黨──國民黨，直接入主統治地位，但由於接收臺省自殖民地脫離，以及向美國靠攏的雙重環境因素使然，此單一政黨可說是擬似（準）民主體制（Rimanelli, op cit：14）。市民社會的發展如同利傑以「動員式威權政體」描繪國民黨，是一種全面向市民社會灌輸意識形態的政治操作，前節陳述國民黨黨國威權在市民社會的權力運作，亦可見一斑。

在技術面，國民黨可說是成功擺脫同時代包括拉丁美洲在內，解釋第三世界國家政權形態，並極盛一時的依賴理論（dependency theory）。依賴理論最初是馬克思主義的衍生，意在捍衛處於資本主義社會邊緣的農工利益，後來成為反撲現代化理論完全依循西方政治經濟模式的對立理論。國民黨一方面走親美路線，卻不循資本主義的開放經濟模式與重商霸道，而是從富國強兵的軌道鞏固政權正當性；另方面政治依賴強權，卻沒有依賴理論濃厚的階級鬥爭味道，反而是仰靠農業發展與土地改革政策的實施，重新分配並緩和社會利益不均，頗為切實實踐孫文倡議規避的「不患貧，而患不均」的現象。綜觀之，國民黨在有限民主的基礎上，利用統合主義提升與整合社會利益與社會資本，抑制自主與自發性的社會利益結合，完全由統治階級透過設定的程序與管道，黨政結合並整合市民社會的地方民主機制與程序。

其次，回歸五、六零年代戒嚴初期臺灣民主政治的發展，應當思考的是：黨國威權的政治設計，具備什麼特定歷史階段的獨特民主意涵？本研究不使用「民主化」專詞界定臺灣民主政治的發展，係考慮戒嚴早期未能論述或預期轉型。而且五、六零年代的威權政治，雖具有民主政治的運作事實，卻未必能以民主化來論之，在某種程度上，亦無法完全從民主化的觀點套用，但反思利茲所認為之民主化意涵是帶有目的性的政治過程，其最後的產物必須是具備民主特質的政治體系（Linz. 於林佳龍、邱澤奇主編，1999：5）。那麼，透過蘊含民主精神的政權運作機制，本研究從中找到動態變項──體制內的黨外政治精英，串連了個體與總體的政治行動，交織出臺灣戒嚴早期的市民

社會與政治社會互動關係，進而開啓早發的民主化種子，政治結果反映最初黨國威權制度選擇的結果。

　　從廣義的民主化意義來說，任何威權政體的民主政治發展應該是一段長時期的政權演化歷程，各種形態的可能性都可能發生，諸如威權轉型爲民主政體之前已經存在威權民主者（如國民黨黨國威權），或者在威權完全崩潰前，從未出現民主自由化的政權，或是突然轉型爲民主政體者（如羅馬尼亞），或即使已經民主轉型的國家，卻沒有自由化，反而形成「半威權體制」（semi-authoritarianism）（如阿拉伯世界之阿爾及利亞、摩洛哥、葉門、埃及）。近代民主政治發展理論的內涵，確實無法全然適用在解釋臺灣戒嚴初期的黨國威權式民主。利茲在處理民主轉型的課題時，便曾經指出：當前沒有單一的模型可以解釋所有民主化的經驗，不同型態的非民主政體，諸如威權政體、後極權政體（post-totalitarian regime）、蘇丹型政體（sultanistic regime）的政治系統，往往有不同的轉型路徑。或許不需要主動預設轉型的可能，或許最後只能從政體轉型後的結果，反過來歸納不同的非民主政體有不同的轉型路徑，以及不同的民主鞏固課題之經驗政治（Linz. 於林佳龍、邱澤奇，前揭書：11）。

第四章　省議會黨外精英

　　本研究以國民黨黨國威權體制的省議會黨外精英爲觀察對象，該如何界定體制內的這些「黨外精英」呢？原則上，省議會的黨外精英不隸屬國民黨籍，自是毫無疑義；就身份背景來看，是爲精英或稱知識份子，亦當無概念界定的爭議。這些議員的「黨外」性質，帶有反對勢力或政治反對的意涵，他們如何在五、六零年代威權最嚴密的機制中醞釀與發展？省議會象徵威權施行有限民主的最高民意代表機構，具有國民黨政府延攬非國民黨員於體制內的權宜意義。

第一節　黨外政治精英

一、界定政治精英

　　精英研究可遠溯柏拉圖（Plato, BC 428 -348）、亞里斯多德（Aristotle, BC 384-322），及至馬基維里（Niccolò Machiavelli, 1469-1527）、聖西門（Henri Come de Saint Simon, 1760-1825）。但成系統地提出精英論者，當首推十九世紀末葉二十世紀初葉的兩位義大利學者——莫斯卡（Gaetano Mosca, 1858-1941）與柏雷圖（Vilfredo Pareto, 1848-1923）（呂亞力，2001：346-347）。莫斯卡與柏雷圖，以及後來的密契爾（Robert Michels, 1876-1936），三者掀起早期的精英研究，是古典精英理論重要的思想家（Bachrach, 1962：439; Dahl, 1966a：296）。

　　柏雷圖認爲精英是社會中佔據高級地位的人，除了權力（政治精英），還

有財富、名望和知識方面的精英。在民主國家，政治精英來自廣闊的基礎，在非民主國家，精英來自狹小的基礎，常常來自少數家族（劉北城、許虹編譯，1993：150）。他們比其餘的大多數人更有能力，是最能幹的少數人（呂亞力，前揭書：348）。雖然柏雷圖提出客觀的定義，但他卻指出精英一詞的運作，曾經被法西斯主義、納粹份子與非民主運動曲解，將它作爲奪取權力的武器。他認爲一個社會可以是民主的，但同時通過少數領導者來表達自己的意志，關鍵問題在於承擔義務與責任的情況（劉北城、許虹編譯，前揭書：149-151）。柏雷圖定位政治精英爲最高權勢階級時，強調出身並不是成爲精英的絕對保障，基本條件是承擔責任的狀況，而承擔責任同時受制於他人（同上：158，161）。關於精英責任的說法，應該與他的「精英流動」（circulation of elite）有一定程度的關聯。柏雷圖認爲一個封閉令民眾感到神秘莫測，高不可攀的精英統治必然導致政局不穩，因爲它無法從民眾中吸收新血，造成觀念與行動的僵化，如此革命或流動必不可免。換言之，無論精英集團自動從群眾中吸收傑出人才，抑或這些人藉暴力或革命進入精英集團，精英流動是難免的（呂亞力，前揭書：349）。如此看來，柏雷圖重視精英爲一種行爲準則甚於表象的階層位置，精英的影響力當來自於他們恪守的準則與責任感，以及自我的活化機制。

　　相對的，莫斯卡的精英論就隱含統治精英權力與階級的必然，精英是少數統治的事實與規律，也是趨勢（tendency）；但他同時企圖爲這種統治正名，因而主張賢能統治，意即少數人的統治是在多數人同意的基礎上，用多數同意、默許或接受，補充少數統治、治理或指導（Finocchiaro, 2005〔1999〕，任軍鋒編譯：34-36）。莫斯卡的精英論帶有精英主義色彩，他的精英研究演變爲統治階級（ruling class）的概念；甚至發展成一項律則──文明化的型態與層次，跟著統治階級的變動而更易（呂亞力，前揭書：347）。這項律則意指權力擁有者的影響力，也意指精英統治的基本原理就是權力不平等，政治權力並非平均分配，而是集中少數統治階級手中。爲此，莫斯卡在區分政體類型爲民主與貴族體制、封建與官僚體制，或是自由與獨裁體制時，亦強調個人才能與血統特權，目的在合理化少數統治的精英主義不是殘酷的事實，而是眾多趨勢中的一種。這讓莫斯卡在原本精英主義與多元主義的對立上，找到平衡多元主義的立基點（Finocchiaro, op cit，任軍鋒編譯：34-35）。莫斯卡重視精英地位的維持，同時關注「精英流動」情形，基本上，他畢竟傾向統治

者優位，精英流動確實可減少非精英的不滿，但莫斯卡的焦點主要還是在精英意識形態的運作，或是壓制群眾以維持秩序的手段，以及軍事武力爲後盾的統治（呂亞力，前揭書：347-348）。

　　之後密契爾將精英論收束到「寡頭鐵律」（iron law of oligarchy）。寡頭鐵律的意涵爲：無論激進或標榜民主的體制，組織最終傾向由層峰精英所掌控（Michels, 1911. Slattery cited, 2003：50）。袁頌西分析密契爾命題時，提出幾項要點：組織妨礙民主，也會摧毀民主，但組織卻能便利民主化（2003：332）。這意味（政黨）組織本身既是寡頭，已和民主相背離，但社會力仍然可以迫使統治者在政策上讓步或改善。一如密契爾所言，國家被迫重新評估理想與實際的價值，即使領袖爲野心的政客，但受制於群眾的重要，立法與行政機關不但要注意社會上層的需求，也要注意社會下層的需求（1985：381。袁頌西引，前揭書：332）。原則上，密契爾的寡頭鐵律是針對政黨組織本身而適用的律則，又由於民主政治反映政黨政治精神，因此，該定律的意涵隱含執政黨以此運作權力；惟社會仍具監督作用，致政府決策仍需考量廣眾。然而，純就決策機制而言，最終仍是在寡頭模式下進行決策制定的。密契爾即指出「〔有權〕表達民主政治的，就是組織，並且這個組織等同寡頭統治」（He who says democracy, says organisation; he who says organisation, says oligarchy）（Michels, 1911. Slattery cited, op cit：50）。

　　基本上，古典精英論存在較濃厚的階級與權力概念，握有權力者即爲精英。在歐洲的法統中，階級概念一直也是探討社會問題重要的變項，談統治與被治往往就在處理階級議題（Livingston, 1938：xi. in Mosca。於任軍鋒編譯，前揭書）。精英與權力的關聯是無庸置疑的。除米爾斯（C. Wright Mills）廣泛地探討各時期各地區的政治精英地位時，同樣從權力操作的角度來分析精英主義；但是，他對於分屬經濟概念與政治概念的階級統治，都被簡化統稱爲統治階級的說法，表示反駁（1956：277）。米爾斯不贊成將精英主義與統治階級聯結，他認爲統治階級或官僚政治都不足以定義精英的本質，確切的應該以「權力精英」（power elites）爲概念架構的，才是眞實的精英統治。權力精英概念最初源起於軍事派系，米爾斯將之統整爲具有近代政治、經濟、軍事的意涵，指涉爲具支配地位的人所組成的階層。重要的是，這些具支配地位的權力精英不若古典的「階級」那樣穩固，米爾斯意識到權力精英的本質具內在頻繁變動的因子，不可能讓少數相同的一群人長期處於同一階層，他

們只是在政府這個保護傘之下行事（Mills, op cit：278, 293）。米爾斯還強調權力精英要受到認定，取決於幾項要點：要有具決定性的制度傾向、組織內精英都具有〔身份與職責的〕類同感，以及取得權勢的決策者不再受限於政黨約束（ibid：296）。

具有影響力的精英論者，還有拉斯威爾（Harold Dwight Lasswell）。他在一九三六年以《政治》為名的論著指出：政治研究是探討有影響力者與有權勢者的學問，這些有權勢的人就是「能獲取最多的人」（who get the most of what there is to get），這些人是為精英，其餘的人則是廣眾（1950：3）。拉斯威爾界定權勢者主要是從政治體系存在的機制來探討的，他較側重統治合法性（legitimacy）原則，包括象徵符號、暴力、物資、執行力、技巧，以及階級，統治者的人格特質、態度，這些都會影響到權勢者如何在特定時機爭取想要達成的目標（Lasswell, op cit：233）。拉斯威爾言簡意賅地指出精英（權勢者）的特質：一、獲得大部份價值的少數者；二、集團中權力最多的人；三、最具影響力的人。由於他的精英論企圖從實徵研究的概念架構著手，〔因而〕淡化早期較具規範性含義的精英理論（呂亞力，前揭書：353）。

綜合學者對（政治）精英的界定，我們似乎獲得幾項精英論的共通點：一、精英定位變化的可能，他們處於某些特定時期，並非永久職位。二、精英具同質性，掌握權力，可以決策，同時受制於制度的機制。三、精英論標示出精英在社會的地位、能力與價值，他們在特定時期擁有政策決定權，至少在其所屬的職務範圍內，具決策能力或足以影響決策過程者。析言之，政治精英是能掌握政治資源分配的權力者。這正應和大衛伊斯頓（David Easton）對政治本質的定義——對社會價值進行權威性的分配（authoritative allocation of value for a society）（1965a, 1965b）。

瞭解精英的基本要素之後，那麼，不同政治體系中的政治精英，是否在權力運作上也會有所差異？若從威權政體來看，威權政體相當多重，可區分為政黨威權、軍人威權、宗教領袖威權、官僚威權、君主威權等；不同類型的威權政體意味統治精英的組成成份亦有所差異。威權政體的政治精英通常已經是社會中極具聲望與成就者，包括來自黨軍資深幹部、官僚體系中的高級官僚、國會議員，或學術精英。雖然意識型態並不強，但威權政府對於經濟發展與國家建設的意圖強烈，需要技術官僚，也因而擴展威權政體的精英群，專職政客的比例就相對為少。又由於威權政體的精英更迭較有準則依據，

當局容讓有限多元，讓制度有機會挹注新血。威權對精英的統治術，主要是施捨物質與非物質的利益，交換下屬的認同與效忠，決策模式為個人集權，統治者個人好惡、價值取向、習慣是重要影響因。執政者雖考量不同勢力與團體的需求與反應，但是體制內之行政、立法、司法機關的自主性都十分有限，無法發生牽制作用，統治者需要相當數量且有效率的幕僚提供決策參考資訊（趙建民，1994：160-162）。

利茲（Juan José Linz）認為威權政體的精英組成範圍廣泛（1970：271-273）。拉丁美洲國家可為代表，拉美國家政體多傾向軍事威權政體，許多具有威權性質的政體被統歸為獨裁政權，其間的差異在於：威權政體是由制度化的軍官團所組成的統治團體，獨裁政體多由家族或貴族所組成。拉丁美洲式的軍事威權通常被稱之為「官僚威權政體」（bureaucratic authoritarianism）〔註1〕，其制度特徵在於以民族主義為國家發展前提，個體利益被納入政治體系中，利益團體沒有生存的空間，不鼓勵政黨活動，保守但對技術官僚（technocrats）具某種程度的信任，重要職位除軍人外，往往由科技官僚出任（筆者按：呂亞力，前揭書：162-167）。

威權政體的政治精英雖在綿密的體系內運作權力，然而，一旦面臨過渡到民主化的過程，原本統治精英可能面臨的衝擊，便是反對勢力精英份子的挑戰。一些發展中國家的威權政體在轉型過程中，就面臨統治精英與非統治精英之間的磨合，諸如葡萄牙、西班牙的執政精英與反對勢力領袖，透過契約模式協議轉型，南歐國家大都在威權與民主體制之間取得協調，東歐國家則傾向全盤推翻威權體制。這些政權轉變都存在共通的現象：轉型為資本經濟的同時，威權統治精英必須利用政治資本，與其他新興勢力交換經濟資本（Bunce, 2000：707-708）〔註2〕。

民主政體的精英定位又是如何？道爾（Robert Dahl）探討民主政治系統

〔註1〕 「官僚威權政體」的專詞是卡多索（Fernando Henrique Cardoso）與費雷托（Enzo Faletto）從現代發展理論與依賴理論，檢視拉丁美洲政治經濟發展的實情與問題時，用來定位拉丁美洲國家威權統治模式的說法。參閱 Fernando Henrique Cardoso and Enzo Faletto. 1979. Dependency and Development in Latin América. Berkeley: University of California Press。

〔註2〕 臺灣戒嚴早期也存在類似的模式，蔣氏外來政權在臺灣沒有經濟資本，但利用宰制權提供恩侍關係，用政治地位懷柔提供經濟資源的本土精英，後來還透過土地改革策略，逐步取得本土經濟權，將政治與經濟整合到整體的領導權當中。

時，提出政治體系區分爲兩個團體，一是精英或稱政治集團（political entrepreneurs），他們掌握意識形態任務與〔政權〕操作手段；另一個團體是代表廣眾的一般公民，或是更爲多數，個性順從、慣性跟從，且對公共事務嫌少興趣或對政治一無所知的趨附者（apolitical clay）（1961：225-227）。但即使廣眾被假定爲對政治不熱衷的群體，熊彼德（Joseph A. Schumpeter）認爲理想的民主，在於民眾〔可以〕透過選舉機制取得參與政治的權利，民主體制就是提供個體獲此權力的制度安排（1954：269）。這種制度安排的作用，允許精英集團透過公平、公開的競爭爭取人民的選擇，人民有權以自由意志作決定（Schumpeter, 1976）。但是，熊彼德認爲古典民主不切實際，讓人民對民主產生不實際的期待，甚或過於積極參與造成政治狂熱，都不是眞正的民主（呂亞力，前揭書：140）。

民主體系精英的責任在守護民主機制的正常運作，民主政治的特質聚焦在：政府持續掌握和回應所有具有政治平等的公民偏好（Dahl, 1971：1）。雖然選民大都是政治冷漠者，然而，體系仍被期許去執行與社會的互動，或是提供廣眾得以認知決策的管道。因此，民主政治的國家精英成爲緩和衝突與政治容忍的關鍵角色（Gibson and Bingham, 1984：45），同時扮演維持民主穩定、保證民主程序順利運作、整合公共意見與創造行政效率的角色（Walker, 1966：293）。民主過程要持續存在，亦需仰賴精英的共識（consensus of élites），這是抵禦反動勢力破壞體系的必要基礎（Truman, 1959：481-97. Bachrach cited, op cit：439）。事實上，民主政治的精英理論（elitist theory of democracy）的意涵，傾向精英代替廣眾成爲決策制定者，一如道爾的假定：一般公民（*Homo Civicus*）在本質上不是政治動物的觀點（Dahl, 1961：225）。亦有類似論點如：民主精英理論的核心，的確是在一般公民無法達成特定事務的前提上，合理化民主體系乃是建基於智慧、忠誠與政治領導者，而非廣眾身上（Walker, op cit：286）。

這些論點似乎不脫古典精英論的基本假設，最終作決策的，還是少數的精英。在人民主權的原則上，民主政體的精英似乎認知到廣眾的政治性仍不夠充足，退而求盡可能反映平等的政治參與，以及反求統治者的素質，這略有承傳雅典聖人賢君的原則。倘若民主政體的廣眾本能地將決策權交給政治精英，我們或可從一體兩面的現象合理化民主體制的權力運作：一、體制雖提供機制，但廣眾直接參政的機會受限，因而有代議士制度的發軔；但在群眾直接參政機會受限的條件上，如果群眾主動參與的認知不足或行動不夠積

極，卻不影響代議士制度的存在。二、即使透過民主機制產生的政治精英，代民議事，一如系統理論的決策過程：納入選民意見為輸入項（inputs），政策產生的輸出項（outputs），受選民檢視後再回饋（feedback）回決策機制，然而，在輸入到輸出過程中的決策黑盒子還是關鍵因素；即使決策者選擇性地採納選民意見，實際並不影響黑盒子內少數政治精英的決策運作。政治精英能夠代表群眾意見的程度如何？或是精英願意貫徹民之所欲的程度有多大？決策制定的主要力量如果不是來自廣眾，而是進行決策的少數政治精英，那麼，似乎無論民主政體抑或威權政體，都傾向少數政治精英制定決策，甚而形成「寡頭」決策。

綜合威權體制與民主體制的精英論，本研究提出幾項要點：一、民主政體存在群眾對參與決策不甚熱烈的現象，但該體系生存的動力，還有精英團體間競爭所形成的政黨政治，至少可表達異質性的群眾基礎；相對的，威權政體往往是在單一精英團體的掌控下，形成非政黨競爭的政治反對勢力，群眾基礎無法浮現檯面。差別在於前者容許政黨政治相互競爭，而存在的政治反對，後者則抑制非統治政黨或團體的發展。二、無論政黨政治或是無法以政黨形式表現的反對勢力，原本都具有一定程度的群眾代表性。是以民主政治提供非執政政黨與利益團體參政或遊說的空間，而威權政體由統治當權擇選政治精英的權力較大，相對降低其他勢力或政客的操作空間。三、姑且不論政體不同所形成的精英成因與性質差異，米契爾的寡頭鐵律確實存在大部份的制度中，一如他直言——即使標榜民主政治者亦無法免於這種模式。這意味精英政治是無可避免的政治結果，這是民主與非民主政體的共通現象。

此外，政權運作過程涉及精英統治權力的變遷問題。李普塞（Seymour Martin Lipset）曾探討民主社會的政治極端主義者（political extremism），他認為社會運動者往往是對時局不滿、心理欠缺歸屬感、個人失意、與社會隔絕、經濟匱乏、未受教育非精明之士、亦非權威人士的社會各階層的一群人所組成（1960：178）。李普塞對社會運動的定位，假定民主政治環境中正式競爭規則以外的反對勢力，他的界定帶有社會殘餘值的意味。但是，若從正面的角度看待政治反對的社會運動，則可將之看作是為改變特定的社會機構，在人群中以集體的騷動，試圖達成可預見的目標（Heberle, 1951：6）。簡言之，政治精英支撐政權的同時，政治反對勢力亦醞釀著準備取而代之。

最後，將精英論的意涵與精英於體制內的功能，轉而援引來觀察臺灣省

議會的黨外精英,這些黨外精英在形式上具有統治精英階級的權力,實質上又是體制內的政治反對勢力;而省議會體系在政治權衡考量下建制,成為統治精英為穩固政權合法地位所採行具備策略性的有限民主機制,原意本不在反映真正的政黨政治,以至於激發體制內的黨外議員逐漸在威權體制中醞釀為反對勢力,反到成為與實質政治精英在相同的場域內爭奪政治資源,這也因而定位出他們在硬性威權體制初期的「黨外」殊異性。

二、界定省議會黨外精英

所謂威權時期的「黨外」,一般意指非國民黨籍,或相對於國民黨威權政權的其他政治活動者。國民黨自身即曾區分黨內、黨外,一九五九年國民黨第八屆二中全會時,針對一九五八年縣市議會正副議長選舉,便有「選舉結果,二十一縣市中除台中縣正副議長為黨外人士獲選外,其餘正副議長均照本黨提名人選當選者有十六縣市」的說法(陳鵬仁,1998:411。呂怡蓉引,2006:9)。同樣是體制內非國民黨籍從政者,在七○年代社會運動到民進黨成立之前,黃信介、康寧祥的崛起,黨外一詞即被大量使用,成為泛指無黨籍政治異議份子的共同標誌(李筱峰,1987:133)。

省議會「黨外精英」概念的強化,當是肇始於二二八事件,當時省議會為處理該事件所聲援的政治改革,雖未標「黨外」的頭銜,但從縣市議員、省參議員涉足事件所引發的政治反動,實際上就是一起反威權的非國黨籍政治精英與黨外知識份子的結盟(李筱峰,前揭書:210-213;鄭牧心,1987:84-93)。邇後《自由中國》籌策新黨,或是李萬居辦《公論報》聲援組黨運動,至雷震被捕入獄,《公論報》被迫停辦等事件,愈彰顯「黨外」反對運動與臺灣民主政治發展的關聯。那些參與反對當權的議員或是體制外的知識份子,其定位是「黨外」對民主政治有貢獻的角色,是站在民主政治制衡立場反對國民黨,以無黨籍個人身份參選,犧牲自己、獻身社會的可敬人物(李筱峰,前揭書:164;陳瑞平,2006:20)。

事實上,較省參議會黨外精英稍早之前,黨外精英的政治行動即出現一種半體制內半體制外性質的組織。這可追溯到四○年代臺灣黨外運動的先趨——《自由中國》。《自由中國》原本是由胡適發行的雜誌,由政府當局支助經費,這份雜誌的領導人物結合外省籍的自由主義者,以及臺灣省籍的政治精英,並與當局領導階層有密切關係。參與創辦的雷震,本身是國民黨員,

在大陸時期曾擔任政治協商會議的秘書長，周旋於各黨各派人物之間，相當
受到最高當局的信任。然而，《自由中國》主要的撰稿者——胡適、毛子水、
杭立武、殷海光，這些知識份子名重士林，有時刊登一些語氣火爆的文章，
或是評時論政的立場與當道不合，卻仍能繼續發行，久而久之，《自由中國》
便成為主導在野人士思想的主流（風雲論壇，1983：37-38）〔註3〕。

　　黨外精英的政治行動原本在反對當權，具有「政治反對」的特質。田弘
茂探討到臺灣威權早期的黨國統治時，曾指出如大陸返臺人士如李萬居、吳
三連等，大約是五〇年代起的反對勢力，他們都是臺灣地方政壇的非國民黨籍
政治人物。當時的反對者還包括大陸籍的自由主義知識份子，或者在大陸上
與民、青兩黨有關的人士（田弘茂，1989：115）。他將臺灣的反對勢力分為兩
類，一是兩個弱小但合法的衛星黨——中國青年黨（簡稱青年黨）〔註4〕及民
主社會黨，他們並未向國民黨的統治挑戰，而被視為國民黨的「友黨」，兩黨
的領導人均為年邁之大陸籍人士（Chang Ch'un-hua, 1988：44。田弘茂引，前
揭書：116）。第二類是一九七〇年代萌芽至一九八六年前的黨外運動。

　　加博（J. Bruce Jacobs）在〈反對勢力與臺灣政治的未來〉（Political
Opposition and Taiwan's Political Future）一文，界定臺灣反對勢力的類型：一
種是非法、秘密的政治反對勢力，例如共產黨與臺灣獨立運動的集團，是最
具代表性的。另一是合法的政治反對勢力，大體上分為非國民黨或無黨無派
（non-partisan），以及在國民黨規範內的勢力；非國民黨籍而冠以政黨頭銜，
被國民黨視為友善的政黨者（友黨，*youdang*），如青年黨與民主社會黨屬之
（1981：22-24）。《自由中國》的性質，就類似於國民黨規範內的勢力，並且
受到國民黨內有權力者的保障，才得用無黨籍身份發表並出版反對性質的刊
物（Jacobs, op cit：26）。然而，國民黨支助《自由中國》之初，絕非在於預設

〔註3〕　後來因雷震與《自由中國》越走越激烈，在民國四十九年（1960），針對地方
　　　　選舉不公，同年五月與在野的民、青兩黨及無黨派人士等數十人，組織「地
　　　　方選舉改進座談會」對當局施壓，更因籌組新黨激怒當權，最後雷震被捕，《自
　　　　由中國》停刊。

〔註4〕　青年黨在民國十二年十二月二日於法國巴黎成立 其前身最早可追溯到五四
　　　　時代的「少年中國學會」之國家主義派，其成立宗旨為：「本國家主義精神，
　　　　採全民革命的手段，以外抗強權，力爭中華民國之獨立與自由；內除國賊，
　　　　建設全民福利的國家」。在大陸時期，青年黨曾是國共之外的第三大黨。四〇
　　　　年代，更是「民主同盟」成立的催生者及主要構成政黨，以標榜「第三勢力」，
　　　　和國共鼎足而三。參閱陳正茂，2008，《中國青年黨研究論集》，臺北市：秀
　　　　威出版，頁 i-ii。

成與黨國對抗的勢力，只是隨著主事者對政治的訴求，才逐漸發展成合法的政治反對類型。

杜勉（Jürgen Domes）根據臺灣一九五○年代至一九八○年代的政治社會結構，將臺灣政治體系中的反對派精英，界分爲五種不同的派系或團體：行動派——以美麗島雜誌社人員爲代表；孤星派——以美麗島核心份子家屬爲主；民族社會主義派——是意識形態取向最濃的反國民黨勢力；地方派系——政治立場長期與國民黨相左，群眾勢力以地緣爲依歸；自由派——以康寧祥爲核心，主張體制內改革和領導結構的「臺灣化」（1981：1018-1019。also see 艾思明，1983：111-112）。其中第三種民族社會主義派反對勢力，看似與民、青兩黨同類屬，但究其詳實亦非如此。首先，艾思明本身劃分臺灣無黨籍反對勢力時，只區分爲一種是主觀的政治立場反對國民黨，另一種是從意識形態出發反對國民黨；前者具有強烈的本土意識，後者以新興知識階層和中產階級爲主，其行爲表癥相當和緩（前揭書：113）。這項論述並未指出民、青兩黨的歸屬。其次，即使民、青兩黨被視爲合法政黨，卻有如「政治花瓶」（羅浩，1983：231）。杜勉指出當時臺灣被認可的兩個合法小型政黨——民主社會黨與中國青年黨，主要是國民黨用來製造臺灣並非一黨〔專政〕體系的印象（Domes, op cit：1015）。

其實，六○年代和七○年代，年齡高邁的兩黨政客長久困於派系內鬥，以致組織癱瘓（羅浩，前揭書：232）。杜勉與加博分析民、青兩黨的弱化，也提到關於派系鬥爭、國民黨滲透、人事凋零等因素。而且兩個政黨自大陸到臺灣，後來受惠於國民黨經費，實無競爭性與自主地位可言（茅家琦，1988）。這當是指民、青兩黨受制於缺乏政治資源，被迫領取國民黨兩佰萬元的津貼，使其自主性打折扣情事（田弘茂，前揭書：17）。總之，艾思明所提民族社會主義派的主要性質是六○年代以後，傾向社會主義且熱衷鄉土運動者，他們沒有規模的組織，但政治理念成爲社會思潮主脈之一（前揭書：119）。如此看來，杜勉與艾思明所談論的民族社會主義者，與加博所論奉行民族主義（Nationalism）的青年黨，以及傾向費邊社會主義的民社黨，其實有所區別。

楊錦麟定位五○年代自詡爲黨外人士的那些人，係對臺灣國民黨以外政治勢力的泛稱。五○年代以後及七○年代以前，早期在野的民主人士，包括青年黨、民社黨成員，爲了在政治上有別於國民黨，亦有以「無黨籍人士」、「無

黨無派」相稱，英譯爲 non-partisan 或 non-KMT。五〇年代初，在大陸遷臺的國民黨政權與臺灣地方政治、經濟利益集團實現新的利益結合之外，就是那些被排斥、被冷落的，或在政治上不屑與國民黨合流的政治異端，這些政治異端當然有別於匪諜、共黨，但卻又是令臺灣當局難於放心的政治族羣。大體上，與後來的黨外政治勢力相比，早期的無黨籍人士，更多的只是一種政治上的批評者，而非反體制的行動者，大部份是改良、修補體制的期盼者，雷震、李萬居等人，從本質意義上講，無論他們「反國民黨」的言論如何激烈，基本上仍屬於這個範疇（1993：274）。

　　盛杏湲曾以《國民黨與黨外》爲題，探討民國七十二年（1983）臺灣地區增額區域立委選舉的分析研究，其探討的「黨外」與五、六零年代相去已遠，亦非七〇年代非國民黨籍民意代表之屬。但所界定的「黨外人士」，與一般學術性用語的「無黨籍人士」有所不同。理由是：一、一般對無黨籍人士的刻版印象是指國民黨、青年黨及民社黨黨員以外的政壇人士；然而，據觀察發現，許多青年黨與民社黨的黨員往往以無黨籍的身份登記參選，所以，用無黨籍人士這個名詞容易造成錯誤的認識。二、用黨外人士這個名詞足以勾畫出（現階段）的選舉競爭情況，因爲，現階段不具備足以與國民黨相抗衡的反對黨，用「黨外人士」一詞，正足以說明國民黨以外的在野勢力對執政的國民黨的挑戰（1986：8-11）。

　　楊錦麟與盛杏湲對「黨外」的界定，都指涉非國民黨籍，也是無法與執政當局相抗衡，而且在選舉資源匱乏的從政精英。然而，兩者對黨外仍有界定的差別。楊錦麟並不刻意區別那些隱藏身份如民、青兩黨的人士，用無黨無派或無黨籍稱之有何不妥，他較傾向從政治分歧的觀點來界定黨外，因而認爲李萬居等省議會精英或是雷震，乃是帶著改革意圖，向當權提供建言，他們屬於體制內的精英。此外，盛杏湲探討的是八〇年代的地方基層選舉中的黨外，與五、六零年代的省級議會黨外人士的參選，仍有所差異。五、六零年代的威權早期在有限民主的選舉機制上，呈現國民黨爲粉飾一黨獨大的專制，對民、青兩黨進行懷柔，兩個政黨屬合法政黨性質，威權當局亦藉以襯托出政黨政治的友黨，惟民、青兩黨也不刻意進行反抗，他們當中眞正想參政的精英，主要是利用無黨無派的名義自我區隔爲非國民黨，以爭取政治取向反威權的民意基礎。加博亦指出民、青兩個政黨的人士常隱藏黨籍，以無黨籍身份參選，直到贏取選舉才表態（Jacobs, op cit：25）。

即使民社黨與青年黨不成氣候,並且有意無意隱埋身份,但是,他們畢竟還是正規的政黨之屬,以「黨外」稱呼還是從反對政權體制的角度看待他們的。原則上,「黨外」的性質與政治反對相生相息,不過,李敖卻曾在文理上刻意強調「黨外」的被濫用,他駁斥有心人士以「黨外」混沌視聽的,試圖區隔出知識份子與群眾這兩股性質的「黨外」。李敖指出:黨外一詞其實是行不通的。我們國家現在有三個政黨,是國民黨、民社黨、青年黨。這三個政黨是合法的,在這三個合法的政黨之外,還有一個不合法的政黨,是共產黨。所謂「黨外」既然不是三個合法政黨以外的政黨,又不是不合法的共產黨,那麼,這個黨外豈不成了既不合法,又不非法的四不像了?(聯合報,1981 年 11 月 11 日。收錄於李敖,1981:86)。推測李敖劃清界線的目的應該是:一、不要將民社黨、青年黨遽作「黨外」之稱,他想合理化這兩個政黨的地位;其二是他提到除了少數熱衷於政治的人物外,絕大多數人民並不認同他們是屬於黨外的,不能不問大家同意與否,就以黨外通吃(李敖,前揭書:86)。

綜言之,無論如何區分「黨外」的類型,艾思明倒是提出一個貼切的觀點:以知識份子為主導的反對精英,一直是臺灣反對勢力的主軸(前揭書:113)。這至少意味「知識份子」的概念,是學理上對臺灣民主政治發展過程中,界定「黨外」的基調,從這個基礎上探討「黨外精英」,才能夠反映臺灣政治反對勢力的實像。五、六零年代的省議會黨外精英,其黨外性質也就不脫兩項要素:非國民黨籍的知識份子,以及體制內的合法反對勢力。

省議會黨外精英既是體制內成員,他們當屬於統治精英。若按照巴托摩爾(Tom Bottomore)定義統治精英為:那些直接或間接涉足政府重要部門的個體,非統治精英則是其他政府周邊機組織的成員(1993:2)。那麼,省議會黨外精英一如巴托摩爾所界定者,當是位於政治核心地位的統治精英。但是,在執政統治的心態,省議會不過是政府收攬民心而建立的民意機制,議員代為監督政府,當權並不認為議會內的黨外精英能掌握決定性影響力,他們終究是無法與國民黨抗衡的異議精英。實務運作上,省議會也只是個「諮詢」機構。是以省參議員身份究竟是體制內,卻為形式上最高民意的統治精英?還是實質上統治政權以外的非統治精英?這項爭議並無法從巴托摩爾的論點獲得推演的答案,因為臺灣有自身的經驗政治。省議會「黨外精英」的地位的弔詭便在於,表面上歸納統治精英,實務上卻像從階級鬥爭(class struggle）身份，於體制內奪取統治領導權的在野政治精英。

　　冷曼（Arthur J. Lerman）則從國家精英與地方精英的角度，解釋臺灣戰後以降，威權體制精英衝突與互動的關係，係起因於兩者（政治）文化的差異（1977：1406）。魏勒（Myron Weiner）探討印度官僚國家精英和群眾地方精英間的文化衝突時，也指出戰後大部份開發中國家，都存在這兩層精英文化的衝突（1965. Lerman cited, op cit：1406）。臺灣戒嚴早期的政治生態同樣存在這種現象，代表臺灣廣眾政治文化的地方精英，雖然透過國民黨設計的選舉機制參與政治，或是在土地改革機制下爭取參政權；然而，相對於那些出生於中國，隨國民黨撤退來臺灣，心懷失守江山受辱心結（humiliation）的國家精英，兩種處境便產生本土臺灣知識份子與外省政治精英的心理落差（Lerman, ibid：1407）。

　　省議會時期的黨外精英，是地方自治政策下的產物，就省級機制而言，當屬國家精英群，但由於省議會成立之初的政治因素，讓省議會設立之初即富有多元色彩，反而沒有真正屬於國民黨黨員或道地的大陸人士來臺者，就議員來源分析，島內精英占百分之八十七，大陸返台人士占百分之十三，但自大陸返臺的四位議員——黃朝琴（議長）、李萬居（副議長）、劉兼善、鄭品聰，都是在日據時期離開臺灣，留學國外，並參與祖國抗日後而返臺的「半山」人士（鄭牧心，前揭書：97）。因此，若從國家精英與地方精英的角度，區別那些完全服膺國民黨的政府官員，以及本土精英或傾向制度改革如省議會黨外精英的民意代表，似乎也說得通。冷曼認為國民黨在臺灣的選舉，目的並非發展多元政治，而是為了整合政治精英（Lerman, op cit：1406）。彭懷恩則認為臺灣的政治體系的精英是大陸人士為主幹，而經濟體系的精英是本省人士為主幹，這使得臺灣並未出現米爾斯在「權力精英」所描述的精英重疊現象（1987：45）。

　　可見，省議會黨外精英雖在客觀地位，符合巴托摩爾界定之「直接或間接涉足政府重要部門的個體」是為統治精英；但在主觀條件上，這些黨外議員的政治訴求與黨國體制或外省精英的立場，從根本上就產生如魏勒所言的心理落差。黨國威權的統治權帶有頑固色彩，統治者則堅決秉持幾項原則：一、好的政治體系應該是官僚威權體制；二、可將這種體制的利益帶給社會；三、必須由國家精英主宰這個威權政治體系（Lerman, op cit：1408）。「富國強權」（wealth and power）是當權對民主發展所界定的目標，相對的，受殖民統

治半世紀的臺灣地方精英，在承受國民黨試圖控制與改變臺省社會，或是為達目標不擇手段的意識形態領導，開始產生原生土地心態與（國家精英）主宰的政治體系相衝突的情結（Weiner, 1965. Lerman cited, op cit：1407-08）。

這種省議會黨外精英與當權近距離的對立，讓國民黨文化領導權在臺灣的運作，提早出現領導權危機，也導致國民黨及早對黨外議員結合在野政治領袖的政治行動，採取強力的手段。杭廷頓（Samuel P. Huntington）在《第三波：二十世紀末的民主化浪潮》，曾指出非民主體制的國民黨政府，雖然在一九五〇年代容忍自由主義異議份子（dissenters）；然而，到了一九六〇年代的黑暗時代（dark age），政府的鎮壓行動，使任何政治論述消聲匿跡（1991：20）。這當是意指國民黨對「自由中國」，以及體制內如五龍一鳳，或體制外辦報組黨、集會結社等反對運動所進行的壓抑。諸如雷震《自由中國》與李萬居的《公論報》，都在該時期遭到威權當局遏止。五、六零年代的省議會「黨外精英」，可說是威權體制初期存在於體制內，即蘊釀成形而成為日後臺灣民主政治發展過程中，開創反文化領導權的關鍵角色。

第二節　政治反對與政權合法

臺灣省議會黨外精英的定位，既受制於體制內政治反對的形象，因而有加博界定為合法的政治反對勢力，或者國內相關論著從無黨無派或弱勢政黨的角度，為黨外省級議員取得特定歷史階段的政治身份。杜勉與艾思明雖傾向從社會運動或體制外的反對勢力談黨外的流派，然而，若要溯源臺灣反對勢力的興起，或是反對黨的歷史，省議會黨外精英可說是開先鋒者。誠如冷曼與魏勒從心理落差說明外省政權精英與本土精英之間的隔閡，早期黨外省議員的特殊背景，使得五龍一鳳等黨外精英成為在國族主義與本土心結交織下的政治反對者，他們的身份與後期在臺灣的反對知識份子是有所不同的。他們一方面政治與智識背景存在祖國情結與本土鄉愁的雙重性，另方面他們並非一開始就在體制外以反對者姿態鬥爭權力者，而是在有限民主的選舉機制，被延攬在體制內的非國民黨籍省級議員，並且利用議壇為論政平台，近距離直接抨擊政府。因此，這些省議員的「黨外性」具有臺灣特定政治經驗的意涵，與後期政治反對勢力具實質上的差異。

那麼，臺灣省議會黨外精英的政治反對勢力定位，具備甚麼樣的學理意涵？在此說明學理上對政治反對或反對勢力的界定。西方率先較有系統探討

反對勢力的，可以道爾所編著的《西方民主政體的政治反對者》（Political Oppositions in Western Democracies）爲代表。他在前言定義政治反對爲：假定A在一段時期內執行特定政治體系的政府決策，並假定B在同一時期不同意A決策，B就是反對者。兩者的角色代表不同的行爲方式（Dahl, 1966b：xviii）。這尚且是一種行事準則的差別，但如果牽涉策略與利益，雙方的對立則可能形成積極的反對者（active opposition），這意指對立者試圖改變政府，而非消極地認知與接受現狀（ibid：xviii-xix）。探討政體與政黨政治的法國學者——薩托里（Giovanni Sartori），指出反對勢力代表一種特定的控制手段，也是相對的概念，基本原則是爲了控制與限制權力行使的目的。在西方社會，反對勢力還保留對少數族群予以保障的尊重原則。在十九世紀時的意義，則代表憲政反對（constitutional opposition）的概念，這是西方民主政治發展，長期而艱辛的政治憲政化過程的表現，是一種和平反對，而非武力對抗（1971：31-32）。

羅森（Lawson）將類似西方的民主機制套用到工業東亞與東南亞，他探討這些國家的政治變遷與政治反對勢力時指出：沒有透過和平公開選舉機制，提供統治與反對參政選擇與可能的政體，就沒有憲政反對勢力的產生，也就沒有眞正的民主（1993a：194; 1993b. Rodan cited, 1996：12）。如果能夠擁有自由參與選舉的機制，那麼，是否意味政黨存在的必然性？一般而言，政黨應該是有制度的反對勢力。道爾從西方民主體制的立場，即認爲政治體系內有組織的政黨受到法律保障，而且他提出一項在六〇年代探討反對勢力的重要發現——當時的反對黨與舊制政黨間呈現決裂的態勢，這種社會變化，使得體系變得需要容許一個或多個反對政黨與當權政黨競爭，目的是爲了處理社會衝突（Dahl, 1966b：xvi-xvii. also see Barker, 1971：9）。這意味政黨競爭具有穩定政治秩序的功用。

事實上，有組織的制度性反對概念，與歐洲政治體系發展應該有所關聯。路威士（Gornewall Lewis）早在一八五五年就指出：巴力門反對勢力是英國自由政治體系的主要特徵（Barker, op cit：11）。若從英國政黨的角度來說，托里黨作爲輝格黨的反對勢力，反而強化輝格黨員，而非弱化他們（Hanham, 1971：132）。這意味良性競爭的反對政黨不會破壞他黨的根基。持相近立場者，亦有主張西方自由主義政治體系的反對勢力爲忠誠與負責的反對者（Foord, 1964：3. Barker cited, op cit：12），或認爲多數決制度是對容忍少數者，有所

助益的方式（Ionescu and de Madariaga, 1968：45-49. Barker cited, op cit：12），或是實施自由民主政治的反對者，即典型地透過政黨替換取得政權的（Rodan, op cit：5）。米爾（John Stuart Mill）在一八六一年的知名著作《省思代表性政府》（Considerations on Representative Government），便指出任何自由國家的政府面對問題時，都應該認同從各種不同管道提出的爭辯與討論，他稱這種現象為衝突的公意（conflicting opinions）（1957：231. Barker cited, op cit：13）。在接納各種表意的情況下，米爾因此特別看重言論自由對監督政府的關鍵角色（ibid：17）。

　　然而，各種政治反對勢力未必如西方民主體制，已有行之經年的政治規範，政治反對勢力也有可能以非制度性的組織出現。事實上，這種性質的反對勢力在非民主政體中，是顯而易見的，這當涉及權力運作模式的差異。白魯洵（Lucian W. Pye）曾經從文化差異探討區域政治的權力運作，便強調北美與歐洲的自由主義路徑，無法套用到亞洲後工業國家身上（1985）。貝克（Rodney Barker）在道爾之後編著《反對勢力的研究》（Studies in Opposition），內容集結亞、非、英、美、歐洲與東歐共產等國家的個案研究。他在前言亦指出：探討亞洲與非洲新興國家的政治時，特別需要注意兩種類型的反對勢力：一種是反對統治集團，但為合法與忠誠的反對者，同時要考慮到不擇手段決心推翻當權的派系反對勢力。許多這個區域的國家，長期在這兩股勢力翻騰下造成叛變與暴力（Baker, op cit：6）。契爾斯（Edward Shils）同樣在研究七〇年代亞非地區的反對勢力時，指出中東（西亞）、南亞的印度與錫蘭，東南亞的馬來西亞、菲律賓，非洲的蘇丹、奈及利亞、摩洛哥等國家，都無法免於反對勢力，而且大部份還是以非法暴力，同時反對憲政與政權合法地位者（1971：45-46）。

　　或如前述羅登（Garry Rodan）以工業亞洲為主軸，其論著《工業東亞的政治反對》（Political Opposition in Industrialising Asia）的重點，不在於解釋在東亞與東亞地區的經濟變遷與社會轉型，將導致或可能產生民主化？但側重工業化帶來的轉型，對這個區域反對勢力的本質帶來什麼意義？（op cit：6）。七〇年代東亞與東南亞的政治反對，主要特徵是農民叛亂與激進學生，質疑資本主義發展路線的抗爭，而且通常以憲政體制外的方式挑戰當權。到了八〇年代中期，資本主義已深根當地，新的改革者變成具有階級意義的社會力，從資產階級、中產階級到工人階級。有些東歐、拉丁美洲、亞洲等國家，原本

存在的獨裁體制或軍事政權衰弱，選舉制度建立，階級變化開始對長期以來的威權政體造成衝擊（ibid：1）。中產階級對政權的衝擊，取決於他們在社會經濟權力結構上的相對位置，如果受到強而有力且激進的工人階級抵抗，或擔心社會動盪，中產階級會轉而支持威權體制。至於工人階級在不同工業資本化的體系中，也有各種不同的形式，或為革命者，或為忠誠反對者，或成為統合資本的一環（ibid：7）。

還有一項影響反對勢力運作的重要背景——市民社會，這是相對於國家中心主義為基調的社會場域。以市民社會作為觀察政治發展基礎的論點，主張個體與團體的自由，市民社會象徵中產階級現象，其本質就是政治變遷的方向與前景。然而，市民社會與國家並非二者取其一的關係，市民社會仍需建立在國家為前提的基礎上（Rodan, op cit：4）。它是政治空間的一種形式，大部份實質的反對勢力在這個空間內，以其自身的利益抵抗或與國家合作（ibid：20）。羅登利用「國家——社會」（state-society）概念，說明工業亞洲國家反對勢力的運作過程與差異。他格外重視伴隨工業化所帶來重大的社會變遷，在威權規範內的挑戰，並且因這種結構變化所帶來的社會力——新富（new rich），結合資產階級、中產階級與工人的社會力，所形成政治反對勢力的過程。在工業東亞與東南亞的政經結構變化過程中，他發現新加坡作為新興工業國之一，與其他三個亞洲四小龍在反對勢力組成份和運作上特別不一樣；其威權政體與反對勢力的互動，是中產階級支持威權，所形成國家主權擴張甚於市民社會發展的國家（ibid：23, 95-121）。

綜觀上述對政治反對或反對勢力的實證研究，所提出的界定或要素，原則上，在定義之餘，還反映政體與政治文化的差異，將形成不同類型的反對勢力。羅登認為如果在選舉之外的政治活動或各種形式的反對，就是極端地試圖在根本上改變國家與社會的運動。至於民主政體內的反對勢力，大致是透過政黨替換取得政權，或是尋求對政策進行改革，這與可能透過在統合主義國家保護傘之下，官僚體系內的派系政治、軍方，或是各種社會與文化組織來運作。或者另有不受國家正式保護的非政治組織來執行政策改革的建議（Rodan, op cit：5）。貝克集結眾多學者探討反對勢力的論著時，歸納出反對勢力的多義性，或許能夠包括反對立場的多元性：一、對國體與根基全然反抗，用盡手段決心推翻；二、因統治者暴虐無道而反對；三、否認統治者集團、派系或朝代的政權政當地位；四、既非對抗政權合法性，亦對國家或憲

政不具威脅的忠誠反對者；五、在制衡與監督體系中為撼衛憲政，並為自身尋求出路而反對者；六、指涉公民與團體為調整行動、緩和燥進、防止暴政所使用的方法（Barker, op cit：5）。

綜言之，反對勢力的本質是對立的，差異表現在與當權對抗的運作模式。或許在西方民主政體，反對勢力並非阻礙，它與黨派相爭（factionalism）有別，其反對者在針對政府，而非針對政治體系（Sartori, op cit：33）。或者民主社會其他不是支持統治政黨的選民，仍然認為自己在國家中具有代表性，他們並未被排除在政治生活，並保有政治過程的參與感（Sir Arthur, Aron cited, 1972：21）。相對的，威權體制下的政治反對勢力卻可能直接衝擊政治體系的生存，甚至是全盤的威脅。針對道爾從民主政治的立場界定反對勢力，所提出的對立觀點（Ionescu and de Madariaga, 1968; Barker, op cit：25-26; Rodan, op cit：10-11）便企圖呈現這種差異。史基利（H. Gordon Skilling）探討東歐共產國家的政治反對勢力時，強調憲政原則與政治風俗是否容許反對者擁有表達空間，是共產國家與民主政體的差異所在（1972：90）。利茲說明威權體制的反對勢力時，從體制內或體制外區分，但不刻意論及憲政準則的問題，並且強調體制內外的分野，並非純粹劃分合法或非法反對勢力的標準。她提出「半反對勢力」（semi-opposition）的概念，指出這個成份是那些不在統治團體內握有權勢或代表性的〔其他〕團體，他們在不對當權造成根本挑戰的前提上，願意參與。這些團體相對於民主政體內有組織的反對勢力，顯得較缺乏制度性。利茲同時指出威權政體的半反對勢力，與自由民主國家內的反對勢力具有相同的性質，都是不必為任何形式的選民負責的團體（Linz, 1973：191）。

反對勢力在威權政體或民主政體皆有之。即使在威權性質較為濃厚的一黨國家政治環境中，同樣存在政治反對勢力。一黨國家與一般民主國家的執政黨，對其他政黨持反對立場的政治對抗，或是非政黨之社會團體的反對勢力，在處理反對者的方式是否有所差異？這當牽涉到執政當權對反對勢力的觀感為何？也反映政治社會與市民社會的互動模式。按照道爾之論，西方民主體制發展政黨政治，是一種制衡民主政體的模式。而探討威權政體政黨的論述，則傾向說明一黨國家的政黨性質，威權體制的政治反對概念，並非排斥政黨存在體系內的可能，甚至有主張從制度性約束正規政治反對者，如利茲認為要合理化當權以外的政治反對型態。威權體制的一黨性質，也不是全然指涉體系內只存在唯一或單一的政黨，而是在特定政治生態上，可能形成

專斷政黨、獨大政黨、單一政黨的區別（Aron, op cit：16-20）。以獨大政黨的概念為例，即意指體系內沒有足夠勢均力敵者，這可能是政治文化使然，如社會默認的結果，或者其他反對者尚未形成有組織的群眾基礎。

　　在非西方國家的反對勢力，可能因為體系容忍程度的不同而有不同的運作。而且當權應付政治反對的態度，也因體制本質而有所不同。但無論何種政體，各種不同的反對勢力與國家產生當存在兩種關聯：國家排除或者助長反對者，以及抗爭團體對政權合法性認同的程度（Rodan, op cit：5）。這引發我們必須從政體存在的理由，或是政權合法性的角度去思考政治反對。道爾探討民主政體生存的理由時，便開門見山指出沒有一個政體可以獲得全數人民的支持，政府大致能掌握的就是人民的政治偏好或政治利益，接著就是政府以什麼方式或選擇那些項目予以回應。從光譜的極端來看，完全依從個人偏好而決定者，是為霸權政體（hegemony），若平等看待選民的政治偏好，並對最大多數者的偏好給予回應的，是為平等的民主政治（egalitarian democracy）。但即使在平等的民主政治，仍會產生少數與多數的對立，而形成對政府行為的反對，因此，政治體系還必須處理潛在的反對勢力（Dahl, 1973：1-2）。如果政府能有效禁止有組織的異議份子或反對勢力，則這個系統是霸權體系。如果社會能表達的權力受到保障，有一套建置良好的規則，可容許個體組織或成立政黨，並參與選舉，而且暴力受到禁制，任何以暴力達成政治目的的手段將受到處置，這種政體是為多元政體（polyarchies）。而真正最多數國家採行的體制，則是融合霸權與多元的一種中位制度（intermediate regime）——或近似霸權，或近似多元，並能夠提供少數精英進行公開爭論機會的寡頭競爭政體（competitive oligarchy）（Dahl, ibid：3-4）。

　　道爾之論無非是表明不同政治體系皆有維持政權合法地位的手段。合法性概念構成統治者享有統治權的基礎，可透過兩個方面觀察：政府自覺有權行使統治，人民承認並同意授權政府（Sternberger, 1968：244）。如果政權合法性可透過認同的心理過程，那就代表個人主觀對客觀存在的政治體系，產生心理的評價，當人民的價值觀與政治體系可以磨合，則政權合法性便產生。為此，亞里斯多德區分政體類型，或聖多馬斯‧阿奎那（St. Thomas Aguinas）區分合法性與否的政權，抑或是洛克（John Lock）的契約論、霍布斯（Thomas Hobbes）的《巨靈論》（Leviathan）強調首腦論與統治術，以至於馬基維里的《君王論》（The Prince）等，這些學理都建基於合法性概念對統治權進行論述

的，差別只是在於合法化政權的方式，或是促使被統治者同意的手段。

到近代將統治模式予以理論化的，是韋伯（Max Weber）在「統治與被治共同認知為有效統治基礎」的前提上，所提出的三種理想型（ideal types）支配（*Herrschaft*）類型：基於法統繼承的傳統支配（traditional authority）、基於統治者魅力的克里斯瑪支配（charismatic authority，另稱「聖雄型支配」），以及遵循法令規章的法治支配（legal authority）（1964：62）〔註5〕。韋伯利用這三種類型界定政權合法地位的取得基礎。大衛‧伊斯頓也為政權合法性來源提出三種類型：意識型態合法（ideological legitimacy）、結構合法（structural legitimacy）、個人合法（personal legitimacy）（Easton, 1965b：287）。這些模式的功能在於合理化各種特定政體權力操作的情形，不同類型的政權合法性皆有存在的理由，但政權運作會因政治體系的差異，政治塑造的方向有所區別。如果傾向威權政治的體系，統治者可能傾向採取領袖魅力的統治，灌輸人民意識型態，使人民遵行當權者的規則；在自由民主程度較高的社會，法律規章的訂定則是規範社會的依據。

無論政體以何種統治手段維持政權合法地位，合法性應該象徵一種哲理，並以取得人民的同意為基礎。它可以是產生與維持信念的能力，這種信念是相信既存的政治制度或形式是最適合社會的（Lipset, 1959）。或是只要一個政治制度能獲得服從，縱使有缺點仍具合法性（Linz, 1964, 1970）。政權合法性也取決於人民的滿足，政權存在的理論基礎繫乎人民需求的滿意，這決定統治權合法使用的範圍與人民對政權忠誠的程度（Bay, 1968：241-243）。葛來斯曼（Ronald Glassman）探討政體轉型時，指出民主政治的過程必須聯結合法性，或是「基於同意而被領導」（consent to be led）（1995）。這些論點皆指涉人民同意並願意接受與服從的理由，因此，政體類型或優劣非所強調，重點是政權可以受到認可，人民對政權能夠產生滿足。最終的結果就是「當一個領導者的影響力披上合法性的外衣時，即意味他是當權者」（Dahl, 1963：19）。政權合法性概念還延伸出一項政治操作——抵禦干擾政治秩序的因素。

〔註5〕 法國學者多根（Mattei Dogan）是探討政權合法性的著名學者，他審視韋伯的支配類型，認為韋伯的觀點已不足以解釋二十一世紀的政治體系，前兩者模式已經過時，第三種模式也隨著世界體系的演變而有其侷限。所謂理性統治的意涵，不應該再被限制為一種特定類型的合法權力來看待。參閱 Mattei Dogan. 2003. "Conceptions of Legitimacy" in Mary Hawkesworth and Maurice Kogan eds. Encyclopedia of Government and Politics. 2nd. London: Routledge.V2: 116-219。

統治者需要不斷尋求地位合法以鞏固統治權，政權也需要自圓其說的過程，倘若國家在此過程中不能維持有效的規範結構，就會出現合法性危機或認同危機，此時如果有足夠的社會力挑戰國家，合法性危機就可能浮出檯面，權力集團重組時刻將會發生（Habermas, 1975）。

回歸到臺灣反對勢力如何在威權政體中運作？利傑（Shelley Rigger）指出臺灣在一九七五年之前並沒有太多政治反對，五○年代到八○年代，臺灣威權政體直到一九八七年戒嚴解除前，本土人士主要是配合國民黨政策，沒有太多的舞臺（1996：300）。以一九七五年作爲分野的理由，即蔣經國自蔣介石逝世後掌握政權。由於蔣經國致力消弭大陸來臺人士與臺灣人的隔閡，並試圖結束專斷統治，引用臺籍人士參與政治，甚至後期許多地方選舉的國民黨籍候選人都是臺籍人士（Pye, op cit：230-231）。在此情況下（七、八零年代），國民黨政府要面對的難題在於：如何將儒家態度（Confucian attitude）灌輸到主權，並逐步開出一條路，允許增長中的多元主義，並適度容忍反對勢力（ibid：228）？所謂儒家精神是白魯洵定位諸如臺灣、中國、南韓、日本，甚至越南等文化特質的稱法，這種特質還蘊涵父權（paternalistic power）精神，是相對於西方個體主義，而以集體主義爲原則的文化型態。雖然這種精神在威權政體的臺灣的確存在，白魯洵發現臺灣統治者爲取得大陸與本土人士關係的平衡，其實已逐漸弱化這種傳統的儒家主義，不過臺灣體系基本上還是威權主義（ibid：235-236）。

臺灣威權早期的黨外省議員雖代表政治反對勢力，並未對當權造成太大的威脅，在所謂五龍一鳳時期正式形成較具規模的反對之前，較具威脅性的應該是一九四七年的二二八事件（李筱峰，前揭書；鄭牧心，前揭書；Rigger, op cit：305）。二二八事件對國民黨統治合法地位帶來重大的後遺症，然而，自此之後一直到七○年代中期，臺灣的反對勢力主要包括從大陸來臺帶有國族意識形態，卻不認同國民黨的知識份子，或是本土獨立運作的政客，以及海外的臺獨份子。他們在當時都無足夠的力量改變當權，也還沒有草根性的附隨者（Rigger, ibid：305-306）。這其中有些是合法的政黨──中國青年黨與中國民主黨，他們是官方認可的反對政黨，但他們必須超然獨立或以黨外（dang-wai）定位（Pye, op cit：231）。

反對勢力在早期沒有對國民黨構成強大威脅的原因，還在於原本在五、六零年代起受黨國經濟機制，被設計融入到國民黨地方派系的恩侍結構中，希望維護經濟利益的本土精英，他們很多是自願或被誘導到國民黨的地方派

系，並且透過選舉為酬庸，受籠絡的本土政治人物（Pye, op cit：307-308）。
這一階段的臺灣政治經驗形成「威權統治與高速成長的辯證關係」，六○年代
的反對運動只是少數政治人物在地方選舉的孤星式抗爭（彭懷恩，1989：
73-74）。但如杭廷頓與尼爾遜（Joan Nelson）的看法，開發中國家的經濟發展
與政治自由平等是「難以抉擇」（no easy choice）的（Huntingon and Nelson,
1976：xii）。威權政治固然限制了部份的政治管道，卻也因為社會資本的集中，
而得以發展經濟，這使得國民黨得以取得與本土仕紳抗衡的經濟力，進而形
成以政治利益交換本土經濟掌控權的模式。但隨著時局變化，這些原本傳統
的恩侍網絡（clientelist networks），讓國民黨無法像以往有效掌握選票，派系
取向或候選人取向的恩侍關係，開始愈來愈朝二階聯盟與區域商業組織合
作，特別是在快速城市化的區域，新興異議份子透過選舉過程取得政治權力
與經濟掌控權（Chu, 1994a：102. Rigger cited. op cit：309）。這股新興勢力從
康寧祥為開端，延伸到七、八零年代的社會運動。

　　到了七○年代末期到八○年代初期，選民態勢反映到對當權合法地位認同
的情形，呈現另一種類型的反對勢力，臺籍選民〔的態度〕變得相當分立，
百分之七十支持國民黨，百分之三十支持黨外候選人（Pye, op cit：231）。後
來出現本土非國民黨籍精英參選而進入體制，不受國民黨懷柔的精英，卻是
對黨國威權直撲而來的政治反對者，如康寧祥當選立法委員，後來他發表的
《臺灣政治評論》遭當權禁止，接著在 1977 年，他與黃信介及其他反對同夥
直接向國民黨統治權抗爭（Rigger, op cit：312）。直至發生美麗島事件（1979
年）這類屬於體制外黨外勢力，且頗具組織的社會運動，再接續威權後期民
進黨的成立（1986 年），政治反對勢力對當權的威權就愈形險峻。在此情況下，
國民黨為求自保，甚至以「主權國家」（sovereign state）的立場，延攬臺籍人
士進入統治階級，當權的主權迷思（sovereignty myth）在確保臺籍人士參政可
取得與大陸人士等同的社會契約，主權迷思也意味無需壓制臺人參政，亦可
壓制臺獨的挑釁想法（Pye, op cit：231-232）。

　　事實上，國民黨本身的統治原理以及面對反對者的反擊，其基調仍在於
威權政體的意涵，以及國家－社會之間，或政治社會與市民社會之間，在能
有效掌控政權的前提上，進行意識形態灌輸，並適度保留社會分歧性。利傑
以「動員式威權主義」（mobilisational authoritarianism）的概念界定國民黨威
權政體，他指出動員式威權主義是以國家為中心所建立，合法與維護〔政權〕

的管道，將群眾引導到公共場域，但有條件地制止市民社會正常發展。國民黨利用此種統治策略的目的在於：串連發展中的社會－經濟利益到國家所贊助的組織，以及藉由操縱地方選舉強化統合策略（Rigger, op cit：301）。而且這種統治模式將政治與經濟整合的好處，截斷了任何因經濟匱乏或階級結盟所可能帶來的政治反對（Gold, 1986：203）。定義國民黨黨國威權的稱法多重，原則上都反映客觀的政治經濟發展需求，國民黨真正的目標是支撐少數統治的政權，得以不受到反對者的推翻。包括以刊物作為政治傳播的工具，其內容充滿父權主義的精神，大量資料顯示政治精英意圖緊密地控制組織，以確保基本的〔市民〕意向都支持黨國的目標（Lerman, 1979：212）。誠然，國民黨黨國威權背後更巨大的意圖是壓制反對勢力，但不管是白魯洵以主權迷思描繪國民黨的文化堡壘與政治論述，或是利傑動員式的威權主義，冷曼認為實際的政治運作，證明國民黨政權的適應力遠大於學者所預估（Lerman, ibid：306）。

第三節　省議會的歷史定位

　　臺灣五、六零年代的硬性威權時期，省議會黨外精英雖取得在體制內對抗當權的機會，但是國民黨文化領導權的政治壓制卻頗為有效制止了政治反抗行動，包括省議員本身的衝撞或是議員與體制外知識份子的聯合。戰後至五、六零年代的省議會機制，讓黨外精英至少受限於兩項因素：一，初期在體制內的反對者或多或少也受到國民黨意識形態的涵化而融入統治文化領導權，雖有「異議」，但對所謂黨國大政方針還是表現支持的態度，三民主義的治國原則並未受到挑戰；「五龍一鳳」的政治行動，仍屬較漸進而溫和的。二、省議會內部本身存在黨外成員之間的扞格，國民黨利用這種態勢進行籠統，不接受者則多自動請辭當選的職務，真正擁民意而自重的黨外，就是那些多次當選而為數不多的議員留守「陣地」。

　　這般條件上，致使當時的政治反對並非大規模的形式，亦無有效動員社會的實力。但也因為這樣特定政治反對勢力興起於體制內，本研究便試圖捕捉制度結構中的組成份子與他們的行動　如何在特定的時空下開創統制意涵的歷史途徑而這樣的歷史途徑所延伸或衍生出來更巨大的國家治理議題又可透過什麼重要的政治學理論定位國家主權的發展？為此，省議會黨外精英對

戒嚴初期民主政治所激揚早發式的政治反抗，就變得格外有意義。本研究因
而在制度結構上找到個體的亮點，以李萬居個體的殊異特質，以他作為體制
度反對勢力的縮影，從他顛覆體制規範性的質詢，使用爆發的政治語言突破
機制僵化的政治框架，甚而在某種程度上，開創出特定歷史集團的政治語言
轉向意涵。

　　李萬居與黨國的互動將於隨後章節陳述，本專節說明省（參、臨時）議
會的制度性質，以瞭解戒嚴初期政府權宜建制的宰制手段，與此同時，期能
藉此呈現省議會兼具限制與機會雙重性的歷史定位。省參議會員自民國三十
五年四月十五日選出，臺省初嘗普選的民主政治。省參議會成立開始，臺灣
「議會政治」於焉形成。從省參議會歷經臨時議會到省議會，作為具有民意
基礎的省議會架構，係依據〈臺灣接管計劃綱要〉落實地方政治的一種設計，
時期的劃分亦反映戰後接管與治理臺省的權宜性政策，因此，省議會成為統
治當權文化領導權運作的重要象徵機制。民主轉型前的省議會，從省參議會
歷經臨時省議會時期，到省議會時期，這三個時期也代表臺灣民主政治的階
段性意義，從民主準備期，到萌芽期，最後是發軔期（陳陽德，1986b：43-44）。
從各時期的議會性質與功能來看，中央控制的意味濃厚，省議會在威權時期
頗類似橡皮圖章；然而，省議會畢竟是臺灣民意政治的發聲之創始，這期間
議會機制的實際運作，以及出乎意表的體制內、外，既合作又分立的交相拉
扯，使得省議會與政治民主化之間，形成長時期質量互換與牽引的積累變化
過程（黃人傑、施裕勝，2007）。

一、省議會階段性職權

　　為呼應研究目標試圖處理的統治意識形態、權力結構與知識份子之間的
主體論述，本研究在此陳述省議會各階段的職權，以及當時期政治精英的形
態與功能。

（一）省參議會時期

　　臺灣省參議會成立係依據〈臺灣省參議會組織條例〉，是國民政府在訓政
時期，為試行代議政治的目標，在〈省參議會組織條例〉（以下簡稱條例）規
範下所施行的地方政治。當時省地位為中央政府的行政區域，省主席由中央
任命，省民並無自治之權，因此，省參議會的性質測重為民意諮詢機關，這
種性質的議會大都行之於準備實行地方自治的開發中國家（董翔飛，1982：

174，林騰鷂引，1986：10）。但省參議會議員的產生並非直接從組織條例即予實施，其前置作業乃是先依據臺灣行政官署，在民國三十四年十二月二十六日公佈的〈臺灣省各級民意機關成立方案〉，根據該方案各級民意機關成立的順序為：先成立村里民大會，再成立縣市參議會，最後成立省參議會（臺灣省議會秘書處，1981：1。林騰鷂引，前揭書）。省參議會選舉就是透過各縣市參議會間接選舉產生的。事實上，原本按組織條例第一條規定：省參議員名額，每縣市一人。當時臺省劃分為十七個縣市，則法定的省參議員人數應為十七名，但公署方面基於臺省人口已達六百餘萬，若僅選出十七名的省議員，難以因應客觀需求，故經行政長官先期向中央請求增加名額，行政院終於在第 8458 號指令，照准內政部所提增加臺灣省參議員名額方案，全省共選出三十名（鄭牧心，前揭書：59）。

　　民國三十五年四月十五日，全省十七個縣市的參議會舉行省參議員的選舉，當時登記參選者高達一千一百八十位，縣市參議員總數為五百二十三位，形成參選者人數高於投票者人數的盛況。最為特別的是一千一百八十位參選者中，只能選出三十位議員，競爭之激烈可想而知，這種參選人當選人比值差距之大成為臺灣政治史上的奇觀。民國三十五年五月一日，省參議會會址在臺北市南海路五十四號正式成立，當選的省參議員共同宣示。後選舉正、副議長，從大陸返臺的黃朝琴與日據時期的霧峰士紳林獻堂共同角逐議長，後得高望重的林獻堂受擁護，但他本人以年事已高婉拒，後由黃朝琴出任。副議長則由李萬居擔任，連震東為秘書長。

　　省參議會既是訓政時期過渡到憲政時期，政府視為代議政治的試行機構，相關組織規範受制於〈省參議會組織條例〉。因此，中央政府對省參議會有幾項權限，舉例而言：中央對省參議會的監督，執行項目包括解釋權、認可權、裁可權。解釋權係針對法規制定，條例第二十五條規定：「省參議會議事規則及省參議會秘書處組織規定，由行政院定之」。條例第四條所規定之「省參議會議決事項，與中央法令抵觸者無效」，則確立省參議會相關法規要受中央政府之行政院會備案與認可。進而形成裁可決議案允當與否的權力，條例第二十條規定「省政府對省參議會之決議案認為不當，得附理由送請覆議，對於覆議結果，如仍認為不當時，得呈請行政院核辦」。這意指行政院為省政府與省參議會之上級機關，自有解決爭執之法，或命省府執行，或解除省主席職務另行任命，或解散省參議會依法重選，皆無不可（薄慶玖，1964：19-21；林騰鷂，前揭書：10-11）。此外，中央對省參議會的解散權，甚至在捍衛三民

主義的原則上，針對違反國策情事的決議，得提行政院會議通過，呈請國民政府予以解散，依法重選（條例第二十一條）〔註6〕。之後在民國三十八年一月二十日的〈省參議會組織條例〉修訂第三條，另再增加賦予中央對參議會的建議權、報告聽取權與質詢權。

　　至於省政府與省參議會的關係如何？依據條例第三條的規定，省參議員有聽取省政府報告之責，並有向省政府提出詢問之權，第三條則規範省議會對攸關人民權利義務的事項有議決權。這些基本權力即詢問、議決、監督等權力（林騰鷂，前揭書：11-12）。運作方式頗為類似內閣體制的議會與政府關係，意即議會有權監督政府，政府受議會信任而執政（柯景昇，1980）。但省政府與省參議會的關係中，省政府仍表現為聽命中央，特別是在省政府對參議會決議案所提的覆議權一事，覆議結果並非單純的議員決議門檻所形成的政治結果，諸如一定比例議員維持原議案，政府即應接受原議案，或是政府取得覆議，得順行其意。條例第二十條的規範是「……對於覆議結果，如仍認為不當時，得呈請行政院核辦」。足見政府執行機關的權限高過議會。省參議會與縣市議會的關係則只有選舉與罷免的關係。又依據條〉第一條規定：「省設參議會，由縣市參議會選舉省參議員組織之」。第六條則規範「省參議員得由原選舉的縣市參議員過半出席，出席人數三分之二議決罷免之」。

　　基於行政院會在參議員選舉與提案上都深具控制權，此階段的黨國意識形態乃屬於訓政與憲政交接期的性質，黨的掌權仍然很強，依黨綱主導政府行使權力，政府實際上對黨負責。省參議會正式成立之前的三十四年四月，國民黨為貫徹黨綱，強化黨政聯繫，便頒行黨員從政辦法，而且即使在三十六年十二月二十五日憲法施行時，國民黨仍「以黨領政」。直至四十年二月二十八日，中央改造委員會於第 92 次會議，通過〈中國國民黨黨政關係大綱〉，同年四月五日通過〈中國國民黨從政黨員管理辦法〉，主張以組織管理黨員，不再以黨指揮政府與民意機關〔註7〕。這才與訓政之末到憲政之初的黨政原則

〔註 6〕　省參議會組織條例第二十一條規定：「行政院長對於省參議會之決議案，認為有違反三民主義或國策情事，得提經行政院會議通過，呈請國民政府予以解散依法重選」。然而，何種情事為「違反三民主義或國策」，法無明文規定，乃視行政院院長或行政院會議而定。參閱薄慶玖，1964，《臺灣省議會》，臺北市：國立政治大學公共行政企業管理中心印行，頁 20。

〔註 7〕　民國三十九年八月五日，中國國民黨中央改造委員會成立。九月通過相關實施辦法，至民國四十一年九月，改造工作全部完成。參閱中國國民黨冀中央委員會黨史委員，1988，《中國國民黨與中華民國》，臺北市：近代中國出版

略有變化。較明顯的是，國民黨藉著通過〈中國國民黨省（市）縣（市）議會（參議會）黨團組織綱要〉、〈中國國民黨省級、縣級、鄉鎮級、政治綜合小組規程〉等有關地方黨政關係辦法，直接由黨團和政治小組的方式發揮工作聯繫（秦孝儀，1984：447）。然而，即使規章辦法的制頒將政府直接對黨負責的精神予以除去，黨國透過民意機構所形成的黨團與政治小組，反而開始有系統地進行文化領導權的灌輸，這種各個聯繫點的建制與滲透，亦在日後選舉上形成派系政治。

事實上，黨國威權為應付抗爭心態的派系勢力，本身亦需扶植地方政治派系，他們藉著改造計劃所進行的地方自治方案，並且因一九四七年二二八事件的負面影響，國民政府祭出的籠絡手段，即撤除行政長官公署，並任用七位臺籍人士為省府委員。原本為二二八事件聲援與行動的省參議員，應足為省政改革的動力，省參議會的議員確實也是本土精英的大集合，但是，即使國民政府在三十六年刻意遴選中國民主黨與青年黨各三位成員出任省參議會議員，這六位議員不是未報到，就是因故辭職，政府只好又再另行遴選補充（附錄一表四-1）〔註8〕。可見，當權的體制改革大體上是回應臺省政治精英所做的動作，在體制內的臺籍或黨外精英仍受制於體制。在嚴謹的威權機制下，省參議會的定位也只是中央在省行政區內的民意諮詢機構而已，並無太大的自治權，更遑論政黨政治。總體而言，省參議會成立的背景，主要是政府為戰後國家治理，以及臺灣光復為實施地方政治的前提。其法律地位只是中央政府在省行政區域內之民意諮詢機構而已（臺灣省議會秘書處，1981：貳-5。林騰鷂引，前揭書：12）。

<hr>

社，頁247。

〔註8〕民國三十五的省參議員選舉之後，三十位省參議員出爐，三十六年十二月十八日，國民政府再遴選呂永凱、陳清棟、何義、任公藩、葉榮鐘、李鍛等六人為省參議員。三十七年三月卅十日，增選山地籍省參議員華清吉一人。因此，第一屆省參議員人數共計三十七位。除了何義議員之外，五位遴選者後來又分別由補充名單取代，包括：謝漢儒遞補任公藩、楊金寶遞補葉榮鐘、張瑞麟遞補李鍛、林虛中遞補陳清棟、郭雨新遞補呂永凱。當年省參議會第125212號公文內容寫著「遴選參議員業經來會報到，登報通知無虞，辦理報到日期及履歷即轉送」。詳細內容可參閱數位典藏與數位學習網，關於「臺灣省政府函准遴選呂永凱、陳清棟、何義、任公藩、葉榮鐘、李鍛等六人為本省參議員，附各省市縣參議會參議員遴選補充規程」。數位典藏與數位學習國家型科技計劃網頁：http://catalog.digitalarchives.tw/dacs5/System/Exhibition/Detail.jsp?OID=1516497。

（二）臨時省議會時期

經歷省參議會地方政治的〈臺灣省各級民意機關成立方案〉，政府進一步求地方自治的落實，在民國四十年八月二十九日通過〈臺灣省臨時省議會組織規程〉（以下簡稱組織規程）與〈臺灣省臨時省議會選舉罷免規程〉（薄慶玖，前揭書：20-21）。組織規程第一條明訂「臺灣省在省縣自治通則及省自治法未公佈前，依本法之規定設臨時省議會」。這項辦法的緣由是民國三十九到四十年間，政府分期調整行政區域，有些縣市並未產生參議員，致原來省參議會的民意基礎不夠完整，意即新增縣市尚未選出省參議員，而已設置之各縣市原選出的省參議員，則失其代表性（林騰鷂，前揭書：12）。中央政府為俯順輿情，雖受限於縣自治通則尚未公布的法理困難，仍由行政院於四十年公布組織規程與議員選舉罷免規程，並於同年十二月成立第一屆臨時省議會。這項地方自治的變革，必須歸功省參議會時期之本省精英份子的呼籲、請願與力爭而催生（鄭梓，1986：81）。

然而，受限於憲法地方制度未能落實，省縣市未取得自治法人資格，臨時省議會的職權雖較省參議會為高，但自治色彩仍不濃厚，仍然只是個民意諮詢機關。臨時省議會與中央政府的關係，維持參議會時期之中央對省議會有監督權與解散權，但是，省議會原來對中央在省內實施政策之建議權、聽取權、報告權與詢問權，卻未見規定，似地位降低〔註9〕。而臨時省議會與省政府的關係表現在：議會對省預算、決算、財產的處分，握有決定權（組織規程第三條第一項第二、三款），對省政事項的質詢權仍然維持（第六條）。至於議會與縣市議會的關係，受到原來省議員由縣市議會間接選舉，改為由縣市直接選舉的變革，臨時省議會議員選舉自第二屆起，就與縣市議會不再有關係（林騰鷂，前揭書：12-13）。

關於省級議會仍無法被視為政權行使機關的法源，在組織規程第二十四條規定「臨時省議會之議決案，如有違反國策情事，經行政院之糾正仍不撤銷時，得經行政院會議議決予以解散，依法重選」。如此臨時省議會既失去約束省府接受其議決的制衡能力，又隨時面臨可能被解散的命運，其欠缺法律

〔註9〕 關於省參議會與臨時省議會職權的差異，有待推敲。諸如詢問權與質詢權的用詞，在省參議會時乃是以「向省政府提出詢問事項」表示，臨時省議會時的議會職權規定，則調整為「質詢有關省政事項」。其實這種差異並沒有影響議員職權的擴張，但臨時省議會較省參議會增加的權限，是對省產處分的議決權。

保障，難以發揮機關既有功能的參諮性格也就益形突顯了（鄭梓，前揭書：84）。這個半自治的省級代議機構的第一屆議員，仍延續著省參議會時期的間接性格，由各縣市議會選舉產生。民國四十年十月十八日，全省二十一的縣市議會議員，選出五十五名臨時省議會議員。自第二屆開始則改採直接民選，除了普遍擴充代表外，其餘各項法定職權與議事功能，大致仍沿自參議會時期，鮮有顯著進步（鄭牧心，前揭書：160-161）。臨時省議會成立大會時，全體省議員發表的宣言內容是：「此次因格於自治通則尚未施行，僅獲成立臨時省議會，誠非得已，然全省同胞所熱烈期待者，實爲早日完全實行憲法，產生正式議會，故切盼此次成立之臨時省議會，眞成臨時，而以本省爲始，亦以本省爲終，不獨同仁希望如此，全省同胞亦皆期待如此」（同上：159-160）。這項宣言內容足以代表省臨時議會的寫照。

　　除了上述組織規程第二十四條內容規定，行政院會議取代臨時省議會的民意基礎性，掌握最後裁奪權。規程第二十二條與二十三條關於覆議權的規定：省政府對於臨時省議會的議決案或覆議案，必要時皆可報請行政院核定與變更，也是根本撤銷了省級議事機關對行政機關的最後制衡防線（鄭梓，前揭書：84）。這種弱化省議會對行政機關的制衡機制，其實也是給省政府主席下台階的機會，特別是在議員的質詢與議決案。因此在某種程度上，「臨時」性代表當權爲緩衝省參議會自成立以來，參議員企圖制衡政府的力道。到了四十八年六月二十四日第三屆臨時省議會第五次大會期間，省主席周至柔宣布，奉行政院令取消「臨時」二字，議會始正名爲臺灣省議會（同上：160）。

（三）省議會時期

　　省議會在民國四十八年六月二十四日成立（由第三屆臨時省議會改制爲第一屆台灣省議會），同年八月二十六日公布〈臺灣省議會組織章程〉，之後歷經九次修訂，省議會地位與職權才漸有擴增。雖在四十八年改制臨時省議會爲省議會，但是最初的前十餘年，大致到六〇年代，政府對於鞏固反共基地的原則仍相當重視，這段時期的三位整主席——周至柔、黃杰、陳大慶，都是軍人背景，面對頗具權威的省府當局，早期的省議會仍難以發揮主導決策的既定功能（鄭梓，前揭書：86；鄭牧心，前揭書：175-177）。

　　省議會與中央政府的關係主要是依據〈臺灣省議會組織規程〉（以下簡省議會規程），然依舊不具憲法規範的省縣自治精神。省議會規程第一條規定：「臺灣省在省縣自治通則及省自治法尚未公布之前，暫依本規程規定設置省

議會」。這意味在臨時省議會時期，受限於縣自治通則尙未公布的法理困難，即使到省議會成立，同樣面臨這樣的問題。可見，臨時省議會到省議會都還帶有暫時性質，與憲法規範的省議會定位還是所落差，中央對省議會仍具相當的監督權。這或多或少顯示當權因應臺民對民主政治的訴求，制度選擇在於表現政府實行民主的可能，但實務運作乃是帶有全民共體時艱或體察權宜之便的意涵。也不難想見黨國威權的硬性與軟性宰制的平衡點，是民意與政府在既定機制內所妥協出來的結果。

省議會與中央政府的關係，仍維持參議會時期以降的法規制定與解釋權、認可權、裁可權，但有一項較大的突破，即原本〈臺灣省參議會組織條例〉第三十一條，以及〈臺灣省臨時議會組織規程〉第二十四條，有關行政會議有權裁奪議會議決案以及解散議會的權限，在〈臺灣省議會組織章程〉就不再出現。這也就直接反映到省議會與省政府的關係，自臨時議會第二屆縣市直選之後，理當取得民意基礎，省議會在理念上已被定位爲一個民意機構無疑（薄慶玖，前揭書：106；林騰鷂，前揭書：14）。至於要眞正超越僅僅只是民意諮詢機關，而成爲實質的民意機關，則有必要審視省議會職權。

自行政院制定省議會組織規程後，省議會的職權已比民意諮詢機關爲大，其議決有關人民權利義務之省單行規章及議決省財政、預算等權，也不弱於其他國家之地方議會（林騰鷂，前揭書：14）。尤其省議員由人民直接選舉產生，故省議員已可說是一個民意機關。雖然如此，仍必須認知到在當時五、六零年代之交，國民黨雖提升省議會的地位，仍還是權宜之便。從組織規程第一條的內容可見一斑：臺灣省在省縣自治通則及省自治法未公布之前，暫依本規程設置省議會。按薄慶玖的說法，省議會的暫時性與憲法所規定的省議會有別，由於省級地方自治尙未實施，省仍然是一個行政體而非自治體，省議會自不能稱爲完全自治團體的意思機關（1979：106）。及至民國七十年之後組織規程的幾次修訂，省議會的職權〔才〕更加強大，法律地位更加優越（林騰鷂，前揭書：同上）。

誠然，省議會成立之初的意義受限於戒嚴。但組織規程確實有所進步，這可從議事功能的進展體現：一、省議員對省府各單位獨立行使的質詢權，從其他合議行使的職權中分離出來，單獨在一個條文裡予以規定：「省議會開會時，省政府主席有向省議會提出施政報告之責，省議會有向省政府主席及各廳處首長質詢之權」（省議會規程第四條）。二、刪除臨時省議會時期有關

「得經行政院會議議決解散議會，依法重選」之條文，以示對省級民意機關之尊重（鄭梓，前揭書：86）。這就表示省參議會與臨時議會之行政院對議會決議案有撤銷的權力，當與法不符，亦無法運作。而關於質詢制度的改良，用意至善，蓋在議員與政府官員答問之間，一方面使議員及一般人民對省政措施有所了解，他方面省府對行政措施也可發生宣傳，及行政人員自我檢討和加慎處理公務的作用（薄慶玖，前揭書：73-74）。

　　此外，省議員在議決省預算、審議決算、議決省財產處分等權力的規範，對其地位有所肯定。例如組織規程第三條第三項規定：預算由政府提出，議會審議時，只能為減少支出的變更，不得為增加支出之提議。但對於不增加支出之規定仍有變通辦法，即省議會在審核預算案時，以「附帶決議」的辦法，請省政府辦理某事，或「設法增加」某項經費，更有於審核時要求省府對某項「於下年度編列預算時酌予增加」其經費。這意味省議會對於政治預算的審議雖具又讓政府下臺階的意思，卻同時授予省議會權限進行彈性的調整，更重要的是，省議會可代表人民監督預算，不增加人民負擔之意義。審議規則中還有一項賦予副議長的職權，就是在審核預算時，恐各委員會刪減寬嚴不一，副議長則任召集人設預算綜合審查委員會，以主持預算之綜合整理事宜（薄慶玖，前揭書：68-69）。

　　同樣的，自臨時省議會已來省議員即有審核省決算權，但當時審計處同樣保有審察省決算權，如此權責抵觸、系統混淆、其制非良。省議會組織規程第三條就改為「省議會……對審議省決算審核報告時，得邀請駐省審計首長列席說明，如發現錯誤時，並得通知審計機關再予審查」。這與憲法第一百零五條之「審計長應於行政院提出預算後三個月內，依法完成其審核，並提出審核報告於立法院」的精神相符。再者，省議員議決省府財產的權限，一方面涉及對國家建設之關切，另方面監督省府投資的公營企業。省議會對這些「足以影響本省財政和金融安定」的公營事業，不但要審查其預算，該機關亦需向省議會報告業務（薄慶玖，前揭書：70-72）。綜觀之，省議會有關審查與監督政府財務的權力是逐漸增加的。

二、省議會精英傾軋

　　省議會運作模式除了反映府會在威權體制結構上的限制，另受到議會內派系爭競而產生特殊的政治態勢。省參議會建立之初，單就議員的組成情形來看，

省參議會創下幾項歷史紀錄：一、在參選人數上──省參議會選舉時，當時全省八縣九市共選出五百二十三位縣市議員，而全省共應選出省參議員名額只有三十席，卻有一千一百八十位候選人參選。二、就性別而言──三十位正選與候選參議員清一色都是男性，這是一項空前絕後的歷史紀錄〔註10〕。三、在籍貫上──正選與候選參議員都是本省籍人士。四、在教育程度上──三十位正選參議員中，擁有大專以上程度的共有十四位，這個比例在歷屆臺灣省議會之中最高（吳兆鵬，1989：154-155）。但隨著時代變遷，省議會背景反映社會需求的變遷，組成份也有所變動。臺灣光復後初期，社會上所呈現的風貌是「有知識才有地位和份量」，不過，從第二屆臨時省議會之後，形成政壇主導力量的根源已不再是學識基礎，而在於「金錢」、「派系」與「黨籍」的相互結合。因為，中國國民黨是從第二屆臨時省議會選舉起，才首次正式公開辦理提名作業程序。這又是一種新的議會風貌了（黃森松，1985：8-9。吳兆鵬引，前揭書：155）。

　　誠然，議會政治建制初始的省參議會，除了象徵臺灣戒嚴初期的有限民主精神，並且當時的省議員多為高學歷者。省參議會成立之初，三十位參議員中，自以島內精英份子佔絕對的優勢（三十名中佔二十六名）（陳陽德，1981：59；鄭牧心，前揭書：96）。而且就領導階層而言，皆由大陸返台人士所擔任，包括議長黃朝琴，副議長李萬居，以及秘書長連震東。再就這些精英組合的籍貫、性別、教育程度、經濟基礎、社會成份等項，呈現這群精英組合兩項最明顯的特徵。第一項是教育水準頗高，受過大專以上現代教育的約佔一半，還有部份和學根基深厚的碩彥之士，兼具相當的國際視野，可說是一群高級知識份子。第二項則是地主與產業世家出身者幾佔百分之八十，不僅儲備了雄厚的經濟與政治資本，且有既定的社會聲望，可算是當時臺灣社會的領導階層。因此，有人稱之為這是舊地主與知識份子的結合體，是士紳當權的政治世代（陳陽德，同上：65；鄭牧心，前揭書：96-99）。

　　正由於首次的省級民意代表是如此具有本土精神的政治精英組合，省參議員對於光復後的臺省政治發展自然報以熱切的關懷。李萬居分析省參議員

〔註10〕在省參議會時期，由於臺灣甫光復不久，又是間接選舉產生議員，當時民主意識甚淺，婦女參政意願亦薄，加上沒有設定保障名額之規定，清一色是男士天下。但鑒於憲法第一百三十四條的規定：「各種選舉應規定婦女當選名額……」。民國四十年後即於臺灣省議會組織規範第二條第二項規定：「應選出之省議員名額達四名以上者，至少應有婦女一名」之規定。參閱陳陽德，1981，《臺灣地方民選領導人物的變動》，臺北市：四季出版。頁50-51。

的責任與任務的一席話，相當能夠反映當時臺灣人民的心聲，以及他定位為省議員的義務所在——「臺灣同胞受日本五十年的壓迫痛苦，希望解放的熱情很大，光復後對政府官員也寄與多大的希望，所以熱烈的歡迎。政府官員來了，給予民眾多大的失望。要知道祖國近百年來受帝國主義的壓迫，以致國家政治不能達到理想，而臺灣的政治當然也不能使民眾十分滿意，這是理所當然。因此，全省民眾的熱情又寄托在參議員身上，而民眾對參議員多不瞭解。參議員不是議會，是不可罷免政府，臺胞以為必須熱烈的質問才是民眾代表」。議長黃朝琴也直指制度面的問題所在，他表示「在這樣權能分開的轉交過程中，議員難免急於發揮民意，質詢繁瑣，建議多端，使政府官員無所適從……。在這種過渡時代背景和各行其是的前提之下，雙方自然是鑿枘相左，格格不入了」（鄭牧心，前揭書：79）。

　　由於省議會屬於參諮性質，以至於想要積極扮演民意代表的臺省精英，無法充份發揮理想的功能，使得議事堂難免緊繃關係，這般以本土精英為主的早期省參議會，便埋下了省府與省議會衝突的種子。不只是制度因素，省議員亦反映原本就存在於臺省的派系，以及黨國所屬派系之間的緊張對立。這也是探討省議會黨外政治精英的定位時，不容忽視的現象——派系政治。國民黨即利用原本就存在於社會分歧，並在這種分歧上，努力開創與建立親國民黨的派系。而自日據時期以來就在本土具有聲望的士紳，或被接受國民黨的懷柔，或與國民黨所扶植的派系形成競爭與對立。民國三十八年臺灣省政府改組前後，省參議會內部即發生地方政治派系傾軋的現象（吳兆鵬，前揭書：185）。

　　民國三十八年省政府改組時，仍是省參議會時期，當時政府讓陳誠辭省主席之職，另派吳國楨為省主席，各廳長及省府委員亦重新組織，各部廳長包括蔣渭川、任顯群、彭德、陳雪屏、徐慶鐘等；委員則有李友邦等十七人；浦薛鳳為秘書長。當時省主席吳國楨表示：這次省府的新任命中，五個廳長內有三位為臺籍，委員十七位為臺籍人士，這些人士不但包括本省農業商界賢能人士在內，而且有民、青兩黨的人士，使所組成新省政府，能成為一個包容各方面而成為一個牢不可破的反共的民意政府（臺灣新生報，1949 年 12 月 16 日）。然而，新任命的人選當中，卻有人不為當時的省議員信服，這當中所謂不被信服的新人事，是蔣渭川與彭德。後來蔣、彭二人僅做了四十天的廳長，便因省參議員的反對而下臺（中央日報，1950 年 1 月 23 日）。

此項人事異動風波的影響，相關研究針對省參議員的職權，指出省參議會雖然表達對中央政府的支持與擁護，但是，並非毫無主見地只充當一個應聲的工具，他們對當局的省府人事安排，仍表現了他們的主觀意見（吳兆鵬，前揭書：187-188）。同樣對首屆省級議員試圖表現民意代表精神的研究，亦有指出省參議員對議事運作主動積極，問政鏗鏘有聲，與威權體制下寂然順服的應聲蟲截然不同的說法（高小蓬，2008）。這反映出議員能以代議士的權責自勉，形成積極的問政氛圍，但省參議會成立不久的這番人事風波，同時呈現派系政治的傾軋問題。而遭參議員反對而下臺的蔣渭川、彭德，他們屬於日據時期以來的「阿海派」，與「半山派」以及日據時期的資產民族主義者林獻堂爲首的「臺中派」，形成三足鼎立的派系體系（陳明通，2001：44）。雖如此區分，這三個派系仍統歸爲本土派（陳明通，同上：43；陳明通，於賴澤涵編，1997：246）。按理，本土的「阿海派」應該能爲當時本土精英爲主的省參議會所接納，何以形成這種人事異動風波？又何以陳誠任省主席才擔任一年省主席就辭職，轉由吳國楨擔任主席職務？

事實上，省議會整體的政治操作，與政治精英的結構以及派系脫離不了關係。從本土政治精英的蔣渭川、彭德遭去職的層面來看，半山派與阿海派原本處於水火不容的敵對狀態。據知他們是受到所謂半山派與林頂立夾擊而下臺的。據司法行政部調查局的資料指出這種微妙關係的原因，大致是因爲二二八事件前後，蔣渭川受半山派打擊。美國白皮書曾譽稱蔣渭川是眞正來自民間的臺灣領袖，後在吳國楨任主席時，他又被拔擢爲民政廳長，走紅的蔣渭川也似乎因爲招嫉，成爲派系政爭下犧牲品（卜幼夫，1962，191。吳兆鵬引，前揭書：184、188、194）。如果從民間社會的角度來看，則是阿海派借助國家機關中的 CC 派及軍統勢力，向半山派奪權的過程（陳明通，於賴澤涵編，前揭書：276-277）。加上陳儀對於日本前朝的御用紳商，如阿海派的許丙系的成員感到不滿（陳明通，前揭書：55）。在此背景下，便不難理解省參議會時期即已出現地方派系的扞格。

至於陳誠只任省府主席一年，就由吳國楨取而代之，是另一起政治派系的傾軋，屬國民黨中央所屬派系或稱爲傳統老牌派系（CC 派、軍統派、孔宋集團、政學派、團派）間的爭鬥。吳國楨屬政學系，因爲留學美國，與孔宋集團關係尚屬良好，一九四九年大陸失守之後，美國願意提供臺灣國民政府經濟援助，但認爲需要一位可靠的對象主理臺灣政事，當時即屬意吳國楨出

任省主席。惟當時陳誠正擔任省主席的職務，蔣中正屈從於美方的壓力，不得不召見吳國楨，原本想先安排他任省府秘書長，陳誠留任；然而，吳國楨不願屈就，僅持近月蔣〔中正〕才發布吳氏為臺灣省主席（倪渭卿，1988：36。陳明通引，前揭書：140）。由此可見，從議員派系傾軋到省府主席爭位，省議會體制成為反對勢力間角力的場域。

三、結　論

　　臺灣省議會從省參議會歷經臨時省議會到省議會，這個機制是臺灣關於地方政治落實的重要議事堂。雖仍有認為省議會在從法制層面，始終寄生於行政院的行政命令，即使幾經變革，職權有限，仍帶有濃厚的參諮色彩。但畢竟這條本土精英的議會改革路線從未中斷，低吟徘徊之中積累了多少的議事經驗，樹立了何等的議政規範？（鄭牧心，前揭書：16）。省議會的職能自省參議會開始，大致不離幾項功能，包括代表功能——省議會代表省民行使政權，立法功能——議決單行規章權，監督功能——審核省府財政並提出質詢，以及選舉功能——自行選舉正副議長。統歸為扮演政府與民間的橋樑，以及制衡與緩和衝突的調節功能（陳陽德，1986b：46-47）。

　　按省議會定位發展的過程，其民意性質確實有待增強，對省政府的政策執行仍具監督功能；只是相對於中央政府，省議會仍受中央很大的控制，包括省府主席為官派，行政與立法制衡精神未竟全功。省議會作為省最高立法機構，根據〈臺灣省議會組織規程〉產生職權，省議員人數由省參議會時期的三十人，增至第一屆臨時省議會時的五十五人，到省議會民國七十五年時再增至七十七人，強化了省議會作為中央與地方、省政府與省議會之間的論政橋樑。歷任省政府主席對於省建設的施政報告也反映出省議會督促的焦點，但省府往往無法有效解決諸如選風與政風的改善、整肅貪污、維護治安、加強捐稅稽徵、財政收支合理劃分等事項。尤其省府組織的法制化，早期就有部份積極份子推動整肅貪污的事例，歷任省主席亦多所強調，然缺失猶存，收效有限，因此，這些問題便成為議會議員持續攻訐的焦點。

　　究之，省議會黨外精英的質詢反映民意與國策建言，但他們遇阻的原因，相當程度也是受制於既定機制。在中央層層節制與把關的制度設計中，省議會的民意基礎巧妙容納黨外政治精英的存在，提供他們一個可以反映民意的舞台。黨外議員試圖衝破國民黨宰制的限制，對政策執行有欠明確的姿態感

到不滿，致部份省議會的黨外精英以強烈的質詢態度問政。事實上，當時的
政治生態也受到結構因素的制約，五、六零年代正值歷經復舊期過度到穩建
期的經濟開展期，此一時期的特徵是人口增加與都市化，因此，雖承繼復舊
與奠基時期的基礎，人口膨脹的壓力（周至柔稱之爲「人口颱風」）造成平均
每位農民耕地下降，交通、衛生、公共工程支出攀升，勞力運用與就業問題
增加（陳陽德，1986a：20）。與民生相關的議題成爲省議會問政的主要方向之
一，此階段亦正值國民黨掌控政治經濟最爲嚴屬的階段，經濟上，美援是否
充份使用的議題經常成爲問政焦點，而政治上涉及人權的議題，反映出伴隨
經濟成長衍生而來的自由精神。

　　「黨外精英」的極盛期正值五、六零年代議會功能逐步邁向轉型的階段，
他們反抗的焦點不外反映憲法基本國策相關的各項議題〔註11〕。但是，當時
省議會定位的變化，導致省府在應付議員問政質詢時，所能回應的職權範圍
與績效有其限制，這與中央和省府關係的變化有關。省議會在不同省長任內
反映出當權實施國家政治經濟政策的不同階段性任務，由於黨國威權是黨、
政、軍、特的綜合體，中央政府播遷來台時，軍政經建的經費就是仰賴省府
公賣利益收入與財證稅收予以統籌協助的，省政府對於經濟建設的開展扮演
相當積極的角色。然而，後隨著工商業發展，中央財稅收入增加，省府的經
濟建設工作便逐漸轉歸中央辦理，省府亦逐漸變成地方政府角色，從事於照
顧基層民眾的經建措施、治安維護、民風改善，以及社會福利。這也導致省
議會的建議案與質詢案，逐漸變得無法由省政府即刻付諸實行的原因所在（陳
陽德，同上：23）。

　　無論議員的派系相爭或是省府主席爭奪權位，這都與前述政治反對的概
念有所關聯。但早期省參議會作爲民主政治代理身份之初，議長、副議長的
身份十分具有指標性。彭懷眞從議會領導精英的角度區分議會變遷的性質，他

〔註11〕根據臺灣省諮議會自九十三年度起至九十五年度止，所完成歷來議政史數位
　　　　化資料庫的分類情形來看，分別依省參議會、臨時省議會、省議會時期等區
　　　　分出六個子項的內容，包括 1. 臺灣省參議會時期檔案；2. 臺灣省臨時省議會
　　　　時期檔案；3. 臺灣省議會時期檔案；4. 臺灣省臨時省議會時期公報；5. 臺灣
　　　　省議會時期公報；6. 臺灣省議會時期議員問政紀錄。而六個子項中的資料，
　　　　從主計、民政、財政、教育、提案、經建、質詢、總務等八個方面分類呈現，
　　　　在此八項轄下所設內容又細分出許多子項，以民政爲例，區分地政、軍警、
　　　　總綱，而此三類之下又層層細分，如地政另有地價、地籍、地權等類。這些
　　　　資料庫的內容，反映出整個省議會發展過程中所有處理的議題方向。

觀察省參議會到第八屆省議會時期，省議會歷經組織演變、領導角色及議員人數的演變，大致以議長交接作爲區分原則，分爲黃朝琴時期：省參議會蛻變期、謝東閔時期：省議會邁入穩定期、蔡鴻文時期：議事功能進展期，以及高育仁時期：團結和諧開啓議會新局時期（1986：52-57）。這些政治精英在議會的角色，影響議會運作頗大。省議員在全體省民中已屬卓越的一群，爲省政之重要影響者，但如果以整個省議會當作一個有階層的政治體系，那麼省議會的正、副議長和秘書長，無疑是其中最重要的政治精英。此外，由政府指派指派的秘書長，是省議會的幕僚長，也是將省議員意見充份表達的關鍵人物。因此，省府都指派有相當政治閱歷，又孚眾望的人選擔任該職。從職位分析法的角度來看，省議會精英頗具有韋伯「合法－理性權威」（legal-rational authority）的特徵（彭懷眞，前揭書：50，51，57）。

　　言歸正傳，省議會黨外精英爲硬性威權帶來何種政治效益？探討省議會黨外精英與威權的對立，不只在瞭解特定一群如「五龍一鳳」反文化領導的政治行動，該場域所延攬的組成份本身，在國民黨黨國威權的控制下，將原本存在的派系對立愈爲突顯，國民黨只不過利用原生的派系的競爭，順勢再建構與深化派系政治。省議會的制度意義或多或少合理化這種競爭，並緩衝由體制外所可能採取之激進且草根的反威權行動。並且省議會爲黨外精英提供近距離與當權對話的平台，省議會成爲發軔民主政治的載具。這些現象折射省議會象徵威權政體權宜設計的機制，同時取得自身特殊的歷史定位：一、它是一個空間上事實存在的問政殿堂，但爲有限民主機制。二、它的權宜制度性質，提供黨外精英在體制內醞釀政治關懷與訴求的平台。三、黨外精英與當權在此平台的互動，受制於制度規範，一方面冷卻無法控制的激情，另方面延長與緩衝威權政體立即崩垮的危機。總體而言，五、六零年代硬性威權時期，省議會黨外精英所激揚的民主政治精神，並非即時性的，而是傾向象徵意義與延展性質的。

第五章　李萬居生平與仕途 [註1]

第一節　政治智識的歷程

　　李萬居，筆名孟南。一九〇一年（清光緒二十七年，明治三十四年）出生於雲林縣口湖鄉梧北村。終其一生被視為臺灣民主鬥士，是臺灣硬性威權時期的重要黨外政治精英 [註2]。青年李萬居政治思想的形成與發展，大致可從臺灣本土仕紳影響，以及留學法國兩方面來瞭解。臺灣仕紳所倡議的愛國活動與民族精神，對少年李萬居政治思想的啓蒙產生相當程度的影響。較有系

[註1]　本章引用李萬居相關著作的夾註說明如下：陳述李萬居生平且具傳記性質的論著，包括黃良平的《永懷李萬居先生傳：記一位民主自由先知先覺者》（1981）、楊瑞先的《珠沉滄海：李萬居先生傳》（1981）、楊錦麟的《李萬居評傳》（1993）、王文裕的《李萬居傳》（1997）。本章引註時，初次夾註標示出版年與頁數，其後則不再標示出版年，亦不標示「前揭書」，僅標示作者與頁數。當兩位以上作者同列夾註時，以出版年先後排序。

[註2]　李萬居逝世的時候，雲林人曾以一幅輓聯表達對他的追思，其內容就充份勾勒出李萬居的政治價值：再見吧！含著眼淚的自由烈士，我痛哭流盡血汗的民主導師。參閱黃良平，1981，《永懷李萬居先生》，雲林縣虎尾：甘地出版，頁 27。1957 年「五龍一鳳」形成黨外最具威力的問政團體，龍頭就是郭雨新尊稱「民主導師」的李萬居，由於他問政犀利、突破禁忌、不畏強權，因而得「魯莽書生」的稱號。李萬居獲民主鬥士的殊榮，在他辭世時各界所致輓聯可見一斑。及至百歲冥誕追思以及紀念館啓用典禮，相關紀念冊集更收錄來自各黨派政要與友朋的鴻文，共達五十餘篇，莫不肯定李萬居在臺灣民主政治發展過程中的貢獻。以上內容參閱楊瑞先，1981，《珠沉滄海：李萬居先生傳》。黃良平，1981，《永懷李萬居先生》。李南雄，2001，《李萬居先生百歲冥誕追思紀念冊》，頁 42-44。文建會，2003，《緬懷民主先聲李萬居先生暨李萬居故居精神啓蒙館啓用典禮大會手冊》。

統的政治智識啓蒙，當是受到蔣渭水、林獻堂在一九二一年所成立的「臺灣文化協會」，及其從事的臺灣議會請願運動等事蹟所激發。他參與「臺灣文化協會」的政治文化活動之前，已涉足的組織活動，還有一九一四年「同化會」主張日臺人民平等，一九一九年留日學生組成「啓發會」爭取廢除日總督專制權，以及一九二○年的「新民會」〔註3〕。這些民族自決運動與林獻堂、蔡培火等知識份子有所聯結，若從地域與鄉里情愫來看，蔡培火與李萬居都是雲林縣人，雲林縣又是大陸移民遷臺拓展開發最早的地區之一，保存相當濃郁的漢民族文化，也是臺灣地方歷史上反封建、反外來侵略鬥爭最爲激烈的縣份之一〔註4〕。日據時期名震一時的大莆林抗敵、鐵國山抗日鬥爭及劉乾的林圯埔起義，都發生在此地。雲林人民不畏強暴的鬥爭精神不能不給李萬居的思想，及政治性格帶來潛在的影響（楊錦麟，1993：15-16）。蔡培火與林獻堂在抗日行動中共同結夥，李萬居當是觀察到家鄉的英雄人物，這對其政治

〔註3〕 臺灣「同化會」是 1914 年日人板垣退助所提倡，主要訴求日臺人民平等以待，引起相當多臺灣人士的響應。林獻堂與這個組織的關係，可追溯到他在 1907 年旅遊日本，在奈良巧遇梁啓超，1913 年前往北京，經梁啓超認識頗多政壇要人，隨後再赴日本，結識明治維新功臣暨民權運動領袖板垣退助。後來林獻堂成爲「同化會」的成員，當時同樣加入該組織的知識份子還包括蔡培火。蔡培火曾到日本東京師範學校和高等師範學校留學，返臺後開始參與議會設置活動，聯署時大部份都是蔡培火代表林獻堂到東京，遊説日本的眾議院並提出請願。蔡培火在 1923 年加入林獻堂創立的臺灣文化協會，同年在東京成立同盟會，後自 1924 年遭日本政府以違反治安，判刑四個月。相對的，林獻堂與日人的互動較溫和，在 1918 年還擔任臺灣電力株式會社創立委員，以及臺灣製紙株式會社取締役。1919 年留日學生另組織「啓發會」，推林獻堂爲會長；啓發會下設六三法撤廢期成同盟，爭取廢除日總督專制權。1920 年林呈祿與蔡惠如又共同成立「新民會」，同樣敦請林獻堂爲會長，是年 11 月新民會與臺灣青年會在東京討論六三法撤廢運動。而更長期且系統地向日人爭取議會請願的政治行動，則以林獻堂所創立的臺灣文化協會，開始臺灣議會設置請願運動，歷時十四年（1921～1934）。參閲戴寶村，1991，〈士紳型政治運動領導者：林獻堂（1881～1956）〉，收錄於張炎憲、李筱峰、莊永明編，《臺灣近代名人誌》（第四冊），頁 51-75。張炎憲，2008，〈台灣日記文獻經典研讀：蔡培火日記〉，收錄於鄭邦鎮主持，《台灣日記文獻經典研讀成果報告》，臺中縣：靜宜大學台灣研究中心，頁 92-98。

〔註4〕 楊錦麟在《李萬居評傳》一書中，提出青年李萬居萌發赴大陸求學的念頭，可能有三個因素：一、意識中傳統民族主義思想的凝聚；二、林獻堂、蔣渭水領導的台灣文化協會活動的啓蒙；三、母親被日吏逼死及親身體驗到殖民統治殘酷的刺激。其中第一項因素，楊錦麟指出雲林縣是大陸移民遷台拓墾最早的地區之一，既保有濃郁的漢民族文化，卻同時表現出反封建與反外來侵略的激烈性，加之數起知名的抗日起義發生於此地，這爲李萬居的思想與政治性格造成影響（1993：15-19）。

思想的塑造應具有間接的感染作用。

　　青年李萬居表達對臺灣仕紳愛國行動的事蹟當中，有一件饒富意義者。以林獻堂在一九一五年五月創辦的臺中中學爲例，這是以中部仕紳爲主而發起，結合全島紳士富豪爲臺人爭取教育權，帶有民族運動色彩，以收納台人子弟爲條件的學校（戴寶村，1991：56）。創立紀念碑上記載著：「吾臺人初無中學，有則自本校始。……知創立中學之不可以緩也。歲壬子，林烈堂、林獻堂、辜顯榮、林熊徵、蔡蓮舫諸委員，乃起而力請於當道。……委員等自投巨金以爲眾率，賴各方之踴躍捐輸，共集金二十四萬八千八百二十圓，乃於四年五月開校，同年三月經始建築至翌年十二月告成，……歲遠年深，慮無有知其事者，爰記其大要，並附捐資者之芳名於後，以告來者。」碑文背面刻了捐資人名，橫排每排十八人，共爲十一排又六人，計二百零四人（吳三連、蔡培火，1971：44-45）。在這些捐款人名單上，赫然可見李萬居的名字刻於其上。李萬居在當時能夠成爲捐資芳名錄的一員，雖無明確的資訊可以斷定他擁有相當的資金，然而，這所以臺人士紳富豪階級而建立的學校，捐資者當至少對灌輸民族精神的教育事業有明確的認同感，或可能捐資興學者具備一定程度的經濟基礎，而得以列爲記載以爲紀念〔註5〕？無論如何，當時十四、五歲的李萬居，已經以實際行動表達他對國族的認同，這代表他的政

────────────────────────

〔註5〕　關於李萬居家裡的經濟程度，目前僅研究臺灣史的重要學者陳延輝，跳脫一般對李萬居出身孤苦的印象，他認爲李萬居或其二堂兄李西端所代表的家族，在經濟上當是中上人家之屬。李萬居的父親李錢在 1898 年 8 月日本人實施保甲制度之後，日人打聽到李錢有學識，請他當保正，月薪九元。當時能選任爲口湖地區的保正，是有一定經濟能力的人家，李氏家族應是當地富有的家族。後來李萬居在九歲時，父親去世，十五歲進入公學校就讀，十八歲到布袋的鹽場擔任鹽警時，每月有固定收入，除了吃用，還有餘錢寄給母親。至此李萬居身上應該還有些積蓄。至於李萬居的母親因無力繳納三十元的租稅而自殺的說法，或與守寡後心境變異，加之個性剛烈，不願忍受日人欺壓，不會是純粹的經濟因素。因爲，李萬居在工作時尚能提供家用開支，又其堂祖父李九鎭曾在李錢去世後，見李萬居無事可做，讓李萬居到家居住，邊養雞邊教學，還供應兩百元充做養雞的資本。這筆爲數不少的資金，至少表示李萬居所屬的李氏家族並不窮困；堂祖父供應李萬居資金是李母自殺後的事，或許仍可推論，若李萬居父親的兄長能供應得了兩百元的資本，在當地確實是有一定經濟實力的家族，倘若李母因繳納不出租稅，應當能獲家族的支應才是。簡言之，一般史料以李母自殺和經濟貧困的關聯，所呈現李萬居家道貧苦的形象，或許有保留的餘地。以上資料可參閱陳延輝，2009 年 6 月 27 日～28 日，〈李萬居的民主思想（1901～1966）〉，收錄於台灣歷史學會，「1940～1950 年代的台灣」國際學術研討會（地點：政治大學行政大樓七樓第五會議室），原稿頁 4-6。

治功效感在少年時期即已鮮明。

　　李萬居所參與較長期有系統且深入的政治活動，當從一九二一年十月十七日成立的臺灣文化協會談起。臺灣文化協會原本是蔣渭水創立，但得到林獻堂的大力支持，故由他擔任總理之職（戴寶村，前揭書：59）。該協會活動內容含括會報發刊、設置讀報社、舉辦講習會、開辦夏季學校、文化講演會、無力者大會（相對於臺灣公益會的「有力者大會」，公益會表面上對抗臺灣省議會請願運動的蔡培火、蔣渭水等人，實際上是為了藉攻擊臺灣省議會請願運動的知識份子，企圖挽留當時日本的內田總督）、文化話劇運動、美臺團等（吳三連、蔡培火，前揭書：295-319）。李萬居參與臺灣文化協會的項目，就目前的史料來看，主要是文化講演會與夏季學校活動。他尚未前往上海求學之前，曾自一九二一年到一九二四年間，在烏日糧廠上班的地利之便，每逢休假日，就近趕到臺中去聆聽演講，應該算是忠實聽眾，想必也是協會出版物的熱心讀者（黃良平，1981：12；楊瑞先，1981。楊錦麟引：16-17）。

　　由於參與過該組織的活動，受到協會成立宗旨與出版刊物的薰陶，因而激發青年李萬居強烈的民族意識，這當影響到李萬居暫且離開侷限的臺灣環境，轉換跑道而決意赴上海求學。他一直做忠實聽眾，聽多了，自己下一個結論：「設法到祖國」（黃良平：12）。在上海文治大學求學期間，李萬居曾返臺參加臺灣文化協會舉辦的夏季學校（吳三連、蔡培火，前揭書：302）。該活動原本就象徵民族教育，也是針對青年啟發民族精神的具體行為，這再度激發李萬居的民族意識。結束上海學業之後，李萬居選擇負笈法國，遠渡重洋求學。他留學法國的因緣可溯及上海求學到接觸青年黨。一九二四年，正值二十四歲的李萬居在還是日治時期的臺灣，因家庭受日人迫害的傷痛，以及在此之前的幾年他已持續關注林獻堂臺灣文化協會的活動一段時日〔註6〕。內心受到民族尊嚴的驅策，他決意離臺灣到大陸。

　　李萬居這種心境的最佳寫照，是次子李南雄的回憶（楊錦麟記錄口述：19）：

〔註6〕　李萬居對殖民時期的臺灣知識份子，如林獻堂、蔡培火的「臺灣文化協會」所倡導之理性改良路線，以及激發群眾覺醒的主張，有一定程度的認同。這種心理認同延續到日後他當選省參議員，青年時期所受到的民族意識啟發仍持續發酵，民國三十五年四月李萬居任省參議會副議長時，該年六月十六日四百多位全臺文化界精英，在臺北市中山堂成立「臺灣文化協進會」，當時連震東被推為理事，李萬居則擔任常務監事，該組織的精神就是承續日據時期「臺灣文化協會」的精神。參閱連戰，2001，〈李萬居先生百年誕辰紀念文〉，收錄於《李萬居先生百歲冥誕追思紀念冊》，頁8。

　　　先父在世之前，講起他立志求學的一段，他說當時他常常在海邊徘

　　　徊，想到自己的出路，又想到臺灣的前途，總是熱淚滿襟，最後他

　　　對自己說：唯有祖國的強大，臺灣才有希望。

就在這般對臺灣統治有所壓抑，並對祖國有所期待與想像的情結之下，李萬
居選擇出走大陸，或為已經積壓極限的憤慨找出口，或為解救臺灣同胞這個
更宏遠的理想。但是，想要負笈海外，經費是相當大的負擔，對於單純質樸
的農家子弟是個可欲不可求的夢想，所幸當時二堂哥李西端〔註7〕為他籌措
經費，以及在眾親友鄉里的囊助下，終於獲得出境護照，懷揣二百多元盤纏，
手拎簡單行裝，由嘉義乘火車北上，到基隆港搭輪船西渡海峽〔註8〕（楊錦
麟：20；王文裕，1997：5）。李萬居到祖國後先在福州短暫停留，後北上到
了上海，他在大陸的求學也就在上海的國語補習學校開始的。這所學校是專
為閩粵籍學生開設的，李萬居在那裡學習吳稚輝發明的注音符號，克服不諳
國語的語文障礙之後，旋即於一九二四年秋天，就進入文治大學就讀。一九
二五年夏天轉到上海民國大學就讀，到了一九二六年的秋天，李萬居的求學
生涯發生更重大的轉變——他由上海遠赴法國留學（楊錦麟：21-26）。

　　何以李萬居的求學之路從上海轉換到法國，產生如此重大的變化？其中
一項因素對他的選擇應該有相當程度的影響，那就是與中國青年黨（簡稱青
年黨）的接觸。李萬居與青年黨最初的接觸，源自於他到上海後迫於生計，
到中華書局當鉛字揀字工人。當時中華書局的編輯是左舜生、陳啟天，他們

〔註7〕 改變李萬居一生命運的第一位關鍵人物是二堂兄李西端，李萬居在1914年正
　　　 值十四歲時，是李西端熱心勸說李萬居母親吳嬌，同意讓李萬居和堂兄一起
　　　 入蒙館讀書。1924年赴上海求學時，也是在李西端號召鄉里眾親友囊助，而
　　　 得獲盤纏。1926年準備負笈法國的時候，也是李西端變賣家畜，請求各方贊
　　　 助，鼓勵李萬居到海外留學的。青年李萬居離開臺灣到異地求學的過程，獲
　　　 得不少李氏家族的奧援，包括堂祖父李九鎮出資給予經營養雞業，堂姪李水
　　　 波亦多所關注李萬居留法歸國等事宜。

〔註8〕 李萬居決意到祖國唸書，李西端幫助最大，當他臨走時，身上已經有〔親友
　　　 解囊的〕兩百零四元，西端一再誠懇地對他說：「老居，我以後設法多餵些豬，
　　　 去捉些魚來賣，一定寄錢給你。」參閱楊瑞先，1981，《珠沉滄海：李萬居先
　　　 生傳》，臺北縣：文海出版社，頁43。親友獲悉李萬居有意赴祖國求學，皆表
　　　 贊成並且紛紛解囊相助。經過一年的準備，李萬居向北港宜梧派出所申請「渡
　　　 華旅券」（赴中國的護照）。當時申請此種旅券，必須經過日警的詳細調查，
　　　 手續繁瑣，麻煩極多，因此，臺灣人民能獲准返回大陸求學或旅遊者，為數
　　　 不多。李萬居的運氣不錯，得到一位日籍警察藤本的協助，順利取得「渡華
　　　 旅券」。參閱王文裕著，1997，《李萬居傳》，南投市：臺灣省政府，頁4。

兩位是青年黨黨員，也是一九二四年青年黨在上海創辦《醒獅》周報的創辦人；主編是曾琦，左舜生任發行人，陳啓天、曾琦是重要的撰稿人，且皆曾受業於國學大師章太炎（炳麟），《醒獅》的周報書刊名就是由章太炎所題。由此看來，李萬居和青年黨的因緣應該有兩方面：一是他在中華書局處理《醒獅》周報的鉛字揀字，同時與主腦人物有所互動，又能目睹周報內容。《醒獅》周報在中華書局刊印多年，不排除李萬居當時即與《醒獅》以及青年黨人接觸的可能（楊錦麟：29）。又根據張耕陽的口述，李萬居在中華書局當揀字工作，且寫一手好字，所以青年黨法國支部便讓他參與刊物的編輯工作。當時這份刊物叫《先聲報》，石版印刷，大部份謄寫工作均由李萬居負責（同上：42）。另一項影響李萬居選擇到法國求學的因素是間接的，但對激發他跳脫窠臼思維應該有些影響。他在民國大學就讀時，章太炎是他的老師，章太炎對李萬居印象深刻。原因在於：一、當時在上海求學的臺灣籍青年不多，且李萬居以勤奮苦讀，儉樸純厚而受人矚目；二、與章太炎本身的政治活動經驗有關，他曾在康梁變法失敗後，遭清政府通緝，被迫避走臺灣，並在《臺北日報》當過記者，因此，對臺灣有一定的認識與感受，自然就對來自臺灣的李萬居有所關照（同上：26-27）。

雖然章太炎對李萬居格外關注，然而，這層師徒關係，並非直接構成影響李萬居到法國的因素。根據《珠沉滄海》一書指出：章太炎看這青年一臉嚴肅，充滿剛毅之氣，所以課後常談話。章大師看這學生不平凡，一天對萬居說：「你到日本學軍事如何？」李萬居嚴肅回答（楊瑞先：48）：

我不想去日本，我要出國，就到法國。

這段話的內容似乎意味章太炎思想在五四運動趨於保守，李萬居對章師的學識造詣表示尊重和推崇，但章、李應僅止於師生關係。上述對話應顯示李萬居對到法國已有所考慮，以章太炎當時趨於消極頹唐的思想，他對李萬居產生意識形態方面的影響有限，何況李萬居剛從日本殖民統治下的臺灣而來，亦有母親被日吏逼迫至死的深仇大恨，在感情與直覺上，顯然不可能接受章太炎的建議（楊錦麟：27-28）。

從政治抱負的角度來看，李萬居選擇到法國留學，並非因爲全然認識西方的民主政治精神。該時期李萬居的思想與價值觀，仍以傳統的民族主義意識爲主要內核，西方的民主自由思想對他來說，是一種新事務，他要接受這一新事物的影響，或者完全受西方民主自由思想所浸染，仍尚須時日。從臺

灣初到大陸，對當時國內政亂不已、列強環伺、軍閥割據、國土分裂的狀況，身感迷惘和焦慮，青年李萬居想尋求一條抗強權、平紛亂、求統一，讓黎民百姓安居樂業日子的路，想追求能實現一種符合他所期盼的理想境界，因而有股「萬種愁懷似逆潮」、「烽煙祖國惜成焦」之慨嘆〔註9〕。在此情況下，與中國青年黨的接觸，使李萬居的思想找到新的寄託（楊錦麟：26-29）。他動念赴法國留學，可能是受中國青年黨的影響（楊瑞先：48；王文裕：10）〔註10〕。

　　其實李萬居到大陸時所見到紛亂祖國的背後，即有五四運動以降，知識份子為了爭國權、救國家而組織的各種救國團體，中國青年黨作為一個政治團體，即以革命政黨自稱，標舉國家主義為其政治思想。而國家主義最初的提倡則與梁啓超有關。但梁啓超的國家主義是對世界秩序觀念的改變，而非傳統文化概念下的中國，青年黨黨魁曾琦以及黨員左舜生，都受梁啓超影響很大（陳雲卿，1988：8-9）。後來《醒獅》創刊（民國十三年十月十日），青年黨在國家主義的基礎上，形成反共產主義與反馬克思的立場（同上：20-23）。曾經一度在民國十六年（1927年）中國國民黨清黨運動時，因國民黨與青年黨都反共而有合併之議，卻因國民黨之意在希望青年黨解散〔註11〕，致兩黨

〔註9〕　李萬居在上海閘北一所專為閩粵籍學生開設的國語補習學校就讀時，與鄰座同學潘競修小姐，有些詩作的往返之誼。原本李萬居寫了一首〈秋夜讀蓼莪〉：愁聽西風萬籟吹，深宵不寐讀毛詩。蓼莪半句腸千斷，風樹一聲血萬絲。十載終天恨抱盡，三春罔極報無期。孤哀萬里熒熒客，濕盡衣襟只自悲。據說老師對此七言律師評價甚好，李萬居遂抄寫致送潘競修，潘競修便回以七言律詩：〈校樓夜坐〉課餘兀坐一身遙，愁聽車聲起逆潮。匝地風雲心已碎，過江烽火發先焦。幾時得遂和平願，何日能將憂恨消。海角層樓聊寄足，不堪清冷可憐宵。又：韶華虛度暗神傷，學業拋荒愧見親。眼底乾坤更憂攘，胸中意氣益輪囷。離憑獨酒消閒恨，應借金經淨俗塵。明月半沉人不寐，最無淨土可安身。李萬居亦步原韻回贈之：〈步韻〉雁聲驚動故鄉遙，萬種愁懷似逆潮。荊棘逢臺傷已遍，烽煙祖國惜成焦。牢騷滿腹憑誰訴，歲月廿年恨忽消。同是天涯零落客，可憐最惟此寒宵。又：秋殘羈旋倍傷神，鐘子難逢孰可親。細雨瀟瀟魂黯黯，寒燈寂寂意困困。未酬萬丈英豪氣，歲避三分世俗塵。月上紗窗人太息，飄飄最是客中身。「萬種愁懷似逆潮」、「烽煙祖國惜成焦」的情懷展現出國仇家恨的感受。

〔註10〕　關於李萬居受青年黨影響而赴法國的說法，大致獲得認同。然而，李萬居受青年黨影響而選擇到法國留學，與他是否在上海期間即加入青年黨，這是兩件事。一般的爭論是他是在上海即已入黨，另一說是到了法國才加入青年黨。就楊錦麟初步的疑問到分析，加上李南雄教授，以及李萬居在法國讀書時認識的好友張耕陽所提供的資料，李萬居是在法國才加入青年黨的。

〔註11〕　本研究彙整相關資料，認為國民黨要求青年黨解散，乃是基於當時清黨的基

並未因此合作，且國民黨治國原則是黨外無黨，因而使得青年黨在上海總部的要人後紛紛出走，曾琦甚至遭補後釋放（同上：201-202）。

李萬居在中華書局的打工經驗，當能查悉青年黨種切，就思想宗旨層面，國家主義初期對青年李萬居當應該是有所激勵的，而客觀條件上，法國成為李萬居新的心靈國度，後來他在法國還加入青年黨，這又與青年黨原本在一九二三年十二月即在法國成立，李萬居前期因為接觸上海《醒獅》周報而產生聯結。可能的推論是：李萬居有機會見識到《醒獅》周報的主腦人物，能夠就近接觸青年黨的宗旨，而且中國青年黨有一群知識份子本來就在法國謀策，因此，李萬居便間接地對法國與青年黨的聯繫產生憧憬。至於《醒獅》周報對李萬居的吸引力或許不是它自我標榜為「第三勢力」的立場，更多是受到其充斥濃烈民族主義色彩的主張與訴求；《醒獅》出版宣言明白宣示：「感於外患之紛乘，內爭之彌烈，民生之益悴，國命之將傾，欲以無偏無黨之言，喚起國人自信自強之念，外患不足畏，內亂不足恤，所可慮者，國中優秀份子與大一般國民胥喪其自信之心，無復有向前之意，斯乃真無可救而不免於亡耳。」《醒獅》辦刊宗旨即「不外喚起國民之自覺心，恢復國民之自信心，於以安內攘外，定國興邦，使西人咸知睡獅之醒而不可復侮，因以戢其侵略野心而共保國際和平耳。」這種訴求很容易在李萬居的思想得到共鳴，它不僅吻合李萬居傳統民族主義思想的脈絡，更為其探索「喚起國人自信自強之念」提供新的啟迪（楊錦麟：30）。

一九二六年夏天，李萬居決定赴法國之前曾經返臺，二堂兄李西端以及親友們盡所支持他，特別是李西端變賣家畜，並奔走為李萬居取得護照簽證，允諾將陸續資助他完成學業。當時，李萬居的胞姐李藕含淚問他何時回來？李萬居沉思一陣答道（楊瑞先：51；楊錦麟：32；王文裕：11）：

我要等能救三百六十萬人的時候，纔能回來。

這種救國救民的決心，自他從臺灣到大陸，再從大陸到法國，同樣出自於強烈的民族自覺。這可由李南雄界定父親李萬居，在民族主義信仰與公民立場

調使然。由於蔣介石受當年「聯俄容共」政策的遺序波及，對於共產黨滲透國民黨進行分化之舉，十分痛惡。雖然，原本中國青年黨的國家主義派確實具反共精神，然而，由於青年黨成立之初，成員多為青年知識份子，各有想法，青年的思維還有變化的空間，加之青年黨不少黨員又來自少年中國學會，這個學會本身面對各家流派，已有意識形態混淆的情形，這個組織本身已分裂為傾蘇聯、贊成共產黨、傾無政府主義，以及國家主義學派等集團。蔣介石清黨的政策就是為了「正本清源」，自然而然便希望黨員成分劃一。

的一段話予以定位：

就先父李萬居先生的「政治定性」，免不了是要以民族主義者來劃句
點。因為貫穿他辦報和參政所有活動的背後的起點，是當時在日據
下的臺灣需要尋求政治出路與前途的這樣一個歷史條件。這是他先
則赴大陸求學，後則到法國留學的原因。

　　總體來看，青年李萬居決意向不知名的國度探索的因素，乃是家事、國
事、天下事參雜在一起的心理。時局的驟變與家庭慘痛的經驗，將時代的命
運與個人的際遇交織在一起，他跨海遠赴上海求學時，是懷著悲憤的苦悶，
想衝出牢籠與爭取自由的渴望，在動盪時局中，愈展現與突顯出個體具有國
仇家恨、有理想、有抱負的人格特質。李萬居身處一個很多人無法想像的世
代，但是，愈是紛亂困難的局勢，愈激發他放手一搏的鬥志。負笈法國給李
萬居開啟的是未來的仕途機緣。應當可以說，他的政治思想在法國求學期間
受到啟蒙後開始醞釀與生根。到了法國的李萬居有兩項特點值得說明。一是
他勤工儉學出名，另一是他正式加入中國青年黨。首先陳述李萬居勤學苦讀，
自然與他經濟拮据有關，李萬居到法國後原本想半工半讀，然因當時法國經
濟不景氣，謀職不易，只好仰賴堂兄李西端接濟。李西端為支持李萬居在法
生活所需與攻讀學位，節衣縮食，依靠幾畝薄地，亦討海為生，並在鄉里早
晚兼授漢文，每兩三個月就要寄三百元給李萬居。

　　李萬居感念堂兄義無反顧的手足情深，曾作一首詩寄給李西端：

在巴黎寄西端兄

矚月斜曦心幾碎，夢中猶認舊家門。

春風浴我常溫暖，淚灑征衣為感恩。

這首詩的內容表現出他對於堂兄的經濟支援，既感念又戒慎的心情，再加上
鄉里親友的期望，不敢有怠惰之心，日夜發奮讀書。據說他在法國租賃房屋
的的年老房東瑪麗女士，目睹李萬居的用功，曾經對他說（楊瑞先：53；楊
錦麟：35；王文裕：11，13）：

我見過很多留學生，都沒有像你這樣用功的，將來你回到你的家鄉，

一定是個有名望、有造就的人。

李萬居的發奮用功與節儉度日，在當時留法的學生中，屬於勤工儉學派，這
種歸類與留法學生的成份有關。原本留法勤工儉學，由蔡元培、李石曾等人
在一九一五年所創，第一次世界大戰前赴法的勤工儉學派形成高潮，並先後

成立留法儉學會、勤工儉學會等組織。據史料反映，一九二○年八月赴法留的中國學生已有一千四百餘人，當時這些留法學生除少數公子派、流氓派之外，就屬儉學派和勤工儉學派。一九二一年四月三日至八日的《晨報》曾刊文，對所謂儉學派有如下的解釋：這派學生是好學生，一切費用務求節儉，所以沒有過份的慾望，食、住、學三項問題，每月三百法郎也可以夠用……，而勤工儉學派則是「格外的克己，格外的努力」（楊錦麟：32-33）。

　　與李萬居在巴黎相識並成為終身摯友的張耕陽先生，在事隔半個世紀有餘，接受訪問時回憶道（前段：陳爾靖記錄，2001：39；後段楊錦麟記錄：34）：

　　李萬居在冬天時沒有暖氣，枯坐斗室，身上只有一件黑青色破舊大衣，脖子上圍著一條黑色圍巾，冒著嚴寒，一身冷得發抖，仍舊振筆疾寫稿。

　　李萬居常挨餓，一日僅進食一餐，身體也漸感不支，所幸幾位同學或多或少有所周濟，日子勉強還過得去。有一次寒冬臘月，李萬居踡縮在大衣裡，在昏暗的煤油燈下趕寫稿件的情形，當時在巴黎的同學，無一不對李萬居的苦學、奮鬥精神感到欽佩的。

「勤工儉學」之意為先辛勤工作，獲得一點經費後再求學。即如《晨報》所刊「據有人說，勤工兩年，可以儉學一年」[註12]。李萬居是在一九二六年秋天到法國的，一九二八年秋天，他便正式進入巴黎大學文學院攻讀社會學。他在普格勒（Bougle）與霍可拿（Fauconnet）教授的指導下，研究法國大革命時代的思想與普魯東（Pierre-Joseph Proudhon）學說。在法國，普魯東代表

〔註12〕勤工儉學會在 1914 年 6 月於巴黎成立，以「勤於作工，儉以求學，以進勞動者知智識」為宗旨。勤工儉學會成立後，李石曾一面與法人共同組織華法教育會以為推動，一面在國內設立預備學校，共謀學生出國之準備與在法謀工之便利；吳稚暉於 1916 年在《中華新報》發表長篇連載，以其親身之經驗，為勤工儉學廣為宣傳指導；華林於 1917 年回國，極力鼓吹各縣籌縣費派遣學生，影響所及，留法勤工儉學幾成為舉國公認之唯一要圖，自總統以至學者名流莫不竭力提倡贊助，是以 1919～1920 年間形成一股巨大浪潮，前後躡至法國者近二千人，其中以四川、湖南兩省最多，直隸、浙江等省次之。參閱陳三井，2013，《旅歐教育運動：民初融合世界學術的理想》，臺北市：秀威出版，頁 51。陳三井指出：根據資料，從 1919 年 3 月至 1920 年 12 月，在勤工儉學會與華法教育會的安排，共遣送二十批勤工儉學生赴法（2013：60-66）。若依此較有系統之「勤工儉學會」留學生的梯次來看，李萬居在 1926 年前往法國時，已經是大規模留法潮之後；但或許因為留學法國歸屬，亦將之一併納入勤工儉學的範圍。

著小資產階級對法國政治與社會問題進行改良的活動家與改革家，其核心思想就是在資本主義與共產主義之間找出第三種道路，其目標在於尋求「自由」的社會，該學說在二十世紀初傳入中國後，對於小生產階級占多數、半封建、半殖民且資本主義不發達的中國社會而言，找到傳播的空間。李萬居在法國留學時，致力於普魯東學說，部份原因便與被殖民情結有關，臺灣受日本殖民壓迫，致李萬居的母親遭受逼迫而自縊的家庭悲劇，使李萬居對於普氏自由社會提倡的「打倒政黨、打倒政權」的口號產生共鳴（楊錦麟：36-37）。

　　李萬居在法國勤工儉學，從知識上獲得精神慰藉之餘，期間一項重要行動，就是加入中國青年黨，一般將這段經驗視為是李萬居真正展開其政治生涯的首要因素。就李南雄的回憶，李萬居生前曾親口告訴他，他是在法國留學期間加入中國青年黨的。李萬居在巴黎加入中國青年黨時，青年黨仍處於秘密地下化狀態，他是從基層學習開始。

> 那時黨內召開秘密會議時，李萬居因身材高大，常負責場外把風的糾察工作，可見即使已經入黨，也還不是黨內核心成員，恐怕也可能還處於「相當時期的訓練」之中吧〔註13〕。

張耕揚也表示李萬居的確是在巴黎時，參加中國青年黨的。

> 由於他曾經在上海中華書局工作過，接觸到青年黨員及其刊物《醒獅》，加上他寫了一手好字，所以青年黨法國支部便讓他參與，編輯當時的刊物《先聲報》，石版印刷與大部份謄寫工作均由李萬居負責，它還常負責有關集會的糾察工作，但並非核心黨員，所以似乎也沒有什麼黨內秘密代號，它只是一般的參與而已〔註14〕。

　　這些口述資料為李萬居在法國加入青年黨及青年黨的性質，提供明確的證實。大致可推論，李萬居與青年黨的往來，讓他的求知視野與政治視角不斷拓展，社交面也逐漸擴大，他在法國結識的同學中，黎烈文、張耕陽、黃維揚等，後來都成為一生的摯友。李萬居在法國待了七年，於一九三二年夏天畢業後，即啟程回到上海，當時的中國正面臨日軍的侵略，許多城市蒙塵失色。那時候的李萬居受到法國的智識洗禮，加上海外參與政黨所激發的愛國精神，再夾雜民族自覺，在祖國多災多難的時期，大顯身手的機會正悄悄臨到他的身上。

〔註13〕李南雄的口述紀錄，參閱楊錦麟《李萬居評傳》，頁41；王文裕，《李萬居傳》，頁13。

〔註14〕李南雄的口述紀錄，參閱楊錦麟《李萬居評傳》，頁42。

第二節　政治生涯的實踐

一、抗戰時期情報工作

　　李萬居曾經在抗日期間在大陸從事抗戰情報工作，這個機會間接起因於夫人鍾賢瀞，李夫人的堂姐鍾賢英，與王芄生是夫妻，李萬居與王芄生算是連襟姻親，他們第一見面是在一九三七年五月的南京，當時李萬居夫婦為甫從國外考察歸來的王芄生與妻子鍾賢英洗塵，李、王相談甚歡，有相見恨晚之感（楊錦麟：60；王文裕：23-24）。王芄生頗器重李萬居耿介忠直、待人熱情的性格與為人，當即邀請李萬居參加其所主持籌備的國際問題研究工作，這是李萬居抗戰時期參與對日情報工作的緣起。據李萬居的好友沈雲龍的說法（1979。收錄於黃良平：206）：

> 有此姻親關係，王氏倚重萬居兄若左右手，初派其往香港、越南蒐集情報。他曾在越南設法與日本反戰作家青山和夫取得聯繫，並攜之返渝，又說服日軍俘虜取得合作，以是對日寇敵情分析，頗多助益。

　　進一步說明李萬居協助進行抗戰時期的情治工作之前，在此略說明國際問題研究所成立的背景，也可說是王芄生受到蔣介石重用的起因，間接就是蔣介石認識李萬居的原因。王芄生曾在南京文成橋陸軍軍需學校一期就讀，後考取公費留學日本，並畢業於早稻田大學，早年參與過同盟會與湖南新軍起義，在愛國精神上自是展現知識份子的氣勢。此外，由於王在東北期間，對滿蒙、滿鐵、關東軍與日本在華特務機構之內幕與活動，以及日本歷史、政治、政黨、財閥的關係與影響，均有較深的研究心得，是當時著名的日本通。一九三七年五月，就在蘆溝橋事變發生前不久，王芄生又以個人名義向蔣介石呈遞國際情勢分析，指出日本必趁德國希特勒專注歐戰，無暇東顧的空隙對華用武，並推斷是年七月日本將在平津有所行動。之後的形勢發展果然如王芄生所料，為此，蔣介石對王芄生便重視有加，因而撥款命其專責國際情報，但無任何名義（楊錦麟：58-59）〔註15〕。這筆撥款數目可觀，就是為籌設國際問題研究所（隸屬於軍事委員會）的，任務是收集研判日本的國際外交情報與各國動態，以供決策參考（王文裕：23）。

〔註15〕引自楊錦麟，第四章抗日烽烟。注釋，頁67。

　　王芃生受器重後，緊接著在一九三七年十一月南京政府改組時，被命為交通部常務次長，專責滇越鐵路聯運與修葺新國際道路的工作。一九三八年二月，王出國考察新國際通道以及與法國殖民當局商洽滇越鐵路聯運任務後返國，王對當權建議修建的雷多公路與滇緬公路，均被當局所採納，蔣介石在王芃生辭掉交通常務次長後，又另安置他於軍事委員會內組建「最高調查委員會」，惟苦於國民黨內部派系鬥爭，王芃生曾請求蔣介石暫緩組織這個「最高調查委員會」〔註 16〕。雖然這個應該要在軍事委員會內建的特別委員會，口頭上因王芃生的建議而暫緩，但是根據齊先惠以及《珠沉滄海》的作者陳瑞先所描述的史實來看，國際問題研究所應該是在一九三九年到一九四○年間在重慶正式掛牌辦公，事實運作在此之前已經展開（楊錦麟：60-61）。

　　由於國際問題研究所隸屬於軍事委員會，並直接受命於蔣介石，王芃生在人事上有一定的權限，這也是他能夠隨意安排李萬居擔任職務的原因。表面上，該組織隸屬軍事委員會，事實上，從其設置的性質與經費直接從蔣介石授權的侍從室撥給，使得國際問題研究所的定位十分特殊，也讓該組織產生是否為「特務機構」的疑問。按蔣介石要王芃生接受無實質名義的身份，卻又希望另設最高委員會擴張運作的邏輯看來，恐怕蔣與王面臨共通的處境——國民黨內部派系之爭（楊錦麟：62）。若評估蔣介石在抗戰時期的策略，他將國際問題研究所定位成與正式機制若即若離的理由，可能是蔣介石當時的處境亦相當危機，對於機制內的建置反而有所顧忌，他需要如王芃生、李萬居等知識份子的忠誠，因此，蔣介石「從未交派一人」在該組織。這意味他用授權換取非國民黨內派系的其他知識份子的忠誠。

　　關於國際問題研究所是否為特務機關的問題，《大公報》記者李純青指出（楊錦麟引：63）：

> 一九四九年以後，大陸有關方面曾將國際問題研究所定性為「特務機構」，這也是不符合歷史事實的。該研究所主要從事的是對日情報收集、研判工作，抗戰勝利後就撤銷了，「實際上當時中統、軍統均有派人介入，但與軍統及中統無直接聯繫」。

可以確定的是：李萬居從接手國際問題研究所的情資工作開始，實則上已經為將來接觸高層開啓一扇窗。後來國際問題研究所在駐港的情報作業，主要

〔註 16〕齊先惠，〈王芃生・蔣介石・國際情報〉，香港《新晚報》，1988 年 11 月 3 日～5 日。王亞文，〈我和王芃生的接觸〉，香港《新晚報》，1991 年 6 月 3 日～22 日。以上楊錦麟引用。

由李萬居負責，這個仍然獨立於國民黨派駐香港軍事代表處，或是所謂重慶當局在港成立的「中國各機關港臨時聯絡辦事處」的機構，有其獨立自主的定位。根據當時港英政治官員瓊斯的說法：國際問題研究所有其專設的電臺，可以與重慶方面直接聯繫，就國民黨在港架設為數不多的電臺來看，可見該機構有一定的份量（楊錦麟：72）。

　　李萬居戰時的情報工作情形，據李南雄的說法（陳儀深訪問，2001b：52）：

> 有一段時間廣東省被日軍佔領，香港還未被佔領，父親的朋友李月友從廣州帶訊息給他。另外謝東閔先生也是父親的消息來源。那時我們住在香港九龍旺角的西洋菜街，每一個周末謝伯伯來家中便餐。雖說是吃飯，但其實有一些實質的功能。當時謝東閔在香港郵局工作，只要看到特殊信件，他都會想辦法瞭解信的內容，然後將消息傳給我父親。當時國民政府有兩部發報機，其中一部在我父親手上，那段時間父親的工作性質有點近似美國 CIA 的工作，處理戰略情報。

李萬居在香港的實際行動，在好友同時也是後來擔任副總統的謝東閔回憶錄—《歸返：我家和我的故事》書中，亦可略窺一二。一九三八年十月廣州、武漢淪陷，當時李萬居的情報工作在香港，他居住在九龍西洋菜街，與臺籍抗日志士多方策劃，溝通臺、港、漳、廈消息。謝東閔常與李萬居經常往來，謝東閔時任港英政府郵電檢查處日文郵電書刊檢查工作，他為這段史實提供諸多證詞（1988：130-132）〔註17〕：

> 我擔任的日文郵電書刊檢查，目的在蒐集日本情報。儘管日本尚未對英國開戰，英國人顯已感覺到日本的嚴重威脅，……英國人對日本郵電檢查，事先送給我一份「黑名單」，榜上有名的日人，往來郵電一律要打開檢查。……這個工作使我有機會接觸到有參考價值的情報。只要有價值，我就秘密抄一部份，送給在香港的臺灣同鄉李萬居先生。李先生再循管道傳送給設在重慶的國際問題研究所處理。
>
> 國際問題研究所派駐香港收集情報的總負責人，原由彰化二林謝南光先生擔任，後由雲林人李萬居擔任，李氏曾留學法國，奉派來港，

〔註17〕 這段重要的史料，在與李萬居相關的研究資料當中，亦有多處引用，諸如黃良平的《永懷李萬居先生傳：記一位民主自由先知先覺者》（1981：206）、楊錦麟《李萬居評傳》（1993：70-71）、王文裕《李萬居傳》（1997：25）。

住九龍，為《申報》寫社論，掩護身份，由於彼此都在文化界，又是臺灣同鄉，有機會相識往來，並在我的工作範圍內協助他。

我抄給李萬居先生的參考資料，有純軍事情報，例如日本海軍使用的某一號水雷，改換為另一號水雷；也有關於日本經濟變化資料，例如從日人信件中，發現其國內物資供應短缺等現象，可研判日本國力在走下坡。李氏的任務一直到日本攻擊九龍以前結束，他撤回重慶，八年抗戰勝利後，政府頒綬勳章，表揚他對國家的貢獻。

　　謝東閔的回憶大致勾勒出李萬居在一九四一年十二月香港淪陷前在港區的活動情形。包括李萬居在香港期間，在《申報》等報刊、雜誌撰寫國際評論及社評等，乃是為掩護自己身份及其情報收集工作。並且後來發掘的文件中，港英政治官員瓊斯的說法，亦透露出李萬居當時所處的情報系統。瓊斯謂中國政府正式負責方面，在港得設電臺及自由收發密電者，已有海外部（由張昌平主持）、宣傳部（由溫寧源主持）、國際宣傳處（由王芃生主持）及中央銀行俞鴻鈞等數處〔註 18〕。這些專設電臺可與重慶方面直接聯繫，大概也就是謝東閔所稱的「循管道傳送」之意。之後香港淪陷，李萬居倉促由重慶啟程轉赴廣東，繼續擔任國際問題研究所駐粵港辦事處理主任，此時，他先將家人接到廣西桂林安頓，桂林是大後方，家人在終年飄泊無定的逃難生涯後，總算有個暫且落腳生根之處（楊錦麟：73）。

　　與家人暫別的一九四一到一九四三年間，李萬居主要的行動地點是在廣東雷州半島、廣州灣一帶，四一年年底他的職稱是駐粵港區辦事處少將主任，四三年日軍進犯廣州灣粵南一帶，李萬居出生入死，每每化裝，親自深入淪陷區，冒死蒐集情報（黃良平：28）。這段活動期間他另參與由宋斐如主編的《戰時日本》的編委與撰寫工作。此一時期李萬居的政治思想相較於法國留學期間，又再次歷經新的洗禮。李萬居在這段時期政治思想的轉變，可以從他發表的文章內容找到線索，其中較為重要的就是他在《戰時日本》發表過大約二十餘篇文章（附錄一表五-1）。

　　據彙整相關研究資料，李萬居在《戰時日本》的政治論著大約有三個面向：一是人物隨筆，二是對汪精衛叛國投敵的揭露與批判，三是對國際時局及中日戰爭前景的分析與預測（楊錦麟：79-87；王文裕：26-33）。李萬居在

〔註18〕行政院長官邸秘書處有關文件（全宗○二，目錄一，卷號四十六，頁 108），現藏四川省重慶市檔案館。

大戰後期的抗日行動中，仍不免推崇安那其主義（無政府主義），但應該是個人親身感受日本殖民統治與臺灣農村經濟凋敝，人民生活困苦的歷史經驗，對普魯東學說鼓吹的「個人領有」為基礎的互助制社會嚮往和追求，也包含對普魯東個人奮鬥史的推崇，對其類似的出身與經驗產生共鳴。普魯東的無政府主義思想其實反映的是被逼得走頭無路、瀕於絕望的小生產者與知識份子的情緒，它所給與的是「似是而非的滿足」，中國半殖民地、半封建社會的形態，安那琪並無實踐可能。那麼，李萬居的無政府併發產生的國家主義，像是其思想的「表」，而西方民主思想的概念或許是思想的「裏」。

　　整體地說，愛國主義或傳統稱之為民族主義的理念，才是李萬居思想真正的本質與內核（楊錦麟：76）。李萬居的好友李純青則認為（楊錦麟記錄口述：75）：

> 李萬居的思想傾向，既不是青年黨，也不是國民黨，應屬於無政府
> 主義者，他曾多次對我說，極推崇安那其主義，根據我與他接觸的
> 印象，他的思想構成比較複雜，可能是安那其主義、愛國主義及西
> 方民主思想的混合體，他和青年黨人有往來，但未必有密切的關係。

簡言之，抗日戰爭期間的李萬居，其政治思想已經將在法國受到的政治思想洗歷，融入為中國民族主義的愛國精神，並且在其中找到思維的立足點與實踐的方向。再者，他在抗日情報作戰的同時，從一九四一年到一九四三年間的詩作來看，亦深刻表達出他為國家前途的焦慮與期望，在「兵燹中原幾斷魂」、「征塵愁煞海南天」中，「不許中原驕敵騎，沙場誓願表英姿」，並懷想「踏盡人間艱險路，雄才豈竟是書生」的報國決心（筆者按：楊錦麟：74-75；王文裕：32-33）。字裡行間流露出知識份子報效國家，解救民族危機的擔當與決心，這就是抗戰後期李萬居思想內核的基本精神——愛國主義與民族主義。同一時期，李萬居在《申報》與香港星島報系龔德柏主持的《建國日報》上，亦曾發表過一些時事政論，以及在《戰時日本》所發表較多的政論，皆表達出敏銳的嗅覺理性與客觀的洞察（楊錦麟：78-79）。

　　李萬居政治思想的轉化與他參與實務的護國行動有關，但卻也因為他參與國際事務研究所，是個「直接受命於蔣介石，但蔣從未交派一人」的特務機構，從事的是實際情資蒐集工作，這項任務卻讓李萬居最後與中國青年黨產生距離。這甚至導致他彷如以國民黨的身份看待非國民黨籍的他黨一般，與他在法國求學期間接觸青年黨的處境與心境已大不相同。當他受命為國民

政府從事特務工作時，他已經與當權產生聯結，與青年黨的聯繫，已不可能和在法國留學時期那麼頻密，甚或要保持一定的距離。據楊錦麟的分析，原因在於中國青年黨在一九三八年以後，才獲國民黨認可取得合法的政黨地位。即使取得合法化地位，青年黨卻受到國民政府的嚴密監控，特別是青年黨曾出現過以趙毓松為首之中央行動委員會的公開叛敵活動，使得李萬居與青年黨的公開交往必須謹慎。最後，由於李萬居受王芃生的介紹，蔣介石尚且能接受以青年黨人的身份從事層次相當高的對日情報工作，這就需要李萬居自身比較謹慎處理與青年黨的關係。一九三八年八月的青年黨全代會中，李萬居的名字就沒有出現在名單上（引自，《中國青年黨》，1982，中國社會科學社；《中國青年黨》，1988，中國第二歷史檔案館。楊錦麟引：66）。

此一階段李萬居的政治路途已逐步鋪設開來，也讓我們無形間體會到李萬居充滿不確定性與動盪的政治命運，與其說他和什麼特定的組織或團體有關聯，不如說他在國家主義與民族尊嚴的思想，遠遠超越形式的框架，他無非是為強國衛民而思量，他的政治際遇與他的性格是化不開的。他忠實耿直、仗義直言、氣度膽識非凡、人高馬大，以一股熱血漢子之態，在詭譎多變的抗戰期間衝鋒陷陣，並非隨人都願意甘冒犧牲生命之險，這尚且需要特殊的人格特質，方得以承擔重任。至此，李萬居承擔一個直接受命於軍事最高總司令蔣介石所從事情報任務，他的政治仕途已逐漸成型，在時代的洪流當中，也已經是不可逆的命運了。對李萬居仕途與性格結合因果關聯的體悟上，本研究認為還值得再予以瞭解的是：李萬居的政治人格異於常人，他雖從事情報工作，然而他的舉動與一般情報人員的特質似乎大相逕庭。他常常在生死緊要的關頭上，有別於他人自保的私我性，而反常理地展現坦蕩無畏的態度。

根據相關資料，本研究整理出一些史實來佐證李萬居特殊而可貴的人格特質：

一、一九三八年六月，李萬居在河內巧遇日本社會主義的反戰人士青山和夫〔註 19〕，青山反對日本軍國主義，表示願意投誠重慶，協助對

〔註19〕青山和夫，另名林秀夫，日本反戰人士，1937年李萬居在南京與之相識，幾次深談後遂成知友。李萬居結識青山和夫，並大費週章將青山帶入境的理由，即在於他確認青山對日本侵華行為深惡痛絕，而情報工作也需要青山參與，乃思延攬其參加對日作戰的顧問。李萬居在《戰時日本》雜誌關於人物隨筆

日反戰宣傳工作,李萬居便帶青山到中國,並與王芃生相識。他帶青山入境是相當風險之事,在湖南衡陽受到當地軍警、憲兵扣押了三十多小時,疑兩人爲日本間諜,當時李萬居以身家性命擔保,才得放行(黃良平:26)。

二、有位來自臺灣的謝南光受李萬居推薦給王芃生,並在香港擔任對日情報蒐集工作;惟謝曾任臺灣民眾黨宣傳部長,在上海又曾加入中共地下組織,有一次,謝南光有事到廣州,遭國民黨當局逮捕,被指控爲日本特務;李萬居出面交涉,爲謝南光辯護,並以全家生命具保劃押,以求救謝南光。

三、一位留學蘇聯的國際問題專家劉思慕,他在重慶工作時,由於思想較爲左傾,被國民黨當局通緝,擬逮補入獄,李萬居聞訊,便設法籌款,協助劉思慕脫困,並順利離開重慶。

上述事件與從事情治工作的特質其實頗相背離,然而,這正是李萬居質樸磊落的個性。據知他在喜歡閱讀《菜根譚選集》,他曾經在「遇欺詐之人,以誠心感動之」之句再三圈點,足見他秉持的是一顆磊落坦蕩的塊壘。這也或許是日後他的政治行爲實與冷酷的政治現實產生隔閡的原因之一,在執行著情治任務的當兒,他如此這樣展現著人性的光輝,這已經可以預見日後他在省議會問政時,更理所當然地視民主體制的運作當要是務實、懇切與有效能的。這正是面對動蕩時局還懷抱熱血理想的知識份子!

二、籌劃戰後接管臺灣

李萬居既爲國民政府效勞情資的蒐集工作,這已經是萬中選一的重要任務,戰後他再度受到重用,協助國民政府接管臺灣的相關政策籌劃工作,這又爲他的政治生涯開啓新頁。回顧第二次世界大戰期間,中國、美國、英國三大同盟國的領袖──蔣中正、羅斯福、邱吉爾,於一九四三年十二月一日簽署〈開羅宣言〉,關於中國主權的問題,宣稱「中、美、英三國對日作戰的目的,並非自我貪圖亦無擴張領土之意圖,而是爲了制止並懲罰日本的侵略行動。其目的在要求日本放棄自一九一四年第一次世界大戰以來,所佔領之太平洋的所有島嶼,以及對中國領土的強取豪奪,包括東北地區、臺灣與澎

的發表內容,其中他以「孟南」爲筆名撰寫〈漫畫青山和夫〉,就是對青山和夫的側寫。

湖群島，都應該歸還中華民國」〔註20〕。當時的國際局勢，預示著臺灣的光
復指日可待。民國三十三年（1944）春天，蔣介時即令行政院秘書長張厲生
與軍事委員會國際問題研究所所長王芃生，協同研究並擬具復臺方案。提出
復臺前先設軍政府，復臺後，在恢復行省前，先設「臺灣設省籌備委員會」
或稱「收復臺灣籌備委員會」。同時，蔣介石讓熊式輝擔任秘書長的中央設計
局著手籌設「臺灣調查委員會」〔註21〕（鄭梓，1988：191，193；楊錦麟：
94；王文裕：38）。「臺灣調查委員會」在民國三十三年四月十七日成立，陳
儀任主任委員，據檔案資料顯示：蔣介石在同年六月二日電張厲生稱「關於
所擬行政院設『臺灣設省籌備委員會』一節，查現在中央設計局業已設置臺
灣調查委員會，如稍加充實，多多羅致臺灣有關人士，並派有關黨政機關負
責人參加，即足以擔負調查與籌備之責，暫不必另設機構，以免駢枝之弊，
此節可逕與設計局會商辦理。」（陳鳴鐘、陳興堂，1986：13。楊錦麟引：94；
王文裕：38）。

　　同年七月十七日，以行政院秘書長張厲生、中央設計局秘書長熊式輝、
臺灣調查委員會主任委員陳儀三人名義致蔣介石電中稱，「關於多羅致臺灣有
關人士一節，該已聘請國內之臺籍忠實同志五人爲專門委員及專員，嗣後尚
須陸續羅致以資充實。」（陳鳴鐘、陳興堂，前揭書。楊錦麟引：95；王文裕：
39）據《臺灣調查委員會工作大事記》（1944年4月至1945年4月）記載，
李萬居是在一九四四年六月十六日，受聘爲該委員會兼任專門委員，與他同

〔註20〕　資料取自維基百科聯結（http://en.wikipedia.org/wiki/Cairo_Declaration）之
　　　　"Cairo Communiquè, December 1, 1943". Japan National Diet Library
　　　　December 1, 1943。節錄之英文原文內容爲：The Three Great Allies are fighting
　　　　this war to restrain and punish the aggression of Japan. They covet no gain for
　　　　themselves and have no thought of territorial expansion. It is their purpose that
　　　　Japan shall be stripped of all the islands in the Pacific which she has seized or
　　　　occupied since the beginning of the first World War in 1914, and that all the
　　　　territories Japan has stolen from the Chinese, such as Manchuria, Formosa, and
　　　　The Pescadores, shall be restored to the Republic of China....。原始文件圖檔可
　　　　參閱：http://www.ndl.go.jp/constitution/e/shiryo/01/002_46shoshi.html。
〔註21〕　臺灣調查委員會的主要工作內容有三方面：一、擬訂《臺灣接管計劃綱要》：
　　　　一九四四年四月十七日編擬，一九四五年三月二十三日獲蔣介石核示修正後
　　　　頒發，綱要爲十四項八十二條，內容包括通則、內政、外交、軍事、財政、
　　　　金融、教育文化、交通、社會、糧食、司法、水利、衛生、土地等，是接收
　　　　臺灣具指導性意義的文件。二、培訓各類接收幹部。三、編輯、收集、整理、
　　　　出版臺灣資料叢書。

時受聘的還有李友邦、謝南光。其後謝南光、李友邦、黃朝琴、游彌堅、丘念台，於同年九月二十五日被准派爲臺灣調查委員會委員，李萬居仍屬兼任專門委員（王文裕：39）。

　　從時間上看，他是被重慶當局視爲「國內之臺籍忠實同志」，而被羅致入臺灣調查委員會的。其實在一九四四年九月推派專門委員的時期，李萬居仍在廣東一帶活動，這就符合陳鳴鐘、陳興堂指出李萬居受聘爲兼任專門委員，但當時他不在重慶，因此可能是未受聘爲專門委員的原因（楊錦麟：95）。直到一九四四年初冬，李萬居才回到重慶與家人相聚，並住在內弟鍾國元與鍾慶蘇建造的「捆綁大廈」，此時，他仍繼續著國際問題研究所的業務。到了一九四五年四月十六，臺灣革命同盟會在重慶發行《臺灣民聲報》，由李萬居擔任發行人，連震東擔任主編。同時期國際盟軍正在進行反攻計劃的同時，臺灣革命同盟會也設立協助收復臺灣的工作委員會，分設軍事、政治、經濟、文化四組，李萬居被列在政治組擔任要務（魏永竹編，1995：65-66；王政文，2007：157）。

　　李萬居任《臺灣民聲報》的發行人，初次掌握宣傳公器，可說是相當重要的職務。《臺灣民聲報》是臺灣光復前，由臺灣革命同盟會在重慶創辦的一份機關刊物。臺灣革命同盟會是怎麼樣的一個組織呢？該組織成立於一九四一年二月十日，次年則開會決議設各地分會，組織的宗旨在於聯合在大陸內的各個臺灣政治團體，「爲全臺革命力量的集中與鬥爭戰線的統一」，強調「忠實遵行三民主義及抗戰建國綱領，服從蔣總領導」，亦表示「祖國既不以臺灣爲棄地，亦未視臺灣爲化外之民，願吾臺島內外五百餘萬民眾敵氣同仇，一致執戈奮起，歸依祖國，服從領袖之領導，協助抗建大事，打倒共同敵人，以爭取臺灣民眾之解放與自由」〔註22〕。正因爲組織的政治立場與重慶當局完全一致，這些臺灣革命同盟會的主要成員，後來就直接參與了國民政府接管臺灣的重建工作。

〔註22〕臺灣革命同盟會由臺灣獨立革命黨、臺灣民族革命總同盟、臺灣青年革命黨、臺灣國民革命黨，以及臺灣革命黨等五個團體所組成。組織成立目的即在於作爲統一之初階。本研究所節錄的臺灣革命同盟會成立宣言，據楊錦麟提到：1987年初秋，筆者在赴重慶市立圖書館查閱資料時，從《戰時日本》雜誌裡，發現這份足彌珍貴的文獻資料，可惜由於年代久遠，紙質太差，部份頁張已損，字跡今記多有闕缺。參閱楊錦麟，1993，《李萬居評傳》，臺北：人間出版，頁102-103。

　　雖然李萬居並未直接參與過臺灣革命同盟會的籌備工作，但是他在一九四四年初冬回重慶與家人居在捆綁大廈的那個階段，被選為擔任臺灣革命同盟會的行動組組長，接著就在一九四五年四月《臺灣民聲報》創刊時，他擔任該報的發行人，大部份的編務工作即由李萬居承擔（楊錦麟：105-106）。《臺灣民聲報》的發刊詞內容，提到「宣揚三民主義思想，喚起臺胞愛護民族」、「報導臺灣一般動態以及介紹臺灣文物和居民的風俗習慣、生活狀態」、「籲請祖國人士正視臺灣民眾所追求的理想和目標」等，內容實與臺灣革命同盟會的宣示內容相呼應。惟《臺灣民聲報》正式創刊，成為較有系統地呈現臺灣與臺民思想之際，其內容與原本在重慶的臺灣革命同盟會，站在當權為求統戰思想上，聯合離島之臺省人民共同抗敵的戰略用意，似乎已產生些許變化了。在大陸的臺省知識份子與大陸省籍黨務人員的溝通不良，以臺籍人士感到不被至重視的心理因素，使得轉戰到《臺灣民聲報》的這群臺籍知識份子，格外想利用《臺灣民聲報》作為表意的天地。

　　由於李萬居本身是《臺灣民聲報》的發行人，他就曾親自為該刊物發表過七篇政治評論文章。內容大致有三方面：一、提出警惕國際托治臺灣；二、表達臺灣同胞心向祖國的情感，並要求當局能尊重臺灣人民；三、努力爭取光復與接收臺灣。這些政論內容呼應《臺灣民聲報》創刊詞內容。雖然，該報紙在抗戰勝利前的四個月創立，只歷時半年即收刊，卻是大陸臺籍人士重要的歷史見證。而李萬居在此刊物抒發的內容，已代表著身經抗戰實務且更為務實的壯年李萬居，他所表達的乃是對當權「應該如何作」的建言，特別是呼籲政府在接管臺灣的同時，最重要的任務應該要得到臺灣同胞的心。在《臺灣民聲報》一九四五年一月七日第九、十的合刊本，他以〈公理勝利聲中提論臺灣人民合理要求〉為題，提出十項要求，最後的目標便是「臺灣人民雖然無法全體參加爭取最後勝利的抗戰，但卻要求全體參加最後勝利的今後建設，我們希望臺灣人民這一要求能被採納」。

　　戰爭結束前後的李萬居，從參與總部設在重慶的臺灣革命同盟會，並擔任該組織的行動組組長，到成為《臺灣民聲報》的發行人。發刊雖是受命於國民黨，但這是參與接管臺灣相關事宜之外的插曲，卻是日後他在省議會的政治生涯整個政治思想的延續，他取得一個具民意基礎、合法且重要的舞臺，繼續要求政府當重視臺民與臺省，期間他即因為直言不諱、衝鋒陷陣的質詢風格，以及積極且激進的政治活動，遭到當權壓制的挫折。巧妙的是，後來

他醉心於以發行報刊的方式傳達知識份子的政治關懷，這與他曾經經營《臺灣民聲報》的經歷肯定是有所關聯的。

後來復臺派遣接收人員以及確立復員體制時，在民國三十四年八月二十九日，國民政府令發布「特任陳儀爲臺灣省行政長官」，翌日有關行政官署之幕僚長與各處處長名單也同時發布，當時由葛敬恩任秘書長。九月一日，「臺灣省行政長官公署」及「臺灣省警備總部司令部」在重慶成立臨時辦公處（國民政府公報，1946。鄭梓引，前揭書：201），此時在「臺灣省行政長官公署」的前進指揮所職員錄當中，李萬居則已經成爲新聞事業的專門委員了，任務是調查監視並準備接收（鄭梓，同上：202；魏永竹編，前揭書：470）。李萬居負責接收臺灣的方案設計以及復臺登陸計劃的執行，透過李南雄的口述，有更爲明確的證實。

綜論之，李萬居在大戰即將結束到戰後處理臺灣接收，時間大約是在一九四四年初冬到一九四五年九月間，他在重慶的主要工作內容之一，便是參與國民政府中央設計局「臺灣調查委員會」有關接管臺灣的調查準備工作。關於培訓幹部方面，調查委員會陸續吸納了當時在大陸的臺籍人士，絕大部份是國民黨籍，且在黨政軍界擔任一定職務者，如連震東、謝東閔、丘念台、黃朝琴，還有其他黨派人士，如夏聲濤、沈仲九、李萬居，也有李友邦、宋斐如、李純青、謝南光等進步人士。這些臺籍人士的政治立場不盡相同，彼此間亦未必都能融洽相處，隨著接管臺灣工作逐漸展開之際，臺灣調查委員會產生歧見。主要的問題在於：重慶當權派對於所羅致的臺籍精英之意見與建議並未能敞開心胸予以接受，例如時任中國國民黨中央委員會秘書處的汪公紀，將部份臺籍人士的意見斥爲「毫無黨務與行政經驗之浪人」、「本省人不得任本省地方官吏」、「現我既視臺灣爲我國土之一部，將來治臺自不應以臺人任之」（楊錦麟：96-99）。

李萬居從一九四四年擔任臺灣調查委員會專門委員，到一九四五年四月任臺灣革命同盟會行動組長冀《臺灣民聲報》發行人，同年六月又受到陳儀器重，任臺灣省行政長官公署前進指揮所新聞事業專門委員；這些資歷爲他與國民黨的政治資源產生聯結，當對他日後的仕途實帶來可觀的籌碼才是。何況他在一九四六年臺省最爲重要的省參議員選舉中，又以最高票當選並擔任手屆議會副議長，之後還遴選爲國民大會代表赴南京參加制憲會議。這些是何等榮耀政治光景。然而，局勢造化，一九四七年發生的二二八事件，卻

造成陳儀對李萬居等臺籍人士的不滿，彼此出現嫌隙，該事件深刻地演變成
李萬居政治人格扭轉的轉折點。

三、省議會黨外精英

　　李萬居進入體制內成為黨外政治精英，乃是受惠於國民黨黨國威權在戰
後接管臺灣並實施有限民主制度。臺灣光復後的第一項民主盛事，就是民國
三十五年（1946）四月十五日首屆臺灣省參議員的選舉投票，選舉當日，由
內政部民政司長楊君勘來臺監選（鄭牧心，1987：59）。接著民國三十五年五
月一日臺灣省參議會在臺北市南海路五十四號成立。選舉開始前，臺省軍政
長官陳儀為此表達祝詞：「臺灣省參議會今日光明燦爛地成立了。願人民有
權，政府有能，相與戮力達成建設三民主義新臺灣任務。」蔣介石亦有賀電：
「臺灣受日本五十年之吞併蹂躪，凡政治、經濟、文化各方面，無不遭奴役
之待遇。今回祖國懷抱之後，在六、七月之間，即刻成立省參議會，發揮民
主精神，不僅全國聞風歡賞，而其意義極為重大。」（鄭牧心，同上：65）。

　　省參議會選舉意指地方自治開辦，象徵民主憲政在臺灣的起步，當時首
屆當選的三十名省參議員一齊獻詞：「本省參議會今天正式開幕，這是臺灣有
史以來政治上一件空前的大事。從今天起，我們已開始走進民主自由的世界，
已開始恢復主人的生活，且將以自己的睿智和努力不斷尋求更好的世界與生
活。於此，我們應為全省人民的光明前途祝賀」（臺灣省參議會秘書處，1946）。
臺灣省參議員的選舉非常熱烈，熱烈程度從參選人數之多，但角逐僅三十名
議員〔註23〕，以及選民參政的熱情可見一斑。這種選舉的熱潮乃是臺民長期
壓抑後反彈的能量。回顧日據時期，臺籍知識份子歷經數次的民權自治運動，
從前期的六三法撤廢運動、臺灣議會設置請願運動、臺灣議會期同盟會，以
至後期的臺灣地方自治聯盟，這一系列階段性的爭民權運動，主要目標就是
要在臺灣設立一個民主普選的議會，作為完全自治的議決機關。但日據時期

─────────────────

〔註23〕不論是本土精英或是祖國歸來的臺籍人士，皆躍躍欲試，總計競爭者全省十
　　　　七個縣市共有一千一百八十名，而投票選舉人（各縣市參議員）不過五百二
　　　　十三名，這表示該場間接選舉的候選人數是選舉人的兩倍以上，應選省參議
　　　　員人數卻十分有限。按《省參議會組織條例》第一條規定：省參議名額每縣
　　　　市一名。當時臺省劃分為十七個縣市，法定省參議員應為十七名，但公署基
　　　　於本省人口已達六百餘萬，經行政長官向中央請求增選名額，後依內政部所
　　　　提增加臺灣省參議員名額方案，全省共選出三十名。換言之，一千一百八十
　　　　名候選人角逐三十個名額，當選率只有 2.54 百分比。

的努力並未盡人意，光復後臺灣開放民選縣市議員，無疑是給積壓甚久的臺民呼吸到新鮮的空氣。因此，當進行省參議員的選拔時，這項省級的民意選舉活動勢必更掀起選民的期望，一時之間，賀電紛至，光復後新生的情緒瀰漫著。選舉之後，當時臺灣省第一大報《臺灣新生報》在四月十六日第四版特闢專欄報導各地選情，並喻之為臺灣「民主政治の第一聲」。

李萬居在首屆省參議員的選舉當中，以四十八票的最高得票數當選。他在四月二十八日的臺灣廣播電臺播，發表〈對於省參議員選舉的感想〉，他對該次選舉的評價有兩點：第一、選舉的情況非常良好，在這次選舉中，候選人都能夠採取正當競選方式，即以各自的政見提出於地方人士，使在實行投票之前，對投票的對象先有一番清楚的認識和鄭重的考慮，這種方式很可以保證選舉結果的正確。雖然幕後活動不能完全避免，但顯然已減到很小的限度。其次，這此選舉情形的熱烈，也是一個非常可喜的現象。競選人都能夠各本當仁不讓的精神，以最大努力從事競選，冀能獲得機會以發揮其政治抱負，而無數的選舉人也各自懷著興奮的情緒，爭取為他們所屬望的人投票。選舉的經過是熱烈、緊張，而又有條不紊、秩序整然。從這一點可以看出本省同胞對於政治的關心，並已具有高度的自治素養（鄭牧心，前揭書：60-61；楊錦麟：159）。

李萬居不但高票當選，被選為省參議會的副議長，並於一九四六年十月被選為制憲國大代表，於同年十一月代表臺省赴南京出席制憲會議。制憲國民大會的源由，起因於臺灣光復的接收工作，大致依照國民政府在重慶期間所擬訂的《臺灣接管計劃綱要》按部進行，接管計劃中，內政部門強調「接管後應積極推行地方自治」，在一番研擬後，於民國三十四年十二月二十六日公布〈臺灣省各級民意機關成立方案〉。在抗戰方息的政治協商會議中，主要的目標即在於實施民主憲政，其中關於臺省同胞民權者，當時即決議（制憲）國民大會定於民國三十五年五月五日召開，並進行制訂憲法、廢除舊代表外，另增選臺灣、東北代表，以及各黨派與社會賢達代表若干名。臺灣省署應盡速於當年五月一日以前設立各級民意機關，以便臺灣省議會也能推派代表，及時趕上參加制憲國民大會（鄭牧心，同上：54）。

這是李萬居得以有機會參加制憲國大會議的宏觀因素。在一九四五年一月，政治協商會議通過八項協議，其中一項是「臺灣、東北等地新增各該區域及職業代表共一百五十名」。在這一百五十名中，臺灣分配十七名（連同僑

民選舉分配於臺灣的一名，共計十八名）（李筱峰，1993：34）。當時首屆三
十爲省參議員中，有十六人出馬競選國大代表。這種現象「致外間議論紛紛，
其結果頗受矚目」，十月二十九日的《民報》頗有微詞：竟有大批省參議員聲
明競選，因此，正在形成選舉上的空前黑市。即他們忘記自己應負選賢舉能
的重大責任，竟乘法規上沒有限制他們參加選舉爲奇貨。亦有其他輿論表達
不滿。雖然如此，十月三十一日在行政長官陳儀的監選下，順利選出十七名
制憲國民大會代表（李筱峰，同上：35）。十七名代表中，省參議員當選者共
八位，李萬居以十五票當選爲代表之一。他在甫當選省參議員不久，隨即選
派爲臺省國大代表，獲此殊榮，與他之前在祖國從事抗戰工作，對國家有所
貢獻應有關聯，加之他對祖國事務嫻熟，不諦是合適的人選。

　　制憲國大會議在一九四六年十一月十五日召開，會期一個月，與會代表
1665 人，包括國民黨、青年黨、民社黨以及社會賢達人士出席會議。李萬居
赴會返臺之後，頗有心得，因而以〈參加制憲的感想〉爲名發表。節錄內容
爲（楊錦麟：161-162）：

> 這次參加國大，所得到的一般印象極爲深刻。……蔣主席個人的態
> 度，……無隱無私，一片還政於民，實行民主的明淨決心，是所有
> 出席國大的人誰都看得明白的。

> 其次，大黨對於其他黨派的容忍與讓步，在這次會議中也非常值得
> 稱道。……充分顯示了大黨對於其他黨派的寬容與尊重，同時也充
> 分表示出大黨對其他黨派協調合作的民主精神。

> 再次，討論的進行相當圓滿，會場中雖常有激烈的辯論甚至互相爭
> 吵，秩序也有時稍形混亂，但我們知道這是民主會議中難免的現象，
> 在歐美會議中，有時還要發生比這更大的爭吵和混亂。……從會場
> 上熱烈爭論的情形，也可以相信這次制憲的憲法是相當完善的。

　　足見當時的李萬居頗爲肯定政府的態度，也抱持正面的觀感。然而，不
消數月，二二八事件發生之後，及善後處理委員會所衍生的問題，卻讓這位
翩翩風度的知識份子，看破威權民主的漏洞。他很快地轉變對當權讓步，無
形中也改變了政治態度。自當選首屆最高票的省參議員、任副議長，到出席
制憲國民大會，這段時期算是李萬居最爲意氣風發的仕途，暫不論二二八事
件的發生與餘波，李萬居的議員政治生涯可謂順利，其後每次省議會議員的
選舉，李萬居都成功當選，自一九五一年至一九五七年的省臨時議會，到一

九六○年至一九六四年的省議員，均數度以高票當選。民國五十五年四月病逝臺大醫院時，他仍是在職議員的身份。可貴的是，在這二十二年的議壇生涯中，他以耿介正派、直言不諱、諤諤讜論著稱，並和郭雨新、吳三連、李源棧、郭國基，以「五虎將」馳名（張博雅，2001：18）。

李萬居在省參議會擔任副議長職位，有幾項相關的史事當需一提。首先，省參議員選舉定奪確定之後，必須從當選議員之中遴選出議長、副議長。後來黃朝琴以二十二票當選為議長，李萬居則以十六票當選為副議長。李萬居作為副議長，他所扮演的角色何在？省議會作為省最高立法機構，係根據臺灣省議會組織規程產生職權，省議員人數由省參議會時期的三十人，增至第一屆臨時省議會時的五十五人，到民國七十五年的省議會時再增至七十七人，這強化了省議會作為中央與地方、省政府與省議會之間的論政橋樑。正副議長的責任不僅主持議會、協調議事，根據省議會秘書處簡化公文分層負責辦法指出，由正、副議長負責決定的事項大致包括：關於向中央請願陳情事案件、未經省議會大會決議而應行緊急處理之案件、人民請願案件之處理、代表省議會參加重要會議人員之指派、省議會預算、股長以上高級人員之任免，以及其他重要會務之決定（彭懷真，1986：50）。

歷任的正、副議長和秘書長，都要在複雜又重要的議事殿堂中，發揮民主政治的論政功能。蔣介石與蔣經國因此極重視省議會的領導角色，在政府施政時，經常諮詢他們的意見以瞭解民意，並對歷任正副議長均賦予國民黨中央常務委員的頭銜，以使其在執政黨權力能夠有充份表達省民意見的機會（彭懷真，1986：50）。但是，李萬居終究是議會中的異數，當權希望仰靠省議會為查勘民意的橋樑，以便籠絡懷柔，並試圖收納各路人馬，以正、副議長的身份而言，那是省議會主要的政治精英，他們也是權力擁有者，其職位獲得正式的認可，具某種程度之「合法理性的權威」（legal-rational authority）。按理是省府與省議會之間至為重要的媒介，然而，省參議會時期的李萬居身兼副議長，並非向當權靠攏，而是始終秉持抗戰時期到抗戰後臺灣接收計劃的理念——為臺民爭權益，他以議員身份進行問政質詢，所涉及的議題範圍廣泛，關懷臺省事務孜孜不倦。受到前期二二八事件的餘波影響，到第一屆臨時省議會時期（1951），李萬居的問政風格丕變，表現得更為激烈與鋒利，

魯莽書生正式登場〔註24〕。到一九五七年，臨時省議會改制爲第一屆省議會時，「五龍一鳳」的名號順勢而生，自此，他算是取得「黨外（政治）精英」的定位。

其次，李萬居任副議長善盡職責且展現優秀且適切的口才。這大概可從省參議會成立之出所歷經的三大議場風波來觀察。省參議會開議之初的第一場風波是議長黃朝琴的辭職事件。原本想要角逐議長職位的共有兩位議員：一是霧峰世家的林獻堂，二是大陸返臺的黃朝琴。臺南縣的省議員韓石泉力推「林獻堂係爲臺中望族，在日據時代爲文化政治運動領袖，頗有聲望，老當益壯，雅不願爲一平凡議員」。與此同時，黃朝琴議員亦公開表示：「我想當議長，……議員只在發表意見，推動政府工作，議長需要綜合全體議見，與政府洽商如何使議案實施，我自認能勝任這種責任。」（鄭牧心，前揭書：67）。黃朝琴除表達自己能勝任這個責任之外，他還表示：「後來聽說獻堂先生也要出山，我立刻表示擁護獻堂先生。」（李筱峰，前揭書：46）。

據稱當時林獻堂自陳年老不堪重任，希望大家不要選他，〔因此〕投票結果，黃朝琴得二十二票，林獻堂五票。黃朝琴當選爲議長自無疑異，但這種結果次日卻引來微詞，有人指黃被政府收買，亦有傳言他威脅林獻堂，新聞報紙甚至批評他專制。這些流言使黃朝琴辭去議長之位，憤然離開會場。爲挽留議長，副議長李萬居指定林獻堂與顏欽賢兩位議員前往挽留。林獻堂可謂事件的主角之一，他本來在議場唱票之際，即高喊「黃朝琴」。就《臺灣新生報》記者的報導，「結果林先生是把議長推讓了！」以林獻堂的誠懇當十分適合處理此事（鄭牧心，同上：68-70）。本研究認爲李萬居副議長請託林獻堂挽留黃朝琴之舉，是兼顧有抱負心之黃朝琴的尊嚴，同時讓林獻堂「讓利」之舉獲得輿論的讚稱，可謂深具謀策。

議長風波之外，省參議會曾因議場空間過小，不足以容納旁聽民眾人數的問題，引發議員本身激動、聽眾失序的鬧場。黃朝琴爲緩和局面，遂請假一天，由副議長李萬居主持會議。又教育處長范壽康在臺省地方行政幹部訓練團的一場演講——〈復興臺灣的精神〉當中，提到「臺胞有抱獨立思想，排擠外省工作人員，有以臺治臺之觀念，對於本省諸工作表現旁觀態度，以及完全奴化云云」。這段話引發省參議員的大力質詢，諸多議員皆發表意見。

〔註24〕李南雄定義父親「魯莽書生」的稱號，有其民主政治與知識份子任務的時代意義，參閱附錄二〈父親的精神永在〉。

後來，李萬居檢討這些接二連三的省議會風波，他從廣大羣眾的心理因素去分析當時潛在的社會壓力，他表示（鄭牧心，同上：79）：

> 臺灣同胞受日本五十年的壓迫痛苦，希望解放的熱情很大，光復後對政府官員也寄與多大的希望，所以熱烈的歡迎，政府官員來了，給予民眾多大的失望。要知道祖國近百年來受帝國主義的壓迫，以致國家政治不能達到理想，而臺灣的政治當然也不能使民眾十分滿意，這是理所當然，因此全省民眾的熱情又寄托在參議員身上，而民眾對參議會多不了解，參議會不是議會，是不可以罷免政府，臺胞以為必須熱烈的質問才是民眾代表……。

李萬居的說法，既向民眾表達了在有限民主體制下，省議會本身的職權之外，又顧及到廣眾的心理。綜覽與李萬居問政相關的記實，發現李萬居的口才與思辨清晰、切中要害，大概是他因而容易引人注目的原因所在。他貼近基層的性格與平民化的措辭用語，在質詢時更是一覽無疑；大概這些受到民眾的歡迎與認同，因此，他幾度參選都順利當選。即使曾因競選副議長連任失利，並且在擔任省議員後期階段與當權產生較激烈的衝突，然而，李萬居的民意聲望始終響亮。他受到民意支持的事蹟，有一個十分值得講述的故事，足以說明李萬居真正受到基層民意愛戴的情形。他在一九六三年人生中最後一次參選省議員的選舉時，有一位叫化子從臺北趕到北港為李萬居助選，他背著一只袋子，一村一村地叫著：

> 你們大家要選很有道德的李萬居！

一位托缽行乞的叫化子，能如此不計酬勞的效命，給李萬居這麼真摯質樸的呼號，比起那些權貴達官在其死後虛應故事弔聯為其送終要光榮得多了（李哮佛，1983：54）。

李萬居彷彿亦頗為客觀地看待自身所處省參議會的定位，他承接著抗戰時期在政府機制中運作政治活動的邏輯，體察臺灣的處境，一時並未能以什麼強烈的方式去解答臺省威權初期民主運作過程的政治風波，而這些政治的擾動，早可溯及「臺灣調查委員會」成立之初，國民黨中常委秘書汪公紀斥喝臺籍人士不諳政治的譏評，後來反而有省參議會成立之初，教育處長范壽康以奴化心理喻指臺民的不當說詞。及至二二八事件發生，當權的應付手法又如此讓臺民不安，政治危機的確如真如實地存在著，而且延宕數十年之久，一直到臺灣民主轉型。李萬居在他辭世前的問政歷程，仍然無法擺脫政治危機帶來的影響，因此，他的政治態度轉為激進，選擇以直接衝撞黨國文化領

導權的姿態走完政治生涯。

第三節　政治態度的轉折

　　李萬居政治態度轉爲激進的緣由，最初受到二二八事件波及，以至於影響他原主持機關報卻被架空，後自行辦報、參與體制外籌組新黨，他和當權漸行漸遠權。以下提出幾項事蹟說明李萬居政治態度的轉折，俾爲本研究第六章剖析李萬居與黨國互動的論述鋪墊。

一、二二八事件的衝擊

　　李萬居承續在中國大陸接管臺灣計劃的任務，以臺灣省行政長官公署前進指揮所新聞事業專門委員的身份，於一九四五年十月五日飛抵松山機場，與他同是首批接收臺灣的其他人士，還包括黃朝琴、游彌堅、林忠；此一時之選，與接管臺灣的行政長官──陳儀，其任人行事的風格有很大的關係（楊錦麟：174-175；王文裕：51）。陳儀浙江紹興人，日本陸軍大學畢業，是中國學生自該校畢業的第一人。國民革命軍北伐期間，曾擔任第十九軍軍長，後任國民政府軍政部兵工署署長，軍政部常務次長及福建省政府主席。抗日戰爭時期，先後擔任行政院秘書長、黨政設計考核委員會秘書長、臺灣調查委員會主任委員。臺灣光復後，陳儀被指派爲接管臺灣地區的行政長官兼警備總司令。他操守清廉、生活簡樸、用人不拘一黨一派，只要是廉能者皆可起用因此，部屬中不乏中國青年黨、無政府主義、甚至共產黨員〔註25〕（王文裕：51）。

　　陳儀在擔任師長時，湯恩伯當書記，年輕有爲，乃保送他至日本留學，

〔註25〕關於陳儀起用共產黨人士的說法不一，王文裕提及陳儀操守清廉，生活簡樸，用人不拘一黨一派，只要是廉能者皆可起用因此，部屬中不乏中國青年黨、無政府主義，甚至共產黨員；但根據《柯遠芬先生口述回憶》（1989）指出：陳儀喜歡拔擢人才，不講究關係，各省籍都用，惟獨共產黨不用。又一九四六年間擔任臺灣省籍監察委員兼臺灣省黨部執行委員的丘念台，對於陳儀個人的作風與施政風格，亦有所評論，他評曰：「這一時期陳儀長官在用人上，標榜所謂『人才主義』，不管所用的人來歷如何，在施政上保持其軍人作風，但又表現出頗有『民主自由』的傾向，壞就壞在這一尷尬的態度。他對於地方實情既不瞭解，而其周遭的幹部又各憑個己的主觀，沒有完全給他說實話，自然要受矇蔽了」。參閱鄭牧心，1987，《台灣議會政治四十年》，臺北：自立晚報，頁79-80。

回國後拔擢不遺餘力。當軍政部次長兼兵工署長到德國買軍火時，俞大維任翻譯官，後其留德返國，陳儀即保薦他任兵工署副署長，後接任署長。受陳儀提拔的優秀人才不可勝數，諸如嚴家淦、包可永、張果為等，均為佼佼者；對於青年黨人亦照顧有加，如沈仲九、夏濤聲、李萬居等，這還導致國民黨中央稍有微詞。然而，正因為個性不羈，他在福建擔任省主席時就跟省黨部合不來，但很多事情都由政府來辦，陳儀因此得罪了許多有錢人，甚而有人認為陳儀心狠手辣（1989，〈柯遠芬口述紀錄〉。吳文星引，1993）。而任用的部屬中，陳儀最倚重的是同鄉沈仲九，事實上，沈仲九還是陳儀妻子的堂弟，沈的思想比較偏無政府主義色彩的社會主義思想，他擔任陳儀在福建省政府主席之下的顧問期間，負責主持訓練團，所邀請的講師，便以中國青年黨人士或是左派人士為主。陳儀的個性表現在接管臺灣的原則上，他出任臺灣調查委員會主委的時候，就對蔣介石表示：「軍事方面不必派駐大量軍隊」。可見他不希望軍事系統插手干預，但他仍有意培植自己的班底，傾向舉用門生、親信與無複雜背景的人士，李萬居、黃朝琴、游彌堅、林忠，便受沈仲久的推薦，成為接管臺灣的重要人士（王文裕：52）。

　　李萬居成為首批接管臺灣的要角之一，陳儀曾在當時施予李萬居酬庸性質的銀行負責工作，陳提出第一、華南、彰化等三家銀行，任李萬居擇一，李萬居卻表示興趣在新聞事業而婉拒。蔡明憲在《望春風──臺灣民主運動人物奮鬥史》一書也指出（1981：4。呂東熹引，2001：25）：

> 當時擺在他面前接收事業有二：一是新聞事業：日人的臺灣新生報；
> 二是金融銀行：第一、華南、彰化。若選擇了金融銀行，他和他的
> 子孫今日已是臺灣少數大資本家。

後來，李萬居的確展現對新聞事業的熱愛，在銀行事業與新聞事業之間，選擇興趣所在的新聞事業，著手籌辦臺灣行政長官公署的機關報──《臺灣新生報》〔註26〕（蔡憲崇，1981）。一般對李萬居的選擇有以下的評論，沈雲龍認為「婉卻」接收銀行，是以「興趣在新聞事業為理由，可見得書生氣習，畢竟與常人不同」（前揭書。收錄於黃良平：207）。陳其昌則稱李萬居此舉是「仍一本書生本質，愛國、愛臺灣的初衷，決以言論報國的精神」之表現（楊錦麟：141）。

〔註26〕《臺灣新生報》的前身是日據時期後，日人所留下唯一的報紙《臺灣新報》，《臺灣新報》社長日本人河邊哲在臺北西門康定路46號的寓所，後來就成了李萬居的居所。李萬居後來還以夫人鍾賢瀞之名，取名為「瀞園」。

其實李萬居經營《臺灣新生報》之初並不順利。據葉明勛的回憶（1990，〈多少蓬萊舊事〉，《海外學人》。楊錦麟引：142）：

> 新生報的前身是日文版的《臺灣新報》，雖為臺灣首屈一指的大報，但光復後必須改為中文發行。社長李萬居單槍匹馬來接管，對中文主筆及編排都有才難之嘆，只好求助於同機來臺的我們五人。……其中以李純青寫得最多。

沈雲龍也指出（前揭書：71，〈陳儀其人與二二八事變〉，《傳記文學》。收錄於楊錦麟：142）：

> 其時，新生報草創伊始，人手不夠，我除（行政長官公署）宣傳委員會本身工作外，萬居兄立即邀我兼任主筆之一。

此外。李萬居接手新生報亦碰軟釘子，國民黨中央宣傳部對長官公署接收《臺灣新報》，而改《臺灣新生報》，並聘請青年黨人李萬居為社長，至感不滿，乃以臺灣須辦黨報為由，強令分與《臺灣民報》印刷機器設備之一半，命特派員盧冠群籌備《中華日報》，陳（陳儀）以該報（《中華日報》）須設在臺南為條件，免在臺北與《臺灣新生報》發生衝突，最後雙方勉強接受（王文裕：53）。由於李萬居過去與青年黨有關，他接任新生報，使國民黨臺灣省黨部主任李翼中，甚至稱陳儀主控的宣傳機器為「異黨操縱宣傳」、「宣傳授人以柄」，質疑「李萬居為青年黨員，新生報為政府喉舌，李氏能勝任否？」（1992：404-406。呂東熹引，前揭書：25）。

李萬居接手《臺灣新生報》後，乃擔任溝通之責，在創刊日社論，他以〈答臺胞問〉為題，提出勉勵與問題梳解之論。發刊詞中亦指出（王文裕：53；王培堯，2000：84）：

> 言論記事立場，完全是一個中國本位的報紙，並以源源介紹豐富的中國文化，以標準國語寫文章，以最大篇幅刊載祖國消息，及傳達並說明政府法令，做臺灣人民喉舌為任務。

惟此願景卻未實行長久，遠溯中央責難陳儀逕行指派自家班底，未尊重國民黨政與人脈關係，對陳儀行為不圓通表達不滿；李萬居雖秉持著高昂興趣辦報，但陳儀原與國民政府亦非相處融洽，影響所及，李萬居就間接受到「注意」。由於李萬居多次透過《臺灣新生報》批評政府，後來更因為二二八事件波及，最後還是無法在這個機關報一展抱負。有關於他批評政府的文章，特別是民國三十五年十一月二十三日的社論〈不要把壞習慣帶到臺灣來〉，直指

國民政府在抗戰後無法收民心的腐敗，他大膽直言的社論，已經爲二二八事件之後所衍生的嫌隙，及至後來仕途的挫敗，回應一連串仕途危機的預警。

他在〈不要把壞習慣帶到臺灣來〉指陳（王文裕：64-65）：

> 陳長官不止一次向此地來的全省文武官員這樣說。……凡是稍有良心的人，我想都是必能誠心誠意的接受，……我們更要本著陳長官之意推而廣之的，就是有些壞習慣，在表面上雖一時看不出什麼壞處，而實際上卻比請客宴會更害更烈，足使人民對政府失去信仰，而政治效能爲之減低。……希望本省各級政府首長及各個單位主管人員，應時時檢討用人是否爲事，是否人盡其才，有無浮濫兼職胡混人員，各級人員做事是否有很好的服務態度、負責的精神，以及辦事是否能迅速確實。……新臺灣能否建設成功，與我人壞習慣能否徹底改革有重要關係。此來本省服務文武官員，實負有歷史使命，責任異常重大。我們的壞習慣應該讓東海之水，爲我們洗滌淨盡。

後來二二八事件前的緝煙血案，民眾要求李萬居一定要在《臺灣新生報》刊登事件，李萬居應允後的翌日，便詳實報導事件經過。事實上，他的初衷在泯除衝突，然而，從開始接手報業的軟釘子開始，又以青年黨員而握有輿論機關，終爲執政當局所忌諱，後又因爲公開演講呼籲本省與外省人放下歧見，和平共處，直言反對要求臺獨與國際托管的論調，且爲行政官署未能善用臺人之事緩頰，這些種種熱情理想的作爲，反而引起臺民質疑他的立場。陳儀方面，又覺得李萬居不夠竭力捍衛當權，這使得李萬居兩面不討好。因此，在臺灣行政長官公署改組爲臺灣省政府時，政府便將《臺灣新生報》改爲公司組織，李萬居被架空爲有名無實的董事長（張炎憲、李筱峰、莊永明編，1988：163-177；陳其昌，〈緬懷愛國志士的民主精神〉，楊錦麟引：169）。事實上，李萬居被除去《臺灣新生報》社長職務的原因，固然與陳儀最初未能考量當局人事安排，以及李萬居的政黨認同與當權有所出入之外，另外的原因則是陳儀本身對這位他所提拔的幕僚，因爲二二八事件之處理原則的落差，在心態上也已經對李萬居產生變化。

回顧二二八事件發生的緣由，事件起於民國三十六年（1947）年二月二十七日專賣局查緝私煙，憲警處理失當，打傷煙販林江邁，流彈誤傷圍觀群眾陳文溪，導致二月二十八日部分臺北市民示威包圍公賣局要求懲兇，旋即轉往官署請願時，又發生公署衛兵槍擊請願民眾事件，紛亂益發不可收拾，

乃由請願懲兇一變而為對抗公署，進而激化省籍衝突（鄭牧心，前揭書；李
筱峰，前揭書；吳文星，前揭書；黃富三，1993）。事件甫爆發之際，臺北市
參議會邀集國大代表、省參議員組織「二二八事件處理委員會」，多方與陳儀
交涉。其間，處理委員會還提出《告全國同胞書》與《二二八事件處理大綱》，
反映臺灣人民爭取民主自治的要求。原本要和平解決問題的委員會，卻因為
中央政府在三月八日派遣國軍抵達臺灣，三月九日，臺灣省署宣布戒嚴，開
始展開鎮壓，許多民意代表遭殺害，被逮捕，或失蹤，或逃亡，使得「二二
八事件處理委員會」的成員陷入被整肅的命運。當時李萬居也是參加處理委
員會的十七名常務委員之一，成員中和省參議會有關的人士就有九名，包括
林獻堂、李萬居、連震東、王添灯、黃朝琴、黃純青、蘇為樑、林為恭、郭
國基。其餘省參議員亦多為委員會在各地分會的核心人物（鄭牧心，前揭書：
84-85）。

　　國軍大規模的鎮壓波及李萬居。李南雄回憶（楊錦麟：186）：

> 三月某日，忽然大批軍警包圍我家，不由分說將我父親抓起就往外
> 走，我父親邊掙扎邊叫，我是省參議會副議長、新生報社長、國大
> 代表，何以捕我。領頭軍警蠻橫答道，這是上峰的命令，並將父親
> 胸前國大代表徽章扯掉。於康定路相交叉的成都路路口的新生報員
> 工宿舍的同仁目擊情況，當即打電話到行政長官公署查詢，知非公
> 署之意，遂急請公署派憲兵跟車前來制止、解圍，軍警見狀方才搬
> 走，父親因此倖免被捕。而在前幾天，軍警在街上忙亂射擊，瀞園
> 也遭槍擊，母親差點被流彈擊中［註27］。

李萬居雖倖免於難，但部分新生報成員受到牽連，有多位同事被捉走，甚至
失蹤；而抗戰時期在香港相識的好友宋斐如，被逮捕後隨即遭槍殺，這事令
李萬居最為震撼。李萬居險遭橫禍，即與二二八事件自然脫不了干係，如此
殘暴強烈手段，應是軍統特務所為（楊錦麟：187）。

〔註27〕關於李南雄提及母親差點被流彈擊中，還可以在他2001年的李萬居先生一百
　　　　週年冥誕紀念會，接受訪問的陳述，得到詳實的說明。他描述「二二八事件
　　　　發生後，臺北市已經宣布戒嚴，我哥哥還跑出去玩，爬到屋頂上，外面的軍
　　　　警看到屋頂上有人（受訪者按語：誤認為狙擊手），於是先下手為強，開了兩
　　　　槍。我母親當時在房間梳頭，我記得有一槍打得很近，子彈就從母親的頭頂
　　　　上飛過，打成牆上一個大洞，可能是因為開槍的人射歪了，其實非常可能打
　　　　中」。參閱〈李南雄先生訪問紀錄〉，2001年7月18日，陳儀深訪問，潘彥蓉
　　　　記錄，收錄於《李萬居先生一百週年冥誕紀念專刊》，頁53。

當時，中央政府派國防部長白崇禧來臺綏靖清鄉，據中央研究院近代史研究所出版之《白崇禧先生訪問紀錄》，白崇禧說到（鄭牧心，前揭書：89）：

> 我視察返回臺北後，召開綏靖清鄉會議。警總參謀長柯遠芬說：警
> 總已令各縣鄉地方實施清鄉計劃，限期年底完成，有些地方上的暴
> 民和土匪成羣結黨；此等暴徒清亂地方，一定要懲處，寧可枉殺九
> 十九個，只要殺死一個眞的就可以，對敵人寬大，就是對同志殘酷。

陳儀呈南京政府蔣主席報告事件經過時，明指事件係「奸匪勾結流氓，趁專賣局查禁私煙機會，聚眾暴動，傷害外省籍人士」（總統府，1955：46。吳文星引，前揭書：108）。公署秘書長葛敬恩則謊稱只有對空鳴槍，並沒有打傷或打死民眾，而柯遠芬在日記中寫道：這次事件發生自然有奸人從中煽動，但是，吾人未能防患未然，政治鬆解，沒有確實掌握群眾、領導群眾，這是黨政軍最大的失策（1989：233。吳文星引，同上：108）。事後在行政長官公署編製二二八事件各縣市暴動情形的報告中，陳儀亦定位「二二八事件處理委員會」是「逾越常軌，演變而爲非法反動之集團，至爲明顯」、「委員會組織擴大改組後，分子複雜，主張紛歧，越軌非法，益見明顯」並稱「爲一般奸黨及少數野心家所操縱」（楊錦麟：185；陳儀深，2001a：8-9）。中央與臺灣行政長官似乎咸認同事出「奸僞」煽動所致（吳文星，同上：108）。依白崇禧指柯遠芬會如此「寧可誤殺、不可錯殺」，應該就是這種認知心態使然。柯認爲當權在控制群眾上沒有作好，但終究如他在日記所記：本省政治失敗是完全在「信」字沒有樹立，……一切誤會都從此而生（1989，234-235。吳文星引，同上：109）。信心機制的欠缺卻如此視同胞如敵人，誣良民爲盜匪彈壓與清鄉，何異於日據異族的殖民統治！以致有人稱之二二八事件是「臺灣的黑暗時代」（劉峯松，1986，《臺灣的黑暗時代》。鄭牧心引，前揭書：89-90）

事實上，剛開始運作的「二二八事件處理委員會」，還頗爲理想地規劃預期達成的目標，李萬居同時瞭解臺省存在著的省籍情節，他曾在三月五日的大會中強調（楊錦麟：181）：

> 本省人須明瞭，此次事件目的在求政治改革，而非要求托治。

他的發言意有所指，表示部份人士主張臺灣問題要「國際共管」之說。這似乎或多或少回應陳儀等人，認爲二二八受奸獰之有心人士所爲的論調。雖無切確資料證實這項關聯，但李萬居在這種省籍情結糾葛的政治氛圍中，被譏諷爲「政府的走狗」。他在會議中屢受中傷，並且表示：

> 每天在中山堂不是開會，而代表長官公署的部份委員，每天來開會
> 時幾乎成了會場中被清算的對象，所以後來都不敢參加了。……若
> 干於光復後受政府培植的本省知名人士，苦無群眾基礎，已不發生
> 絲毫作用。

可見，李萬居身為省參議會議員，他保持堅定愛國精神與民族主義立場的知
識份子，我們看到他乃是就事論事，或應該說是就國事論國事的面向；但是，
他一方面不留情指正當權的壞習慣，另方面又察知缺乏認同政權者可能帶來
的破壞，並且天真地相信當權善後的能力（他曾積極奔走籲請陳儀留任）。他
的真理無法在紛亂權謀的政治舞臺上受到肯定，最是癡心，恐怕也最是失望
了。

及至王添灯、林連宗兩位議員喪生，林日高、洪約白被捕，其餘則有被
通緝逃亡，亦有驚魂未定暫避風頭者，尚有苟存議壇人士，如韓石泉《六十
回憶》所言（鄭牧心，前揭書：90-91）：

> 大都意志消沉，噤不作聲，與第一次大會情形相較，恍如隔世。

李萬居目睹本土知識份子在二二八事件當中遭受政治迫害，自己亦險遭不
幸，事件發生後的同年九月又面臨《臺灣新生報》改組，被迫辭職，以致於
干脆自行創辦《公論報》。此時的李萬居，已經不再長揖融通了，他的政治態
度被二二八事件大大地沖刷而產生裂變。事後根據行政長官公署出版之《臺
灣省二二八暴動事件紀要》的統計，曾經參與該事件並從事叛亂行動的各級
民意代表達八十餘名（鄭牧心，同上：84-85）。李萬居、黃朝琴、郭國基等人
都被列為「主動及附從者」。可見陳儀對於李萬居、黃朝琴等人未能在事件中
竭力斡旋，有效制止事態擴大心存不滿。

而當局對李萬居的不滿還有一個原因，據張耕陽回憶（楊錦麟：185）：

> 當時新生報社長設有專車，並配一車夫，新生報總編倪師壇時需外
> 出用車，但對車夫出言不遜，兩人遂發生口角，乃致相毆，車夫竟
> 將汽車駛出，並參加街頭抗議活動，還把李萬居座車充作遊行示威
> 活動的宣傳車，讓人〔誤〕以為李萬居也積極參與了二二事件中的
> 群眾鬥爭。

李萬居的政治生涯受到二二八事件波及，他對當局處理該事件深感不滿與痛
心疾首，回顧他在〈不要把壞習慣帶到臺灣來〉的言辭，主要便是起因於目
睹當權腐敗，深感官署政策對治理臺灣施行不利。但是，他或許無法預估自

己「事處兩難，吃力不討好」（陳其昌對李萬居在二二八事件的角色定位）的背後因素，卻可能與他是「半山」、是青年黨、是省參議會副議長、是《臺灣新生報》社長等多重身份有關。特別是有關「半山」身份為李萬居帶來困擾，其實他理應是最能代表民意的，他是首屆省參議員中最高票當選者，也是深刻感受過政權迫害痛苦的，他當然最是為臺灣人民而挺身的。但部份激進的臺灣人並不能諒解，二二八事件想要強作調人的他，甚至發生事件不久後在上海被一群臺灣人圍毆的事（陳儀深，2001a：9）。

雖然，李萬居參與「二二八事件處理委員會」的調解，起草與討論《告全國同胞書》以及《二二八事件處理大綱》四十二條中與政治相關的三十二條內容〔註28〕。可惜的是，這三十二條改革要求，最後竟成為〔當權羅致〕犯罪的證據、出兵的理由（陳儀深，同上：8）。此外，李萬居秉著新聞良心，詳實報導二二八事件，他為身為《臺灣新生報》社長，承受客觀報導與行政長官公署指示壓低宣傳的雙重壓力。但是國軍鎮壓後的局勢驟變，本土精英的改革受到挫敗，邇後大陸失守後的省議會，就成了李萬居洞察機先而志未竟的表演舞臺。

楊錦麟認為李萬居若非二二八事件的牽累，他在一九四五年至一九四七年間的政治生涯已達巔峰。本研究認為二二八事件確實可以作為李萬居政治態度變化的重要指標，但是，在該事件稍有平息後到國民政府播遷來臺，及至蔣介石正式復職期間，大約在民國三十六年二月到三十九年三月間（《公論報》在三十六年年十月創辦），李萬居理應還有轉圜空間的。換言之，如果當時他能掌握當權的心態，略為調整政治態度，甚或應和當權的領導權，或許就不至於受二二八事件的遺緒影響，而牽累至深。

在此陳述幾件事蹟，說明李萬居在該時期可圈可點的政治活動（筆者按：楊瑞先：96-99；楊錦麟：215-217；王文裕：85-89）：

一、民國三十八年大陸局勢動盪，四月底，共軍渡過長江，圍攻武漢、上海，臺灣各界為向戍守上海的國軍表示敬意，由臺灣省參議會、中國國民

〔註28〕具政治性的三十二條的《二二八事件處理大綱》內容，最重要的是前三條：一、制定省治法為省政府最高規範，以便實現國父建國大綱之理想。二、縣市長於本年（民國三十六年）六月以前實施民選，縣市參議會同時改選，目前其人選由長官提出，交由省處理委員會審議。三、省各處長應經省參議會之同意，省參議會應於本年六月以前改選。參閱鄭牧心，1987，《臺灣議會政治四十年》，臺北市：自立晚報，頁88。

黨臺灣省黨部、立監委聯誼會、國大聯誼會，以及臺灣省政府等十多個單位，組成臺灣省慰勞團，推李萬居為團長，團員有林愼、李翼中、李鍜等十三人共赴上海勞軍。在大陸期間，李萬居亦曾隨同慰勞團赴吳淞一帶慰問前方將士，並與上海的臺灣人士交換意見。

　　二、民國三十八年十月至十一月之間，臺灣省參議會組織山地訪問團，由李萬居擔任團長，到烏來、太平、尖石、五峰、卓蘭、仁愛、新港等原住民鄉村考察。李萬居在座談會中發表：

> 我們中國先賢曾留給我們一句話——「天下一家」和「四海之內皆兄弟」，中華民族對於這兩句格言始終遵守不逾，對於國內任何種族都一視同仁，毫無偏見。臺灣光復之後，歷任長官都很注意改善山地兄弟的生活以及提高文化水準。可惜客觀條件的限制，有的未能做到。省參議會的同仁一向十分關心這個問題，這次特別組織山地訪問團，到各山地訪問山地兄弟，希望各位盡量發表意見，省參議會一定把諸位的意見，提供政府做為改善兄弟姐妹生活的參考。

原住民同胞聽了這席話均感興奮，紛紛發言。李萬居將考察所得意見加以整理後，就教育、政治、經濟建設、衛生、警務，擬出五十四條改進方案，送請省政府參考。

　　三、民國三十八年十二月七日，國民政府決定遷臺。十二月八日，臺灣省參議會致電蔣中正、總統府和五院院長，對於政府遷設臺北表示歡迎，電文內容為：

> 共匪禍國殃民，積有歲時，迄今蹂躪人民，劫略土地，幾遍神州，言之可為痛心，深信天意厭亂，正義必伸，終將使匪類傾覆。敬聞 鈞府遷臺，並在西昌設大本營，統率陸海軍在大陸作戰，行見防守益堅，反攻勝利宏業可期，中興在望。謹代表全省民眾竭誠擁戴歡迎。

臺灣省參議會議長黃朝琴，副議長李萬居敬叩

到了民國三十九年三月三日，議長黃朝琴率全省各縣市參議會正、副議長，赴臺北向蔣總統致意表示致意，同日，各界擁護蔣總統領導反共抗俄大會在臺北舉行，與會民眾約十萬人，由黃朝琴任主席，臺灣省各級民意機關及主要社團領袖，包括李萬居、連震東、謝漢儒、馬有岳、殷占魁、周延壽等五十餘人皆出席。

　　四、蔣介石正式復職前，李萬居在三十九年二月二十四日至二十八日之

間，曾組織糖業訪問團南下訪問臺糖各分公司、製糖廠與蔗農，先後經過溪州、龍岩、北港、虎尾、新營、蕭壠、屏東等地，三月十三日，在省參議會中提出挽救臺糖方案。後於六月中旬，李萬居又再次提出改善臺鹽方案，並於七月中旬，率臺灣省參議會鹽業考察團赴鹿港、布袋、七股等鹽區考察，七月二十五日、二十六日舉行鹽業座談會時，主張恢復精製鹽。此一改進方案使當時總數六千餘戶，三萬多人口的鹽民直接受惠。

五、民國三十九年十一月六日至二十六日，李萬居率臺灣省參議會林業考團，深入太平山林區，實地瞭解林業與林工生活，並在省參議會中指出「造林與伐木應求平衡，工人待遇應該改善」，並向記者表示「太平山林場管理得好，造林工作做得不夠。林業是臺灣的生命，無森林即無臺灣」。

六、民國四十年五月，李萬居隨黃朝琴至澎湖考察，返臺後，就交通、飲水、糧食三大問題，提出建議和意見，要求相關當局予以重視；除此之外，他為故鄉雲林的建設，如修築堤防、排水渠道等疏浚工作，多方奔走，並爭取經費，對整個嘉南農村復興助益甚大。

上述種種與省政建設或產業發展相關議案，是李萬居在二二八事件之後，在省參議會時期實際的問政記錄。李萬居在此階段積極關切政策執行的態度，表面上幾乎不見其受二二八事件的打擊，或許他以積極進取代替消沉，或者提呈議案原本是議員職權所當作為者。但是，李萬居終究終究「言人所不敢言，為人所不敢為」，他本能上不願向黨國威權靠攏，後來他在議壇上多次提出人權議題的質詢，就是要當權拿出「真相」。殊不知五○年代正是島內大清洗、大屠殺、大逮捕空前緊張的時期，李萬居駭人之語可謂太歲頭上動土（楊錦麟：219）。或許可以斷言，李萬居的仕途機會因擇善固執而悄然溜走。

二、議會餘音：辦報與組黨

辦報與組黨是李萬居在正規體制的議員身份之餘，一項與政治掛勾，並且波及其政治仕途的重要事件。一般而言，問政專指他在省議會所扮演之黨外政治精英的角色，然而，李萬居將議壇問政與議會外之政治活動串連起來，特別是議壇質詢與他透過私人興辦的《公論報》社論相互呼應，因而這兩件事常常無法全然切割。李萬居在正式成為體制內政治精英的初期，即受到威權領導權的強制力迫害，他的內心世界實則已經受損，只是生命的強韌

與擇善固執的天眞，延續著他理想政治思維的養份。爲了在議事場外再建造一個他認爲可以眞正表達人民之聲的園地，在結束《臺灣新生報》的虛應職位——董事長之後，李萬居自行集資興辦《公論報》，他本人擔任社長，鄭士鎔爲總編輯，陳祺升爲發行人。

　　從時間記事來看，《公論報》成立的時間點，與李萬居再臺灣政治生涯的起步，差不多在同一時期。他在民國三十五年當選省參議員，民國三十六年二月二二八事件後，同年十月二十五日，正逢臺灣光復紀念日，《公論報》就問世。就開辦時間而言頗爲敏感，李萬居雖受到二二八事件衝擊，但他的本能並非潛沉不動，反而展現內在源源不絕的「聲音」，一心一意想把任何對國家、社會有所興革的想法表達盡意。這也就不難理解後來他利用《公論報》作爲議場外的發聲筒。後期還因爲支持雷震創新黨，發表的言論被當局視爲過激，而遭受刊物被迫停刊之事。算起來《公論報》經營的時間，在民國五十年（1961）結束時，距李萬居民國五十五年（1966）離開人間亦不遠矣〔註29〕。

　　《公論報》伴隨著李萬居的仕途生涯，可謂扮演體制外發光發熱的反文

〔註29〕　《公論報》在李萬居擔任社長的權限時期，自 1961 年 3 月 5 日被迫停刊。但是同年 6 月復刊，發行人改爲蔡水勝，社長由張傳祥擔任，維持到 1965 年終告不支（呂婉如，2001：123）。這是可以理解的，其實在 1959 年，李萬居爲改進《公論報》的經營，便決定以增股方式重新組織公司，是年 10 月 1 日，成立了以蔡水勝、陳祺耀、張傳祥、胡水旺、郭雨新、陳錫慶、林幸爲董監事的新董監事會。《公論報》採增股方式重新經營，實際上已經給未來的發展潛伏了危機。時任《公論報》臺東業務主任的黃順興回憶道：「《公論報》這個臺灣唯一沒和國民黨掛勾的獨立日報，經營狀況已十分艱難，連報社工作人員的工資都難以發出，……但固定的讀者都能維持一定數額沒有下降。大多數讀者都對我們明講，人們之對《公論報》不是以看新聞消息爲目的，而只是渴望著能看到它獨樹一格的社論，……」、「由於國民黨通令不准在《公論報》刊登廣告，《公論報》於是成了島內唯一不登廣告的新聞報紙。而沒有廣告來路就意味死路一條。……」。1960 年 7 月 1 日，時任《公論報》社總經理的蔡水勝大舉更動報社人事，李萬居不同意蔡某的做法，雙方發生意見分歧。在未經董事長、發行人兼社長李萬居的同意下，新股東遽行宣布改組，由國民黨員、臺北市議會議長張傳祥任社長，陳祺耀任駐社常務董事，李萬居仍任董事長，這似乎是 1947 年《臺灣新生報》改組，李萬居權力被架空的重演（楊錦麟，1993：355-356）。《公論報》轉到張傳祥手上後，〔雖〕曾一度復刊，但不久之後（1962 年 3 月 15 日）即再度停刊；而後數度易手，終爲聯合報系董事長王惕吾收購，於民國五十六年（1967）易名爲《經濟日報》問世（王文裕，1997：78）。

化領導權的角色。李萬居在《公論報》的創刊詞，即表明該報刊的定位——民主政治權力的運作是自下而上。全國政治建設，必須從地方做起。創刊詞內容界定自身爲關懷地方與基層的刊物，同時也是硬性威權時期，即早就促使當權要朝民主政治邁步的代言。創刊六週年的時候，李萬居再度重申《公論報》的立場（黃良平：36；文建會，2007：19）：

> 我不是以賺錢爲目的，應該是一種社會服務、一種犧牲。

同時因《公論報》揭示民主、自由、進步的理念，使得《公論報》贏得「臺灣大公報」的美稱（文建會，同上：19）。不僅如此，《公論報》創辦之初，即請來周一凱撰文，倂同討論梁漱溟、張東蓀、費孝通等人對基層與中央關係的觀點。周一凱引張東蓀之言「中國政治軌道有兩個，一是由上而下的，稱爲甲楔；一是在下而上的，稱爲乙楔。實則現在只有甲楔，橫征暴斂向下施壓力的楔」（1947年12月7日，二版）。《公論報》則回應：

> 如果不把基層政治改善，中央縱有好的政策，好的辦法，不是在地
> 方上行不通，便是行到下面就變質。

回顧前述李萬居走訪基層關心地方的種種記實，則《公論報》的的確確在精神旨意上就是在進行這種任務。李萬居一方面以議員身份的權限克盡厥職，另方面《公論報》在地方發聲促請。他在議員任內的基層行動不勝枚舉，如前述包括走訪原住民地區，並允諾將他們的心聲轉知給省府。亦曾到臺灣南部考察製糖廠與蔗農以及鹽業鹽民，並在省參議會中提出挽救臺糖方案和改善臺鹽方案，令許多人民受惠。或深入太平山林區，實地瞭解林業與林工生活，在省參議會中指出「造林與伐木應求平衡，工人待遇應該改善」。還曾到離島的澎湖考察，返臺後，就交通、飲水、糧食三大問題，提出建議和意見，要求相關當局予以重視。對自己故鄉雲林的建設，他也是奔走請命、爭取經費，在修築堤防、排水渠道等疏浚工作，對居民助益甚大。這些李萬居身爲議員的舉動與《公論報》定位在反應基層意見，實則相通。

《公論報》讓李萬居在議壇之餘，還有額外的空間進行政治傳播的機會，但相較於初涉政壇的不可一世與風光，此時他只除了將磊落直率的性格投射到議會平臺上，表現出反對勢力的反文化領導權行動。但是，他仍然堅持就國事論國事，未能軟化其反威權的強烈意識。因此辦《公論報》之前，二二八事件不久，李萬居再度競選省參議會副議長職位時，據聞省主席陳誠曾親自督陣。如此看來，李萬居該次競選副議長的失敗，實際上是當局對他「不

懂得做人」的一種懲罰（楊錦麟：222）。目前雖無第一手資料足以描述李萬
居當時的心境，但是，從卜幼夫的文章裡可以得知（1962：20-24，《臺灣風雲
人物》。楊錦麟引：222）：

> 該次選舉使他在政壇上的聲望受到嚴重的打擊，〔當時就有〕很多人
> 擔心《公論報》的前途，然而，李萬居儘管副議長落選，情緒欠佳，
> 但《公論報》他還是要辦下去。

而持續辦報過程中，終究還是展現他的仗義之氣與興革之念，在創刊六週年
的時候，李萬居寫下（黃良平：36）：

> 本報在極度困難中誕生，我們這六年來，可以說無時無刻不再風雨
> 飄搖中奮鬥著。

《公論報》後來與雷震的《自由中國》搭上線，在民國四十九年（1960）聲
援雷震籌組新黨，正因為這項舉動，加速了《公論報》的停刊。

　　在此將《公論報》與組織新黨、聲援民主憲政的聯結略說明之。事實上，
在雷震案發生之前，《公論報》針對反對勢力的發展，便表達相當務實的論
點，在一篇標題為〈胡適與反對黨〉的社論，李萬居坦白指出組黨這件事的
必要，並針對有心人拿胡適之先生「對組黨沒興趣」一語作文章所造成社會
的誤解，加以澄清。李萬居支持組織反對黨，同時他可以理解胡適說「對組
黨沒興趣」的原因，因為胡適原本是一介文人，適合作「國家的諍臣，政府
的諍友」，他沒興趣組黨，並不表示他的自由主義思想有所變化，何況組黨
是許多人的事，非一人之事。如果中國要實行民主政治，強大的反對黨是遲
早要出現的（1957 年 9 月 15 日，一版）。李萬居如此重視政黨政治，與臺
灣戒嚴初期的選舉弊端脫離不了關係，早可溯及臨時省議會時期，他大量的
質詢內容即多次針對黨籍、選舉干涉、議員失蹤、當選後退出。間接/直接
選舉、改選期限、廢票等等情事，在質詢中赤裸裸地質問省府（臺灣省諮議
會編，2001；翁風飄，2009：33）。

　　組黨意圖其實可追溯到更早，在一九五○年代初期，臺籍組黨人士已有
多位擔任臺灣省臨時議會的議員，他們在議會中曾關心過政治結社（特別是
組黨）的問題（蘇瑞鏗，2005：48）。而針對李萬居本身對組織社會社團，
在早期公開表態過的言論，是在議會中的質詢。他在一九五二年臨時會第一
屆第一次大會中，在洋洋灑灑六大項的質詢內容中，其中第五項七小項中的
第四小項，便質詢省主席吳國禎：「一部份人，對於選舉，任意加以干涉。

但卻美其名曰：實行政黨政治。所謂政黨政治，應容許其他黨派，或個人自由活動，自由競爭，任何方面不得加以干涉，壓制。否則所謂政黨政治，從何談起？同時依照中華民國，憲法第十四條之規定：人民有集會及結社之自由。如果要實行政黨政治，執政黨就應容許人民，有集會和結社的自由」（臨時省議會第一屆第一次大會。臺灣省諮議會編，2001：115）。

　　至於聯合體制內、外而檢討政府選舉，並有系統組織進行改革計劃的，就是一九五七年所謂本土人士對選舉批判之臺灣民主運動第三股主流〔註 30〕（謝漢儒，2002：101-145）。李萬居就是在一九五七年四月十一日，距離第三屆縣市長選舉日前十日，參加黨外（包括民社黨、青年黨及無黨無派人士）在臺中市醉月樓舉行的「選舉改進座談會」（謝漢儒，同上：104-127；呂東熹，前揭書：32）。座談會企圖為選舉過程進行徹底的檢討，對外發表聲明，並成立永久性組織，以形成對政府的制約。接著在一九五八年的籌備委員會，經過不斷交換意見、協商，有了共同結論，關於組織名稱決定為「中國地方自治研究會」。並擬以此名稱速向政府機關提出申請設立，但是提出申請後，卻遭當權以「深入認真予以研究」的官話推搪。到了一九五九年三月二十五日，「中國地方自治研究會」籌備委員，再推舉吳三連、李萬居、朱文伯、郭發和謝漢儒等五位代，向內政部田炯錦部長溝通（謝漢儒，同上：115，127，132，134）。次年二月研究會向政府所提十五點要求，亦未獲答覆，申請設立組織也「迄已經年，未蒙核示」（李萬居語，謝漢儒引述，同上：135）。最後在一九六〇年五月選舉後的集會，吳三連提議以「本屆省議員暨縣市長選舉檢討會」的名稱討論。選舉檢討會最後產生四項結論中，確立組織地方選舉改進座談會（簡稱選改會）。選改會的成立，無疑是籌組新黨的前身，這在檢討會中已取得一致的共識（同上：157，186，191）。

　　之後選舉改進委員會召開第一次會議時（民國四十九年六月二十五日），李萬居即發表開會致辭，聲明（收錄於《自由中國》，二十三卷一期，頁16，1960 年 7 月 1 日。周琇環、陳世宏編，2000：67-68）：

　　　　〔註30〕臺灣的民主運動分為三股主流：第一股是以胡適先生等高級知識份子支持，由雷震先生創刊經營的《自由中國》半月刊，是最具影響力的。第二股主流是在野的民社黨與青年黨，他們利用其在野黨合法地位，呼籲國民黨政府走向民主。第三股主流就是臺灣各縣市的參與政治活動人士的結合，他們多數是當選或落選的縣市長和省、縣市議員。參閱謝漢儒，2002，《早期台灣民主運動與雷震紀事》，臺北市：桂冠圖書，頁 7-8。

　　凡實施民主政治的國家，必定要有兩個以上的政黨。就當前局勢而
　　觀，臺灣地方選舉一時恐怕不容易有多大改進，所以要爭取合理且
　　公平的地方選舉，只有大家加緊團結起來把新的強而有力的反對黨
　　組織成功。

同年九月，雷震在前往嘉雲三縣市的座談會中，正式宣布新黨名稱爲「中國
民主黨」，並以「反共、民主」爲方針，其餘主張還有軍隊國家化、司法絕對
獨立、反對「黨」的經費由國庫開支。組織新黨的動力可用雷震的一段話來
說明——「目前本省如無一強大反對黨，則選舉改革無從談起。第四屆選舉
時，民、青兩黨及無黨派人士，曾經要求每一個投開票所派監察員一人以防
作弊，但未爲國民黨所接受。後於今（1960）年二月底由中國地方自治研究
會提出十五點要求，希望政府改善，但是執政當局卻置之不理。像這個幾近
獨裁而忽視民意的做法，實迫使我們非起來反對不可」（謝漢儒，前揭書：
291-292）。

　　實則在九月一日雷震與李萬居、高玉樹一起發表的「選舉改進座談會緊
急聲明」，即已標誌組織新黨是海內外民主反共人士一致的願望，當時預估九
月底就能宣告成立（周琇環、陳世宏編，前揭書：85-87）。可見因選舉之弊端
所引發知識份子組反對黨的意圖，乃是基於對選舉是民主政治能給人民選擇
自由的最根本原則，如果只能就一黨選一黨所指定之人，或者以威脅誘惑其
他政治認同者的參選自由，則最基本的選舉都受限，民主政治便無任何開啓
之機會。

　　李萬居加入雷震籌組新黨的陣營，這件事可說是他自五〇年代以來，除
了苦心維持經營《公論報》與省議會問政之外，籌組新黨成了他尋求政治定
位的新起點。一般論及中國民主黨籌組事件，大概都將雷震被捕作爲組黨失
敗的終結，其實在新黨籌組失敗階段中，李萬居的作用才是最精彩、最感人
的，也是其他人無法替代的，他的悲劇性格表現在此一階段達到最高峯。雷
震被捕（1960 年 9 月 4 日）次日，李萬居即發言（楊錦麟：314-315）：

　　雷震雖是組黨的主要份子之一，但絕不因他個人的問題而使組黨的
　　工作受到影響。

同一天（九月五日），法新社記者在臺北報導：一權威人士告訴記者，是次拘
捕雷震之事是經『最高當局』批准的，所當『最高當局』通常是指蔣介石。
臺灣警備司令部發言人王超凡還強調，雷震之被捕是個人問題，並不牽涉到

反對黨的問題。李萬居則回應那是狡辯，之後數日，以雷震、李萬居、高玉樹連署名義，另發表抗議聲明。

　　然事與願違，雷震被捕後，蔣介石在十月八日明確指示雷震的刑期不得少於十年、覆判不能變更初審判決（陳世宏，2002：331-332）。維持原判的決議已表示當權對組黨之事的悍然抵制，新黨籌組漸呈「胎死腹中」前兆。事實上，早在雷震遭大逮捕之前不久，謝漢儒有一段記實，已顯現這段期間的焦慮與不祥之感：

> 想起胡適羈留美國迄未歸國，吳三連又被迫出國，同時李萬居的公論報官司纏身，高玉樹也因過去市長任內被控貪污瀆職，而召集人會議又是如此『低潮』，八月以來，這一連串不尋常事件的發生，究竟預示些什麼？我不敢再想下去了。

此外（《時與潮》，1960 年 9 月 26 日，頁 6。蘇瑞鏗引，前揭書：218-219；李達，1987a：156）：

> 李（萬居）高（玉樹）兩人過去對組黨無經驗，同時，他們兩人最近又是官司纏身，……對新黨的籌備工作就自然力不從心了。

　　雷震被捕入獄事件，李萬居表達內心實際的觀感，即透過《公論報》的抒發園地來呈現。九月九日雷震被捕不久，《公論報》便率先發表有關雷震被捕案的綜合報導，他將來自各媒體的聲音整理，以「失盡世人同情之舉」撻伐，星島日報認為當局無「雅量」，並反駁國民黨對雷震冠以「叛亂」之名，甚至以庚子之亂捕殺六君子的歷史事件比擬。而新生晚報則駁斥：視《自由中國》有過激言論，乃是「莫須有」〔註31〕。總之「如此黨獄，何以服眾」（1960年 9 月 9 日，二版～三版）。接著在九月十二日還聲明「新黨籌備會舉行會議，

〔註31〕《自由中國》表達組黨的動機與目的，由來很早。民國三十九年（1950）一月一日與十六日，蔣廷黻就說明了「自由中國黨」組織綱要草案。雷震在四月一日，則以〈反對黨之自由及如何確保〉，揭示「反對黨」在民主政治制度下的需要性。其後為《自由中國》撰稿的牟力非（略論反對黨問題的癥結，1957.2.1）、朱伴耘（反對黨！反對黨！反對黨！1957.4.1），都以洋洋灑灑的評論說明政黨政治的重要性。從民國四十七年（1958）起，雷震以社論「積極展開新黨運動」，民國四十九年（1960）五月，即邀請民主社會黨與中國青年黨人士，共同檢討地方選舉以決定籌組新黨，同年六月十六日暫定新黨名為「中國民主黨」，接著在六月十九日新黨籌備委員會即成立。《自由中國》在組新黨的議題上，另外亦轉登其他報章媒體如公論報、中央日報、聯合報、民主潮等社論或評論，以添說服。參閱周琇環、陳世宏編，2000，《戰後臺灣民主運動史料彙編（二）：組黨運動》，臺北縣新店市：國史館，頁 9-98。

建黨工作亦將積極加強」之語（1960年9月12日，一版）。到了十月，《公論報》以斗大的標題表明立場，〈新黨籌備會發言人聲明──雷震等被逮捕係一政治事件〉。李萬居表示（1960年10月18日，二版）：

> 新黨運動絕不會因此停止，只不過稍延長成立時間而已。同時亦阻嚇不了大陸人與本省人共同攜手合作，以推進民主愛國的運動」、「中國民主黨已領回組黨文件，我們決定不久宣布成立。

　　後來警衛總部王超凡回應之亦發表聲明，指出李萬居、高玉樹關於雷震之聲明，損害本部信譽，侮辱軍事法庭執行職務及誹謗軍事檢查人員云云（楊錦麟：319）。加上胡適勸告暫緩組黨，提出「應穩和的以和平手段處事，大家千萬勿搞來搞去，否則必非國家之福」，因而要求新黨籌組人士「不必過急促，不妨從容一點」〔註32〕。李萬居等人似有所理解。但在十月二十四日，李萬居以「望天」為筆名，對雷震案再度表達內心的憂憤，他以〈捫心看雷案──讓我們跪在歷史之前作證〉為題，自清立場，他說道（1960年10月24日，二版）：

> 一、我是個無黨無派有良知有眼睛的國民；二、我是個被共產黨拆散了家而逃出來反共恨共者；三、我之所以敢於在此發表本文，是基於下面的勇氣：當有人指白為黑，而我看見它確實是白的時候，我一定要把我所看見的說出來。如果有人因此殺我，則我是為了真理而死，無畏也。

他還舉證歷歷，說明雷震愛國反共，不可能產生對國家不利之犯意。最後他懇請政府正視事實：

> 以往政府處理過許多匪諜和叛亂案件，當時全國上下莫不予以支持，一致稱快。為何此次獨對雷震，一般輿論竟不顧殃及本身之險，究竟是當局高明？還是人民的眼睛亮？

　　李萬居對當權第一時間的反擊，表現他堅持道理、無畏無懼的態度。由於《公論報》詳實的報導，致十分搶手，《時與潮》周刊就指出「雷震案發生後，新聞輿論方面，最少『自我限制』的民營報紙或許僅有《公論報》，最近幾天的《公論報》因報導雷震消息最多，所以往往為了一篇社論或一篇香

〔註32〕胡適在雷震被捕之後，並未前往探視過雷震，具觀察家指出：他只有一個目的，他認為雷震還被寬恕減刑的希望與可能，參閱楊錦麟，1993，《李萬居評傳》，人間出版，頁321。引自《時與潮》，1960年11月21日。

港通訊，而被搶購一空，這在《公論報》是罕見的現象」（1960 年 9 月 19 日。楊錦麟引：324）。《公論報》迴光反照的現象，終究還是因爲李萬居不畏強權的大膽言詞，遭到與《自由中國》同樣的命運。綜觀《公論報》言論，與《自由中國》、《民主潮》等自由派刊物，頗有相互呼應。與其他民營報紙相較，《公論報》崇尚民主自由、堅持公正批判，更具有獨立報紙之特色。在地方議題上尤爲突出，不負所標榜「地方性」、「民間性」之主張，成爲臺灣人民之喉舌。

《公論報》在新黨籌組期間，成爲組黨運動宣傳要角，對臺灣民主憲政發展展現實質力量（呂婉如，2001：126）。如果從貼近市民觀點的立場來看，《公論報》雖窮，卻有報格。台灣日報署名德的一位先生，曾對李萬居辦報的精神下了一段評註（黃良平：37，58）：

> 李萬居那種堅守原則，忠於國族的耿介作風，當得起『報人』之稱，與一般『報販』頗有分別的。如有人寫近代中國報業史，對這份風格特殊的民營報紙，多少總得帶上一筆。

《公論報》作爲純民間的報紙，除了在立場公正、態度嚴肅而備受歡迎之外，微觀層面上，它是李萬居的「政治資本」，而且超然黨派〔註33〕。即便青年黨

〔註33〕關於李萬居對《公論報》定位的堅持以及超然黨派的價值觀，曾擔任該報紙主編的鄭士鎔，曾發表實際與李萬居共處的史實，表現出李萬居的政治特質。首先，鄭士鎔是經李萬居的好友李純青轉介到《公論報》從事編務的。鄭士鎔在報紙出刊兩年後才到任，就他的陳述：「他（李萬居）除陪我到編輯部向同仁簡介以外，始終未曾和我談過他的辦報理念，也未詢我編輯方針，更不提財務狀況，好像他對我有充份的認識。也對我作絕對的信任，他把編輯部向我一交，一切由我主持，就不再過問」、「以我當時的身份背景，我曾服務的《大公報》各館先後投共，我曾追隨的陳儀亦因通敵罪被捕，在台灣當時的政治環境，他應該是知所戒慎，不當盲目聘用的，但他私毫不顧忌，而且對我徹底信任，這份膽識豪情，另我既佩且感，畢生難忘」。參閱鄭士鎔，2001，〈李萬居與公論報〉。《傳記文學》，第 79 卷，第 3 期，頁 3，38-39。此外，另一件事爲本研究曾在第三章第三節討論省議會精英傾軋事件，其中有關陳誠被撤換，轉以吳國禎任省府主席的事。李萬居因《公論報》在省府改組前受到壓制，省府改組後便囑主筆撰寫社論，對陳誠政績多所批評。鄭士鎔以兩點理由勸李萬居不要如此行：一、對下台人物不宜苛評，恐會被認爲不公；二、官場沉浮不定，今日下台，明日可能東山再起，今日對他寬厚，未來見面更顯人情。但李萬居並不接受，且勃然大怒。後來鄭市鎔表示：「報是你的報，當然你要怎樣就怎樣，如果你決定發排，我只好請辭」。片刻之後，李萬居在電話那端問：「你主張不發，那要怎麼處理？」鄭士鎔回以「改寫一篇比較理性的社論，使讀者看了覺得公平，受評者看了會有沒被刺傷的寬慰」。李

曾託言刊登，李社長卻立即婉拒（陳其昌，《緬懷愛國志士的民主精神》。楊錦麟引：208）。就宏觀層面而言，它激勵了臺灣民主憲政，以《公論報》對雷震組黨到被捕的聲援爲例，李萬居奔走呼號的背後，當是成就知識份子所認知到更遠大的理想。

即使在一九六一年三月四日最後的出刊日，李萬居發表緊急啓事時，乃指出（黃良平：44）：

> 本報自十三年前創刊以來，始終爲一合夥組織，……。台北地方法院三日對本報施以法外查封，爲本省光復以來第二次查封報館的歷史事件。……深盼當局勿以李氏爲一黨外人士遷怒本報，使本省唯一民營報得以苟延殘喘，爲民主政治作一點綴之櫥窗，則國家幸甚，自由世界幸甚。

這是李萬居爲象徵民主傳播功能的民間報紙所做最後的一鳴。總言之，《公論報》受到基層與知識份子的青睞，原因無他，它乃是秉持正義公開的民主自由精神，扮演傳遞市民社會思想的媒介，楊瑞先甚至形成它好像鄉下出生的大學生，雖然土頭土腦，可是不虛僞、不浪漫（1980）。李萬居揭示民主、自由、進步的理念，使得《公論報》贏得「臺灣大公報」的美稱（文建會，2007：19）。刊名選定爲《公論報》，正足以表現李萬居「欲留公論在人間」的抱負。

第四節　總結仕途風雲

原則上，李萬居在一九四六年當選省參議員兼副議長職務開始，界定其身份較適切的說法，應該是省級民意代表。議員的基本要務即在於監督政府，這與「當官」自是有所區別。但在此之前，李萬居涉足政治性的工作，卻相當於替政府做機密層次的事，與層峰特別接近。由於他在抗日時期對國家的重要貢獻，在國民政府即將接管臺灣之前，便被授意接掌國民黨的機關報——《臺灣民聲報》。到了臺灣，陳儀感念李萬居的功勞，曾讓李萬居在金融業與臺灣行政官署機關報《臺灣新生報》之間，自由選擇所矚意者。後來李萬居選擇具傳播利器的報紙事業。值得注重的是：李萬居似乎天生的傳

萬居便首肯。事件之後，「李萬居和我於事後卻毫無芥蒂，反而由於這次直率的對抗而增強了互信。這也正足以證明萬居待人的異常寬厚處」。參閱鄭士鎔，2001，〈李萬居與公論報〉。《傳記文學》，第79卷，第4期，頁17-18。這些史實呈現李萬居的「魯莽書生」氣，卻也愈加彰顯李萬居個性的坦蕩磊落，他的人格特質及其所辦報紙精神，如真如實表現出這樣的特色。

媒敏銳家，他對傳媒所當扮演的社會功能十分清楚，他當是認為這項能影響社會的工具，本該是具實以報。說來有趣，他在主持《臺灣新生報》期間，所發表之〈不要把壞習慣帶到臺灣來〉，目的在傳達陳儀任人之原則，內容指出「不要把壞習慣帶到臺灣來」是陳長官對文武官員的要求，但文字內容則又穿插他身為發行人，以其權限所表達的批判與暮鼓晨鐘之言詞，意即報導內容間接呈現出李萬居守正不阿的價值觀。

　　但後來二二八事件的發生，他基於傳達熱切渴望真相的人民心聲，一時在官方身份（行政官署機關報負責人）與民意代表（省參議會議員）之間，無法取得均衡立場，還利用了機關報批判政府當權。這種失衡導致原本厚愛他的長官陳儀，因受到當權的壓力而對李萬居的觀感產生動搖。李萬居雖然在民意代表的定位上，進行二二八事件調查，卻又因激情民眾的不諒解，而發生所謂對半山身份的嘲諷，他無法面面俱到，也感到吃力不討好。深富熱情的浪漫主義者，也是理想主義者，在政治信念上便悄然發生質變了。之後到臨時省議會過渡到省議會時期的一九五一至一九五九年間，可說是李萬居後期政治生涯最具轉折意義的時期，他因副議長選舉失利，在心態上完成自身政治角色與知識份子功能的轉換，當時他仍作為省議會議員的身份，少了副議長頭銜之後，他益發強烈批判弊端，針砭政策。在議員職責之餘，他持續經營著一九四七年即創立的《公論報》，問政之餘，他藉《公論報》批判當權，這種兩棲身份是獨特且具爭議性的。

　　從政後期的一九五七年，其政治生涯再興波瀾，他與雷震《自由中國》相關聯的大陸籍知識份子聯合，著手籌組中國民主黨，這個舉動為其政治生命再增戰事，而且是他反文化領導權發揮得最淋漓盡致的時期。體制內質詢問政大膽敢言、直逼當權要害，體制外實際進行改變社會、衝擊政府的行動。但如果稍加思索，李萬居與《自由中國》靠攏的心境亦頗為奇特，李萬居算是道地的臺籍知識份子，年青時因臺灣受日本殖民欺壓，加之祖國紛擾的省思，體察到唯有祖國強大才有希望，他於是出走臺灣前往上海親臨祖國，體驗當時被列強攪擾的國家命運，因而在抗戰時期蒙城失色、烽火遍地的中國境內為爭取民族生存而奮戰，並實際參與政府情報工作的執行，他因為這種異地生活的經驗，而被稱為「半山派」。但是，臺灣光復後他回到出生的家鄉——臺灣，反而在這個場域中歷經挫敗與攻擊，與他命運形成對比的，則是如雷震等外省籍人士，他們是不受當權器重而失寵的外省精英，卻因詭譎多變的政治生態，李萬居因而與這些國民黨身份的左派自由主義份子連上線，

雷震之組黨行動成了李萬居尋求心靈慰藉的港口。

　　究之，李萬居政治態度的轉變，或許與他天生互相排斥、對立的矛盾性格有關。他是如此熱情活力，體制內既無法讓他做最完全的表現，他便在體制外再予以運作，李南雄曾對父親身份的定位，以「臺灣報界、議壇雙棲人物」來形容（1981）。李萬居議壇身份是由選舉機制的民意基礎而產生，但報界的強調則表示李萬居在仕途之餘，對社會更大的影響力。以《公論報》為例，它掀起公共論疇的波瀾，成為市井小民與知識份子爭相閱讀的刊物，並受到其他傳媒對手的注意，更是政府始終留意的焦點，它破解黨國威權的符碼，乃是昭然若揭。誠如李南雄曾描述籌組新黨這件事，李萬居、高玉樹算是臺灣人當中比較主動的兩個人。新黨的問題主要是爭取臺灣「選舉公正」，臺灣人當時還不敢爭取主導選舉，只是爭取選舉時不要「做票」，只能慢慢用由下而上的請願方式，希望選舉公正而已，討一點民主參政的小空間。其實組黨才是問題的關鍵，但是當時還是不敢講這個問題（李南雄，2001：55）。可見，李萬居之舉在當時代總向前看了好幾步，加上他直率的個性又辯才無礙，以致於表現起來總帶點激進份子的味道。

　　本研究探討李萬居對臺灣民主政治發展的貢獻，藉著陳述李萬居的仕途，從醞釀期到執行期再到衰落期，以呈現他作為政治反對勢力的赫赫角色。他最終雖然以省議會議員的名份結束政治生涯，所謂「仕途」代表著他從政的歷程，而非當官人士，但是他的特殊經歷，讓他進出「官場（域）」，並且體悟官場冷暖。李南雄對父親的界定，所重視的是李萬居代表民意，以及對社會激揚出反文化領導權的功能。一如本研究在〈導論〉開宗明義指出，李南雄對父親的政治定位——孕懷臺灣政黨政治、問政方式預示市民社會的發展，以及創造出批判性的公共範疇。這便是看重李萬居在政治社會與市民社會的橋樑角色。他只想做人民的發聲器，並非熱衷官位。

李南雄表達父親沒有踏入官場的理由（2009：5）：

　　　我父親最後與國民黨當局格格不入，主要是因為政治理念不同。對
　　蔣先生來說，（我父親）這個人在重慶參加抗日，又是老實人，學歷
　　和資歷都不差，自然是可以用。此外，我看我父親志不在作官，並
　　且個性也不適合作官。蔣先生曾接見家父，叫我父親「有空去和經
　　國聊聊吧！」。那剛好是蔣經國冒升的時候，想是當時蔣先生也知道
　　家父與陳誠之間稍有不愉快（被訪者按：因為報紙處理其時東北國

共戰事的消息），我相信蔣先生是有誠意的。我母親是外省人（湖南
長沙），她參加蔣夫人的婦聯會，也有相當的人脈關係。父親有很多
法國同學像黃少谷等，因此有不少關係網絡。看來家父並非沒有進
入官場的機會，只是他並未做此嘗試，我母親在世時也曾說起此事。

李萬居的省議員身份表現為質詢問政的積極，他與其他黨外議員較大的
差異，是體制外辦報與參與其他知識份子集團的政治反對運動。他在體制外
的社會功能，與質詢問政的政治效應相媲美，甚至更具戲劇張力。李萬居原
本在國民黨在臺灣的「黨國體制」正式施行之前，即主持過黨報，之後國民
政府在臺執政，擔任省參議員之餘，不減辦報興趣，乃集資興辦《公論報》。
他似乎有著天生的政治嗅覺，本能地熱愛當時在政治傳播力最具影響力的報
紙，報紙日日發行，輿論效果最劇，利用報紙作為傳達社會真相的載具，李
萬居在報紙的社論可謂達到個人政治思想的興、觀、群、怨。議會問政與報
紙社論幾乎無法分立，李萬居正是如此將體制內議員身份與體制外公器掌握
者的身份，合而為一，共同型塑其仕途的寫照。

第六章　李萬居質詢問政之政治效益

第一節　主體政治論述分析

一、質詢文本分析

　　本研究以省議會黨外議員李萬居，代表臺灣硬性威權時期體制內政治反對勢力的縮影，試圖勾勒他為當時期臺灣民主政治發展的貢獻。李萬居對臺灣民主政治的貢獻牽涉到體制內省議員職權，以及體制外的報業與結社行為；其中辦報與結社行為象徵體制內問政的延展，亦可屬於廣泛的問政（已於第五章第三節政治態度轉折～二、議會餘音部份討論）。本章聚焦李萬居在議壇上的質詢，解析質詢文本內容，從中挖掘李萬居的政治論述，以及當權答覆的政治論述；並且呈現李萬居質詢所帶來的民主政治效益。本章旨意的鋪陳說明如下：

　　一、質詢文本的摘錄──李萬居質詢的議題範疇（issue areas）廣泛，本研究主要摘取與國民黨黨國文化堡壘建置相關，而深具統制駕御意義的內容。這些內容反映統治文化領導權的意識形態，相對的，李萬居針砭與質問的語言，即呈現為反文化領導權的政治論述。

　　二、解釋理論的套用──黨外政治反對與黨國威權特質，分別象徵知識份子與權力結構的概念。本研究在此基礎上摘錄文本進行分析，將文化領導權、溝通行動與言說行動的理論意涵，應用到質詢分析過程中。

　　三、分析方法的應用──論述分析的目的在呈現質詢文本的顯性與隱性

意義，也是對李萬居的質詢，進行知識被權力化的論述形構過程。換言之，建基前述各章節所提供宏觀與微觀背景的條件上，剖析李萬居的質詢過程，如同傅柯爲特定現象找到自身的論述，乃是透過足以定義、解構、描述、解釋、可追溯的，以及各種聯結去判斷。這也是諾曼·費爾克拉夫（Norman Fairclough）在保留文本與語言的前提上，將權力因素納入，形成文本分析、過程分析與社會分析的相互聯結，論述本身最後成爲社會實踐。

四、文本資料來源與說明：李萬居質詢文本的資料來源是臺灣省諮議會編纂的《李萬居先生史料彙編》（2001）。根據該集冊特定的編整方式，李萬居的質詢內容在省參議會時期，摘自臺灣省參議爲第一屆第一次、第四次大會特輯，計七大項。在臨時省議會時期的質詢，從臨時省議會第一屆第一次大會到第五次大會，計六大項；第二屆臨時省議會大會，自第二次會議到第六次會議，計十大項；第三屆則歷經四次會議，提出質詢三大項。最後在省議會時期的質詢，只到第一屆第二次會議，共三大項。總計李萬居在擔任省議員期間的質詢，共有二十九項議題〔註1〕。這些議題其實是按照當期會議當次質詢，彙集統整在一起的標題，題項之下各有小項，有時候李萬居在會議中的單次的質詢，一口氣就提出不下十小項的議題，各小項之下又常常陳述相當多細目。林林總總的內容，代表李萬居有陳述不盡的想法與對當局的質疑。

本研究所摘錄者是從各大項當中，擇選符合研究旨趣的內容（所有內容文字皆未更動，但略調整句間標點，以求文句順暢），依時期分別列舉，並依內容性質標示爲：民主與選舉、政黨政治、黨國教育、人權等四種類型。在論述分析的方法論意涵方面，若以批判論述分析的三個層次——文本分析、過程分析、社會分析來界定。則文本分析取自李萬居眞實的質詢，可謂第一手資料，包括口語化用詞與情感宣洩皆如實記載。分析過程處理的是李萬居與當權的「認知」（recognition）問題，這涉及李萬居本人內化的政治認知，諸如他的民族主義意識、政治態度轉折、體制內外的政治經驗與行爲（第五章內容提供論述根基），以及當權對鞏固政權正當性的危機認知。社會分析顯現雙方在既定政治結構與政治語言差異的情形下，如何從互動過程呈現當權

〔註1〕 李萬居擔任省級議員的時期分段爲：省參議會時期從 1946 年 5 月至 1951 年 12 月；臨時省議會時期從 1951 年 12 月至 1959 年 6 月；省議會時期從 1959 年 6 月至 1966 年 4 月。

維持文化領導優勢的策略，以及李萬居試圖完成知識份子的政治實踐。

（一）省參議會時期：1946 年 5 月～1951 年 12 月

◎三民主義青年團〔註2〕

【黨國教育】

教育廳既以教育行政配合憲法而設施，但憲法乃混合各黨派而當定茲因學校有強迫學生加入三民主義青年團之舉，本人認為與憲法抵觸，教育當局有所聞否請見告？

答覆：學校強迫學生參加三民主義青年團之事，教育廳迄無所聞此種情形，容由本廳調查後予以糾正。

分析：三民主義是中華民國立國基礎，原本在教育體系灌輸予青年學自是合理的事。然而，有組織性質的青年團，則是國民黨能夠透過教育體系，進行培育新血輪的文化領導權策略，連帶地，所謂強迫加入組織之舉，乃是在當權認知正規教育這類公共財體系，本就自動鑲嵌的意識形態，甚至無選擇自由。若從社會若從社會脈絡，來構聯國民黨整頓政治意識形態的心理，則戰後臺灣一九四五年三月〈台灣接管計畫綱要〉曾就文化措施，指出「應增強民族意識，廓清奴化思想，普及教育機會，提高文化水準」。二二八事變後，陳儀甚至表示「事變的主要因素是臺胞思想深受日人奴化教育和隔離教育的遺毒」。李萬居任省參議員期間，教育處長范壽康在臺省地方行政幹部訓練團的〈復興臺灣的精神〉講題中，提過「臺胞有抱獨立思想，排擠外省工作人員，有以臺治臺之觀念，對於本省諸工作表現旁觀態度，以及完全奴化云云」（鄭牧心，1987：79）。

「奴化」一詞象徵國民黨拓印臺籍人民反抗心理與行為的說詞，也是當權自我保護的擋箭牌，其目地是為了激起臺民被他族裔統治的痛苦，以反向地認可同文同種的統治政權。為此，三民主義代表民族主義精神，因而成為教育思想的基本教義。被質詢之教育廳副廳長謝東閔，回覆以「教育廳迄無所聞此種情形，容由本廳調查後予以糾正」，這初步出現雙方「認知」三民主義青年團實質存在的問題。

〔註2〕臺灣省參議會第一屆第四次大會特輯，頁 156。

（二）臨時省議會時期：1951 年 12 月～1959 年 6 月

◎僑資　公賣局　司法　匪諜　地方自治　選舉　政黨　物調會（共六項提問）〔註3〕

【民主與選舉】

五、臺灣省臨時議會組織規程，是否合乎民主和憲法問題：

1. 依照憲法第十一章第一一三條第一項規定，省議員應該由省民直接選舉。

2. 因為採用間接選舉的結果，以致發生賄選情事。政府未能防範於先，又不能檢舉於後。因此政府威信大受損傷。

3. 這次選舉，總統一再剴切昭示我們應尊重選舉人自由意志投票。可是各地仍有一部份黨員、秘密工作人員與警察加以干涉。政府未能予以制止，實屬遺憾。

4. 一部份人，對於選舉任意加以干涉。但卻美其名曰：實行政黨政治。所謂政黨政治，應容許其他黨派，或個人自由活動，自由競爭，任何方面不得加以干涉壓制。否則所謂政黨政治，從何談起？同時依照中華民國，憲法第十四條之規定：人民有集會及結社之自由。如果要實行政黨政治，執政黨就應容許人民，有集會和結社的自由。

5. 臨時省議會組織規程第二十三條，規定臨時省議會，休會期間得設置駐會委員。但以一會期為限，連選不得連任。此條是否合乎民主，有無違背憲法？

6. 按照民主選舉方式，應當用圈選，並且應採取秘密投票；如選票中，有任何記號者都可視為無效。但是這次本會議長副議長之選舉，竟採記名式而不採圈選。顯然違背民主選舉精神。

7. 議員不得兼任公營事業監事問題：立法委員，監察委員，與國大代表，甚至縣市議員，均可兼任，為何省議員不可兼任？

答覆：臨時省議會，究與正式省議會不全相同。因此臨時省議會，規定間接，而非直接選舉。至於選舉，在省府一秉大公，依法辦理。如有不法情事，祗要檢出具體事實證據檢舉，政府當秉公辦理。臨時省議會駐會委員會委員不得連任之規定，中央當初規定時，或寓有輪

〔註3〕臺灣省臨時省議會第一屆第一次大會，頁 595-598。

流意義在內。至此次辦理臨時省議會議長副議長之選舉，採取記名式，容有不周，今後當圖改進。

分析：李萬居即早就重視民主政治的程序正當原則。然而，臨時省議會的實質運作原本就屬於參諮性質，這到省議會初期都是如此，換言之，當局的認知是階段性、權宜性的有限民主。組織章程規範與實際運作並未依法程序，當權稍具謙和之態回應之。

◎政黨政治　地方自治　選舉民主　人權　境管　兵役　教育　大學留學　警察腐化（共十五項提問）〔註4〕

【政黨政治】

一、政府對合法政黨的黨員，服務于本省，應否給予公平待遇和切實保障？根據中華民國憲法第二章人民之權利義務七條規定：中華民國人民，無分男女、宗教、種族、階級、黨派，在法律上一律平等；又第二十二條：凡人民之其他自由及權利，不妨害社會秩序、公共利益者，均受憲法之保障。這裡記載得很清楚，凡是中華民國的人民，無論屬于什麼種族、階級、黨派（共產黨自然除外），或信仰任何宗教，他們在法律面前一律平等；只要他們不妨害社會秩序，公共利益，都應受憲法的保護。但是最近出版的《民主中國》第四卷第十期所載〈什麼是政黨政治？〉，以及《民主潮》第二卷第十二期的〈友乎？敵乎？〉兩篇文章所說的，民、青兩黨從事教育和行政的人員時常給排擠，以致失業者很多。今日的臺灣好像大海中的一隻小船，而臺灣海峽不時波濤洶湧，尤其是今日危險仍是很大。在這隻小船上的人，一不小心隨時有傾覆危險。所以除了共匪之外，人人都應該和衷共濟，集中力量，不該再鬧什麼黨派，什麼派系，互相傾軋，互相抵消。而且今日的政府，是各黨派合作的政府，照理凡是合法政黨的黨員，在各機關、各學校服務的公教人員，政府都應該給予公平的待遇和切實的保障才對。主席對民、青兩黨黨員的遭遇，不知有聽到否？政府是否有決心給予他們以保障？

答覆：省政府對於公務員的任免，全以公務員服務法規為依據，不問其黨籍，如有因黨的區別，而未依法令規定任免情事，希望隨時提出具體事實，本人當予查究。

〔註4〕　臺灣省臨時省議會第一屆第二次大會專輯，頁900-906。

【政黨政治】

三、將來選舉，是否眞眞要選賢與能？過去的選舉，總統一再昭示全省，全中國人民，應該天下爲公，選賢與能。但是政府和執政黨，是不是照他的指示做，眞眞在選賢與能。聽說第一屆縣市議員和省議員選舉時，有些公正國民黨員確實遵從抬頭總統所指示的那樣做，眞眞依照選賢與能，天下爲公的指示去選他們認爲理想的人，但結果，都受了嚴重的處分。主席乃係從政的黨員，對此感想如何？可否向中央改造委員會建議，稍稍改變過去那種干涉的態度，眞眞做到天下爲公，選賢與能呢？

答覆：一切選舉當然希望選賢與能，以言政黨政治，各黨推舉賢能，才算眞正的政黨政治。今後如何使本省各項選舉，能達到賢能當選，根絕行賄選舉？希各位多多貢獻意見。

一、三合併分析：

如第三章探討臺灣「黨外精英」的議題所示，一九五八年縣市議會正副議長選舉，國民黨官方論述即自行分立本黨與黨外。較溫和的認知，則定位民主社會黨與中國青年黨爲「友黨」的合法對立政黨，然而，若要進入黨國體制內，身份或血統純正就變重要，如李萬居等五龍一鳳，在參選時脫掉「政黨」的外衣，以無黨無派參選則爲權衡之計。省府的答覆實際上就是以「提出證據」爲緩兵。無法「賢能當選」的問題，仍在於黨國無法眞正開放政黨政治，利用各種可能手段，包括賄選，以杜絕非國民黨籍候選人當選之機會。

【民主與選舉】

二、下屆省議會議員的改選，政府有什麼打算？本屆省臨時議會議員任期僅剩一年多即將改選。過去因爲政府不體恤人民的反對，採用間接選舉，以致公開賄賂，弊端百出，騰笑中外。下次改選是否仍然稱爲臨時省議會？是否仍然採用間接選舉？有無改正過去的錯誤的勇氣？

答覆：省議員下次選舉事關中央決定法令，本人不便表示意見。當請示中央。

分析：同樣是程序正當原則的問題。只要是礙於「中央決定法令」的人治爲實，法治爲虛的結構，議員面對省府主席的答覆，仍然無法達成監督政府的目標。

【人權】

五、人權保障問題。人權保障在一個法治的國家是極受重視的問題。今

日自由中國的臺灣，人民稍涉嫌疑，不管有無證據，許多機關都可隨便加以逮捕、扣押，就是幾個月甚至整年。尤其甚者，於明訊無罪釋放時且須具保。既已無罪又須具保，這未免太講不過去。尤其有的人甚至被拷著雙手，並強迫赤著雙足押解返鄉，且在當地警局拘禁數夜才予以釋放，對于嫌疑罪犯的人格一點都未加以尊重。自由中國太不應該有這種現象。所謂憲法，所謂人權保障，不是等於廢紙嗎？主席以為如何？有無方法可使人民的權利和自由得到保障？

答覆：關於人權保障，中央早加注意。軍法與司法的劃分，即係保障人權尊重民意之表現。目前係非常時期，亦係事實。惟本人當在力之所及，接受李議員意見，儘量保障人權。

【人權】

六、對於有些機關濫捕人民，在過去省參議會時代，我們曾一再向當局呼籲過。但迄今這種現象仍時有發生，這是件遺憾的事情。我很誠懇地希望人民熱誠地擁護政府，官民打成一片。但要做到這個地步，要從健全法治，同時不要濫捕人民做起。八、九個月前雲林縣有個剛從大學畢業的青年林盤桓（姓林抑姓張記不大明白）被逮捕了，他究犯了什麼罪？給什麼機關逮捕去？至今真象不明。請問這種現象，在法治的自由中國，是不是應該有？

答覆：濫捕一節，希望隨時提出具體事實，以便交有關機關查明辦理。

五、六合併分析：

當權合理化立場的條件是，社會結構已是既定的事實——動員戡亂時期，政權所依循的法律規章是〈動員戡亂時期臨時條款〉，憲法是被凍結的。然而，李萬居要求的是「明辨是非」，是否捉錯人？是否無徇私？類似如「所謂憲法，所謂人權保障，不是等於廢紙嗎？」的論述，在李萬居的質詢經常出現，他似乎無視於憲法被凍結，他自始的認知就是臺灣是自由中國（相對於中國共產），行憲是理所當然之事。因此，經常可看見他就條文論人權。

◎文化　政黨　地方自治　選舉　監察　境管　匪諜　社團　農場腐化　娛樂（共二十項提問）〔註5〕

〔註5〕臺灣省臨時省議會第一屆第三次大會專輯，頁 754-759。

【人權】

　　三、依照中華民國憲法第七條規定，人民有加入任何政黨（戡亂時期共產黨除外）的自由，在法律上應一律受到平等的保障，但是年來聽說常有警察人員到老百姓家裏訪問其所屬黨籍情事。這種措施對於人民是一種精神上的威脅，另一方面，則破壞憲法所賦予人民的治信入凵〔筆者按：集會結社〕自由的權利。這不知道是誰的命令，這種作法，主席覺得對嗎？

答覆：警察爲明瞭人民所信仰之宗教及加入之政黨，加以調查，原無不可。
　　　現政府爲預防發生流弊，已令停止調查。

分析：同樣是關於政黨政治的問題。警察到人民居所盤察黨籍情事，已違反
　　　憲法規範人民表意、集會結社、居住、信仰等自由。然而，在五〇年代
　　　初期（臨時省議會第一屆會議時期是 1951～1953）戒嚴綿密時期，當
　　　權深怕反動勢力，警察成爲維護政權穩定的重要執法角色之一。當時甚
　　　至還有〈違警罰法〉爲警察執行權護身。

【政黨政治】

　　四、臺灣省現有的行政首長，如廳處長、局長、科長、各縣市的科局長、中小學校校長、無黨派的佔多少人，國民黨籍的佔幾人，青年黨籍佔幾人，民社黨籍的有幾人？

　　五、省政府委員現有二十一名，所屬黨籍比例如何？

四、五合併答覆
　　省府職員及省府委員中，各黨派人士究佔多少比率，本人實不明瞭，既不便亦不必加以查問。

分析：李萬居關注官派體系的黨籍比例問題，即對國民黨偏私有所不滿，按
　　　理民社黨與青年黨是合法存在的政黨，理應有機會政府職務或官派職
　　　務，況且兩個政黨的領袖因受迫經費，受制國民黨而無競爭力（茅家琦，
　　　1988；田弘茂，1989：17），當不構成威脅。或有以酬庸方式懷柔者，
　　　但原則上，國民黨給予友黨名份是形式的，目的是不要造成「一黨專政」
　　　的印象（Domes, 1981：1015）。省府面對這項質疑，以「本人（吳國禎）
　　　實不明瞭，既不便亦不必加以查問」回應，實表現欠缺議會質詢規則之
　　　認知，卻也是當權霸權文化的表現。

【民主與選舉】

　　七、關於第二屆縣市議員選舉問題，按照一般先進民主國家的往例，政府機關總要儘量讓候選人有與選民接觸的機會，並給予他們儘量發表政見和宣傳的種種自由，儘可能使選民認識了解候選人的資歷、學識品格風度，其用意無非使他們的神聖一票，不致於錯投。可是這屆議員的選舉，政府竟然用種種不合理的辦法去加以限制，矯枉過正，使選民盲目地投票。這是不是有悖民主的意義？比之第一屆選舉時的情形，是不是有點開倒車？

答覆：關於候選人節約用費一點，此次選舉似屬矯枉過正，惟此項辦法曾由省議會通過，由省府辦理者。嗣後對此項辦法可再研討，務使一面達到節約目的，一面使與選民多多接近，聽取其政見。

分析：按對話文本，當權應該是對地方選舉有經費和非正當程序的干預，候選人經費受限，無法進行宣傳造勢，相較國民黨資源豐富，讓該黨候選人有較多機會出頭，則此種情形就是干預選舉。李萬居譴責政府有悖民主，當局則在阻撓有限民主的「有限性」，換言之，基本的「有限性」端視政府來把量。「嗣後對此項辦法可再研討」又是緩兵之語。

【人權】

　　十、第二屆基隆市議會成立前，傳說許多議員突然不見了，或被某機關扣押，致使議會幾乎流產，這內幕究竟如何？

　　十一、傳說高雄市議長副議長選舉前夕，許多議員於夜半時突被警車載走，是否確實？其原因如何？又桃園選舉非法干涉情形，據說有候選人莊某和黃某兩人，曾被傳到刑警隊政治組，叫他們不得出來競選，甚至有被傳至三四次的，其家族也在被傳之列。甚至在政見發表時也被制止。這種舉措是否有礙民權？

十、十一合併答覆

　　基隆市選舉案，本人聞訊後，連日親邀關係人來府查問，但因關係人自己均不承認有被扣事實。但本人仍用常識判斷加以處分，亦有認本人之處理過嚴。高雄桃園選舉議長案，本人不甚明瞭。

分析：當權未依法程序而干預的選舉情事已數度被提出，然而，更被撻伐的是「選舉恐嚇」，當黨國阻撓黨外參選不成，則轉以威脅手段，或是當選之後，逼迫退場甚至限制身體自由，試圖打消黨外當選人的參政，這

對二二八事件以來的政治恐怖，無疑再增民怨。李萬居直言不諱，要問個水落石出，對這種關乎人命之事，且幾近極權之作為，省府回覆卻相當本位與淡然——「本人聞訊後，連日親邀關係人來府『查問』，但因關係人自己均不承認有被扣事實，本人仍用『常識』判斷加以處分」。「查問」之意仍有責難之氣，並非關懷與體卹，「本人仍用『常識』判斷加以處分」，省主席吳國禎自認自己的「常識」正確，處分有理，真是一派軍人霸道作風。

◎ 教育人事　政黨　立委兼任　地方自治　選舉　人權　公營事業
戶警合一（共十六項提問）〔註6〕

【民主與選舉】

六、關於各種選舉干涉問題，自由中國的臺灣，對於各種選舉的干涉愈來愈加厲害。過去對於省議員、縣市長、縣市議員選舉，無不加以干涉，那可不必論。最近以來，連人民團體如醫師公會、婦女會、進出口商公會、商會理監事的選舉，甚至如鄉鎮長和里長的選舉，也無不被干涉控制。請問主席一個民主國家，應該有這種現象嗎？

七、因為對於各級民意代表的選舉都加以干涉控制，其結果在各級議會裏面，都成為清一色，變成一黨包辦。請問主席，這可以叫做民主政治嗎？

六、七合併答覆

關於干涉選舉一節，個人認為現在是自由選舉，如有干涉選舉當然要糾正。國民黨是否干涉選舉，有無祖護，個人認為事實並不是國民黨有干涉，而是由於其他政黨的人數及力量不及國民黨，以致在合法的競選下，形成國民黨較佔優勢。

分析：前亦有類似之質詢與相近的答覆內容，這當是當權深怕集會結社的力量，正規選舉阻攔黨外人士參選，民間社團則試圖打消結社機會，目的即要形成黨國意識形態的單一性。諸如「個人認為事實並不是國民黨有干涉，而是由於其他政黨的人數及力量不及國民黨，以致在合法的競選下，形成國民黨較佔優勢」的論述，充份顯示當權對統治策略穩妥這項既定事實的自負。

〔註6〕　臺灣省臨時省議會第一屆第四次大會專輯，頁 731-750。

【人權】

　　八、南投縣議會議長蔡鐵龍於當選後，據說現已被迫辭職，民間議論紛紛，這種怪現象除在極權國家外，實很少見。其原因如何？主席知道嗎？

答覆：關於南投縣議長辭職問題，因為他是現任校長，依規定民意代表依法不能兼任公職，因此，其辭職的事實恐是此種關係。

分析：誠如前述因選舉所造成的「選舉恐嚇」，實在如同極權國家。對當權而言，其作為先發制人所造成的既定事實，任反對勢力如何質詢或聲援，都無損於其領導權，而且當權提出「依規定民意代表依法不能兼任公職」這類依法程序的回擋箭，則反對主只能認知事實卻留下遺憾。

【人權】

　　十一、關於言論自由的問題，許多人不管是外國人士或中國人士一到臺灣來，都覺得自由中國的言論太一律化、標準化。當然目前新聞並未施行檢查，但在長期的戒嚴令之下，而且妨害軍機的條例，訂得那麼繁雜，從事新聞事業人員稍為疏忽，隨時有吃官司坐牢獄的危險。今日言論界人人都戰戰兢兢，精神上時時感到威脅，不知道主席有沒有辦法，把言論尺度放寬一點？

答覆：關於言自論自由個人的看法，是大家應先認清現在還是戰時，言論自由總應該有一個限度。但在合法的範圍內，我們是應該予以保障的。

分析：李萬居自始便相當重視表意自由，在真正民主國家的表意自由如出版著作自由，皆採「事後追懲制」優於「事前審查制」。這種制度象徵民主開放精神，先基於人權給予表意自由，相信人民的理性與思想，讓各種意見有機會呈現或形成公共論述，而非以壓制的方式限制表意自由，如此，市民社會才有機會萌芽。李萬居是天生的政治傳播者，他尊重公器與真理，他多次對言論自由表示意見，加之他身為議員，就是最好的發聲筒，自然而然就視表達為理所當然。然而，當權的「大家應先認清現在還是戰時」，則將一切放在戡亂的框架上反駁了。

◎教育　學校　政黨　留學　外匯　學產　言論出版自由　地方自治選舉腐化（共十四項提問）〔註7〕

〔註7〕 臺灣省臨時省議會第一屆第五次大會專輯，頁 675-679。

【黨國教育】

一、政黨與教育：本會於去年十二月，接到一封自稱爲省立臺北女子師範學校教職員的投書，對於該校校長秦則賢猛烈攻擊，本人讀後，有感慨！秦校長辦理教育成績如何？我個人不得而知未便批評。不過，其中有一段話，在實行憲政的今日，很值得大家注意，同時也使我很驚訝。該投書開頭便說：「秦則賢接長本校時，未透過基層取得黨籍似不合法，應予徹查，因其黨齡僅三個月，對本黨認識不清，故藐視本校區黨部黨務工作，並百般阻撓以致無法推進」云云。查政黨的活動，應退出學校，政黨不得利用學生，作政治鬥爭的工具，雖未明白載入憲法，但一般輿情，都有這樣的主張。我國憲政實施已經數年，還有人認爲黨齡太淺，或非黨員，便不配當教員或校長，這種黨化教育的高論，使人聽到覺得不寒而慄，當然這是一部份人的意見，但不知道政府和執政黨的中央委員會，對於此點見解如何？

二、非黨員不能當校長或教職員的傳說：外間傳說各級學校（大學除外）校長和教員除國民黨員外不得充任，過去兩年，本人也曾屢次接到有人投書，說因爲身非黨員，致被排擠，不知政府有此方針否？

一、二合併答覆：

關於黨派與教育問題：本人可保證，政府除共產黨外，對其他黨派均一視同仁，校長解聘教員必有其他理由，決非因其非國民黨員，因爲國民黨並無意思，非國民黨員不能作校長或擔任教員，外界所稱僅國民黨員可任教員、或校長各節全係謠言。李議員所指解聘教員，如果係非法解聘者，本人則願接見查明以後設法。

分析：國民黨自一九五〇年開始到一九五二年間進行黨改造運動，其根本準則就是「在思想路線上確立黨爲革命民主政黨，黨組織採民主集權制，以實踐每個黨員皆有貫徹主義、尊重組織、堅持政策、講求實效與認眞團結的精神」。又由於國民黨「以黨領政、以黨治國」，教育體系自然無法倖免於思想改造。前述李萬居在省參議員任內的第一屆第四次大會（1947），即已質疑三民主義青年團在學校的性質，之後國民黨在一九五二年三月，宣布成立中國青年反共救國團（救國團），這個組織則更有系統與目標取向地凝聚青年力量從事反共救國工作。此爲改造運動的

一環，目的在訓練全國青年，使人人信仰三民主義，並將預備黨員制取消（《中國國民黨臨時全國代表大會史料專輯》，1991：261）。如此情況下，人人都被預設成都應當為國民黨員，特別是教育單位應容納黨國機制在體系內運作黨國教育。

【人權】

五、關於自由中國的言論自由問題：根據中華民國憲法第二章第十一條之規定，人民有言論、講學、著作及出版之自由。這條基本大法看起來多麼堂皇漂亮，本人讀到這條憲法，不禁悵惘萬端。當然，在這反共抗俄的非常時期，言論自由應有相當限制，可是政府也應該把胸懷放大一點，對於一些無心的過錯或稍微疏忽，就加以嚴重處分，本人認為這政府的損失，尤其是國家的損失。1.公論報工作人員因為興奮過度，登載了一條無關宏旨的消息，這是一時忽略，結果總編輯、編輯、記者三人，各被處徒刑六個月，緩刑二年，不知道主席有所聞否？以一張超然觀公正的報紙，政府不能寬諒它，試問人心何能翕服？2.自立晚報本人相信它也是無心之過，文字雖然荒唐，但是那樣處分，是不是過於嚴厲？是不是有法律上的根據？3.華報編輯的被處徒刑，似乎也稍嫌過重。主席以為如何？

六、戒嚴時期與新聞自由：因為上面所說的幾椿不幸事情，引起我想到戒嚴時期與新聞自由的問題。本省自三十八年實行戒嚴以來，從未嘗解嚴過，戒嚴期間那麼長，而臺灣省戒嚴期間，新聞紙、雜誌、圖書管制辦法所規定的，有些地方並未十分明確。例如第二條第二項，有關國防、政治、外交之機密，同條五項足以淆亂視聽影響民心士氣或危害社會治安之言論，這兩項各人的看法或解釋各有不同。比如某報發表駐聯合國代表蔣廷黻博士要回國，或美國某軍事首長即將來臺，如果要解釋為洩露外交或軍事機密都可以，又如軍機種類範圍那麼廣泛複雜，隨時都會觸犯的。總之，凡是無心過錯或一時疏忽的，政府都應以寬大為懷，不知主席可不可以向中央建議稍加改善？

五、六合併答覆

對於言論自由，政府應寬大為懷一點，本人亦表同意。但如公論報之洩漏軍機，自立晚報之侮辱元首，華報之刊登誨淫新聞，依法應予處分取締。至法院處罰之輕重，權屬司法機關，省政府不宜置詞。

分析：關於李萬居質詢內容與言論自由相關者，本研究依憲法規範人民權利之性質，列爲「人權」類型。在前幾次這方面的質詢或未必明顯地對人權產生威脅。但是到了一九四七年《公論報》成立之後，併同國民黨籍自由主義人士所主持的《自由中國》，發展到後來成爲攻訐政府的反對勢力刊物，政治反對的言論自由尺碼一直逼近黨國威權的臨界。如此則質詢已指出因報刊之論而遭當權逮捕情事，又是一則人命關天的新聞，已開始嗅出李萬居成也言論，失也言論，而與當權開始形成言論山頭對立之勢。當權答覆「公論報洩漏軍機，自立晚報侮辱元首，華報刊登誨淫新聞，依法應予處分取締」，可謂立場顯明與嚴峻。至於「權屬司法機關，省政府不宜置詞」又是推託語，以黨領政的時期，所有發落還不是蔣中正強人之語算數？

【民主與選舉】

九、選舉干涉問題：上月恭聆主席的施政報告，關於第二屆縣市長和省議員選舉的事情曾說：「在選舉期間，凡有違反臺灣省妨害選舉取締辦法情事，以強暴威迫或其他非法妨害他人競選，騷擾投票、開票，影響選舉，業務人員執行業務不法行爲，政府必定嚴格取締，本人絕對禁止省府公務人員、地方警察及辦理選舉事務人員干涉競選，或從事任何違法行爲」。這番公正民主的話，使全省八百萬民眾非常佩服。不過，本人覺得主席漏掉了「情報工作人員和黨員的干涉。」這也是值得注意的事體。依照第一屆選舉的事實，告訴我們，主席這番話不知道能確確實實做到嗎？

答覆：關於選舉是否能使特務人員不加干涉一點，本人認爲選舉違法，不論其爲公務員警察或任何人員，均應依法嚴處。

分析：李萬居的質詢常有「是否能確確實實做到？」的語句，這是將論述以「拋向溝通另一方」接續論述的模式。經常都是李萬居萬言論，當權回覆相對簡要，不脫「未有所聞」、「依法嚴處」、「依法辦理」、「當予查究」、「本人予以查證後再……」等用語；惟是否應當處置的理由，則議員與當權認知往往有落差，從李萬居議題的重覆性來看，他顯然不滿足於當權的因應對策。

◎地方自治　選舉　警察　腐化　暴力　干預人權　金融　新台幣利
率　公營事業民營化　省籍　軍中人事（共三十二項提問）〔註8〕

【民主與選舉】

　　四、臺北縣議會議員謝文程當選議長，乃係眾望所歸，聽說他於當選後
遭遇不少麻煩，主席有所聞否？

　　五、地方民意代表選舉仍時受非法干涉。嘉義縣第三屆議員選舉候選人
童某，便被保安司令部駐嘉義情報組組長周某及其他治安人員橫加種種干
涉，結果被迫無奈放棄了候選人資格。這種作法是否應當？主席身兼保安司
令，不知道對此有何打算（有證據）？

　　六、臺灣社會上有種種傳說，民意代表並非真正人民投票選舉出來的，
而是執政黨各縣市黨部主任委員欽定的；有的甚至說是「國父孫中山先生」
在操縱，意思是說「鈔票」在控制一切。所以地痞流氓可當議員，不識幾個
大字的人也可當議長或副議長，請問主席這是不是臺灣地方自治史上的恥
辱？

答覆：四、臺北縣議會議長謝文程當選後遭受麻煩一節，本府未有所聞。
　　　　五、查嘉義縣議員候選人童金讚，經據嘉義縣選務所嘉三議選字第一四
　　　　二號呈報以私人事務繁忙，請求撤銷候選人登記。
　　　　六、查政黨提名時對其黨員所加之約束，政府及選務機關未便過問。至
　　　　候選人之非法競選活動，自有選舉監察機關之依法取締。

四、五、六合併分析：

　　李萬居關懷選舉議題程度，與他身為民意代表的職責認知有強烈的關
聯。議員能取得表達言論的權力，可盡一己之力改變政策。為此，選舉過程
與結果應當是真實民意的呈現，然而，李萬居觀察到國民黨掌控候選人、操
縱選舉過程，甚至有地痞流氓介入，這與肆章所提「政治狡狼」（陳陽德，1981：
87）有些類似。原本幫會型人物從舊社會過渡到新社會，在縫隙中取得向當
權討價還價空間，國民黨與這些人會產生聯結，或多或少有其不得已也無法
免於誘惑的心理有關。整個恩侍關係的存在讓政治狡狼趁機利用這種網絡趨
近國民黨，而國民黨基於維護政權的複雜心理，選擇利用這些人。這當是所

───────────────
〔註8〕臺灣省議會第二屆第二次大會專輯，頁 1793-1806。

謂候選人素行不良的來源之一。威權之初省議會內的政治反對，其基調是建基於知識份子層級的覺知，李萬居因而質疑那些被國民黨姑息且不正派的候選人，恐怕會形成流氓政治。

【人權】

十、有一種現象是光復前所沒有的，警察人員常常於夜半二、三時，藉口突擊檢查，連靴帶泥踏上民眾或旅社的「塌塌米」上面。携槍帶索聲勢兇兇，如臨大敵，請問這是甚麼風光？這是不是蹂躪憲法賦給我們老百姓的權利？在光復前警察縱然橫蠻不講理，但尚不至如此。如果這種舉措是在防止歹人的話，那麼，許多秘密工作人員平時究竟在幹甚麼？其實這種舉措，徒然惹起老百姓的反感，於事無補，主席可否設法糾正？

答覆：警察執行此項任務，係根據國防部核准之「臺灣省戒嚴時期戶口臨時檢查實施辦法」辦理，且僅於必要時（如重大節日之前）始會同有關單位實施，但規定態度上應力求和藹，如有連靴帶泥踏上「塌塌米」者，自應嚴予糾正。至於警察帶槍，是由於職務上的需要，今後當飭注意改進檢查時間及服務態度。

分析：警察執行職務情事同樣受制憲法被凍結的威權體制，當權仰靠警特單位作為監察社會動向的眼線。省府答覆「警察帶槍是由於職務上的需要」，於法理確實無誤，惟公務人員執行公權力，有故意過失不法而致人民利益受損的評定標準，則難以藉正常管道獲得申訴。李萬居認為「光復前警察縱然橫蠻不講理，但尚不至如此」，已直接挑戰接管臺灣的國民政府政權。他直指「如果這種舉措是在防止歹人的話，那麼，許多秘密工作人員平時究竟在幹甚麼？」這表現出他反諷當權執法不當。

【人權──私域之人身安全】

十一、去年九月間，我的寓所遭遇火災燒燬，祇好搬到報社去住，相距不過數十步，社長住報社應為法律所容許，不料某晚上兩點多鐘的時候，五、六名警察來突擊檢查，差一點被拘去。最後費了許多口舌，兼經鄰長保證，才准許翌日補報遷移戶口了案，一般老百姓遇著這種無理取鬧的事情，一天不知有多少？

答覆：查民法總則第二十條第二項規定「一人同時不得有兩住所」，又戶籍法第二十九條規定「遷出原戶籍管轄區域，未滿一個月，不變更所屬戶籍

者，應爲流動人口之登記，又臺灣省各縣市流動人口登記管理辦法規定，申請普通流動人口登記者，應於離去現住地方及到達目的地三日以上五日以內，申請登記」。

分析：這項質詢內容是爲個人議題的延伸，身爲省級民意代表，遭逢這種嚴重影響生命安危的情事，當權認知並非從人權的關懷論述，反而是制式定引用規章辦法的「合法性」搪塞。事實上，雙方互動只要涉及當權違憲或有違近代社會契約論精神的事件，議員舉證歷歷，當權則常在「人治」的法統下，反其道地以「法治」的原則回擋，甚至「文不對題」。換言之，當權爲其立場找到一個捷徑，也可以說是屢試不爽的政治論述模式。

【人權──警察角色】

十二、警察處理事件寬嚴不一，例如法院所貼的封條被人任意撕毀，這明明是犯刑事的行爲，但當另一方面的當事人向警察機關報案的時候，竟可置之不理。

答覆：飭據查報，本案所詢情節或指郭原勳向臺北市警察局控告劉道恕等撕毀法院封條案，查該案經過情形，緣于民國四十二年十一月十四日李永慶租得本市中華路六十九號蓮園開設大鴻運餐廳，至四十三年二月十四日期滿，以李永慶違約不付租金，且不遷還房屋，致生糾紛，涉訟法院，由郭原勳代表訴訟，嗣獲勝訴，于四十三年九月十八日，由法院派書記官戴尚文會同第五分局，博愛路派出所執行，將李永慶財物列冊交郭源勳保管，郭即乘機將留置物以私人名義簽封，並將大鴻運正門，亦以郭原勳簽名貼上封條，同月廿八日該私人封條，被劉道恕等撕毀，由郭勳于同日向臺北市警察局控告要求將劉道恕等廿餘人予以拘捕，該局于同月廿九日交第五分局查辦，該分局于同日發交博愛路派出所查報，十月一日，據博愛路派出所查復，因封條非法院所發，不構成妨害公務罪，因礙于法律，第五分局未允所請，同時郭原勳，並分向臺北地來處控告，第五分局即將全案偵查結果，于同月九日以臺北市第五分慶司字第一八八四三號函移地檢處併辦，尚無置之不理情形。

十六、一月二十一日士林新兵入營，警察全部避匿沒有出來站崗，維持秩序，由此可見人民平時對警察感情的惡劣。這齣戲的經過情形，主席知道

不？

答覆：據查報一月二十一日，並無補充兵入營之事，當係二月二日之誤。查
　　　是日士林鎮常備兵入營，士林分駐所奉陽明山管理局令派巡佐孫子傑參
　　　加歡送，並派警員三人前往常備兵入營集合場維持秩序管理交通，經過
　　　情形良好，當時並有臺北縣議員兼陽明山兵役協會常務理事何金塗先生
　　　在場目睹。

　　十八、警察局長、分局長、所長、警官在一個地方服務太久，每每會參
與地方派系，或與地方部份惡勢力相勾結，通同作弊，可否仿效軍事機關的
辦法，來個兩三年調動一次？

答覆：查各縣市警察局所員警調動，原訂有臺灣省各級警察機關人員調遷辦
　　　法，如因在地方服務時間過久，受地方人事牽制者，則予調地服務，本
　　　年度計劃建立任期制度及實行內外互調，規定各級單位主管人員之任期
　　　爲三年，期滿視其工作成績予以調整職務，其餘人員每服務三年辦理內
　　　外勤互調一次。至於佐警擔任分駐所，派出所主管者，任期定爲二年，
　　　各項成績優良者，得連任一次，期滿實行互調，已予實施。今後當可根
　　　除流弊。

　　十九、現在全省警察人員有多少？與光復當初比較如何？是否依照人口
增加比例而增加？

答覆：現全省各種警察人員，共有二萬三千零九人，其中一萬二千五百五十
　　　三人，爲保安、刑事、交通、消防及專業警察，各有專責，如保警二總
　　　隊、鹽務、（係中央駐省專業警察）公路、鐵路、港務、工礦、森林警
　　　察等，行政警察人員，爲一萬零四百五十六人，現全省人口爲八、七四
　　　九、五七四人，平均每一警察人員，管轄八三六人強，光復時日籍警察
　　　人員遣送回國後，本省共有警察人員八、一七八人，當時人口爲六、三
　　　三六、三二九人，平均每一警察人員，管轄七七四人強，前後相較，現
　　　在人口增加二、四一三、二四五人，行政警察人員增加二、二七八人，
　　　每一警察人員管轄人數，增加六十二人強，惟目前以値戰時警察業務，
　　　則較光復時遠爲繁重。

　　二十、今日臺灣號稱實行「地方自治」，實際縣市長並沒有權指揮警察，
甚至有些無作爲的縣市長，反而須奉承警察局，請問主席：這樣地方秩序怎

樣能夠維持？民選縣市長怎麼可以當呢？

答覆：縣市長依縣市政府組織規程，有指揮監督警察之權，自可依法行使。

　　廿一、最近有三重鎮鎮民陳添壽犯煙毒案，在淡水河中給刑警鄭馬腰用竹桿打破頭部，被捕到隊後，又受鄭某及另一刑警熊夢飛共同毆打，同時全身均被淋濕，又不准換衣服，以致被凌遲致死，結果以破傷風病名報案了事，這一案件主席有所聞否？

答覆：查本府警務處刑警總隊，於二月三日上午八時，在本市淡水河十一號水門出口處，緝獲出賣嗎啡現行犯陳添壽，該總隊組員鄭馬腰，將渠扣上手銬，正擬舉步時，詎該陳添壽猛用臂力拉斷手銬，且因用力甚猛，擊傷鄭隊員胸部，陳犯則躍入水中，泳水潛逃，鄭員即僱舟追捕，陳犯仍逗留水中，抗拒歷二十餘分鐘，致而受傷，嗣經鄭財福之協助，始合力將陳犯拉登上船，押解回隊，因其頭部有血，醫消毒包紮服藥，並一面通知其家屬為陳犯更換衣服，經訊問據供販毒屬實。詎至同月五日上午，突然死亡，當經報請臺北地檢處指派檢察官魏德昌及法醫等驗明，並解剖屍體，致死原因，尚待法醫製作鑑定書，現本案魏檢察官正積極澈究責任中。

　　廿二、警察人事說有所謂「個人控制」和「團體控制」，局長、分局長、所長、警官有犯案的，或要調動的，就有要人用電話代為說情，凡在某訓練班受訓三個月的，縱然犯罪，處長也無權過問，似此，處長何能有所作為？敢請主席向中央有關方面建議，應讓處長有相當權限。

答覆：警察人事向來根據人事法規及組織體系辦理，不受任何牽制，已詳答於第九項。

十二、十六、十八、十九、二十、廿一、廿二合併分析：

　　自從瀞園在一九五四年遭祝融之災後，李萬萬對警察執法允當與否的議題顯得更為積極。當時亦為李萬居第二屆臨時省議員任內，第二屆臨時省議員開始改採直接民選，形式上擴充了普遍的民意基礎，或許在這種客觀條件上，加上李萬居受到當權警特單位枉顧生存的欺壓，那種危及生命的親身經歷令他對黨國威權濫用警特人員的行為萬分失望。

【人權——臺民地位】

　　卅二、臺灣青年為著愛護祖國擁戴　蔣總統，為著爭取自由，打倒共匪，

大家都踴躍從軍。前一向我到中南部去，有許多青年跟我談到反攻大陸問題上去，他們都感到反共復國臺灣青年應該有這種責任，但亦覺得臺灣軍官未免太少。過去若干臺灣籍軍官曾經參加對日抗戰達八年之久，對祖國忠心耿耿。臺灣光復幾年來本省籍的軍官如黃國書、陳嵐峰、王民寧等都已脫掉軍裝，改行去了：只剩一個蘇紹文穿著軍服，落寞街頭，無所事事。他們說：如果起用若干臺灣籍軍官，一旦反攻大陸軍事開始，也許更能鼓起臺灣青年軍士的興奮情緒，關於這一點可否請主席轉呈中央？

答覆：高見甚佩，當轉供中央參考。

分析：李萬居關於「反攻大陸」的議題，所提次數亦不在少數，這是個頗為奇特的現象，他對於反攻大陸的意識形態並不排拒，這當與青年李萬居時期對祖國的愛國心以及國族、民族情懷的奠基有所關聯。在臨時省議會第二屆第三次大會對省主席嚴家淦質詢〔註 9〕，以及第三屆第一次〔註10〕、第二次〔註11〕大會對省主席周至柔質詢時，皆提過相同

〔註 9〕　〔質詢〕二、爭取大陸民心歸向問題：臺灣的面積和人口都很有限，我們憑甚麼去反攻大陸呢？除了總統的偉大的精神號召外，就是完全靠民心的歸向。請問主席：自由中國對於爭取大陸四萬萬五千萬同胞的民心歸向有何計劃？有何做法？大陸民心對我們的反應如何？今天在自由中國所有反共人民都非常關切的，可不可以請主席賜告？〔答覆〕關於爭取大陸民心歸向的問題，這是一個很大的問題，在中央方面是重要的國策，在地方方面，以我個人的看法，我們努力建設臺灣，就是爭取大陸民心一個最好的政策，假使我們把臺灣建設好了，大陸民心一定要歸向我們的。參閱《臺灣省臨時省議會第二屆第三次大會專輯》下冊，頁 2662-2668。

〔註10〕　〔質詢〕三、由邊治談到是否反攻的問題，反攻大陸是全自由中國老百姓所一致希望和要求，……但是自從省政府遷移中部以後，臺灣民眾對於政府反攻大陸的決心已發生懷疑。不管是疏散也好，疏邊也好，據說就整個中興新村的建築和佈置看來，明明白白是一種長遠之計就是邊治。……，臺灣老百姓對於政府所一再宣示的反攻大陸的決心，已是半信半疑，我希望主席能夠對問題，作一個比較明確的答覆。〔答覆〕省府遷移中部為行政院之決定，本人在議會報告詞中已有詳盡說明。至於中央政府所在地與省府所在地是否應同在一地點，其重要性似尚不致影響反攻大陸之決策。參閱《臺灣省臨時省議會第三屆第一次大會專輯》下冊，頁 4760-4767。

〔註11〕　〔質詢〕六、反攻復國需要寬容。抗戰勝利後，蔣主席立即對日本全國人民宣佈，中國決採取寬大，以德報怨，不咎既往。這種胸襟和眼光是何等遠大，決策是何等的賢明！我是臺灣人，臺灣曾受日本五十年的殘酷統治，我，乃至臺灣全省同胞一定永遠記住這血海深仇……。為著國家的前途，為著東亞的未來著想，我仍認為這個寬大政策是正確的……。對待百年大敵的日本，我們都能採取寬大的態度，而對待我們自己同胞為什麼不能採取寬容的態度

議題。而且李萬居在此議題的認知，展現特殊的構連，他將反攻大陸與臺民是否受到當權重視串聯在一起。他會以「民心的歸向」、「自由中國所有反共人民都非常關切的，可不可以請主席賜告？」、「我們努力建設臺灣，就是爭取大陸民心一個最好的政策，假使我們把臺灣建設好了，大陸民心一定要歸向我們的」等論述，向當權表達臺民的關懷。

事實上，這些論述背後的意義在於：李萬居察覺到當權以臺灣爲反共基地，態度上卻似乎沒有將臺民納入同舟共濟，這就造成當權行爲給臺民的困惑：一方面政府積極介入教育體系與社會組織，進行思想改造與文化灌輸，另方面又深怕臺民反叛，因而採取「堅壁清野」政策，扶植自己人（外省籍人士），抵制臺籍人士。李萬居是體制內的知識份子，政治嗅覺靈敏，他的內心當是隱藏著焦慮不安，但他的積極「問政」與他的黨外身份，被當權自動構連起來，因此常常與當權形成主體論述的拉扯。

截至目前爲止，我們發現李萬居的質詢內容廣泛、項目繁多，他的思想和語言已達到顛峰。就楊錦麟的觀察，他認爲此間李萬居的質詢涉及「政治性」議題漸占主要比重，到了臨時省議會第二屆會期，質詢發言有了進一步的發展（1993：235）。其後來窮追不捨政黨政治議題的行動上，即可見眞章。除此之外，李萬居的質詢在開始產生政治語言轉折（political language turns），大致是歷經澌園被惡意放火燒毀，隨後數度關於人身自由與安全、警特人員執法失當的質詢，也都只能獲得省府避重就輕的答覆，根本賞枉顧人民生命。之後他還受到當權羅致有關本土黨外精英謀反的流言，最後，李萬居反擊的方式，就是利用方言取代官方語言—國語，來表達內心的不滿。

◎自由民主　黃牛　省府疏散　行政效率　省長民選　警察人事　省籍　產業稅捐　匯率　政黨國庫（共十八項提問）〔註12〕

曾經有一個朋友對我說：臺灣人講國語有三個大寶貝，第一是陳尙文；第二是李友邦；第三就是李萬居。其實，兄弟在歐洲及大陸住居二十二年之久，平常所用所言均係南腔北調的普通話，因此我的國語講得不好，今天詢

呢？……我站在國家的立場，認爲寬容才能號召大陸同胞起義來歸，這樣對於反攻復國必有莫大的裨益。不知道主席可否轉請有關當局多予考慮和注意。〔答覆〕時間已到，另以書面答覆。參閱《臺灣省臨時省議會第三屆第二次大會專輯》下冊，頁1218-1224。

〔註12〕臺灣省臨時省議會第二屆第三次大會專輯下冊，頁2662-2668。

問讓我講本地話，比較自然，聽來才不致發生誤會。

【人權】

　　一、在議會發言為爭取民主自由會不會引起誤會，最近總政治部發表一篇專文，揭破共匪對臺灣的陰謀，其中有幾句話很值得注意：共匪假借爭取民主自由，來進行顛覆我政府的工作，以及利用報紙所載民意代表對政府的質詢，加以渲染和擴大，作為離間政府與議會，及政府與民眾的資料。做為一個民意代表讀了這幾句話，不禁慄然心驚！議會在民主國家才有的，議會本是爭取民主自由的場所。現在匪共竟然利用報紙所載議員的質詢來逐行顛覆我們政府陰謀，如果議員為爭取民主自由貢獻當局種種意見，刊載報上，是否會被誤會是在替共匪做工作、做爪牙，因而被連累？請主席先行答覆，以便決定是否繼續詢問。

答覆：所謂議員，不會誤會到李議員。李議員一共提出十八點的意見，都很
　　　寶貴，關於第一點剛才已經答覆過了，因為時間的關係，不再重複答覆
　　　了。現在將其他各問題，分別答覆。

分析：李萬居指涉自己大膽挑戰當權的言論，被利用來影射如同匪共顛覆國
　　　民政府。為自清本身質詢目的與匪共計謀絕無關聯，同時呼籲議會在民
　　　主政治的功能在表達監督政府的言論，此為議會存在於民主社會的理
　　　由。此外，李萬居從語言轉折表現和當權的對立，如此舉止象徵他政治
　　　人格的轉型已達較基進的程度，他似乎諷刺當權無法理解他的質詢，沒
　　　有誠意接納諫言，大概是聽不懂他說什麼，因此，他說「我的國語講得
　　　不好，今天詢問讓我講本地話，比較自然，聽來才不致發生誤會」。而
　　　「聽來才不致發生誤會」的本地話，正代表當權多年來不願正視的「聲
　　　音」。

【政黨政治】

　　十七、本人絕無拉李連春局長加入青年黨的事實，上次大會郭雨新議員提出糧食十二項詢問，因而牽連到本人和李連春局長上面來。有金石聲先生者通知他的各地同志，一則曰：李萬居屢次拉攏李連春加入青年黨，經李氏一再拒絕，最近李氏已正式加入本黨，李萬居對之甚表不滿。再則曰：郭雨新此次所提攻擊可能是李萬居之授意上帝高在上，簡直是冤天枉地含血噴人，我與青年黨雖有多年關係，但我性甚懶惰，未曾為青年黨勸誘一個人來

入黨，同時四年來因有某種問題，始終未予過問青年黨之事，更沒有拉攏我的「親堂」李局長來參加青年黨，同時今天在此情形下，要我的親堂李局長省政府委員來入黨，豈不是害了他，今天兩位都在座，請李局長給我證明，我有幾次要你入黨？連一次也沒有。其次，我要請問郭雨新議員，我曾否挑撥或授意你來攻擊糧食當局，你上次要詢問時，因為我在大陸較久，且習國文，故在詢問條上做文字修飾，你二位給我證明一下，是否有此事？含沙射影，憑空揣測，荒唐之極。可否請主席問問貴同志金石聲先生用意安在？

答覆：嚴家淦主席答覆到第六點，口頭答覆無法再進行，他提出關於開會過多，確是一個應當糾正的地方……，之後題項改採書面回覆。林副議長則表示：這次會大總詢問，可以說是歷次大會以來，最長的一次，主席不辭辛勞，詳細答覆質詢，我們應該感謝的！

分析：在臨時省議會第二屆第三次大會的當期，政黨政治的議題產生變化，李萬居在先前的質詢，在呼籲政府重視多元聲音，此次會期的政黨政治問題則直接與李萬居本人有關，牽涉到李萬居「慫恿」李連春局長加入青年黨。此事顯現國民黨形式上認可如民社黨、青年黨合法存在的事實，只是為了不要給人一黨專政的印象，並無法接受積極的政黨政治。

◎省議員人身安全：省議員遭恐嚇，人身安全欠保障〔註13〕

【人權——私域之人身安全】

　　報告主席，今天上午六時多本人接到四五H衝鋒槍用手鎗子彈一顆，並附了一封恐嚇信用新聞紙包著，放在信箱裡面，信裡面這麼樣寫：李先生！（1）反動的話不許有，意思是反動的話是不准講。（2）「二‧二八」是可怕的。（3）逆我者危哉。就是說反對我是危險的。議會自開會以來，本人還沒有講話，就接到恐嚇信，在今天自由中國安全是否有保障？本人自前年來接過三次恐嚇信，其中有兩次附有子彈，還有本人的房子也被燒掉，在自由中國我要請問主席兼保安司令，究竟我們議員有沒有保障？過去連續發生幾件事，我曾報告治安機關，報告過主席，但是結果還是石沉大海，像這樣的地方實在太可怕。我請問主席，我們的安全有沒有保障？今天我要請問主席給我一個答覆。

答覆：國家政府何人的安全都有保障的義務，所以如有恐嚇信請李先生交給本人，或保安司令部、警務處，一定去查究，對任何人的安全都有法律上的保障。

分析：李萬居在臨時省議會中後期的質詢內容，愈來愈長篇大論，拖延時間亦愈來愈久，省府的答覆即已數度無法針對各項質詢，全數回應，有的合併答覆，有時不予回答，有時會後書面再予回覆。他對國民黨政權正當地位的逼威有愈形激進的傾向，當權認知到李萬居的異端，或已顯得沒有什麼耐心。有關他收到恐嚇信件與子彈，這與當權警特情治單位的行動應脫離不了關係，當權應該是要給李萬居「警訊」。省府表示「如有恐嚇信請李先生交給本人，或保安司令部、警務處，一定去查究，對任何人的安全都有法律上的保障」，諸如此政治語言皆為制式話語，「如（果）有恐嚇信事件」預設「是否真有其事？」在黨國威權確帶有「逆我者亡」的心態，則文化領導權的雙面性即呈現出來，軟性統治是對順服者而發，暴力與強制則是針對反對者。因此，即使如此嚴重的威脅，當局也只是輕描淡寫地帶過。

◎行政革新　中央民代改選　縮減文化言論自由　政黨政治　物資局
地方自治　李茂松　警察　社團　新聞自由（共十七項提問）〔註14〕

【政黨政治】

　　五、是一個舊問題，這是本人過去曾經提過的，今日臺灣黨政當局不但積極宣揚民主政治，可以說今日所施行的就是民主政治，民主政治能夠推行，須靠政黨去推動，所謂民主政治可說是政黨政治，政黨政治要有兩個勢均力敵的政黨能夠圓滑地運行，才能使政黨政治達到成功的境地。因此臺灣民眾常常問起政府是否有准許人民有組織政黨的自由？在目前的環境下，人民組織政黨是否有可能？請問主席的高見。

答覆：凡全國性的社團包括政黨都在中央主管範圍，不在省政府職權之內，尊見當轉報中央，惟一般言之如下：1. 在不違反國家民族利益之下，人民有集會結社的自由，政黨當亦為集會結社的一種。2. 所有團體，可以分為兩類，凡因職業相同而結合者，為職業團體。凡以目的或興趣

〔註14〕臺灣臨時省省議會第二屆第四次大會專輯下冊，頁 2708-2717。

相同而結合者，為社會團體，政黨係屬於社會團體一類。3. 各級團體
之組織，須先向政府申請完成各種法定手續，經政府核准登記後方准其
成立。4. 如有人發起組織社團，政府自當先審其組織宗旨，然後方能
確定是否准其組織。

分析：在第三次臨時省議會會議中，李萬居方駁斥被扣以拉人加入青年黨的
情事，省府並未正面回應這項質詢，到第四次會議時李萬居不受前項情
事所影響，他表示「所謂民主政治可說是政黨政治，政黨政治要有兩個
勢均力敵的政黨能夠圓滑地運行」，經歷數度省府對政黨政治議題避重
就輕的答覆，李萬居仍不改民主政治的訴求，對於政黨政治持續抱以熱
烈心態，可謂深知不可為而為之，他仍發問「人民組織政黨是否有可
能？」當權的答覆又是看似有理的程序問題，而以「經政府核准登記後
方准其成立」、「如有人發起組織社團，政府自當先審其組織宗旨，然後
方能確定是否准其組織」回應。

　　按照謝漢儒對臺灣民主運動所區分的三股主流：第一股是以胡適先生等
高級知識份子支持，由雷震先生創刊經營的《自由中國》半月刊，是最具影
響力的。第二股主流是在野的民社黨與青年黨，他們利用其在野黨合法地位，
呼籲國民黨政府走向民主。則此階段是屬第一、第二股主流發酵與延展，而
第三股主流（各縣市當選或落選的縣市長和省、縣市議員的政治活動人）正
在蘊釀的時期（2002：7-8）。這衍生後來的選舉改革會議、以及地方自治協會
等組織。

【人權──言論自由】

　　十五、關於本人事業──公論報業務被妨礙問題：中華民國是民主自由
的國家，而公論報是一張領有登記證的合法報紙，它的立場極其光明磊落，
它是主張民主自由、進步的，它的言論客觀公正，完全符合國策，請大家注
意，但是它的業務到處遭受許多黨務、警察和特工人員的無理妨礙和打擊，
特別是在其他縣市的一些分支營業機構及其人員所受的打擊更大，連訂戶也
有受到威脅的，他們有的訂了公論報，卻不得不收藏起來讀，過去該報也登
報呼籲過，並沒有得到應有的保障，有關機關論理應該趕快調查並加以制止
才是，可不此之圖，反來問我們要證據，真是令人有啼笑皆非之感。主席有
無注意到這件事情？

答覆：我國憲法第十一條規定人民有言論出版之自由，公論報係合法出版之

報紙，政府自應依法保障。李議員詢問所謂「公論報業務到處遭受許多黨務、警察和特工人員的無理妨礙與打擊」；經查：

1. 四十四年三月警務處奉命偵辦李議員被署名眾父老者投函謾罵一案，依案情研判，有明瞭公論報在臺南地區訂戶對該報閱讀儲存情形之必要，乃派臺南市刑警總隊社會組王俊卿同志，往訪該社臺南分社負責人蔡秋用，但爲蔡君拒絕，可能因此誤會係警察妨害該社業務，事後該社曾刊登啓事通知分社不得將訂戶告知警察人員，但經查各地警察人員並無調查及威脅公論報訂戶情事。

2. 本省一切措施均本自由、民主、法治之原則，各級治安工作人員均有合法身份及證明文件，絕無所謂「特工人員」存在，如有不肖份子冒用治安人員名義招搖不法，必當查明依法嚴辦。

分析：《公論報》在興辦之初期即因揭露當權執法不當的言論，而致工作人員遭問訊與被逮捕，李萬居從法律程序的合法性，提出「公論報是一張領有登記證的合法報紙」。反思政府要在「形式上」准許辦報登記證，並無困難，但一旦認爲報紙言論抵觸當權文化領導權，則依「實質上」人治的評斷，亦無困難。總之，政治社會對市民社會的有限民主隨時「有調整之彈性」。

◎地方自治　選舉　兵役　縣市長停職　李茂松　軍民關係　金融貸款
新聞自由　警察人事　省籍　工業　人權（共十四項提問）〔註15〕

【人權——言論自由】

十、新聞自由的尺度以何爲標準：臺灣在自由中國統治下，並且是反攻大陸的基地，它的新聞自由的尺度不知道用什麼做標準，眞使我們辦新聞的人無所適從。舉例來說：由香港入口的中文報紙，許多消息都可以登，但在臺灣則有時便會發生多多少少的麻煩，尤其香港和其他各地的英文報什麼消息都登，政府也准許它們進來，反之在省內發行的報紙則不能得到這樣的優待，這種寬緊不同的尺度，是怎樣決定的？請問主席。

【人權——私域之人身自由】

十四、關於個人的私事，我的房屋被燒掉即將兩年，同時事前事後連續接到幾次恐嚇信，其中有兩封竟夾有子彈，另一封也畫著子彈，經過仔細研

〔註15〕臺灣省議會第二屆第五次大會專輯下冊，頁 2426-2430。

究，似乎帶有政治作用，現在經過這麼長的時間，不知治安機關偵查結果如何？據說，過去有人向主席報告說這些事情，因為本人想提高身價，故意做出來，此類未知是否屬實？請主席答覆。

答覆：該次會全部書面答覆，未口頭答覆。

分析：李萬居質詢的議題廣泛，但特別是針對民主相關議題，則一再拋出議題並積極論述，後來的質詢呈現文本的繁複與重複。這一方面對當權數度相同議題的質詢，歷時一段時間之後並未獲得答案，另方面是對當權「文不對題」的答覆表示抗議，因此相同議題不斷重覆，企求「正中要害」的答案。然而，當權或許認知李萬居不知進退，在其洋洋灑灑的論述之後，竟以書面答覆回應。這是否代表當局產生厭倦感？關於他收到恐嚇信與子彈情事，在此會期再次被提出，此次質詢另增變項──「有人向主席報告說這些事情，因為本人想提高身價，故意做出來」，其實這反映有心人士持續在這個議題上，暗中進行論述以干擾李萬居。

◎民主　出版自由　治安　司法獨立　地方自治　選舉廢票　縣市議會　輔導委員會省府疏散（共十八項提問）〔註16〕

【民主──臺灣的政治社會】

　　一、臺灣的可憂慮現象之一，臺灣是反共抗俄的基地，是自由的象徵，所以無論國內外人士都稱這個地方做「自由中國」。自由中國是施行民主自由的國度，論理應該不怕談論民主和自由，而應該積極地提倡和鼓勵民主自由才對，這樣才與大陸匪區的奴役制度成為一個明顯的對比，不幸得很：在這民主自由的國度裡，偶然聽到談論民主自由，有些人便惶惶然不可終日，認為這簡直是洪水猛獸，是「思想走私」，在為「共匪鋪路」，是「共匪同路人」，請主席轉詢中央當局，若是臺灣這個地方都不好談論民主自由，這不是一種很可憂慮的現象嗎？

　　二、臺灣的可憂慮之二，幾年來大家都在談論自由中國的軍事如何如何的進步。不錯，我們的軍事確實比較大陸時代不知進步了多少倍，這是一種可喜的現象，但是很奇怪，我卻不常聽到有人誇耀我們的政治和文化的進步情形，我們知道對於任何一個奮鬥中的國家，軍事力量固然重要，而政治和文化的進步或許比軍事尤為重要，漢高祖說過「鬥智不鬥力」，這是千古不易

〔註16〕臺灣省臨時省議會第二屆第六次大會專輯下冊，頁 1354-1359。

的名言。一個國家要制勝它的敵人,決沒有純靠武功而能獲致。我們今天如果要制勝,袛知注意在軍事上求進步,而忽略了政治和文化進步的重要性,就未免失之偏重。不知道政府當局覺得怎樣,這也是我所認為的可憂慮現象之一。

　　三、臺灣的可憂慮現象之三:這是關於禁書的問題。臺灣文化界這幾年來可以說饑荒到了極點,其原因是新的著作問世太少,並且大多都是粗製濫造,精心的著作不多,而過去若干在大陸發行的,不管其著作者是否靠攏,抑是因為種種關係,一時無逃出(其實那些人中間有許多是非共的,)在臺灣省內又不准發行,如呂思勉著的《中國通史》所說就在禁止發行之列,至於梁漱溟、張東蓀、朱光潛、沈從文等的著作更不待說了。古代聖哲曾說過:「不以人廢言」。今天的自由中國所列的禁書,真是恒河沙數,無從算起,不知道以什麼做標準,這種書籍荒不也是一個可憂慮的現象嗎?

　　四、臺灣的可憂慮的現象之四:臺灣近年社會案件,翻起報紙來看真是怵目驚心,幾乎無月無之。……這種現象是不是社會不安的徵兆?漢宣帝時代有個承相叫做丙吉的,聽見牛喘曾立即跳下車來查問原因,政府當局也曾感覺到這些現象的可憂慮嗎?

答覆:書面答覆。

分析:臺灣社會的問題到此做總整理,亦表示總評前述針對民主憲政的倡議皆未受到政府合理的重視。李萬居雖然經常論述長篇大論,甚至是苦口婆心,但綜觀他的政治訴求與思想主軸,卻明確一貫的,最終所企求者一如他關注到的——「我卻不常聽到有人誇耀我們政治和文化的進步情形」,正是「政治的」與「文化的」因素決定當時臺灣是否足以體現民主政治!

【民主與選舉】

　　十三、希望不要有一人競選的局面出現,一人競選本是最不好看相,最不民主的作風。政府和執政黨為地方自治的百年大計打算,應該趕快放棄這種不良的作風,以為中華民國後世的楷模。第三屆縣市長選舉期已經近了,最近臺北市、彰化縣、雲林縣等等地方,據說都有人在游說,勸阻黨外候選人不要出馬,希望再造成一個人競選的局面。在無人競選的情形得到當選,實在也不能算是真正的成功。大家總還記得新竹市長的選舉吧,因為一個人

當選，結果影響到選民情緒，投票率降低到一成左右，其他類似情形比比皆是，這是多麼諷刺和多麼難看的局面啊！政府是否有意把它改正過來？

十四、「巧合」問題：臺灣自施行地方自治以來，每當選舉的時候，候選人常常會遇到「巧合」的事情發生。且讓我試舉三兩個例子：甲、去年臺中縣民王地提出參加縣長候選的時候，不早不遲，剛好須應召入伍當軍醫，就軍醫征召的程序來說，應當先征甲種體格的，其次才征召到乙種體格的，臺中縣全縣一百八、九十名醫師中，甲種體格的不知道有多少人，偏偏就征召他。這是「巧合」者。乙、桃園鎮長許新枝第一次參加競選，當選以後被控當選無效，第二次他再參加競選，結果又是當選，但是當選後如何呢？一紙命令把他征召入伍。當選算是當選了，可是後來當兵去了，鎮長當然當不成。這是「巧合」者二。丙、黃千里這次本來打算參加臺南縣長競選，但是因為他過去曾任臺北市工務局長，參加雙溪水源工事係前任局長主辦的）結果經付公務員懲戒委員會懲戒，黃千里被停止任用六個月，不得參加縣市長競選。黃案不早不遲竟發生於第三屆縣市長行將舉行時候。這是「巧合」者三。對於這種種的「巧合」，全省老百姓都在竊竊私議，不知道當局對此有何感想？

十五、廢票問題：每次省議員或縣市長選舉的時候，凡是黨外人士他們的廢票比較起來，簡直不成比例，例如上屆的高玉樹、石錫勳、楊金虎等人的廢票都多過於執政黨黨員許多倍。對於這一點，選政當局以後能不能加以改進。

答覆：書面答覆。

分析：具楊錦麟分析李萬居問政的觀點，關於臨時省議會第二屆第六次此次的質詢，他曾提出該次內容涉及臺灣政治敏感極高的問題，據知質詢內容之第一項到第三項，第五項至第十二項，不知是否有意疏忽，抑或是因為內容過於刺激而被刪去，未登載在公報上（1993：235）。本研究參閱的質詢內容是後來省府史料彙編而公開者，上述前未刊於公報者已能取得資料。包括臺灣政治社會存在的四項問題，以及屢屢強調的民主選舉精神，因而有主張「希望不要有一人競選的局面出現」、不要干預選舉過程、質疑廢票等。類似這種民主與選舉的議題，李萬居多次提出，最後的大反擊就是參與雷震組織新黨事件，這也是合法存在的民社黨、青年黨受制於黨國威權，無實質政黨政治運作的不滿，做最後的革新之途。

◎中央地方分權　省府疏散　李茂松　司法獨立　兵役境管　土地改革　公營事業民營化（共十五項提問）〔註17〕

【民主與選舉】

一五、地方自治史上一個大污點，第三屆省議員和縣市長的選舉，實在是臺灣地方自治史上永遠無法洗滌的一個大污點。主席到任不久，也許不甚知道，此次選舉中，政府當局和執政黨的操縱控制，壓迫選民的種種弊端，但我相信主席過去總應該多少聽到一些罷。依照地方自治法規的規定，選舉是自由的，投票是秘密的，任何人都不得加以干涉、妨礙。但是在自由中國第三屆省議員和縣市長的選舉中，全省各地所有軍警特務都大力干涉，就是公教人員也甚少不捲入選舉的漩渦，所有監察人員，監票及計票人員也清一色由國民黨黨員包辦。例如我們雲林縣中小學校都輪流停課，教職員日夜出動，在替某些執政黨提名的候選人宣傳拉票，恐嚇小民，又有所謂「安全措施」就是臨時投票快要結束的時候，如看到情形不對，即以非常手段，向〔票〕匭投下大量的冒領票，各縣市都有類似情形發生，特別是高雄縣被檢舉的證據真是不可勝數。我們雲林縣更發見國民黨雲林縣黨部用金錢代該黨提名的候選人收買選票的事情，這都是違反選舉法規的，但是軍政權握在執政黨的手裡，誰也奈何他們不得，臺灣老百姓一談到選舉，無不一致表示不滿，但是不久前香港文化教育觀光團來臺，所得到政府的報告，卻說是第三屆省議員和縣市長的選舉都是依法辦理，結果異常圓滿，這祇有天曉得，第四屆縣市議員選舉即將舉行，請問主席有沒有決心加以改革？

答覆：一五、對第三屆省議員及縣市長選舉所發生的缺點，當飭主辦單位徹底檢討，以作為下屆選舉時改進、改善之依據。

分析：一九五七年臺灣第三屆省議員與縣市長選舉，弊端百出，選後所謂「五龍一鳳」的勢力形成，而早已不滿國民黨的大陸籍自由主義思想者，按捺不住，最後兩股勢力整合，終導致六○年代的組黨事件。但在組黨前，以及該次選舉前，名為〈黨外候選人聯誼會〉的組織，由王燈岸（日治時期民族運動參與者）和石錫勳（日治時期台端文化協會理事）共同籌組，並向內政部申請召開選務改進座談會（蔡崇憲，1983：22-23。蘇瑞鏘引，2005：61）。四月二十一日選舉之後，李萬

〔註17〕臺灣省臨時省議會第三屆第一次大會專輯下冊，頁 4760-4767。

居奔走召集理念相同人士，於五月十八日在臺北蓬萊閣舉行選舉檢討
會（同上）。這些政治行動象徵反對勢力的集結，如此看來，國民政府
千方百計阻撓或漠視敷衍知識份子的訴求，士以無可忍。然而，當權
的認知似乎仍屬優位感，概以「當飭主辦單位徹底檢討」、「改進、改
善」回應之。

◎人權　匪諜　言論自由　省議員言論免責權　政黨政治　行政革新
貿易　物資局中信局（共十五項提問）〔註18〕

主席，各位先生：我講的國語，咬字不正確，不能清楚，恐引起誤會，
因此我仍以本地話發言，即用閩南語發言，因為我是臺灣人，臺灣人的祖宗
是閩南，所以我講閩南語比較自然。

【政黨政治】

一二、政黨政治已經破產了！凡是民主國家都是實行政黨政治的，沒有
政黨政治便不配稱為民主國家，中華民國顧名思義應該是百分之百的民主國
家，可是我們並沒有實行政黨政治。第三屆省議員和縣市長選舉，各政黨都
曾經提名競選，而第四屆縣市議員選舉，各政黨不僅沒有提名，甚至百分之
九十以上明明有黨籍的候選人都標明和宣傳是無黨無派。這可證明「政黨」
和「政黨政治」是如何地為臺灣老百姓所厭惡，所唾棄哩！政黨政治在臺灣
不是已經破產了嗎？

答覆：時間已到，另以書面答覆。

分析：李萬居繼臨時省議會第二屆第三次會議（1955），首度展現政治語言的
　　　轉折──「兄弟（李萬居本人）在歐洲及大陸住居二十二年之久，平常
　　　所用所言均係南腔北調的普通話，因此我的國語講得不好，今天詢問讓
　　　我講本地話，比較自然，聽來才不致發生誤會」。到第三屆第二次大會
　　　（1958）再次使用方言質詢，他如此做的立場是為「比較自然」、「不致
　　　發生誤會」，其實這是激諷當權之舉。質詢語言作為動態文本，原本是
　　　面對面最好溝通的工具，然而，經驗法則讓李萬居發現當權「掩耳不
　　　聞」，他便反其道以非官方語言進行質詢。省府面對李萬居使用方言的
　　　質詢，前次省府答覆情形為：嚴家淦主席答覆到第六點，口頭答覆無法
　　　再進行，他提出關於開會過多，確是一個應當糾正的地方……，之後題

〔註18〕臺灣省臨時省議會第三屆第二次大會專輯下冊，頁 1218-1224。

項改採書面回覆。此次的答覆則以「時間已到，另以書面答覆」緩兵。本研究雖以緩兵之計代表當權態度，實際上，當權是根本不想應戰，「改進之道」只不過是葛蘭西所謂的「消極革命」。黨改造是國民黨自省的極盛期，較早期面對質詢的答覆，尚能認真查證，亦有相當篇幅的語言論述，後期則口頭答覆從簡，或合併答覆，或僅做會後書面答覆之舉，這已顯現李萬居積極以議壇為表達言論的平台，窮追不捨，當局卻愈感不耐，愈為避重就輕。如此，雙方的拉拒感勢將更為緊繃了。此外，而一九五八年也是「中國地方自治研究會」成立的一年，在一聲「政黨政治已經破產了！」的諍言中，爭取日後政黨政治的行動蓄勢待發。

◎政治　反攻大陸　民主自由　司法獨立　戒嚴　人事　省籍　裁軍　地方自治研究會　政黨　反對黨　流氓　人權　財政負擔　境管　學術新聞自由（共二十二項提問）〔註19〕

主席、各位首長、各位先生，第三屆上次大會，本人沒有提出詢問，曾受某方面報紙的打擊，種種責難，說我身為民意代表，應為地方及老百姓多講話才對，不錯，這是民意代表應盡的義務。現在我想講的，有些已經許多同仁講過了，有些是本人也曾講過，所以這次提出的問題，也是陳腔爛調，沒有什麼新鮮的東西，如有不對的地方，請主席及各位省長多多原諒。

【人權——民主憲政議題】

三、民主自由有什麼可怕：民主自由是現代的政治潮流，這應該是無可置疑的事。中華民國號稱是個民主國家，它的政治應該是民主的，它的人民應該是自由的，事實如何呢？在今日的自由中國境內，偶有人談談民主自由，這種議論常常會被政府方面看為洪水猛獸那樣可怕，黨政軍方面所經營的報刊和它的一般輿論機構則指為是「思想走私」，是「為共匪鋪路」，是「大逆不道」。天下滑稽的事情有過於此的嗎？民主自由真是像洪水猛獸那樣可怕嗎？孫中山先生不惜任何犧牲致力革命，蔣總統從事北伐，抗日和戡亂剿匪，也不是為得實現民主和自由嗎？請教主席，這種觀念是不是錯誤？

六、人民請願權也被剝奪了：依照中華民國憲法第二章第十六條規定「人民有請願、訴願及訴訟之權」，白紙黑字，載得明明白白。但是不久前中央日報報載，今後人民請願非先向治安機關申請並得其許可不可。這項報導如果

〔註19〕臺灣省臨時省議會第三屆第四次大會專輯，頁 1818-1827。

沒有錯誤的話，請問主席，這是不是違反憲法？是不是恢復軍治時代？是不是剝奪了人民的正當權益？

七、多麼長的戒嚴期間：世界上任何國家戒嚴時間之長，沒有可以與我們自由中國相比擬的。記得自民國卅八年匪共竊據大陸以後，臺灣地區即宣佈戒嚴，到現在已經將近十整年了，我們的戒嚴令還未取銷。近幾個月來匪共礮轟金門、馬祖，局勢突呈緊張，施行戒嚴，防止不軌份子活動，自然有其必要，這是應該的。但在過去八、九年的長期間，始終在施行戒嚴，實在是件不可思議的事。政府是不是藉此來剝奪人民集會結社的自由？

【政黨政治】

十一、中國地方自治研究會是陰謀造反的集團？中國地方自治研究會的發起是件偶然的事情。因為歷屆選舉使人覺得不公平不滿意的地方實在太多了，尤其是第三屆省議員和縣市長的選舉，有所謂「安全措施」〔註20〕，鬧得輿論譁然，民怨沸騰。因此，執政黨以外的候選人，事後座談檢討的結果，大家覺得執政黨既無誠意奉行中山先生的遺教，也不把中華民國憲法當做一回事，所以發起了一個「中國地方自治研究會」。去年七月初旬向臺北市政府申請登記，同月底被退回，理由是全國性的團體，市府無權辦理。同年八月初旬再送臺灣省政府社會處申請登記，到十二月底又被退回，這次所藉口的是另外一個理由：依照非常時期人民團體組織法第八條規定：「人民團體在同

〔註20〕李萬居在臨時省議會第三屆第一次會議與第四次會議，皆提到選舉時「安全措施」，這是指國民黨為求選舉結果國民黨籍候選人當選比例達於多數所採取，不合乎正當法律程序的政治干擾手段。選舉的弊端從 1950 年、1952〜53 年、1957 年所舉行的第一、二、三屆地方選舉可見一斑。第一屆由無黨派當選縣市鄉長者不少。第二屆則分期舉行，國民黨強行實施「讓賢」政策，凡出現力足以與「黨定候選人」匹敵者，若為黨員則開除黨籍並予以制裁，若為黨外人士，則由情治人員打擊，甚至於徵召服役，此舉造成許多選區「一人競選」的情況。第三屆為避免「一人當選」為人詬病，國民黨邀請青年黨與民社黨共同公開提名競選，兩在野黨則要求（1）共同辦理選舉以及（2）共同監察投開票。國民黨先拒絕（1），接受（2），但在投票前兩日推翻第（2）項要求，並且在選舉當日，各縣市選舉弊端層見迭出，官方黨方甚至公然指示，採取預定的選舉「安全措施」，自然是大獲全勝，但是臺灣社會則怨聲載道。參閱賴昭呈，陳延輝指導，2005，《台灣政治反對運動：歷史與組織分析（1947〜1986）》。臺北市：國立臺灣師範大學政治學研究所博士論文。頁 136。「安全措施」就如李萬居質詢所提出的：臨時投票快要結束的時候，如看到情形不對，即以非常手段，向〔票〕甌投下大量的冒領票。

一地區域內，除法令另有規定外，其同一性質同級者以一個為限」云云。查這條法令是在訓政時期，民國卅一年二月十日國民政府所頒佈的，它應否修改，是否繼續有效，且不必去管它。讓我舉幾個例子來證明這個藉口不能自圓其說：（一）在抗戰期間，同在重慶，有個中國警政學會，又有一個中國警察學術研究會；（二）在今日的臺灣，有所謂中國憲法學會，中國憲政學會和中國憲法研究會三個人民團體並存。這些都是同性質同級的人民團體，為什麼又可以准許它們組織呢？

此外，各姓宗親會也都可以組織，並沒有聽說被批駁的。其實中國地方研究會祇是一些過去的候選人想建議選政當局改正以往不合法不公平的選舉作風，最多也不過向社會呼籲或者發發牢騷而已，絕非如黨政當局一部份人士根據一些虛構不確實的情報，誤認某些人有陰謀，要造反，配合匪的政策來跟政府搞亂。如果是陰謀，要造反，為什麼要公開向政府申請登記呢？彷彿在日據時代，臺灣總督府還准許臺灣人組織五個政治性的團體活動，即：臺灣文化協會、臺灣農民組合、臺灣民眾黨、臺灣自治聯盟和臺灣議會期成同盟會。臺灣已經重歸祖國懷抱，難道這一點點的自由都沒有，請問主席，這是不是民主法治的國家所應有的措施呢？

十二、執政黨真有這種雅量嗎？去年年底香港報紙刊載由臺北發出一則頗足令人興奮的消息。這條消息說，政府當局誠懇地表示，臺灣黨政當局不但從來沒有禁止人民組織一個強有力的反對黨，相反地，政府正在竭力協助現有的兩個反對黨——青年黨和民社黨，使之趨於強大。看到這些話不禁令人有空谷足音，彌足希罕之感。執政黨自北伐到現在整整卅年，它的一套作風都是承襲蘇俄的衣鉢，始終脫離不了一黨專政的伎倆。所謂「友黨」黨員在政府機關和教育界都被排擠而不能立足，甚至有的子弟在學校讀書也受歧視。一個外省人和本省人共同組織的地方自治研究會都不准成立，還說什麼要扶助反對黨。主席覺得這可以相信嗎？

答覆：李議員這次質詢的很多，範圍又很廣，本人非常欽佩！李議員對於國事如此的擔心，對民生如此的關懷，專門挑壞的來講，用這種方式來責備政府，策勵政府，我認為對我一是個很大的鼓勵，所以特別欽佩李議員。不過李議員的話，很容使人得到錯誤的印象，好像說今天本省同胞的生活很壞，無論在精神上或物質上都十分壞，壞到文字也不能描寫的

程度，我想今天要說幾句話，看看事實上是否如此，代表全省各地同胞的議員先生，是否公認李議員所講的話是真實的話？我想各位議員先生們都很清楚，李議員的質詢一共有二十二條，中間一個講到本省農業，政府正努力改良，提高生產，但農民的生活，改進不了多少，又說雲、嘉、南三縣沿海的農民，不但沒有米飯吃，甚至有些人連蕃薯簽也沒得吃飽，他們還常常懷念過去有鹹魚乾可佐餐，以前還有飯吃，現在比以前不好。各位議員先生，這是否是今天的情況，這些話歸納起來，就是說這三縣沿海農民，沒有米飯吃，都吃蕃薯簽，甚至有些人連蕃薯簽都沒得吃。不過餓肚皮的人究有多少，李議員並無提出具體數字，我們不清楚這些人在過去還有米飯與鹹魚乾可吃，「過去」兩個字，我想大概是指光復以前而言，光復以前，就是日據時代，現在臺胞常常懷念過去，這個「過去」到底指什麼，殊難瞭解。

我很可惜學問很廣的李議員，對三民主義國家大計見聞很廣，而對雲林、嘉義、臺南以外的全省各地，恐怕不大明瞭。他建議我到全省各地走走，我相信今天我在臺灣所走的路，比李議員還要多一點。我可敢這麼講，我對這三縣沿海農村都到過，而且也到這三縣以外的各地農村，拿雲林縣來講，口湖等地方人民，有許多人吃蕃薯簽，我曾問過這個原因，有些是因為經濟的關係，把剩餘的米賣了，換做蕃薯簽，有些是因為習慣的關係。但我到雲林，更不應把壞的擴大的來講，我想這才是公平公正的態度，我們要全盤的考察，不要僅看到一點就加以擴大，農民同胞在日據時代吃什麼，用多少錢。各位都知道，假使現在到臺灣各地走一走，就會得到正確的答案，剛才李議員勸我多走一走，我也勸李議員多走一走看看各地方，你就能得到正確的答案。李議員責備政府以策勵政府的意思，我很感謝，我一開頭就聲明，但這種說法僅可做一宣傳，有人以前講過臺灣人連香蕉皮都沒得吃，李議員的說法，與這個宣傳是一樣的，在雲林一帶的居民很貧苦的事實，省政府很注意的加以改善，而且今後照李議員所說，加強我們的努力，使他們得到更好生活，這是我應該要做的。至於李議員的其他事項質詞，我想下次再詳細的答覆，我希望李議員根據言論自由的原則，明天把我這些話登載出來，謝謝李議員。

分析：此會期的答覆人是省府主席是周至柔，他對李萬居洋洋灑灑的二十二項質詢，回應以相當篇幅的「責難」。其政治語言亦產生轉折，而帶有諷喻。諸如「李議員這次質詢的很多，範圍又很廣，本人非常欽佩！李

議員……專門挑壞的來講，用這種方式來責備政府，策勵政府，我認為對我一是個很大的鼓勵」、「我相信今天我在臺灣所走的路，比李議員還要多一點」，甚而反過來請李萬居在《公論報》將省府答覆內容刊登出來——我希望李議員根據言論自由的原則，明天把我這些話登載出來，謝謝李議員。當權的反應與李萬居質詢之始的聲明——現在我想講的，有些已經許多同仁講過了，有些是本人也曾講過，所以這次提出的問題，也是陳腔爛調，沒有什麼新鮮的東西，如有不對的地方，請主席及各位省長多多原諒。形成應對效果。簡言之，李萬居對相同議題，鍥而不捨、一提再提，雖然行為上看似積極，心理卻是消極的，滔滔不絕成了不滿情緒的宣洩。而省府也在忍無他法，無以就程序問題或實質方案的情形下勉為其難回應。

（三）省議會時期：1959 年 6 月～1966 年 4 月

◎軍隊國家化　政黨政治　中央民代改選　留學　治安　美援　戒嚴
貧窮（共十六項提問）〔註21〕

主席、各位先生：今天天氣很熱，本人未穿上衣，又早晨情緒動激烈，說話也許有點欠雅，請大家原諒，本人請教主席的問題，一共有十六點：

【政黨政治】

二、反共復國僅靠一黨行嗎？大陸上匪幫的力量相當強大，似乎為大家所公認。我們要摧毀它，消滅它，必須團結所有的力量，這該是不容否認的事實罷。上面說過，近來各方面迭有團結的呼聲，大概就是這個緣故。過去對日本人作八年的長期抗戰，能夠一直維持下去，終於得到最後勝利，就是靠全國人民無分黨派合作無間的力量。就現在的形勢看，中央政府遷到臺灣以來，其一黨包辦、一黨專政的傾向更加顯明，甚至有人強調衹要對人民加強控制，以執政黨一黨的力量就可對付共產黨，而綽有餘裕，這種見解正確嗎？單憑一黨的力量足夠反共復國嗎？請問主席。

五、非我黨派，其心必異嗎？「非我黨派，其心必異」，執政的國民黨常是抱持這種觀念，所以說它是一個排他性和懷疑性最強的政黨，並不為過。因此，自己的同志便認為可靠，他人便不可靠。……舉例來說，我們青年黨

〔註21〕臺灣省議會第一屆第一次大會專輯，頁 2081-2095。

同志郭雨新議員，去年因事業的關係，逗留日本幾個月，特務隨時跟蹤，捏造報告，謠言滿天飛。因而他們家眷要到日本去旅行，他的第二女兒要去東京去學習音樂，過去他們也曾去過日本，不久也就回來了。這次主管出入境證的機關卻批個「免議」，但什麼理由則隻字沒有提到。臺灣人不知道有多少人帶家眷去日本旅行的，我想本會其他同人也有許多人的家眷去日本，但都很方便，獨獨對於郭議員的家眷則不准許。大概這是「非我黨派，其心必異」的觀念在那裏作祟罷。……我們青年黨人不知道有誰在大陸向共匪低頭稱臣，例如翁照垣同志不時在共匪的威脅利誘的包圍之下，都不為之所動哩！由此可以看出誰是忠貞，誰是不可靠？

答覆：在答覆李議員質詢問題以前，本人擬先說明諸位是臺灣省議會議員，本人是臺灣省政府主席，在討論或質詢中，我們似乎應說以臺灣省政為範圍，也就是說我們應該集中力量為全省同胞謀求幸福。如果超出了這一範圍，甚至藉這種機會作某種目的的宣傳，不僅我不便答覆，同時也不是全省同胞所希望的，所以我想祇對有關省政部份提出答覆如下。

筆者按：針對第二、第五項以「政黨政治」為主旨的質詢內容，端詳周至柔省主席答覆者，應為其答覆內容之第一項：一、天下為公，信仰自由，這是民主國家之政治信條，政府用人唯才，與黨籍無干，目前公務人員任用，是根據中央所頒公務人員任用法辦理，其中祇有資格之規定，並無黨籍之限制，現行的公務員履歷表並無黨籍一欄，李議員所詢全省各機關股長、科長若干人為國民黨、青年黨、民社黨或無黨籍，本府尚無此項資料，無法奉告。

分析：李萬居在後期的議員任期，一則身體健康的問題已逐漸浮現，另則在臨時省議會改制為省議會初期，地方自治已歷經如一九五七年第三屆省議員與縣市長選舉的嚴重弊端，大陸籍自由主義份子與臺籍民意代表等，基於共同理念形成籌組新黨之態勢，如「選舉改進座談會」、「中國地方自治研究」等組織，企圖制度性地向政府表達改革建言，仍遭當局壓制。此時的李萬居對當局愈形失望，言行上便有超出一般規約的情形。仍可想見他對政黨政治的訴求愈形強烈，對警特千方百計弱化已經存在的青年黨之舉，感到惱怒。

◎民主政治　自由經濟　人口　政治犯　省長選舉　省議員言論免責權　公營事業財政負擔　教育　人事　省籍（共二十項提問）〔註22〕

【政黨政治】

六、沒有真正的反對黨就不是民主國家，中華民國顧名思義應該是個不折不扣的民主國家，民主國家所施行的毫無疑問地是「民主政治」，施行民主政治的國家，主權應該在民，這是常態。我們目前所施行的究竟是種什麼政治型態？民主政治乎？一黨專政乎？如果說我們所施行的是民主政治，那麼民主國家裡面，除執政黨外，應該有個勢均力敵的強大反對黨，來相互競爭，互相監督，相激相成，但是我們沒有，甚至連本省人士籌組一個政治性的人民團體都不能得到准許，那還配稱為施行民主政治的國家嗎？也許有人會反駁，今日自由中國除執政的國民黨外，還有青年黨和民社黨兩個友黨存在，似此不能說中華民國沒有在野黨，這不是充分證明我國有反對黨存在嗎？其然豈其然乎？這兩個小政黨自抗戰開始二十多年來始終與執政黨合作，大陸淪陷，跟著政府播遷來臺灣，它們已經羸弱不堪，加以內部被一些不知來自何方的特工人員滲透進去，在裡面翻天攪地，搞得不成個樣子，如何達成「反對」的任務，如何能達到監督的目的。我們這個國家如果要做到名實相符的民主國家，應該准許人民自由組黨，尤其應該准許政治性的人民團體成立，不然的話，儘管天天在高喊民主，我想老百姓的眼睛是雪亮的！恐怕不容易被欺騙啊！主席以為如何？

答覆：李議員所談的政治理論，是非曲直各有主張，本人站在省政府立場，未便作答。

分析：李萬居一句「沒有真正的反對黨就不是民主國家！」可謂政治反對者對堅持組黨的最後一擊。此間（1959 年底至 1960）他與雷震的組黨活動已經如火如荼展開。當權不把市民社會的政治行動當作人民心聲，卻把李萬居的訴求冠以「政治理論」，帶有高調不切實之諷，並將次論述當作個人意見，因而稱為「是非曲直各有主張」。

【黨國教育】

十三、教育應當超然於黨派之外。中華民國憲法第一百五十條說：「教育

〔註22〕臺灣省議會第一屆第二次大會專輯，頁 2202-2220。

文化，應發展國民之民族精神、自治精神、國民道德、健全體格、科學及生活智能」。接著第一百五十九條載明：「國民受教育之機會一律平等」。翻遍整本憲法，並無規定各級學校須強制誦讀某黨某派的主義的紀載，但是今日的臺灣各級學校都有黨團在活動，監視學生和教職員的生活情形，高中以上的學校均強迫學生須讀三民主義，且列爲必修科，每週最少須讀兩小時，入學考試對此項學科也列爲必考之一，這是不是違反民主國家的常態，同時也違反了尊嚴憲法的規定，按民主國家是實行政黨政治的，所謂政黨政治就是今日甲黨當權，明天乙黨可能取代之，一切以民意爲依歸，就今天臺灣的教育情況來說，甲黨執政，學生非讀三民主義不可，那麼乙黨當權則又須讀國家主義，一旦丙黨取得政權，恐怕又要非讀民主社會主義不可呢？如此下去，整個教育系統勢將非常紊亂。教育爲國家百年大計，所以教育應當超然於黨派之外，學校裡面應當禁止黨團活動，同時取消修讀某一黨派的主義，這也是收攬民心，奠定神聖教育基礎以及爭取自由國家同情的好辦法。不知主席也有同感嗎？

答覆：查我國憲法第一條條文爲「中華民國基於三民主義爲民有、民治、民享之民主共和國」，故三民主義乃我國之立國精神與建國最高指導原則，現規定高中學生研讀三民主義即本諸憲法第一條之意旨，期使學生均能深刻瞭解我國之立國精神與建國最高原則，而知所努力於國家之建設，至於學生不得參加政黨組織早有限例，前經中央令規定學生年齡未滿十八歲者，一律不得參加任何政黨組織，本府已早有函令飭遵照有案。

分析：「三民主義乃我國之立國精神與建國最高指導原則」尚屬合理，惟當這項文化領導權與威權宰制的武力和暴力掛勾之後，則被視爲官方單面向的意識形態。特別是當權有意將學校塑造成具集體記憶，將統治階層所偏好的身份認同強加於被統治者身上，但是被壓迫者意識到學校教育對他們的身份認同及未來的社會位置有重要的決定作用，也〔可能〕開始在教育領域者與主導的群體展開激烈的鬥爭（黃庭康，2008：1）。其實少年到青年李萬居的教育根基，富有「文化中國」的意識，他的民族主義與愛國主義情愫，理當能接納寓含建國原則的三民主義思想，他並不反對反攻大陸。而且李萬居以「反攻大陸」爲前

提的論述，經常串連關於臺民地位的諸多議題，甚至有部份政治社會
意識形態已內化在他的思維裡。但李萬居的政治論述實際上是具有動
態特質的，時應和，時反諷，他對三民主義被納入教育體系的觀感，
其實是反抗國民黨仗其執政地位，將「以黨領政」的政治策略強行鑲
嵌於象徵教學自由、思想自由的學校環境。李萬居的認知完全是基於
民主政治實質的內涵，所產生反對威權教條的激進民主。

二、論述分析的方法意涵

揆諸李萬居質詢文本內容，顯示議員與省府間的主體論述產生強烈對
立。在研究方法意涵上的啟發為：議員的問政論述與當權政治論述，都分別
具備自身的語言符碼。簡要地說，各有自身的語言政治意涵。而這些語言政
治意涵的展現，同時展現彼此對某些特定事物「認同」的差異，這也代表言
說者本身以及溝通的對象，彼此都受到情境條件的制約。以本研究的背景來
說，客觀環境就是威權政體的有限民主，主觀意識即代表政治社會的省府，
以及代表市民社會的議員；他們對有限民主的認知受到社會結構內建構認知
過程的各種因素所影響。按照論述研究把語言視為表演的（performative）與
功能（functional）的性質（Rapley, 2007：2），當權的語言政治表現為傾向功
能權宜性質，是為維持體系穩定均衡之必要，而李萬居則將其鮮明的論述，
發展為表演意涵，將議壇當作展演的舞台，充份掌握發言權與自身勇於表現
的社會功能。

若從系統模型的概念來檢視，當有兩種刺激「認同」形成的中介變項：
一為精英或領導人角色，他們透過理性考量或計算利益得失之後，決定要如
何動員，選擇衝突還是妥協？二為情境上的政治制度、社會結構、政府政策，
尤其是不平等的結構關係。兩者在我們進行實證觀察之際，往往是相互倚伏
的。如同結構關係並非客觀存在的，而是經過精英主觀認知的。權力不平等
結構是本研究威權政體有限民主機制下的客觀條件，有限民主所形成自由開
放政策，卻又弔詭地自動生成為反抗勢力的結構，這類似傅柯之權力與知識
在不對等的關係中所產生的拉扯現象。這種拉扯現象的表徵是：黨國威權的
政治語言是一種思想改造的基模（schema），並且有其僵化性。相對的，李萬
居以開放社會之自由澎湃的思維與當權互動，彼此之間勢將存在政治的語言
落差（language lag）。

質詢文本呈現主體——李萬居不斷地言說，一再重復相同的議題，大量積累論述文本，甚至出現「論述交織」（interdiscursivity）的現象——不同的文類（表示人類各種社會生活的符號語言）與論述（運用各種符號語言所形成的社會實踐），在溝通事件中串連在一起，透過論述的新聯結，相同或不同論述秩序內的疆域產生變化，相互穿越交織，〔最終〕形成創造性的論述實踐（Fairclough, 1995; Jørgensen & Phillips, 2002。潘志煌，2010：96）。李萬居質詢文本亦體現出「論述交織」的情形，民主憲政、人權、政黨、教育、實業發展、社會正義、個人議題等，交相聯結與質辯。他的語言開放、激情、自由、積極，激進卻貼近市民社會，不裝腔作勢；當權的語言平淡、冷漠、保守、消極，表現出權宜性質。

若從語言與政治關聯的學理面來看，語言的使用是基本人權；但由於語言能力影響到政治權力、經濟資源，以及社會地位的分配，所以從個人角度來看，語言也可以當作是一種能力、資產或資源，從組合的角度來看，語言是族群福祉所繫。因而精英必然會以政治角力來決定語言的使用，以求維持現有的政治結構與權力關係，為此，語言是政治力的展現（O'Barr, 1976：5-10。施正鋒引，1996：56）。歐巴（William M. O'Barr）的論點已清楚指出政治精英操作語言的目標與功能，甚而意味精英必然透過語言表述，這才得以令其取得「地位」。李萬居本能捍衛自身權利與職權，在政治衝突對立的先天結構上，展現其能力與資源。我們也因而理解政治和語言互為倚伏的特徵。

李萬居的政治論述不只是形式上的創新與獨特，而是對民主政治積極的訴求，所產生持續與反覆之溝通情境的製造，簡言之，他製造一個含概文本（語言）、論述、權力與政治結構的「言說空間」，這正是民主政治之市民社會的意義，李萬居因而象徵硬性威權時期，激揚前衛且早發式民主政治的黨外精英。相對的，當權政治論述體現出權力、衝突、控制與宰制的「言說空間」。一如諾曼・費爾克拉夫利用葛蘭西文化領導權概念，以批判論述分析解析統治權力的運作時，他論述葛蘭西的權力論述為：一、領導權的實踐與爭奪的論述形式，乃是透過言說或書寫的互動呈現；二、論述本身就是文化領導權的部份，社會各個階級或團體的領導權，同樣進行論述自身以及實踐論述的能力（1995:94-95）。

第二節　理論的探索解釋

一、政治社會與市民社會關係的轉化

（一）市民社會的萌芽

　　關於李萬居質詢問政對臺灣市民社會的創發，相對地反映出在五、六零年代，政治社會文化領導權格外綿密的階段，他刺激市民社會精神的意義更顯重要。此節補充第二章理論意涵，略為說明西方市民社會的概念。西方市民社會的概念可遠溯至希臘城邦政治，亞里斯多德即已提出市民社會的觀點。到了近代，市民社會的概念則具有不同視角的意義。諸如洛克（John Locke）、孟德斯鳩（Baron de Montesquieu）、盧梭（Jean-Jacques Rousseau）、托克維爾（Alexis de Tocqueville）所主張的自由主義精神。或是歷經國家主義盛行，形成與國家對抗而具社會自主的私域觀念，也成為「市民社會」的同意詞。或者黑格爾定義市民社會為界於國家與家庭之間的中介角色。馬克思則將之定位為對立於政治社會而具經濟性質的場域。此外，資本主義私產制度下的資產階級所發展出來的公共領域，也曾一度成為市民社會的表徵（李永熾，1990：29-30；Taylor, 1995：73；Taylor, 1998：10-14；鄧正來、J. C. 亞力山大編，1998：導論）。然而，從比較的觀點與對立的角度來解釋市民社會的意義，並將國家與社會進行二分的詮釋，有系統探討國家與市民社會關係者，要屬黑格爾（李孝悌，1989：73；鄧正來，1998：87；Pelczynski ed, 1984：2; Taylor, op cit：71; Taylor, op cit：3, 26-27; Lomasky, 2002：51）。

　　葛蘭西的市民社會概念源自黑格爾的思想。黑格爾市民社會融合古典自由與社會主義的精神，但理論意涵超越古典自由主張的最低限度國家與守夜國家（night-watchman state），而將市民社會的原創性表現在倫理生活植基於公共領域的政治認知，市民與理性國家間形成具凝聚力的愛國心（蕭高彥，1995：74，79，81）。黑格爾對市民社會定位，折射國家的角色為「道德理念」，也象徵自由市民維護共同目標的政治社群（Ilting, 1984：94）。與此同時，國家提供市民賴以為生的精神，是個體的最高律則，個體被賦予在私領域認同自我的權利，可發展殊異性，但民權仍然必須依靠政權的補救（Ilting, ibid：95；鄧正來，前揭書：96；何增科，2007：9）。黑格爾強化國家（政治社會）的角色，表現在他認為市民社會這個具有強大經濟力，以商品為手段的供需

體系，要跳脫自然狀態並克服各個獨特社會集團所帶來的衝突，必須仰賴政治安排，否則市民社會本身多元的特質就會成為阻礙，既無法排除多元，還會因為衝突而削弱多元特徵（Keane, 1988：47）。雖然黑格爾將市民社會與國家進行二分，但是，他卻有意營造一體兩面的交互作用，也就是希望讓市民獲得實質自由，國家乃是以適切的手段保障市民自由（Ilting, op cit：96）。

馬克思的市民社會觀同樣受到黑格爾的影響，以至於葛蘭西在吸取黑格爾的原始觀念之餘，另需審視馬克思的市民社會精神。馬克思的市民社會觀為何？他看重市民社會的自發性與市民社會作為基礎的爆發力，他從社會力預設權力轉移的歷史進展。相較於黑格爾以國家權力解決市民社會的道德需求，馬克思市民社會的關鍵功能在反映市民社會的政治性（Seligman, 2002：24-26）。這讓馬克思的市民社會還原其自身原始的衝突特質。基本上，黑格爾與馬克思觀察資本主義市民社會的客體相同，差別是在主體認知。馬克思將資本主義崩潰論的歷史進展視為「科學的社會主義」，因為資本主義發展的律則，必導致無產階級創造歷史使命，工人最終將奪取政權，成為改變資產關係的一群人（Przeworski, 1985：49）。市民社會衝突將發生在資產階級宰制市民社會淪為生產工具的結構，唯物史觀表達市民社會被限縮成經濟生產的領域，革命的動力也就來自於被壓縮結構的反彈，這個拉鋸使馬克思認為對市民社會的解析必須從政治經濟中去尋求（Marx, 1970：20。何明修引，1998：201）。

葛蘭西擷取兩者的精髓，一方面利用黑格爾的「道德國家」概念，藉此勾畫未來社會主義「完整國家」與「智識與道德」的文化領導權；但他不談黑格爾之國家維護市民社會的觀點，轉而將市民社會受政治社會的影響後，抬升為具有反文化領導權潛力的場域。另方面葛蘭西認同馬克思市民社會的衝突本質（Adamson, 2002：479; Simon, 1991; Sassoon, 2000：70），但是，葛蘭西在此基礎上開創後馬克思主義的市民社會意涵，將市民社會從僅僅只是經濟生產的結構中拉拔出來，從私域的階級覺醒與公域的文化認知和開放精神，重新建構市民社會。本研究援引葛蘭西文化領導權所衍生之反文化領導權、市民社會及其與政治社會關係的轉化，便是利用這項理論意涵，來檢視主體政治論述的過程。

而哈伯瑪斯與鄂蘭在論述公共領域的概念時，他們與葛蘭西談市民社會和政治社會深刻聯結的視角極為不同。前兩者基本上都主張公域和私域二

分，其實哈伯瑪斯的公共領域，原本是由帶有私我性質的布爾喬亞階級逐漸發展出來的，但為了排除私我性，哈伯瑪斯將公域界定為自由參與且理性溝通的本質。鄂蘭則認為公域是人自由行動的場域，其自由乃是擺脫家庭私域的表徵。籠統地說，哈伯瑪斯與鄂蘭都主張公共領域要與私人領域區隔，甚至鄂蘭頗為防犯私域入侵到公域的危機；她逆向反思，擔憂政治力介入掌攬家計事務，使得公共領域原本是人民自主談論政治的場域，不再單純，並產生一個稱為「社會領域」的地帶。其實兩者談公共領域的性質與運作，並未刻意談市民社會的概念；但他們對公共領域本質的界定，與西方自亞里斯多德以降談市民社會的基本結構仍然是相通的。蕭高彥便指出兩項特點以為解釋：一、市民社會相對於家計社會，家計的功能在滿足基本需求；二、市民社會的活動，在於市民滿足需求後，自由地從事政治事務（1988：75）。

反觀李萬居所處既定與必然存在的議會場域，那是一個代議性質的公共領域，討論的議題已經設定為公共性。此職權在結構上的定位，比較類似葛蘭西將政治社會與市民社會置於相同層級的情形。這使得李萬居與黨國的主體互動，呈現較明顯的政治社會與市民社會之間的拉扯關係。但是，至於兩者關係的轉化，並非即刻的，初始的政治社會與代表市民社會意涵的議會，和平共處於文化領導權的意識形態中。李萬居雖質疑當權不盡民主的作風，但他實已受既定的領導意識形態所影響，質詢內容不只一次提及效忠「三民主義」、「反攻大陸」的政治「信仰」。這便意味著政治社會在某種程度上，成功說服象徵市民社會精神的代議士。然而，政治社會與市民社會關係轉化的契機，發生於李萬居與黨國意識形態分裂，背後實則還有一股真正來是於民間的力量，督促著議會反彈統治者文化。大致可觀察到臺灣戒嚴初期，省議會黨外議員的反思，已暗藏反文化領導權的勢力，埋下市民社會被重新建構的種子。

李萬居在其所屬時代逐步開啓市民社會的政治性，特別是他一再論述選舉議題，強調正當法律程序（due process of law）；正因為選舉機制是民主政治象徵基本人權之參政權的政治設計，最為基礎卻也最能代表人民有扭轉政治社會的權利。黨國威權實施有限民主，卻也因為市民社會從這項民主機制學習，進而教育了自身，反過來訴求實質民主的統治。這便呼應本研究的問題意識：一、威權與民主兩種異質內涵併存的宰制模式，導致威權政體一旦透過自由與容讓的精神作為統治手段時，是否無可避免地產生高壓與懷柔交相

作用所帶來反威權緊張關係（tension）？二、然而，緊張關係卻未發生即刻的政治危機，黨國威權仍能維持某種程度的政權合法地位，理由何在？

　　透過對李萬居質詢文本的論述分析，或許我們得到部份合理的解答。答案的關鍵因素乃在於市民社會。但是，在硬性威權時期初始，市民社會只不過是政治社會的「鏡映」（mirror image），市民社會開始生根、萌發生機，轉戾點當要產生自我意識。五○年代一連串的選舉風波，應該讓市民社會感觸最直截，議員的權責原在監督與質詢政府，而體制內省議會的黨外議員，則愈加扮演推波助瀾的重要角色。以李萬居來說，他的雙棲身份讓他在體制外額外擁有強力的發聲器——《公論報》，因此，我們看到他的問政實則上是串連體制內外，以火力全開的方式，一再將選舉議題轉變成公共議題，尤其是「選舉恐怖」議題的渲染力強大，市民社會在短時期內便迅速形成反文化領導權的思維。知識份子在市民社會組織智識集團，進而籌組新黨，有機知識份子走訪地方，傳播新的意識形態，逐步解構原本均衡的政治社會與市民社會的結構，形成如同葛蘭西所謂過渡到社會主義革命過程中，市民社會所呈現之穩定不均衡的狀態。

　　原本葛蘭西突破西方社會主義，提出政治社會與市民社會二維分立的論點，從理論層次將市民社會的定位提升到上層建築，目的在突顯市民社會的政治性，讓政治社會與市民社會的互動，自然而然形成公共範疇。但由於雙方存在認知的差距，特別是西方階級社會明顯的社會結構，導致這種同時存在於上層的集團，發展為穩定不均衡的狀態。同樣的，省議會黨外政治精英的處境，頗類同葛蘭西將市民社會的文化，置於體制之內的政治社會場域中，特別如李萬居等「五龍一鳳」的角色，將臺灣基層與本土的市民文化，透過語言論述帶到政治社會的場域。只不過黨國政治論述自成體系，未必迅速接受或習慣殊異的市民社會論述。當然，無可規避的，國民黨仍需要包容部份本土文化，以進行有效統治。一如「文化吸納」（cultural incorporation）的過程，反映領導權概念的精神——社會宰制往往建基於被壓迫者的文化（黃庭康，2008：2）。

　　回顧本研究第三章討論國民黨在市民社會設置的文化堡壘與建制，其中的恩侍網絡，是黨國懷柔市民社會的策略。國民黨治理臺灣時，因施行地方自治之需要，積極培養基層勢力以動員選務工作，並以國家機器代理人的方式控制地方利益；被籠絡與懷柔的地方鄉紳，還因而形成具有政治經濟意涵的地方政治派系。國民黨就是透過地方派系政治，讓國家力量通達地方，交

換地方派系對統治階級的支持。經年累月，政治社會反映統治階級文化領導權，的確發揮一定程度的作用力，與此同時，被統治階級也逐漸發展反文化領導權的潛力。這如同「在特定的歷史局勢」之中，社會實踐必得歷經不穩定與不確定的路徑，純粹是因為市民社會立基於被排除性與邊緣化，這種不穩固的情勢，意味著當一個特定時期與特定組成的社會實踐，即使組成特定社會的歷史集團，他們仍無可避免地也會受到其他排他與邊緣化團體的挑戰。當省議會黨外精英強烈地企求從邊緣地位脫拔出來實，便意味市民社會正處於變遷（不穩定）的過程之中，亦隱藏著政治社會與市民社會的抗衡關係。葛蘭西激進民主革命的理由即源自於此，李萬居的政治論述也充份展現這種精神，並且在後來趨動他以實際行動進行政治實踐。

李萬居政治實踐的過程，彷彿長期在省議會像打游擊戰一般，赤手空拳、苦幹實戰，屢屢透過質詢試圖引發當權重視民主統治，這與葛蘭西社會主義民主革命型態的陣地戰市民社會，頗有類同之處。陣地戰建立在階級意識的基礎上，目的在引發自為階級（class for itself）產生革命意識。葛蘭西把階級鬥爭昇華成政治權力的鬥爭，並且將社會認同危機的敵對性考量進來，形成激進民主的條件（Laclau & Mouffe, 1985：136-137）。陣地戰的普遍意義代表一種長期、漸進、分子滲透般的文化鬥爭，也是文化哲理的鬥爭，不訴諸武力，而是透過文化武裝的方式取代真正的軍事武力。猶記李萬居在臺灣省臨時省議會第二屆第六次大會中，提出四項令人堪慮的臺灣社會歪風時，其一他提到「不常聽到有人誇耀我們的政治和文化的進步情形」、「任何一個奮鬥中的國家，軍事力量固然重要，而政治和文化的進步或許比軍事尤為重要」。他引用漢高祖「鬥智不鬥力」的統治術，強調「一個國家要制勝它的敵人，決沒有純靠武功而能獲致」。李萬居的許多質詢內容，一針見血地指出政權合法地位的立基，當要以獲得民心的文化領導為要。這與葛蘭西的「智識與道德的領導權」意涵，同氣相生。

審視李萬居在議壇各階段的質詢內容，以民主憲政為主軸的議題始終不輟。但是，國民黨以反共與反臺獨的理由，拒絕實行完全的民主憲政，李萬居反對共產主義，也不主張臺灣獨立，卻仍受到國民黨百般壓抑，根本原因是國民黨並無心實施民主憲政（賴昭呈，2005：142）。據余英時引胡適日記中的一則話——當時他（蔣介石）在五〇年代早期轉進臺灣時，讓胡適震驚的是，他是如此認真地研究所有擺脫憲法機制的方法（1997：448。賴昭呈引，同上：34）。國民黨無心於民主憲政的理由，反共的歷史任務應該是因素之一，

特別是硬性威權時期還處於建構穩固威權的階段。這可能與國民黨威權漸為確立，愈形強勢亦有關係，蔣介石甫在臺灣光復後的十年間，意識到本土精英對鞏固政權的重要，因而採取懷柔寬大的統治。但在五〇年代末期到六〇年，威權精神轉而強硬，這種情形有如一體兩面的現象，威權體制較為鞏固的同時，改革的反對勢力有其容忍的極限，伺機而動。該時期正好是省議會「五龍一鳳」勢力成型，大陸籍自由主義反對份子更為積極針砭威權的時期，兩股力量在五、六零年代聚焦聯結在一起，進而共同籌組新黨。這股政治反對勢力構成威權統治初期的黨外運動，當時，確實曾經一度造成沛然莫之能禦的反文化領導權之勢。

（二）市民不服從的體現

李萬居作為黨外反對者，他個人以及所屬省議會內的其他黨外議員，都象徵著如杜勉所謂之「以知識份子為主導的反對精英，是臺灣反對勢力的主軸」。當時的政治反對與七〇年代主導政治行動的先鋒，雖然都是精英之流的知識份子，但早期黨外省議員並未動員大量群眾，他們的群眾基礎是透過正規選舉程序的選民基礎。即使後來李萬居在體制外組黨，也是以知識份子為根本的反對者一起合作。葛蘭西市民社會的智識根基亦仰賴知識份子，但是，葛蘭西的知識份子與李萬居知識份子的定位，稍有不同之處在於：前者反對政黨已經形成，並且以政黨集中制的策略訓練黨知識份子為革命先鋒，目標是大量動員群眾，以教育群眾為革命者。相對的，李萬居實際上是以無黨無派的身份，去對抗國民黨政黨集中制所訓練精幹的黨務與黨工人員。李萬居的知識份子定位，主要還是透過質詢問政衍生為公共範疇的製造者。統治文化領導權是「自上而下」灌輸意識形態的模適，李萬居則是以議員身份發聲，象徵市民社會「自下而上」傳遞反文化領導權的意識。

李萬居的問政與政治行動，開啟臺灣戒嚴初期之政治社會與市民社會關係的轉化，但這種轉化是經過一段長時間的磨和階段與陣痛期。他開始醞釀反文化領導權的時機其實相當早發，一九四六年當選省參議員歷時未久，一九四七年二二八事件隨即發生，當時他的政治態度變產生大幅轉型，當權與他的互動也從接管臺省之前的緊密關係演變成對立關係。然而，如果另從職權的角度來看，「換個位置，換個腦袋」，李萬居當選省參議員的身份是為民意代表，原本就在扮演監督政府的角色。因此，若從權力結構與黨外知識份子之間的主體論述觀察，鄂蘭的「市民不服從」概念，可用來界定李萬居的

反體制行爲，並以此作爲政治社會與市民社會權力關係轉化的表徵之一。原本鄂蘭的市民不服從意指「法律威權的喪失」。李萬居的政治反對表現，如同鄂蘭所界定市民不服從的意涵：指涉的是非暴力的反對，它也不是革命，主要是針對政權及其法律體系正當性的不滿（Arendt, 1972：77）。他針砭國民黨破壞法律規範，以人治取代法治，漠視程序，這是對體制的抗議。定義上有所不同的是，鄂蘭的市民不服從是群體行動，激發這股行動的前提是在人民在公共領域充份表意之後，市民的行動於焉形成，進而提升到集體負責的層次。然而，兩者對市民不服從所產生的政治實踐動機，並無不同；若將「五龍一鳳」視爲象徵相當程度的多數，李萬居等黨外精英即代言民意，完成具有集體性質的政治行動。

誠然，反文化領導權或市民不服從都是政治反對；然而，政治社會與市民社會權力不對等結構，仍牽制著個體行動，要醞釀到暴發大規模的市民不服從，並非一蹴可及。按照制度論的假設，個別的行動者乃是處於一連串限制其選擇與策略行動的情境中，個體經過互動所產生的集體結果都受到制度的影響（Hall and Taylor, 1996：937; Weingast, 2002：661-662）。歷史新制度主義則發展出正式、非正式的各種建制所形成的「路徑依循」。如此，即使反對勢力在與當權（制度）敵對的過程，無形中也會受制於體系的規範。李萬居的不服從便有部份程度受限於議會機制，這是弔詭現象：原本是方便法門的議壇，卻同時因爲議會場域本身的特質，省府與議會的對立有時表現爲民主政治的表意功能，並非嚴重的衝突。特別是在既定機制內的質詢與答覆，即使不令代議士滿意，明顯而立即的衝突或是激進反擊，並不太容易發生；政治社會與眞正代表草根社會的衝突，都被緩和下。爲此，李萬居的不服從便需要另外找出口，他的出口就是興辦報紙，以及參與體制外的組新黨運動。

辦報與組織新政黨確實強化李萬居的不服從行動。帶有鄂蘭認爲政治體系的瓦解先於革命的特質，而辨認瓦解的特徵是政府威權逐步侵蝕，這起因政府不當的權力運作，致其合法性遭受質疑的意涵。這種情形亦類似馬克思主義所稱的「革命情境」（revolutionary situation）。但是，通常革命並非眞正發生（Arendt, 1972：69-70）。實際上，我們看到臺灣戒嚴初期的政治反抗，以知識份子爲基調，體制內外的政治活動相呼應，但仍不脫離一個相對穩定的政治秩序。因此，如果反思鄂蘭市民不服從的意涵——以非暴力爲訴求；那是因爲「市民不服從」這個概念與公共領域，乃是串連在一起的，這預設

公域的特質為公開與理性的溝通，反而是具有緩和衝突的性質。而且公域自然吸引個體聚集成為集體行動，即使是間接不服從也深具影響力。當然，市民不服從與革命者還是秉持共通的訴求——改變世界。若非透過激烈的反抗，如何能夠扭轉局勢？關於這個問題，鄂蘭回歸制度，她認為人類文明的出現，起因於代代相傳而穩定的建制，這項建制就是法律體系。她還暗指最激進的革命最後成就的是最為保守的份子，可見，鄂蘭並不支持暴力的革命行動。然而，她意識到社會快速變化，導致法律體系面臨修正，這使得市民反抗行為在當代民主體制中，依然不斷擴張（ibid：79-81）。

　　李萬居的反抗起始於質疑政治權力運作的統治體系，大部份的時間，他以省議員的身份進行非暴力的反制。體制內未盡全功之事，他轉以體制外的表意和結社行動表達對當權的不滿。鄂蘭在市民不服從的行動中，同樣提到結社。她以美國革命時期為例，引用麥克威廉（Wilson Caeey McWilliams）的論點：「體制失敗時，政治社會就要依靠人，然而人是脆弱的蘆葦，若非藉著承諾的力量，皆傾向不公不義的」。此時，在不確定性的情況下，結社成為救濟的方案（ibid：101-102）。李萬居的反抗行動亦間接回應鄂蘭「市民不服從」起因於不理想政體的立論。鄂蘭期望「真實共和國」的協調會能充份反映民意，她說「我們的觀點透過他人的影響、修正與否定，得以更明確」。李萬居在議壇中對黨國的質詢，所形成的激辯，或者也可以代表這項理想的起步吧。此外，鄂蘭主張結社式的公共空間意涵，代表人們同心協力共同行動的空間（men act together in concert），這亦當能反映李萬居在體制外表現市民不服從所塑造的活動空間。

二、公共領域之溝通理性與言說行動

　　李南雄定位父親的政治貢獻，其中一項是開啟公共範疇。原本「範疇」（category）之意代表概括性最高且最根本的概念，是反映真實世界各種現象與本質的基本概念。綜觀李萬居所關懷的政治議題的確廣泛，除了議題範疇的寬泛外，更重要的是，他將議壇發展成公共領域，以此作為公開展現政治議題的政治效益，表現無遺。李萬居創發出公共領域精神，同時展現知識份子在公域的社會功能。這可藉由哈伯瑪斯與漢娜‧鄂蘭對主體溝通行動或言說行動的論述，得到適當的解釋。首先，從哈伯瑪斯的「理想的言說情境」來觀察，哈伯瑪斯「理想的言說情境」意指：說話的言辭符合理解、真理、

眞誠、適切等要素，這讓言語的功能得以拓展到人際關係，形成溝通的條件（Habermas, 1979：56-68）。麥卡錫詮釋「理想的言說情境代表人的期望和預期，這保障共識的產生，也讓共識成爲指標。其間語言溝通的規範具有雙重性：一方面是期望，另方面發生實際的作用」（McCarthy, 1978：310）。李萬居在議會的質詢文本，就是建立可理解、眞誠與適切的語言（語詞）層次，並且試圖刺激當權進入理想的溝通情境。他以觀察實際政治生態的認知爲基礎，轉陳議題，並以相當多的篇幅積累論述，提供詳情以爭取當權「合理的」答覆。然而，他與哈伯瑪斯「營造」規範性的公共領域不同，李萬居本身大概未必自覺地開創公共領域，他純粹是在職務之責與對當權期望的兩種心態，自然而然創發出議壇的公共空間。

雖然，李萬居並未刻意創發如哈伯瑪斯或鄂蘭的公共領域；但是，他在議壇的質詢及其語言論述，卻頗符合哈伯瑪斯對發言的普通語用功能。首先，哈伯瑪斯強調人我的語言溝通最基本的單元，就是「言說行動」（speech act），一個理想成功的說話者，不只依照文法規則說出合乎文法的句子，還利用語用規則與別人建立適切的人際關係（McCarthy, op cit：279-280; Habermas, 1979：28-29）。這也是前述哈伯瑪斯對理想言說情境所提出的四項要素，最後的目標即在完成論證的有效性宣稱（*Geltungsansprüche*, validity claims），或是言說的有效基礎（Habermas, op cit：xix, 2, 50-59）。爲完成有效的宣稱，哈伯瑪斯從普通語用學（universal pragmatics）〔註23〕的意涵闡述言說行動的運作。話語的基本功能主要表現在三方面：一、處理外在實體，如既存現象與事物的表達；二、處理內在實體，如人之意向的表達；三、基於相互主觀認證，所發展出來人我適切關係的規範性實體（ibid：28）。

將哈伯瑪斯言說行動與溝通行動的理論意涵，用來檢視李萬居的質詢問政。則關於李萬居爲達成有效的宣稱與溝通，可以從他對議會質詢文本所下的工夫來觀察。據李萬居在法國留學結識的至友張耕陽的陳述，可以獲得相應的證實。張耕陽回憶（楊錦麟，1993：236-237）：

> 每逢省議會會期，李萬居總是挑燈夜戰，埋首準備準備每一次質詢
> 發言，竟日不輟。每次寫完質詢發言稿後，總要先邀請倪師壇與我

〔註23〕哈伯瑪斯建基於普通語用學，及其所發展出來之溝通行動理論，論理基儲受到語言學家喬姆斯基（Noam Chomsky）、奧斯丁（John Langshaw Austin）、塞爾（John R. Searle）等人的影響。他在《溝通與社會進展》（Communication and Evolution of Society）的第一壹章，使用相當篇幅探討普通語用學的意涵。

　　過目、提意見，朋友們常覺得李萬居的發言稿文字太過激烈，容易
開罪當局，總是勸他要有所收斂，李萬居卻不以為然。發言稿文字
雖被友人幾經修飾，但仍然帶有「魯莽」氣，每次質詢發言，他總
是先聲奪人，火氣十足。

　　這樣精心成形的質詢文本，在李南雄的觀感又是如何（李南雄化跋，
1967，收錄於楊瑞先，1980：71；1981：136-137；黃良平，1981：190-191）？

　　議會裡的老同事贈給他一個「魯莽書生」的綽號，「魯莽」二字似乎
是說他處理某些政治上的爭點不夠圓滑。其實，現代的民主政治是
一種「販夫走卒」的平民政治。既然最基層人民的利益是政治施政
的準繩，一位有責任感的民意代表就需要大膽地反應真實的民意。
同時，做為一個知識份子，既然追求真理和學識是他們生活的重要
部份，每一位知識份子就應該對他們的良知負責任；他們有理由去
堅持他們所相信是好的原則。即使這些原則超越時代和社會，知識
份子有責任努力見其付諸實現。因此，我想父親的長處就是在「魯
莽」二字。

　　如此看來，李萬居對於質詢文本的用心，實則在進行言說的前置作業，他
希望言說有物，切中要點，他尊重自身職權，他企求與當權達成適切與明確的
溝通。他為自我期許的理想言說情境創造條件。這與哈伯瑪斯一開始設定普通
語用學的前提——建構共識言說行動（consensual speech actions）（Habermas, op
cit：1-2）的觀點相通。因此，可以定位李萬居的政治實踐，透過質詢的政治論
述得以完成。並且其質詢亦如同哈伯瑪斯「論辯的」政治實踐。哈伯瑪斯在《合
法性危機》（Legitimation Crisis）即曾指出：「我一直想證明：實踐問題能夠以
論述的方式加以解決，社會科學分析能夠規則地探索規範與真理」（1975：
117）。這段文字勾勒他企圖〔在思維上〕論述出政治實踐的可能，或者應該說
哈伯瑪斯最後希望這項政治實踐可以成為真理。這種過程當可構聯到其「論
辯的」公共領域，進而也可以和「權力知識的正當性」（legitimtion of knowledge
by power）概念相連。但是，相對於哈伯瑪斯理性地「預先論述的正當性」
（prediscursive legitimacy）概念，以至言說顯得缺乏隨機應變的規範性論述。
相對的，李萬居就沒有那麼地「理性」，他不只是在思想上辨證而已，他是實
際付諸行動。質詢是一種語言論述，李萬居的議員身份優勢，讓他得以爭取
代表公意的「行動」。

　　若從鄂蘭之公共領域的意涵來觀察李萬居的角色，則他付諸行動的態度，可謂相當熱衷於「表現」，這點與鄂蘭「爭勝型」或「競技型」公共領域的意涵，頗為類似。因此，李萬居的「理想言說情境」還能夠延伸界定為：在民意基礎上的語言政治，「魯莽書生」的登場代表讀書人在議壇的舞台上，呈現個人色彩的表演風格。獨具一格的是，他的議會餘音——辦報與組黨，另與他真實的政治行動串結在一起，他所形塑的公共場域，再從議壇擴展到廣眾的市民社會。現在就以鄂蘭的「競技式」與「劇場式」的公共領域觀，解釋李萬居的質詢問政與政治行動。

　　首先，回顧鄂蘭詮釋人之境況時，所指出具有政治性質的社會生活——行動（1998：7）。「行動」代表社會生活的「政治性」，並且與人之自由有著密切的關聯，人們碰觸政治議題時，很難不論及人之自由（1960：28）。原本人有種將自我躲藏起來對抗世界之內趨空間（inward space）的自由，這與透過人我互動而存在的空間有所差別。後者代表一般人的行動自由，有時候這與人從生活的需求中獲得自主（解放）（liberation）亦有關聯。然而，鄂蘭卻同時披露：自由狀態並不會自動地與解放的行動產生聯結，要純粹地獲得內在真正的自由，必須與他人同處在相同的情境，而讓彼此能產生這種感受的空間。這因而發展出公共空間（ibid：29-30）。而且這個公共空間是行動者能展現「真實自由」（tangible freedom）的空間，是一個與工作或勞動場所分開的獨立空間（Villa, 1992：713）。回顧李萬居仕途的智識基礎及其政治歷鍊，他最初熱烈追求自由與心靈解放的方式，是選擇出走自一個被挾制的政治空間，懷抱民族主義的情愫，從中獲得自由的安慰，進而負笈法國擴展視野。求學過程中及至學成歸國，尚未進入正規體系內之前，他個人的舞臺是融入時代洪流當中的，載浮載沉且洋溢驚險。正式走入議事殿堂之後，他創發出具有「註冊商標」的公共範疇，有時甚至將私域議題延展為公域議題（諸如他與家人或是個別議員受到迫害）。倘若李萬居以其自身經驗代表販夫走卒或是市井小民的心聲，則他提出種種自身或他人的私域議題，當能夠被認為在反映市民社會的縮影。

　　李萬居的言說、溝通與行動，在表徵上頗符應鄂蘭「競技式的」或「劇場式的」公共領域意涵。鄂蘭提出公共領域的空間概念之後，她強調能實質地體現空間運作的因素，在於人之集體行動，但這項集體行動並非哈伯瑪斯規範性的理性概念，所營造之人「應當」在公域中溝通出「特定的產物」。鄂

蘭公共領域這個實體空間的產生，以及公共範疇精神的萌發，雖同樣基於人解放的自由；然而，她創造另類的「規範」——人要善盡職責，要展現生生不息的行動力。基於這種天賦本能，她假設每一個個體都有脫困於被約束的內在因子，他們應該欲求走向一個能表現自身的場域，並且每個個體不約而同，在展現自我與觀察他人言說的同時，揣摩與產生爭競的表現心理，進而採取與強化行動。將此意涵援引到李萬居的身上，其個體行動實已延伸為集體意識，因為透過質詢問政的論述反映出來。他本身也是個觸媒，他掌握報紙為公器，與議場的質詢相呼應，形成一個知識份子與群眾的公共領域，最後，這個空間既融合如哈伯瑪斯之免於強制但尚待實踐的空間，同時又具備鄂蘭「相互認可」的公共溝通意涵。雖然，李萬居在議壇的公共空間，是群眾未能親自現身的場域，但他畢竟透過質詢問政，以身先士卒的象徵意義，代言了群眾。

「行動」是鄂蘭區隔工作與製作的私我性，因而界定公共領域的行為，為政治性的一種公域行為。其表現形式是動態與生動的，並反映我願意（I will）與我能夠（I can）聯結在一起所運作的自由，也是願意開始付諸行動的起心動念（Arendt, 1968b：160; 1998：177）。鄂蘭界定的「競技式」公域與「劇場式」公域，其意義代表人將自身推向公眾，帶有表演與表現的精神，這兩種類型的公域常併同發生，一般而言，「爭勝的主觀主義」或「爭勝的／競技的模型」是相同的意思。競爭或對抗的本質在鼓勵個體採取行動、顯示個人特質的意義，在此種條件上的公共空間，便同時呈現個體表演與自我呈現的空間，而且是以被他人看見和聽見為前提的宣示（1998, ch. 2, 4. also see Villa, 1992：717）。

李萬居在議會中的身份，將他自身推向公開場域，如前述他並未意識理性與否的問題，也不刻意營造公域。如果依鄂蘭界定人之善盡責任的前提，李萬居不過是盡忠職守，其個體的殊異性，或許也不是他個人有意識認知的，但相對於當權一統化的文化領導權，李萬居犀利的問政與盡情的「表演」，令當權的定位處於與李萬居強烈的對比與差異。其實，鄂蘭真正的公共領域機制，乃是在本質上很快地掌握人之差異性，這也就引領人開始「溝通」。因此，她區隔私域的暴力，就是意指公域不是任誰就能施暴的場域，人將自身推向公域並表現自己的同時，就開始溝通；因而形成表現自己與尊重他人，以及取得妥協與共識的「言說－行動」。

　　最後，李萬居在議場的角色可說是觸媒、演員，也是當權與市民社會的橋樑。若從政治傳播理論的角度審視李萬居的角色，則我們當可以看見他藉議會質詢與辦報的傳播力，完成從個人擴展而成之群眾的文化領導權。若論及李萬居利用傳媒力的角色，我們已瞭解興辦報紙在李萬居的仕途生涯，佐以要角；其功能呈現一如相關研究所表示：政論雜誌或報紙對民主政治的影響，像是知識份子與群眾「溝通」，甚或是「和解」的載具，也是政治精英與群眾達成共識的管道。當然，這種過程需要透過有影響力的媒介，發揮啟蒙與制衡作用，使政治精英與群眾互動的過程中，獲得對稱的資訊，體現民主社會開放的精神；這種過程也象徵統治者與被統治者雙方不斷對話的歷程。李萬居的質詢問政便意味著：創造公眾（代理人）持續與威權對話的機制，他透過語言論述和當權交鋒，試圖尋求政治社會與市民社會關係的均衡點。

第七章　研究結論

　　本研究以省議會黨外精英——李萬居爲研究對象，試圖探討他的問政對臺灣五、六零年代民主政治發展的影響。透過分析理論意涵，到界定黨外精英概念與國民黨黨國威權特質，並陳述李萬居的智識建構與仕途歷程，進而分析李萬居於議壇上的質詢文本，藉以勾勒他與黨國威權的主體政治論述衝突，最後總結李萬居所激揚臺灣硬性威權時期民主發展的政治效益。

　　首先，援引政治學的學理意涵詮釋個案分析的政治行爲，並且總結理論與實務整合的啓示。本研究捕捉葛蘭西文化領導權的基本意涵，主要將之援引來解釋國民黨黨國威權統治的兩個層次——黨國威權本身的文化領導，以及省議會歷史定位暨議會黨外精英的角色。在國民黨黨國威權統治層次方面，學界定義國民黨威權時期的權力運作，大致上如第二章理論分析所述，是略帶列寧民主集中制（democratic centralism）之統治精神意涵，因而有以列寧式黨國政體（Leninist party-state regime）、非共產主義列寧式政黨（non-communist Leninist party）稱呼者，這或多或少意味國民黨的統治手段，具備類似列寧黨國宰制的意義。葛蘭西本身形塑的社會主義政黨與奪取領導權的思想，也取經於列寧政黨論的革命策略。本研究詮釋國民黨黨國威權的統馭手段時，在列寧政黨「專制」的理論意涵之餘，延增葛蘭西「文化領導權」的意識形態，更爲周延解釋國民黨黨國的宰制模式爲軟硬兼施的統御術。

　　國民黨威權的統御模式，呈現葛蘭西文化統治之「智識與道德的領導權」，以及統治階級抵禦反對勢力時，所採取強制（coercive）與暴力（force）的雙重手段。至於黨外精英所代表的政治反對勢力，及至後來民主轉型與威權過渡到民主的轉捩點，便是統治階級文化領導權遭到反對勢力挑戰，所產

生政權合法地位的威脅。爲鞏固政權合法地位，黨國威權透過文化領導權成功說服市民社會接受軟性駕馭的「共識」。國民黨即透過「以黨領政」的權力運作，利用系列的建制與據點（focal points），以政治傳播方式對教育體制以及市民社會的組織，進行統治意識形態的灌輸與同化。更高階的宰制，則在政治經濟上籠絡知識份子，建構綿密的恩護關係網絡，以鞏固政權。國民黨在五、六零年代的文化堡壘，可謂建築得頗爲堅固，甚至讓大部份的被統治者對強制產生認同（consent），即使該時期在省議會的體制內已存在反文化領導權的衝撞，反對勢力卻也不容易在市民社會造成即時摧毀統治者的力量。

　　葛蘭西文化領導權在歷史進展的徵兆，還蘊含透過「市民社會」暨市民社會當中的知識分子角色，營造政治社會與市民社會相生相隨的結構。特別是「市民社會」的概念，對本研究處理統治與被統治關係的轉化，以及國家角色變迭與階級衝突的視角深具啓蒙；文化領導權的精髓，則在強調市民社會是革命歷程中折衝樽俎的重要場域，因爲市民社會已經充斥統治階級的意識形態；惟有市民社會在此歷程中創造自身的文化意識形態，才取得轉型關鍵，而轉型的媒介又取決於知識份子的功能。本研究以省議會黨外精英作爲政治反對勢力的社會角色時，便試圖將黨外精英作爲串連政治社會與市民社會的橋樑。研究個案李萬居反映硬性威權時期黨外精英的縮影，加上他所串連體制內外黨外精英與政治反對勢力的角色，既爲省議員身份，又興辦報紙以及結社籌組新黨；不顧國民黨戰後即器重他爲親信的籠絡，最後反而以最爲衝爆的質詢問政及民間政治行動，抵抗當權。這令他相較於「五龍一鳳」其他黨外議員，表現出較具鮮明反差的殊異特徵。作爲體制外反抗威權的黨外知識份子，其功能表現爲反對者對抗威權的反文化領導權，同時其民主追求又再透過省議會爲公共領域的平台而發酵，及至最後以浪漫的理想主義者衝撞當權，獻上悲劇英雄式的貢獻。

　　同樣的，以哈伯瑪斯溝通行動理論的意涵，審視省議會的歷史定位時，我們亦發現省議會機制構成特定的領導權意義。省議會在硬性威權時期雖未非直接代表公意的公共空間，卻是當時期省級最高層級代議士發紓政見的平台，可說是爲民申喉的間接性公共場域。哈伯瑪斯公共領域的概念強調溝通理性，黨外政治精英在省議會這個載具上，彷彿表現出哈伯瑪斯所提出「政治的公共領域」，一種有助於建立批判意識的公共領域模型，政治性功能的公共領域，展現出伴隨著傳媒影響力而興盛發達的資產結構。此種政治性公共

領域的社會力（social capital）影響國家主權的決策（Habermas, 1974：49, 54;
1989：57）。此外，哈伯瑪斯注意到當代資本主義社會所興起之傳媒的社會功
能（1974：49）。一如他觀察英國政治競爭時，指出反對勢力的領導人物，塑
造相同目標、聲氣相通、能帶動政治用途的輿論，將批判的建議與公共反對，
帶向正規國家事務的一環。

　　傳媒的政治影響力，在葛蘭西文化領導權，便是以統治階級意識形態對
市民社會各組織的灌輸來體現。與哈伯瑪斯的差別在於：葛蘭西測重統治者
對被統治之市民社會所進行的宰制，致市民社會學習向政治社會學習，進而
意識到本身的文化，逐步建立足以與統治文化相對峙的勢力。李萬居本身的
政治意識以至於政治語言，便是從融合與應和當權，演變成反抗與質疑，頗
爲反映如葛蘭西市民社會的根本特質——政治鬥爭，也是文化本質的鬥爭
（Adamson, 2002〔1987-88〕：480-481）。換言之，體制內黨外知識份子將市
民社會的文化帶上來，使得省議會殿堂成爲類似階級鬥爭的場域，也是奪取
政權的試驗場。

　　若從哈伯瑪斯的立論來看，其主張透過無強制（coercion-free）的溝通形
成行動共識，讓理性批判的爭辯（rational-critical debate）無障礙運作；然而，
公域爭辯同時夾帶著社會轉型所衍生而來具有操縱力的傳播媒介，偶爾這股
力量深刻影響並統御公共領域，剝奪公眾的中立原則。若將此論理套用到李
萬居身上，李萬居建構的是一個以「公論」爲出發點的報紙，極力擺脫威權
官僚的機關報，他透過報紙向社會宣達公共議題，將公共議題暴露在公開的
場域，讓市民社會透過這樣的溝通，逐漸意識到公共事務切己，便開始形成
回饋。這其實產生一體兩面的效益：一方面市民社會從公開批露的公共議題，
學習到統治者的領導權路徑與模式，因而變得聰明而積極；另方面國民黨威
權卻弔軌地從這種披露管道，確立了其政權合法地位。

　　回歸到李萬居個體透過質詢問政所表現的言說－行動，則如同哈伯瑪斯
溝通行動的實踐原則——理性與信念。溝通的產出是知識，並且理想言說情
境的場域就是公共領域。此外，透過鄂蘭言說行動理論中，有關劇場與競技
特徵的公共領域概念，李萬居在議會中「知無不言，言無不盡」的態度，直
接與黨國威權宰制且模糊焦點的政治語言對峙。他爲代議士的角色克盡厥
職，表現多元的思想維度，同時將議壇塑造爲自身展演的劇場，積極扮演稱
職的演員。

其次，將政治學學理與黨國威權、省議會機制，以及李萬居個體的質詢問政串連在一起，本研究理出幾項研究要點：

一、文化領導權的理論意涵大致解釋了臺灣五、六零年代黨國威權的統治策略，省議會是國民黨在文化領導權架構下，因應有限民主而權宜安置的機制（文化堡壘）。議會黨外精英在這個權宜性的機制內，形成體制內的政治反對勢力，雖然形式上並非近代民主體制的政黨政治，實質上卻如同反對黨進行反文化領導權的政治運作。但不可否認的是，國民黨黨國威權的文化領導權策略，塑造特殊的政治運作機制，讓本土知識份子有機會參政，並在形式上具備民意基礎，這沖消本土知識份子與大陸外來政權的尖銳的對立，使得黨國威權得在戒嚴之初鞏固政權正當性地位。誠然，回顧國民黨黨國威權治臺之初，首度因二二八事件遭受統治權的嚴峻衝擊，使得播遷來臺的國民政府要取得半世紀以來，以殖民身份想像祖國之臺省人民的擁戴，除了形式上的地方自治，精神上的籠絡與懷柔，更加成為取得政權合法地位的必要手段了。

二、省議會受制於政治實質運作的權限，其制度性功能主要是象徵意義的。黨國威權與黨外精英在省議會內所形成的緊繃對立關係，並未對威權統治帶來嚴重的威脅，也未引發即刻的政權危機或造成威權崩垮，黨外精英本身亦未面臨解體的命運。究其原因，是因為雙方都利用省議會作為緩和衝突的平台。當權的文化領導權受到衝擊後，在這個平台上取得摸索與操練的機會。同樣的，省議會黨外精英也在議壇內試誤（trial and error），並與當權進行政治議價（bargaining）。議會成為規範性的場域，一方面冷卻無法控制的激情，另方面延長與緩衝威權立即崩垮的危機。這種態勢可謂政治均衡的狀態。從民主政治發展的進程來看臺灣省議會在民主化過程的意義，本研究發現正因為省議會自成系統的穩定，黨外精英於該場域內實無形中受到當權文化領導權的牽制，以至於即使衝撞來得強悍，卻沒有辦法在短時間內摧毀核心。因此，臺灣省議會與政治民主化，必然呈現長時期拉扯的質變歷程。

三、李萬居在議壇內進行政治議價的模式，係透過質詢問政向威權政府爭取對等權力。質詢是李萬居唯一可以在體制規範下所採取無強制力干預的政治行動。哈伯馬斯溝通行動理論的理性公共領域，即預設「無強制」的溝通空間，雖然實際上黨國威權回覆李萬居質詢的政治論述，帶有僵化與強制的意思，然而，李萬居突破黨國政治論述的基模，以開放、激情、自由、積

極，激進且貼近市民社會的政治論述，大量地與反覆地拋出質詢文本，掌握主導權，將議壇塑造成「理想的言說情境」。他的主導性還表現爲漢娜・鄂蘭言說行動理論的意涵——具有主體自由表現之「爭勝的」與「劇場的」意義，李萬居可謂扮演一位稱職的演員。

　　四、在國民黨黨國威權文化領導權的運作架構上，臺灣五、六零年代在省議會的黨外精英反對勢力，並非以大規模的政治運動形式反擊政府。但可以確認的是：黨外省議員如李萬居等政治精英，是國民黨甫在臺灣掌權初期，即面臨的抗衡勢力，只不過黨國以軟硬兼施的文化領導權，暫時壓制這股對抗勢力。此階段的「民主政治發展」並非即效性的，即使李萬居透過激烈的質詢，以及在體制外進行政治運動，他推波助瀾的政治結果，較傾向具延展性質的民主政治精神。但原則上，五、六零年代省議會黨外精英，開啓了臺灣以知識份子爲主導的反對勢力主軸。

　　再則，李萬居質詢問政激揚出什麼樣的民主政治精神？他留下那些政治遺產？李南雄教授曾界定父親的政治定位，大致可彙整爲三方面：一、組織新政黨，孕懷邇後臺灣政黨政治與多黨政治的興起；二、問政方式預示「市民社會」的政治發展；三、懷抱民族主義之救國圖存理想，創造出批判性的「公共範疇」。這意味三項深具民主政治意涵的政治行動暨其效益，早在五、六零年代臺灣硬性威權的戒嚴初期即已萌芽。

一、籌組新黨孕懷臺灣政黨政治

　　關於組織新黨的過程，第五章「議會餘音」的章節已經說明，參與籌組新黨是李萬居等省議會黨外精英聯同體制內、外本土知識份子，以及大陸籍反國民黨威權的自由主義派知識份子，所進行的政治活動。籌組政黨的發起人是雷震，李萬居與高玉樹則擔任協調人，奔走請命。組新黨是體制外運動，但李萬居擁有議員與報業的雙棲身份，一方面在議會質詢，不斷提出「政黨政治」相關的議題，主要目標是檢討歷次的選舉弊端，認爲政治敗壞肇始於單一政黨執政，從而強力主張政黨政治。另方面李萬居在《公論報》同步發表政治訴求，特別是雷震組黨計劃的前期，到雷震被捕入獄，《公論報》的批判聲浪最爲震撼，並且轉載香港傳媒報導，深具公信力，曾一時洛陽紙貴，知識份子與民間爭相搶閱。李萬居組新黨的體制外政治行動，與體制內的議員身份最後幾乎聯結在一起。

　　新黨事件同時反映威權有限民主暗藏的問題，也就是國民黨示範美國在亞洲「民主櫥窗」的功能，因而實施公開的民主機制——選舉〔註1〕，卻意外培育一群素質與教育背景精良的黨外政治精英進入體制內，讓政治社會極早就面臨反對勢力的衝擊。這呈現威權民主的困局——控制反動的權宜策略，反過來變成破解均衡體系的推力。若從民主政治理論審視臺灣這段期間的政治運作，一般認知威權政體的政黨態勢通常以一黨型式出現，這似乎是極為平常的現象。但是，「一黨威權」與「一黨國家」的概念仍應有所區別，政府並不完全等同國家，執政政黨亦不等同於國家，執政政黨充其量是民主機制的政府，在特定時期掌握政權，必須接受更迭。惟威權體制生成的環境因素，或為獨大黨，或為歷史任務使然，開始取得執政權的政黨，往往長期成為政府代表者或者象徵國家。特別是某個單一政黨成功掌握既得利益時，根本就無法在政黨建制與國家機器之間劃出明顯的界線（Schapiro, 1972：30-31）。國民黨在臺灣的政權就是如此。

　　然而，李萬居意識到即使在有限民主機制下，國民黨威權仍破壞遊戲規則，因此，李萬居企圖打破一黨專政的政治迷思，針對象徵民主機制最根本的選舉設計，不斷質問當權選舉程序的流弊。諸如黨籍、選舉干涉、議員失蹤、當選後退出、間接或直接選舉、改選期限、廢票等情事。他直指「黨政治已經破產了！凡是民主國家都是實行政黨政治的，沒有政黨政治便不配稱為民主國家」、「希望不要有一人競選的局面出現，一人競選本是最不好看相，最不民主的作風」、「一個人當選，結果影響到選民情緒，投票率降低到一成左右，其他類似情形比比皆是，這是多麼諷刺和多麼難看的局面啊！」。李萬居致力政黨政治的基本立場，或是籌組新黨的意義，誠如李南雄所描述（陳儀深記錄，2001：55）：

〔註1〕　關於國民黨開放的選舉，若林正丈對臺灣的觀察，提出頗為貼切的論點：臺灣在威權主義體制下，經由長期戒嚴令及稠密的特務機關之監視，自由表達政治意見是受到壓抑的。因此相對地，一種人稱「自由選舉」的，往往在某些時空中被壓抑的政治能源，便迸發出來。因而產生台灣選舉的獨特活力。解嚴前，台灣的選舉被稱為「民主假期」的原因也在於此。但進行幾次的「選舉觀察」後，我也看到選舉作為一個統治技術的層面。也就是舉行這種選舉除了可以在安全的控制下，定期讓壓抑的政治能量得以宣洩，同時有可確保壓倒性的多數議席，以運作獲得民意承認的辯證根據等各種有利於體制的層面。參閱若林正丈著，洪金珠、許佩賢譯，1994，《台灣：分裂國家與民主化》，臺北市：月旦出版。頁7。

新黨的問題主要是爭取臺灣「選舉公正」，臺灣人當時還不敢爭取主
導選舉，只是爭取選舉時不要「做票」，只能慢慢用由下而上的請願
方式，希望選舉公正而已，討一點民主參政的小空間。其實組黨才
是問題的關鍵，但是當時還是不敢講這個問題。

二、問政方式預示市民社會的發展

　　李南雄定位李萬居「問政方式預示市民社會的發展」時，其實是將焦點
放在李萬居在戒嚴初期激揚出來的市民社會精神。因為在現代中國政治發展
史，從政治社會發展為「市民社會」，畢竟是一個艱難的過程（楊錦麟記錄，
1993：4）。本研究亦有相近的旨趣，以李萬居作為省議會黨外精英的縮影，
透過剖析質詢問政文本內容，試圖建構李萬居問政的政治效益，暨其所引發
蘊含於威權體制背後的民主精神。但是，民主政治的探討若受限於概念界定
的陳述並不完整，因此，本研究掌握李萬居質詢問政的動態過程，藉重論述
分析的方法論，配搭政治學理論意涵的解釋，嘗試將李萬居特殊問政方式之
「言說－行動」托襯出來，進而讓讀者理解他的問政方式，如何預示了臺灣
「市民社會」的發展。

　　李萬居與當權存在政治「認知」差異的問題，意味黨外精英或當權選擇
衝突或妥協的政治手段，與政治結構的權力不對等關係，往往相互倚伏。這
種結構關係看似客觀存在，實質上，卻必須經過當權與政治精英之間的相互
主觀認知。當權認為權力不平等結構是威權有限民主的客觀條件，李萬居卻
試圖破解這種不平等的權力結構，這就形成傅柯解釋權力與知識在不對等的
關係中，所產生的拉扯現象。黨國威權用僵化的政治語言應對李萬居開放的
政治語言，彼此之間產生語言落差。李萬居的語言論述具有溝通行動理論與
言說行動理論所蘊含的「反思性」（reflectivity）。易言之，李萬居持續長時
間不斷言說，一再重覆相同議題，大量積累論述（文本），進而形成「論述
交織」。一方面兼用官方語言與方言交錯的論述，開放、激情、自由、積極，
激進、貼近市民，不裝腔作勢；另方面在同時間內串連各項議題，民主憲政、
人權、政黨、教育、實業發展、社會正義、個人議題等，交相聯結與質辯，
不斷論述與再論述，把重覆的或新建立的論述相互穿越交織，最終形成獨創
性的論述實踐。

　　此外，李萬居在議壇的質詢如何激發市民社會的精神？回顧葛蘭西文化

領導權的市民社會意涵，市民社會是兼具「政治」與「文化」意涵的。其「政治的」特性在於：它是政治社會灌輸意識形態的場域；其「文化的」特性在於：讓知識份子與群眾產生對話機制，形成公共領域並凝聚集體意志（Morera, 2002〔1990〕：177-178, 180; Joll, 1977：111）。原本葛蘭西市民社會的概念，在西方政治結構中富有社會階級鬥爭的意涵，將之援引到臺灣黨國威權的政治生態，或可代表外來威權政權與本土政治精英的角力。基本上，葛蘭西市民社會的象徵意義在於：歷史文化的徵兆發生在市民社會，而且本質上是文化鬥爭（Adamson, op cit：480-481）。這種文化鬥爭意指階層之間意識形態的差異，以及被治者對統治駕御的觀感。猶記李萬居曾質詢黨國威權——「不常聽到有人誇耀我們的政治和文化的進步情形」。他主張「任何一個奮鬥中的國家，軍事力量固然重要，而政治和文化的進步或許比軍事尤為重要」。並引用漢高祖「鬥智不鬥力」的統治術，強調「一個國家要制勝它的敵人，決〔筆者按：絕〕沒有純靠武功而能獲致」。

如果將葛蘭西的市民社會預設成灌輸、接收、轉換與回饋政治意識形態的載具（Buttigieg, 1995; Adamson, op cit; Morera, op cit; Fontana, 2006）。相類似的，李萬居的質詢問政就是在議壇上營造市民社會的精神，此時省議會殿堂變成接收與轉換黨國政治論述、回饋威權政治，轉而灌輸民主政治精神的載具。李萬居激進的質詢態度與平民化的政治語言，所激發出來的市民社會精神，也就象徵政治社會與市民社會關係的轉化契機。與此同時，其爆發性的政治語言，突破僵化機制的政治框架，甚而在某種程度上，開創出特定歷史集團的政治語言轉向意涵。回顧歷史，邇後臺灣民主政治運動起於市民社會，並形成較具規模的群眾參與，其歷史淵源當要追溯到五、六零年代，李萬居這般黨外精英為爭取民主政治所作的貢獻。

三、開創批判性的公共範疇

據李南雄的觀察，李萬居在公共領域的創發，與「文化中國」的洗禮有所關聯。當舊帝制崩解，人民「殊途同歸」地尋求共同的出路，造成一個「百花齊放，百家爭鳴」的局面（楊錦麟記錄，1993：3）。這形成如哈伯馬斯具理性與批判精神的「公共範疇」，是戰前文化中國最有價值的部份，影響李萬居一生。他日後辦報問政所服膺的「公論」精神，必是與那段浸潤於文化中國的經歷有關。

　　公共領域的概念在哈伯馬斯的溝通行動理論中，象徵所有市民自願加入，並且能夠將社會生活各層面型塑為公共意見的空間。當整體的公共領域形成，公眾根據公共領域的原則，便能組織自身成為傳播者或是公意，這讓公共意見自動地在第一時間呈現。因此，公共領域的模式應該具有幾項能夠成就這種結果的要素：普遍、無特權、理性正當。有趣的是，哈伯馬斯的公共領域概念，還納入一項重要的變項——報紙。他認為報紙是理性批判精神的重要媒介，特別是官方報紙與反對勢力陣營的報紙形成對峙時，更能夠重整公共輿論的社會功能。傳媒象徵表意自由，能夠刺激民主政治的發展，也是激發公共領域成形與轉變的重要因素。這與李萬居辦報、傳遞公論的政治行動，不謀而合。李萬居在體制外辦報的政治功能，與他在體制內質詢的政治效應，足以相媲美。李萬居天生具備敏銳的政治嗅覺，本能地熱愛當時在政治傳播力最具影響力的報紙，報紙日日發行，輿論效果最明顯，他利用報紙作為傳達社會真相的載具。特別是後期議會問政與《公論報》的社論宗旨，幾乎無法分立，他將《公論報》在市民社會形成的公共論述，轉嫁到議會殿堂上，進而在議會建構小型的公共領域。

　　若從鄂蘭的公共空間概念，審視李萬居創發公共領域的意義，則最鮮明的意義是：李萬居本身充當爭取勝利、展現自我與成就自我的行動者。原本鄂蘭界定公共領域為「具體自由」的空間，行動者在這個空間能自由地表現自身，這是個脫離律法約束、遠離工作或勞動場所而獨立存在的空間。在這個原理上，鄂蘭提出各種公共領域模型。按其「爭勝的或競技的公共領域」模型，行動主如同古希臘時代的良好市民，透過行動彰顯人的本質，同時表現運動家的精神。這意味有勇氣接受挑戰與質疑，感到自傲並勇於爭取勝利的精神。

　　此外，鄂蘭獨具代表性的「劇場式公共領域」模型，主張政治行動者以美學的、注重自我德性的態度，展現「劇場性格的政治觀」。政治觀是鄂蘭在自由行動的概念上，自然而然衍生的原理，任何有別於勞動與工作，並且將自身披露於公共空間的行動，都是政治性的。當行動在將自身推向猶如劇場的公共領域時，行動者就扮演如同舞臺的表演者，目標在搏取觀眾的掌聲，表演是以被他人看見與聽見為前提的宣示。李萬居成功建構體制內外的公共領域，但他並非在一開始就把議壇視為理所當然存在的公共場域，而是創造它，並且他創造的是批判性的公共論述空間。他善盡職責，充份利用質詢權

力,加上特殊的政治人格,在在表現出深具勇氣,且熱衷表現的稱職演員。鄂蘭指出人公開行動是基於勇氣與表現的意願,以及爭取榮耀的企圖(Arendt, 1998:186)。李萬居的秀異表現正是如此寫照。

最後,李萬居的議員身份促使他扮演與承擔當時社會廣眾尚未能成形的公共論述角色,他關注的政治層面廣及政治、經濟、教育、農業與國際外交等,並透過特殊的政治語言,將公共議題集結於議會廳,讓議會廳成為迷你的公共論壇,近距離打擊當權,給予威權政權合法地位最直截的挑戰。正是這些未及於廣眾之先,已經在議會被黨外精英建構的論述空間,讓省議會黨外精英的政治行動,成為提早催生臺灣民主化的遠因。他要求體制的輸出項能夠產生即時回饋,那是浪漫主義的熱烈,非達目的不善罷干休,體制愈無法開放、愈牽制他,他愈想強化精英主體的力量。威權政體抵制李萬居的直諫性格,使他無可避免地面對威權的壓抑與清算,這樣的施壓又反過來激發出個體的革命性。

李萬居以省議會黨外精英,兼體制外報人的雙棲身份,為臺灣民主政治帶來的影響,我們以李南雄的一段話總結(楊錦麟記錄,1993:6):

> 先父生命最後幾年有兩件未了之事:一是他希望身體略好的時候再辦一份雜誌,另一是他希望寫一篇「告臺灣青年書」。看來他臨終尚有訊息要傳遞,仍然有期望要寄託。即使他未能完成這兩件未了的事,但追溯先父思想歷程和辦報問政,將之提升到政治層面,他的訊息和期望最少在臺灣已經有了著落,並且在兩方面有了良好的開始:一是思想開放,另一是政治民主。更重要的是:尚有大批新一代勇於承擔、具有責任感、又有能力,而且又作風正派的政治家們湧現。這應該是他身後足堪告慰的事!

附錄一　篇章附表

表一-1　第一屆臺灣省參議員基本資料一覽表

議 員 類 型	省參議員姓名	教 育 程 度	登記參選選區	得票
抗日運動者	王添灯	安坑公學校	臺北市	9
	李友三	臺灣公學校	臺北縣	22
	林獻堂	東京法政大學	臺中縣	39
	林日高	臺北商工學校	臺北縣	22
	郭國基	日本明治大學	高雄市	16
	韓石泉	臺北醫學博士	臺南市	16
	蘇惟梁	新竹公學校	新竹市	22
地方民意代表	李崇禮	臺南總督府日語學校	彰化縣	12
	吳鴻森	臺灣醫學大學	新竹縣	16
	林璧輝	日本東山中學	高雄縣	18
	洪火煉	南投公學校	臺中縣	24
	洪約白	臺灣醫學專科	高雄縣	32
	高　恭	國文學校	澎湖縣	4
	馬有岳	新竹公學校	花蓮縣	9
	陳按察	大庄公學校	臺南縣	28
	楊　陶	臺北師範學校	臺中縣	22
	黃純青	工商企業	臺北縣	30
	劉傳來	臺灣帝國大學	嘉義縣	12
	顏欽賢	日本立命館大學	基隆市	9
日據時期	劉明朝	日本帝國大學	臺南縣	43

官吏	劉闊才	日本京都大學	新竹縣	16
工商企業	丁瑞彬	日本明治大學	臺中縣	21
	林為恭	新竹中學	新竹縣	23
	林連宗	日本中央大學	臺中市	8
	陳文石	國文專修學校	澎湖縣	12
	殷占魁	臺南總督府國語學校	臺南縣	29
大陸返台人士	李萬居	法國巴黎大學	臺南縣	48
	黃朝琴	美國伊利諾大學	臺南縣	19
	劉兼善	日本早稻田大學	高雄縣	22
	鄭品聰	福州龍岩中學	臺東縣	5

註：若將大陸返台人士歸為半山，其他島內精英份子共暫 26 名，約佔 87%。

表二-1　葛蘭西英文譯著與縮寫一覽表

MP	*The Modern Prince and other writings*（1957）
SPN	*Selections from the Prison Notebooks of Antonio Gramsci*（1971）
SPWI	*Selections from Political Writings I：1910-1920*（1977）
SPWII	*Selections from Political Writings II：1921-1926* （1978）
PPW	*Pre-Prison Writings* （1994）
FSPN	*Further Selections from the Prison Notebooks* （1995）
QC	*Quaderni del Carcere*

表二-2　馬克思、恩格斯、列寧論著與出版年一覽表

1844	*Economic & Philosophical Manuscripts*（Marx）
1845-46	*The German Ideology*（Marx & Engels）
845	*Theses on Feuerbach*（Marx）
1847-48	*The Communist Manifesto*（Marx & Engels）
1847	*The Poverty of Philosophy*（Marx）
1851	*The Eighteenth Brumaire of Louis Bonapart*（Marx）
1869	*The Eighteenth Brumaire of Louis Bonaparte-preface 2nd*（Marx）
1885	*The Eighteenth Brumaire of Louis Bonaparte-preface 3nd*（Engels）

1857	*The Critique of Political Economy*
1867	*The Capital*（Marx）
1871	*The Civil War in France*（Marx）
1901-02	*What Is To Be Done?*（Lenin）
1917	*State and the Revolution*（Lenin）
1955	中共中央馬克思、恩格斯、列寧、史達林著作編譯局，《列寧全集》（夾註以《全集》標示）
1972	中共中央馬克思、恩格斯、列寧、史達林著作編譯局，《馬克思、恩格斯選集》（夾註以《選集》標示）

表四-1　第一屆省參議員暨遞補名單一覽表

選區	名額	當選及遴選名單	遞補名單
台北縣	3	黃純青、李友三、林日高	林世南（遞補林日高） 盧根德（遞補黃純青）
新竹縣	3	林為恭、吳鴻森、劉闊才	張錫祺（遞補吳鴻森） 彭德（遞補張錫祺）
台中縣	4	林獻堂、洪火煉、楊陶 丁瑞彬	楊天賦（遞補林獻堂）
台南縣	4	李萬居、劉明朝、殷占魁 陳按察	梁道（遞補陳按察） 謝水藍（遞補劉明朝）
高雄縣	3	洪約白、劉兼善、林壁輝	黃聯登（遞補洪約白） 吳瑞泰（遞補劉兼善）
澎湖縣	1	高恭	高順賢（遞補高恭）
花蓮縣	1	馬有岳	
台東縣	1	鄭品聰	陳振宗（遞補鄭品聰）
基隆市	1	顏欽賢	張振生（遞補顏欽賢）
台北市	2	黃朝琴、王添燈	蔣渭川（遞補王添燈） 陳旺成（遞補蔣渭川）
新竹市	1	蘇惟梁	
台中市	1	林連宗	陳茂堤（遞補林連宗）
彰化市	1	李崇禮	
嘉義市	1	劉傳來	

台南市	1	韓石泉	
高雄市	1	郭國基	
屏東市	1	陳文石	
遴選	6	呂永凱、陳清棟、何義任公藩、葉榮鐘、李鍛	謝漢儒（遞補任公藩）、楊金寶（遞補葉榮鐘）、張瑞麟（遞補李鍛）、林盧中（遞補陳清棟）、郭雨新（遞補呂永凱）
山地	1	華清吉	林瑞昌（遞補華清吉）

資料來源：維基百科：臺灣省參議會。

表五-1　李萬居《戰時日本》發表評論一覽表

篇　　　名	卷　　　期	日　　期
漫畫青山和夫	第一卷第四期、五期 第二卷第一期、五期	1938.12.16～ 1939.7.16
南侵敵軍的新陰謀	第一卷第四期	1938.12.6
汪精衛叛國的前後	第一卷第五期	1939.1.16
敵人的最後一著棋	第二卷第一期	1939.3.16
揭破汪精衛一派的陰謀	第二卷第二期	1939.4.16
再談汪逆兆銘的陰謀	第二卷第五期	1939.7.16
汪逆的猴子戰	第三卷第二期	1939.9.1
論英日利害衝突及其妥協的難題	第三卷第二期	1939.9.1
漢奸內訌與汪逆的窮途	第三卷第四期、五期	1939.11.16
泰法爭端的幕後	第五卷第一期	1941.3.15
松岡訪歐的目的和作用	第五卷第一期	1941.5.1
蘇日協定與太平洋局勢	第五卷第二期	1941.6.1
從一八〇度子午線談美日關係	第五卷第三期	1941.6.4
東京外交戰	第五卷第三期	1941.7.1
日本往哪裡去？	第五卷第四期	1941.8.22

附錄二 〈父親的精神永在〉

李南雄

〈化跋〉收錄於楊瑞先，1981，《珠沉滄海：李萬居先生傳》，臺北縣：文海出版，頁 136-138。

記得年前父親曾計劃寫一點回憶性的短文，記述一些他親身經歷的故事，作為他久病初癒以後精神上的一種寄託。卻想不到他再度臥病，以致不起！

在他逝世以後，我拜託舅母楊瑞先女士透過傳記文學的形式，把父親的生平事蹟寫成書，讓我們讀它的時候思念他，我想是一件極有意義的事情。

父親在世的時候，讀過舅母寫的小說，認為清新流暢，又富於真實的感情，曾經為她的描寫感動得落淚，我想他很愛舅母的作品。如果他在天上有知，曉得舅母作傳記念他，必定會感到萬分欣慰的！

父親故世以後，我隻身來美國求學。有時候還在睡夢中夢見他，夜半驚醒的時候，想起父親母親在世的情景，一言一談，彷彿有如昨日。我知道人無再回到過去，卻禁不住那許多細微的事物湧現在眼前。

父親在臺灣省議會服務廿二年時間。他在議壇上侃侃而談，因此，大家都知道他那「知無不言，言無不盡」的坦率。其實，他所發紓的意見，都是每一個平常人所視所見所能瞭解的事理，只是他大聲地說出來而已。議會裡的老同事們贈給他一個「魯莽書生」的綽號，「魯莽」二字似乎是說他處理某些政治上的爭點不夠圓滑，其實，現代的民主政治是一種「販夫走卒」的平

民政治。既然最基層人民的利益和意願是政府一切施政的準繩,一位有責任感的民意代表,就需要大膽地反應眞實的民意。若是因爲說實話而畏怕,就不配當一位有責任的民意代表。同時,作爲一個知識份子,既然追求眞理和學識是他們生活的重要部份,每一位知識份子就應該對他們的良知負責任;他們有理由去堅持那些他們所相信是眞是好的原則,即使這些原則超越這個時代和社會,知識份子有責任努力見其付諸實現。 因此,我想父親的長處就是在「魯莽」二字。

父親把他一生所有都投資到報業上,爲此拖累許多朋友和許多與他共患難的同仁,他感到很難過。《公論報》在他手上十三年多,雖然不是唯一,恐怕是最主要的一家獨立的民營報紙,爲政府的措施提供適切的意見,作建設性的批評。很不幸《公論報》沒法繼續,當父親要失去這報紙的時候,他感到十分惋惜。有一次,他寫信給一位友人,大意是說:報紙有一種傳播消息、交流意見的社會功能,這報紙不在我手上,只屬於這社會,只要公正確實地報導消息意見也就好了。我所惋惜的就是恐怕它以後沒法完成這種功能。他去年臥病時候,曾命我去報社引刷廠舊址,把那些印刷機械和器材,雇人上油,然後裝箱妥善收藏,希望在病好以後繼續辦一份雜誌,卻想不到這份心願沒有完成,他就離開人世。

父親自幼窮困,雖然環境艱難,他仍立志向學,因爲他早歲處境如此,及其成年, 對於清寒力學的年輕朋友們最同情,只要能力所及,都盡量幫助他們。父親逝世以後,治喪委員會把治喪節餘費用,設立國立政治大學新聞學系獎學金,使有志新聞事業的青年朋友們得到實質上的幫助。我想這是父親平生的宿願。

詩和酒是父親平生兩大嗜好。後來因病把酒戒了。年前患眼疾,時好時壞,也不敢多閱讀或寫作。吟詩既可消釋心中塊壘,那段時期他最喜愛吟詩。暇時我奉侍在側,把他吟的詩隨手抄錄,當時他亦有新作,先後在報章雜誌發表過,我已彙集成篇。他私自認爲他的詩可以流傳,因此,在此傳記完成的時候,經我提議已把他的詩篇一併附在書後,讓親友及所有懷念他的人們保存,作永久性的紀念。

我的罪孽深重,因爲到我服完兵役回家,只有短短的兩年時間可以爲父親母親分擔分勞,若我及早成年,還能爲他們承擔更多,也不致於令他們在操勞憂鬱中弄壞身體。

　　我感激父執友好及親戚們在他臥病臨終時候，對他殷切地關懷和照顧。當時長兄在國外，我得親見這份珍貴的情誼。古人說「秀才人情紙半張」，如果這段短文能傳達我的謝忱於萬一的話，也就是我的願望。

　　父親沒有遺留下什麼物質上的產業，但是，他一生的行誼讓我們時常懷念，成為我們為人處世的規範，我想這是我們最豐厚的一筆遺產。最近我結婚，開始人生的另一階段，我們將負起撫養教育子女的責任，很可惜他們沒有機會看見他們祖父慈祥的顏容，待他們日後成長，我要讓他們讀這部傳記，讓他們也知道祖父的為人。

　　　　　　　　　　　　　　李南雄　民國五六年秋 在印地安娜大學

附錄三　李萬居先生大事紀

光緒二十七年	1901　7月	出生於臺灣省雲林縣湖口鄉梧北村
光緒三十四年	1908～1914	進入梧北村調天宮蒙館，習《三字經》、《百家姓》
宣統九年	1909	父親李籛病逝
民國四年 大正四年	1915	捐資林獻堂等臺灣中部仕紳創辦之「臺中中學」的興校活動
民國六年 大正六年	1917	在梧北村調天宮設館授課
民國七年 大正七年	1918	母親吳嬌逝世
民國八年 大正八年	1919	在鄉里前輩林平霄先生引薦，到嘉義縣布袋街當鹽丁
民國十一年～ 十三年	1921～1924	在烏日糖廠上班，期間多次利用假日前往臺中，參加臺灣文化協會的演講活動
民國十三年 大正十三年	1924	親友資助與鼓勵，前往上海求學，先在國語補習班學習，後進入文治大學 在中華書局當排字工
民國十四年 大正十四年 八月	1925	返臺省親後回上海，轉讀民國大學；受教章太炎、胡樸安，國學基礎更爲紮根 參加臺灣文化協會第二次夏季學校
民國十五年 昭和一年	1926	赴法國留學，勤工檢學兩年，儲存積蓄
民國十七年 昭和三年	1928	進入法國巴黎大學文學院攻讀社會學，專研法國大革命思想與普魯東學說

民國二十一年 昭和七年	1932	夏天	完成在法國的學位，乘船回到上海，並將留法論著翻譯爲中文本
民國二十二年 昭和八年	1933	3月	孫科聘請擔任中山文化教育館的翻譯工作，全心介紹西洋文化。先後譯妥《法國社會運動史》、《現代英吉利政治》、《詩人柏蘭若》、《開著的門》、《爲誰寫作》、《戲劇與教育》
民國二十四年 昭和十年	1935	9月	與鍾賢瀞女士結婚 長子李南輝出生
民國二十六年 昭和十二年	1937	2月	長女李湘如出生
		5月	與王芃生相識
		7月	蘆溝橋事變爆發後，應王芃生之邀，參與國際問題研究所的情資工作
民國二十七年 昭和十三年	1938		安頓家人居住長沙，開始從事粵、桂、港、越南地區的對日工作。結識日本反戰人士青山和夫，青山協助提供日人活動情報 在重慶經營《戰時日本》半月刊，任總編輯，並撰寫有關日本與亞太地區情勢的政論文章
民國二十八年 昭和十四年	1939		在廣東雷州半島、廣州灣一帶活動。以少將身份擔任港粵區辦事處主任，往來香港、越南爲國軍蒐集情報
民國二十九年 昭和十五年	1940	4月	次子李南雄出生
民國三十年 昭和十六年	1941	12月	奉調重慶，家人返湖南銅官 香港、九龍淪陷
民國三十一年 昭和十七年	1942		與臺灣革命志士組織臺灣革命同盟會，任常務委員兼行動組組長
民國三十二年 昭和十八年	1943		日軍進犯廣州灣粵南一帶，出生入死，每每化裝，親自深入淪陷區蒐集情報
民國三十三年 昭和十九年	1944	冬天	湘貴大撤退，家人抵達重慶，居住在「綑綁大廈」
民國三十四年 昭和二十年	1945		臺灣革命同盟會正式成立，並在重慶發行《臺灣民聲報》鼓吹臺灣革命。八月日本投降後，因抗戰從事對敵工作，成績斐然，頒予甲等勝利勳章，奉命接任《臺灣新報》社長
		10月	臺灣省行政官署成立後，任前進指揮所新聞事業專門委員，負責調查監視並準備接收臺灣的作業
民國三十五年	1946	5月	以最高票當選首屆臺灣省參議會議員，同時被選爲議會副議長。
		11月	後遴選國民大會代表當選，出任南京參加國民大會

民國三十六年	1947 10 月 25 日	《臺灣新生報》改組，改任董事長後辭職。另自行興辦《公論報》
民國三十九年	1950　6 月	幼子少禹出生
民國四十年	1951	當選臺灣省臨時議會第一屆議員
民國四十三年	1954	連任臨時議會第二屆議員
	9 月	居所「瀞園」遭祝融之災
民國四十六年	1957	連任臨時議會第三屆議員（後改制稱爲第一屆省議員）。得「五虎將」與「五龍一鳳」稱號
民國四十七年	1958	籌組「中國地方自治研究會」
民國四十九年	1960	連任第二屆省議員 參與雷震籌組「中國民主黨」
民國五十年	1961	《公論報》因聲援組新黨運動 遭當權勒令停刊
民國五十二年	1963	連任第三屆省議員
民國五十五年	1966　4 月	病逝臺大醫院

參考文獻

1　丁仁方，1999a，《威權統合主義：理論、發展與轉型》。臺北市：時英出版。

2　丁仁方，1999b，〈統合化、半侍從結構、與台灣地方派系的轉型〉。《政治科學論叢》，第十期，頁 59-82。

3　中國國民黨秘書處，1988，《中國國民黨與中華民國》。臺北市：近代中國出版社。

4　文建會，2003，《緬懷民主先聲李萬居先生暨李萬居故居精神啓蒙館啓用典禮大會手冊》。雲林縣：李萬居故居精神啓蒙館。

5　文建會，黃婉玲、李孟哲撰，2007，《再見魯莽書生》。臺北市：文建會。

6　王文裕，1997，《李萬居傳》。南投市：臺灣省文獻委員會。

7　王政文，2007，《台灣義勇隊：台灣抗日團體在大陸的活動（1937～1945）》。臺北市：五南。

8　王培堯，2000，〈李萬居：一九〇一～一九六六〉。《中外雜誌》，第六十七卷，第一期，頁 79-85。

9　王振寰，1999，〈邁向常態化政治──臺灣民主化中統理機制的轉變〉。收錄於林佳龍、於林佳龍、邱澤奇主編，《兩岸黨國體制與民主發展》。臺北市：月旦出版，頁 153-188。

10　石之瑜，2003，《社會科學方法新論》。臺北市：五南。

11　民視新聞，〈臺灣演義：台灣選舉史〉。
　　http://www.youtube.com/watch?v=mR3r7q-rBeI。

12　田弘茂，1989，《大轉型：中華民國的政治和變遷》。臺北市：時報。

13　江宜樺撰，呂亞力指導，1987，《政治、行動與判斷：漢娜‧鄂蘭政治思想之研究》。臺北市：國立臺灣大學政治學研究所碩士論文。

14 江宜樺，2002，〈公共領域中理性溝通的可能性〉。收錄於上海華東師範大學中國現代思想文化研究所，「公共知識分子與現代中國」國際學術研討會。http://homepage.ntu.edu.tw/-jiang/PDF/D8.pdf。

15 朱雲漢，1989，〈寡佔經濟與威權政治體制〉。收錄於蕭新煌，《壟斷與剝削：威權主義的政治經濟分析》，臺北市：台灣研究基金會，頁 139-160。

16 江明修，2009，《研究方法論》。臺北市：智勝。

17 艾思明，1983，〈黨外運動的五大派系〉。收錄於《透視黨外勢力》。臺北市：風雲論壇，頁 111-119。

18 何茂田，溫明麗指導，2006，《哈伯瑪斯溝通行動之互爲主體論述及其教育啓示》。臺北市：臺灣師範大學教育學系碩士論文。

19 何明修，1998，〈後馬克思主義者的市民社會理論〉。《思與言》，三十六卷，第四期，頁 193-229。

20 何增科，1993，〈市民社會與文化領導權——葛蘭西的理論〉。《中國社會科學季刊》（香港），三卷四期，頁 29-40。收錄於何增科，2007，《公民社會與民主治理》。北京：中央編譯出版社，頁 35-45。

21 吳三連、蔡培火等著，1971，《臺灣民族運動史》。臺北市：自立晚報。

22 吳文星，1993，〈「二二八事件」期間國民政府的因應與決策之探討〉。收錄於賴澤涵主編，《臺灣光復初期歷史》。南港：中央研究院中山人文社會科學研究所，頁 107-125。

23 吳文程，1996，《政黨與選舉概論》。臺北市：五南。

24 吳文程，2007，《政治發展與民主轉型》。臺北市：五南

25 吳兆鵬，邱榮舉指導，1989，《臺灣省議會之研究》。臺北市：國立台灣大學三民主義研究所碩士論文。

26 吳芳銘，李南雄、謝敏捷指導，1996，《地方派系的分化與結盟變遷之研究：以嘉義縣和高雄縣爲例》。嘉義縣：中正大學政治學研究所碩士論文。

27 吳豐維撰，石世豪指導，1999，《公共性的考源、批判與重建：一個哈伯瑪斯觀點的探究》。臺北市：政治大學新聞研究所碩士論文。

28 呂亞力，2000，初版九刷，《政治學方法論》。臺北市：三民書局。

29 呂亞力，2001，四版四刷，《政治學》。臺北市：三民書局。

30 呂怡蓉，黃城指導，2006，《《自由中國》雜誌與台灣黨外運動發展之研究》。臺北市：臺灣師範大學政治學研究所碩士論文。

31 呂秋文，2007，《如何撰寫學術論文：以「政治學方法論」爲考察中心》。臺北市：商務印。

32 呂東熹，2001，〈李萬居與新聞自由：「公論報」在戰後報業發展史的角色〉。收錄於李萬居先生紀念館促進會臺灣救援協會，《李萬居先生一百

週年冥誕紀念專刊》，台灣民主與新聞自由的光源學術研討會，頁 20-39。

33　呂婉如，吳文星指導，2001，《《公論報》與戰後初期台灣民主憲政之發展（1947～1961）》。臺北市：師範大學歷史研究所碩士論文。

34　李永熾，1990，〈市民社會與國家〉。《當代》，第四十七期，頁 29-38。

35　李守孔，1994，〈中國國民黨改造之意義與價值——旋轉乾坤、開創契機〉。收錄於李雲漢主編，《中國國民黨黨史論文選集》。臺北市：近代中國出版社，頁 499-532。

36　李孝悌，1989，〈市民社會：從黑格爾到葛蘭西〉。《中國論壇》，二十九卷，第四期，頁 73-80。

37　李佳徽，2010，〈一抹「中國特色」——淺析認識中國的學者李南雄〉。收錄於 2010 中國政治學會年會暨「能知的公民？民主的理想與實際」學術研討會。http://nsysu.ezrun.com.tw/pages/papers/5A1.pdf。

38　李佳徽，2011，《知己？異己？港台知識人——李萬居與李南雄父子的中國認識》，臺北市：臺大政治系中國中心。

39　李南雄，1981，〈記一位台灣報界、議壇雙棲人物——懷念先父李萬居先生〉，《八十年代》第二卷第六期。收錄於黃良平，《永懷李萬居先生：記另一位民主自由先知先覺者》。雲林縣虎尾：甘地出版，頁 234-244。

40　李南雄，1993，〈李萬居評傳台灣版序〉。收錄於楊錦麟，《李萬居評傳》。臺北市：人間出版社，頁 1-6。

41　李南雄，包淳亮訪談，2009，〈李南雄先生訪問紀錄〉。http://politics.soc.ntu.edu.tw/raec/act/tw-3.doc。

42　李哮佛，1983，《政治小檔案》。臺北市：前衛出版。

43　李敖，1981，《自由·黨外·蠶》。臺北市：四季出版。

44　李雲漢，1994，中國國民黨遷臺前後的改造與創新。收錄於李雲漢主編，《政中國國民黨黨史論文選集》。臺北市：近代中國出版社，頁 595-637。

45　李萬居，〈本省參議員各縣市業已先後選出〉，《臺灣新生報》，1946 年 4 月 16 日，第二版。

46　李萬居，〈民主政治の第一聲〉，《臺灣新生報》，1946 年 4 月 16 日，第四版。

47　李萬居，〈社論：胡適與反對黨〉，《公論報》，1957 年 9 月 15 日，第一版。

48　李萬居，〈雷震被逮捕後的香港輿論〉，《公論報》，1960 年 9 月 9 日，第二~三版。

49　李萬居，〈雷震被逮捕聲明〉，《公論報》，1960 年 9 月 12 日，第一版。

50　李萬居，〈新黨籌備會發言人聲明——雷震等被逮捕係一政治事件〉，《公

論報》，1960 年 10 月 8 日，第二版。

51　李萬居，〈捫心看雷案——讓我們跪在歷史之前作證〉，《公論報》，1960 年 10 月 24 日，第二版。

52　李達編著，1987a，《台灣風雲名人錄》（第四集）。香港：廣角鏡出版。

53　李達，1987b，〈台灣及外國人對黨外運動的研究〉。收錄於李達編著，《台灣黨外運動》（第二集）。香港：廣角鏡出版。

54　李筱峰，1987，《台灣民主運動四十年》。臺北市：自立晚報。

55　李筱峰，1993〔修訂版一刷〕，《臺灣戰後初期的民意代表》。臺北市：自立晚報。

56　沈雲龍，1979，〈追懷我的朋友李萬居〉，《八十年代》。收錄於黃良平，1981，《永懷李萬居先生：記另一位民主自由先知先覺者》。雲林縣虎尾：甘地出版，頁 205-215。

57　周琇環、陳世宏編，2000，《戰後臺灣民主運動史料彙編（二）：組黨運動》。臺北縣新店市：國史館印行。

58　周慶祥，2006，《黨國體制下的臺灣本土報業：從文化霸權觀點解析威權體制與吳三連《自立晚報》的關係（1959～1988）》。臺北市：世新大學傳播研究所博士論文。

59　林玉体，1990，〈一隻看得見的手——學術自由與政黨之運作〉。收錄於賀德芬編著，《大學之再生：學術自由、校園民主》。臺北市：時報文化，頁 67-87。

60　林永芳，2005，《普丁的政治權威與領導階層（精簡報告)》，行政院國家科學委員會專題研究計劃（NSC94-2414-H-004-004-）。臺北市：政制大學俄羅斯研究所。

61　林泉編輯，1991，《中國國民黨臨時全國代表大會史料專輯》。臺北市：國民黨黨史會出版，近代中國發行。

62　林佳龍，1989，〈威權侍從政體下的台灣反對運動——民進黨社會基礎的政治解釋〉。《台灣社會研究季刊》，第二卷第一期，頁 117-143。

63　林佳龍，1990，〈剖析大學的權力結構——黨、團、軍訓、情治單位在台大〉。收錄於賀德芬編著，《大學之再生：學術自由、校園民主》。臺北市：時報文化，頁 88-95。

64　林佳龍，1999a，〈比較兩岸的政體轉型——臺灣民主化對中國的啟示〉。收錄於林佳龍、邱澤奇主編，《兩岸黨國體制與民主發展》。臺北市：月旦出版，頁 25-65。

65　林佳龍，1999b，〈解釋臺灣民主化——政體類型與菁英的策略選擇〉。收錄於林佳龍、邱澤奇主編，《兩岸黨國體制與民主發展》。臺北市：月旦出版，頁 87-152。

66 林佳龍、邱澤奇主編，1999《兩岸黨國體制與民主發展》。臺北市：月旦出版。

67 林清江，1980，〈地方自治與教育文化〉。收錄於臺灣省政府民政廳編印，《臺灣省的政治建設》。南投：中興新村，頁 59-74。

68 林騰鷂，1986〈省議會的法律地位與展望〉。收錄於臺灣省議會秘書處編印，《回顧與展望：臺灣省議會成立四十周年紀念專刊》，南投：中興新村，頁 10-16。

69 風雲論壇編，1983，《透視黨外勢力》。臺北市：風雲論壇社。

70 施正鋒編，1996，《語言政治與政策》。臺北市：前衛出版社。

71 柯景昇，陳水逢指導，1980，《臺灣省議會議員質詢權之研究》。臺北市：國立政治大學公共研究所碩士論文。

72 胡佛，1991，〈威權體制的傘狀結構〉。《二十一世紀》，第五卷，第六期，頁 36-40。

73 胡佛，1998a，《政治學的科學探究：方法與理論》（一）。臺北市：三民。

74 胡佛，1998b，《政治學的科學探究：政治變遷與民主化》（四）。臺北市：三民。

75 倪炎元，1995，《東亞威權政體之轉型：比較台灣與南韓的民主化歷程》。臺北市：月旦出版。

76 茅家琦主編，1988，《臺灣 1949～1979 三十年》。河南省：人民出版社。

77 若林正丈著，洪金珠、許佩賢譯，1994，《分裂國家與民主化》。臺北市：月旦。

78 孫晶，2004，《文化霸權理論研究》。北京：社會科學文獻出版社。

79 時報雜誌編輯部，1985，《台灣地方勢力分析》。臺北市：時報文化。

80 許福明，1986，《中國國民黨的改造（1950～1952）：兼論其對中華民國政治發展的影響》。臺北市：正中書局。

81 郭重吉、江武雄、王夕堯，2000.5.26，〈從理論到實務談建構主義〉（彰化師範大學科學教育研究所）。收錄於台中縣成功國中主辦，台中縣國中教師資建構主義合作學習研討會。

82 秦孝儀主編，1984，《中國國民黨九十年大事年表》。臺北市：中央文物供應社。

83 翁風飄，2009，《再現臺灣》。臺中市：暢談國際文化。

84 袁頌西，2003，《當代政治研究：方法與理論探微》。臺北市：時英。

85 高小蓬，黃人傑、朱浤源指導，2008，《台灣省議會推動地方自治之研究（1946～1951）》。臺北市：國立臺灣師範大學政治學研究所博士論文。

86 高永光，2001，〈城鄉差距與地方派系影響力之研究：1998 年台北縣縣

議員與鄉鎮市長選舉個案分析〉。《選舉研究》，第七卷第一期，頁 53-85。

87　張炎憲、李筱峰、莊永明編，1988，〈辦報論政的魯莽書生李萬居〉。收錄於《臺灣近代名人誌》（二），臺北市：自立晚報，頁 163-177。

88　張炎憲，2008，〈台灣日記文獻經典研讀──蔡培火日記〉。收錄於鄭邦鎮主持，《台灣日記文獻經典研讀成果報告》。臺中縣：靜宜大學台灣研究中心，頁 92-98。

89　張博雅，2001，〈擎天讜論照人間──台灣民主鬥士李萬居先生〉。收錄於《李萬居先生百歲冥誕追思紀念冊》，頁 18-19。

90　盛杏湲，1986，《國民黨與黨外：中央後援會選舉競爭之研究》。臺北市：桂冠圖書。

91　莫大華撰，姜新立、高宣揚指導，1998，《政治實踐與理論：漢娜・鄂蘭政治哲學的整合觀點研究》。桃園縣：政治作戰學校政治研究所博士論文。

92　許宗力，1988，〈試論民主法治國家的「市民不服從」〉。《臺大法學論叢》，第十八期，第一卷，頁 193-226。

93　連戰，2001，〈李萬居先生百年誕辰紀念文〉。收錄於《李萬居先生百歲冥誕追思紀念冊》，頁 7-8。

94　陳三井，1994：〈中國國民黨民國三十九年之改造與臺灣新政〉。收錄於李雲漢主編，《中國國民黨黨史論文選集》。臺北市：近代中國出版社，頁 559-593。

95　陳三井，2013，《旅歐教育運動：民初融合世界學術的理想》。臺北市：秀威出版。

96　陳世宏編輯，2002，《雷震案史料彙編：國防部檔案選輯》。臺北縣：國史館。

97　陳怡安，蔡英文指導，2008，《漢娜・鄂蘭論代議民主下的公民不服從》。臺北市：東吳大學政治學研究所碩士論文。

98　陳延輝，2009 年 6 月 27 日～28 日，〈李萬居的民主思想（1901～1966）〉。收錄於台灣歷史學會、日本台灣史研究會、台北大學文學院、政治大學台灣史研究所共同舉辦，《1940～1950 年代的台灣》國際學術研討會，政治大學行政大樓七樓第五會議室。

99　陳明通、朱雲漢，1992，〈區域性聯合獨占經濟、地方派系與省議員選舉：一項省議員候選人背景資料的分析〉。《人文及社會科學》，二卷一期，頁 77-97。

100　陳明通，2001，《派系政治與臺灣政治變遷》。臺北市：新自然主義。

101　陳正茂，2008，《中國青年黨研究論集》。臺北市：秀威出版。

102　陳正茂，2009，《臺灣早期政黨史略（1900～1960）》。臺北市：秀威出版。

103　陳陽德，1981，《臺灣地方民選領導人物的變動》。臺北市：四季。

104 陳陽德，1986a，〈從歷次台灣省政府主席向省議會施政報告研析省政的變遷與發展〉。收錄於臺灣省議會秘書處，《回顧與展望臺灣省議會成立四十周年紀念專刊》，頁 17-25。

105 陳陽德，1986b，〈台灣省議會的成長及功能的變動分析〉。收錄於臺灣省議會秘書處，《回顧與展望臺灣省議會成立四十周年紀念專刊》，頁 41-49。

106 陳雲卿著，沈雲龍、張玉法指導，1988，《中國青年黨的創建與初期發展（1923～1929）》。臺北市：國立臺灣師範大學歷史研究所碩士論文。

107 陳瑞平，陳翠蓮指導，2006，《黨外省議員政治議題質詢對台灣民主化之影響》。臺北縣：淡江大學公共行政研究所碩士論文。

108 陳爾靖記錄，張耕陽口述，2001，〈公論自在人心〉。收錄於《李萬居先生百歲冥誕追思紀念冊》，頁 38-40。

109 陳萬淇，1995，《個案研究法》。臺北市：華泰文化。

110 陳嘉宏，高永光指導，1994，《階級結構的轉型與台灣政治反對運動（1950～1993）》。臺北市：國立政治大學三民主義研究所碩士論文。

111 陳儀深，2001a，〈民主超越了民族——談李萬居政治思想的一個側面〉。收錄於李萬居先生紀念館促進會臺灣救援協會，《李萬居先生一百週年冥誕紀念專刊》，台灣民主與新聞自由的光源學術研討會，頁 6-12。

112 陳儀深訪問，李南雄口述，2001b，〈李南雄先生訪問紀錄〉。收錄於李萬居先生紀念館促進會臺灣救援協會，《李萬居先生一百週年冥誕紀念專刊》，台灣民主與新聞自由的光源學術研討會，頁 52-58。

113 陳曉慧，胡春惠指導，2000，《由上而下的革命：中國國民黨改造之研究（1950～1952）》。臺北市：政治大學歷史研究所博士論文。

114 彭懷眞，1986，〈省議會領導精英之分析〉。收錄於臺灣省議會秘書處編印，《回顧與展望：臺灣省議會成立四十周年紀念專刊》，頁 50-58。

115 彭懷恩，1987，《台灣政治變遷四十年》。臺北市：自立晚報。

116 彭懷恩，1989，《台灣政黨體系的分析（1950～1986）》。臺北市：洞察。

117 黃人傑、施裕勝，2007，〈台灣省議會（1951～1998）在政治民主角色轉變之研究計劃〉。收錄於臺灣省諮議會主辦，「台灣民主的興起與變遷」第二屆學術研討會：人物與事件。

118 黃良平，1981，《永懷李萬居先生：記另一位民主自由先知先覺者》。雲林縣虎尾：甘地出版。

119 黃庭康，李宗義譯，2008，《比較霸權：戰後新加坡及香港的華文學校政治》。臺北市：學群出版。

120 黃富三，1997，〈「二二八事件處理委員會」與二二八事件〉。收錄於賴澤涵主編，《臺灣光復初期歷史》。臺北南港：中央研究院中山人文社會科學研究所，頁 127-168。

121 黃琛瑞，彭堅汶指導，2003，《權力菁英與台灣的政治發展》。臺南市：成功大學政治經濟學研究所碩士論文。

122 黃德福，1994，〈現代化、選舉競爭與地方派系──1992 年立法委員選舉的分析〉。《選舉研究》，第一卷，第一期，頁 75-91。

123 楊旭聲，1983，〈台灣黨外運動的三大波〉，收錄於《透視黨外勢力》。臺北市：風雲論壇，頁 33-43。

124 楊瑞先，1980，〈李萬居的身後事──魯莽書生〉。《中外雜誌》，第二十八卷，第三期，頁 68-72。

125 楊瑞先，1981，《珠沉滄海：李萬居先生傳》。臺北縣：文海出版社。

126 楊錦麟，1993，《李萬居評傳》。臺北市：人間出版社。

127 葉啟政，1990，〈對高等教育的人文展望〉。收錄於賀德芬編著，《大學之再生：學術自由、校園民主》。臺北市：時報文化，頁 22-39。

128 臺灣省諮議會，http://www.tpa.gov.tw/big5/default.asp。

129 臺灣省諮議會編，歐明憲、龔宜君撰，2001，《李萬居先生史料彙編》。南投市：臺灣省文獻委員會。

130 趙永茂，1996a，〈台灣地方派系的發展與政治民主化的關係〉。《政治科學論叢》，第七期，頁 39-56。

131 趙永茂，1996b，〈台灣地方派系的發展與政治民主化的關係〉。收錄於陳文俊主編，《台灣的民主化：回顧、檢討及展望》。高雄市：中山大學政治學研究所，頁 275-291。

132 趙建民，1994，《威權政治》。臺北市：幼獅。

133 趙建民、蔡文軒，2005，〈毛澤東時期「二線分工」的運作及其對決策過程的意涵〉。《中國大陸研究》，第四十八卷，第二期，頁 1-30。

134 劉北城、許虹編譯，1993，《精英的興衰》。臺北市：桂冠圖書。

135 劉琪哲，1985，〈斗山峰上揚吟幟──雲林地方勢力分析〉。收錄於時報雜誌編輯部，《台灣地方勢力分析》。臺北市：時報文化，頁 132-143。

136 劉勝驥，2007，《社會科學方法論》。臺北市：巨流圖書。

137 蔡英文，2002，《政治實踐與公共空間：漢娜‧鄂蘭的政治思想》。臺北市：聯經出版。

138 蔡憲崇，1981，〈台灣民主政治的典範──記李萬居先生〉。收錄於黃良平，《永懷李萬居先生：記另一位民主自由先知先覺者》。雲林縣虎尾：甘地出版，頁 245-264。

139 鄭牧心，1987，《台灣議會政治四十年》。臺北市：自立晚報。

140 鄭梓，1986，〈台灣省議會史之演進與變遷──台省議政運動四十年〉。收錄於臺灣省議會秘書處編印，《回顧與展望：臺灣省議會成立四十周年

紀念專刊》，頁 73-95。

141 鄭梓，1988，〈國民政府對於「收復台灣」之設計——台灣接管計劃之草擬、爭議與定案〉。《東海大學歷史學報》，第九期，頁 191-213。

142 鄧正來，J. C. 亞力山大編，1998，《國家與市民社會：一種社會理論的研究途徑》。北京：中央編譯出版社。

143 鄧正來，1998，〈市民社會與國家——學理上的分野與兩種架構〉。收錄於鄧正來，J. C. 亞力山大編，《國家與市民社會：一種社會理論的研究途徑》。北京：中央編譯出版社，頁 77-100。

144 蕭高彥，1988，《市民社會與國家：黑格爾「法則學原理」之研究》。臺北市：臺灣大學政治學研究所碩士論文。

145 蕭高彥，1995，〈理性公民共同體——黑格爾民主理念之重構〉。收錄於張福建、蘇文流主編，《民主理論：古典與現代》。臺北南港：中央研究院中山人文社會科學研究所，頁 73-91。

146 蕭高彥，2002，〈崇高與美善的政治——評蔡英文著《政治實踐與公共空間——漢娜·鄂蘭的政治思想》〉。《政治與社會哲學評論》，第二期，頁 197-207。

147 賴昭呈，陳延輝指導，2005，《台灣政治反對運動：歷史與組織分析（1947～1986）》。臺北市：國立臺灣師範大學政治學研究所博士論文。

148 賴澤涵、黃俊傑主編，1991，《光復後台灣地區發展經驗》。南港：中央研究院中山人文社會科學研究所。

149 賴澤涵主編，1993，《臺灣光復初期歷史》。南港：中央研究院中山人文社會科學研究所。

150 戴寶村，1991，〈士紳型政治運動領導者——林獻堂（1881～1956）〉。收錄於張炎憲、李筱峰、莊永明編，《臺灣近代名人誌》（四），臺北市：自立晚報，頁 51-75

151 薄慶玖，1964，《臺灣省議會》。臺北市：國立政治大學公共行政企業管理中心印行。

152 薄慶玖，1979，《地方政治與自治》。臺北市：五南圖書。

153 薛化元編，2006，《公論報言論目錄暨索引》。臺北市：文景。

154 謝漢儒，2002，《早期台灣民主運動與雷震紀事：為歷史留見證》。臺北市：桂冠圖書。

155 魏永竹編，1995，《抗戰與台灣光復史料輯要：慶祝台灣光復五十週年特刊》。南投：台灣省文獻委員會。

156 羅浩，1983，〈抽刀斷水水更流——評「反對勢力與台灣政治的未來」〉。收錄於《透視黨外勢力》，臺北市：風雲論壇，頁 227-239。

157 蘇進強，1999，〈列寧式政權民主化過程中的軍政關係：臺灣的發展經

驗〉。收錄於林佳龍、邱澤奇主編,《兩岸黨國體制與民主發展》,臺北市:月旦出版社,頁 189-236。

158 蘇瑞鏘,2005,《戰後臺灣組黨運動的濫觴:中國民主黨組黨運動》。臺北縣板橋:稻鄉。Finocchiaro, Maurice A. 2005〔1999〕. "Ch2:Gaetano Mosca and Antonio Gramsci." In *Beyond Right and Left:Democratic Elitism in Mosca and Gramsci*. New Haven:Yale Univeristy Press。收錄於 Mosca, Gaetano 著,任軍鋒、宋國友、包軍編譯,2005(1939),政治科學要義。上海:人民出版社,頁 1-46。

159. Mosca, Gaetano 著,任軍鋒、宋國友、包軍編譯,2005(1939),《政治科學要義》(The ruling class:Elementi di Scienza Politica)。上海:人民出版社。

160. Nathan, Andrew J.(黎安友)著,何大明譯,2007(2006),《從極權政制到韌性威權:中國政治變遷之路》(Political Change in China:from Totalitarian Rule to Resilient Authoritarianism)。臺北市:巨流。

161. Taylor, Charles 著,林信安譯,1995,〈市民社會與大眾文化〉。收錄於廖炳惠主編,《回顧現代文化想像》。臺北市:時報文化,頁 70-84。

162. Taylor, Charles 著,馮青虎譯,1998,〈市民社會的模式〉。收錄於鄧正來,J. C. 亞力山大編,《國家與市民社會:一種社會理論的研究路徑》。北京:中央編譯出版社,頁 3-31。

163. Adamson, Walter L. 1987-88 "Gramsci and the Politics of Civil Society," *Praxis International* 3-4:320-339. In James Martin ed. 2002. *Antonio Gramsci:Critical Assessments of Leading Political Philosophers*. London and New York:Routledge. Vol II:478-499.

164. Almond, Gabriel and James Coleman. 1960. *The Politics of the Developing Areas*. New Jersey:Princeton University Press.

165. Anderson, Perry. 1976-1977 "The Antinomies of Antonio Gramsc," *New Left Review*. 100:5-78.

166. Arendt, Hannah. 1960. *Freedom and Politics:A Lecture*. Chicago Review. 14(1):28-46.

167. Arendt, Hannah. 1968a〔1951〕. *The Origins of Totalitarianism*. New York:Harcourt Brace Jovanovich.

168. Arendt, Hannah. 1968b. *Between Past and Future:Eight Exercises in Political Thought*. New York:The Viking Press.

169. Arendt, Hannah. 1972. *Crises of the Republic*. New York, London:A Harvest/HBJ Book.

170. Arendt, Hannah. 1977〔1963〕. *On Revolution*. New York:Pelican Books.

171. Arendt, Hannah. 1998〔1958〕. *The Human Condition*. Chicago:The

University of Chicago Press.

172. Aron, Raymond. 1972. "A Discussion：Can the Party Alone Run a One-Party State?-How Non-Monopolistic can a Monopolistic Party Be?" In Leonard Schapiro ed. *Political Opposition in Non-Party States*. London：Macmillan. pp. 15-24.

173. Austin, John Langshaw. J. O. Urmson and Marina Sbisá eds. 1975. 2nd. *How to Do Things with Words*. Cambridge：Harvard University Press.

174. Bachrach, Peter. 1962. "Elite Consensus and Democracy." *The Journal of Politics*. 24(3)：439-452.

175. Barker, Rodney ed. 1971. *Studies in Opposition*. London：Macmillan Press.

176. Barrett, Richard E. and Martin King Whyte. 1982. *Dependency Theory and Taiwan：Analysis of a Deviant Case*. The American Journal of Sociology. 87(5) 1064-1089.

177. Bosco, Joseph. 1992 "Taiwan Factions：Quanxi, Patronage, and the State in Local Politics." *Ethnology*. 31(2)：157-183.

178. Bay, Christian 1968. Needs, Wants, and Political. *Canadian Journal of Political Science*.V1(3)：241-260.

179. Bellamy, Richard. 1990 "Gramsci, Croce and the Italian Political Tradition," *History of Political Thought*. 11(2)：313-317. In James Martin ed. 2002. *Antonio Gramsci：Critical Assessments of Leading Political Philosophers*. London and New York：Routledge. Vol I：127-152.

180. Benhabib, Seyla. 1992. "Models of Public Space：Hannah Arendt, the Liberal Tradition, and Jürgen Habermas" In Craig Calhoun ed. *Habermas and the Public Sphere*. Cambridge：MIT Press. pp. 73-98.

181. Benton, Ted and Ian Craib. 2001. *Philosophy of Social Science：The Philosophy Foundations of Social Thought*. New York：Palgrave.

182. Blanksten, George I. 1960. The Politics of Latin America. In Gabriel A. Almond and James S. Coleman eds. *The Politics of the Developing Areas*. New Jersey：Princeton University Press. pp. 455-576.

183. Bocock, Robert. 1986. *Hegemony*. New York：Tavistock Publications.

184. Boggs, Carl. 1976. *Gramsci's Marxism*. London：Pluto Press.

185. Boggs, Carl. 1984. *The Two Revolutions Antonio Gramsci and the Dilemmas of Western Marxism*. Boston：South End Press.

186. Bosco, Joseph. 1992. "Taiwan Factions：Guanxi, Patronage, and the State in Local Politics." *Ethnology*. 31(2)：157-183.

187. Bottomore, Tom. 1993. *Élites and Society*. London, New York：Routledge.

188. Brecht, Arnold. 1959. Political Theory：*The Foundations of Twentieth-Century*

Political Thought. New Jersey：Princeton University Press.

189. Bunce, Valerie. 2000. "Comparative Democratization：Big and Bounded Generalizations." *Comparative Political Studies.* 33：703-734.

190. Burr, Vivian. 2003. 2nd ed. *Social Constructionism.* London, New York：Routledge.

191. Buttigieg, Joseph A. 1995. "Gramsci on Civil Society." *Boundary* 2 22(3)：1-32.

192. Calhoun, Craig. 1992. *Habermas and the Public Sphere.* Cambridge, Mass：MIT Press.

193. Cardoso, Fernando Henrique and Enzo Faletto. 1979. *Dependency and Development in Latin América.* Berkeley：University of California Press.

194. Carnoy, Martin. 1984 *The State and Political Theory.* Princeton, N.J：Princeton University Press.

195. Chou, Yangsun and Andrew J. Nathan, 1987. "Democratizing Transition in Taiwan." *Asia Survey.* 27(3)：277-299.

196. Chouliaraki, Lilie and Norman Fairclough. 1999. *Discourse in Late Modernity：Rethinking Critical Discourse Analysis.* Cambridge, Edinburgh：Edinburgh University Press.

197. Cohen, Jean L. and Andrew Arato. 1994. *Civil Society and Political Theory.* Massachusetts, Cambridge：The MIT Press.

198. Coulthard, Malcolm. 1985. 2nd. *An Introduction to Discourse Analysis.* London and New York：Longman.

199. Crick, Bernard. 1987. *Socialism.* Buckingham：Open University Press.

200. Dahl, Robert A. 1961. *Who Governs?* New Haven：Yale University Press.

201. Dahl, Robert A. 1963. *Modern Political Analysis.* Englewood Cliffs, N.J.：Prentice-Hall.

202. Dahl, Robert A. 1966a. "Further Reflections on 'The Elitist Theory of Democracy'." *The American Political Science Review.* 60(2)：296-305.

203. Dahl, Robert A. ed. 1966b. *Political Oppositions in Western Democracies.* New Haven and London：Yale University Press.

204. Dahl, Robert A .1971. *Polyarchy：Participation and Opposition.* New Haven：Yale University Press.

205. Dahl, Robert A. ed. 1973. *Regimes and Oppositions.* New Haven and London：Yale University Press.

206. Dahrendorf, Ralf. 1972. "A Discussion：Can the Party Alone Run a One-Party State?-The Limits of the Exercise of Power" In Leonard Schapiro ed. *Political Opposition in Non-Party States.* London：Macmillan. pp. 31-32.

207. Dogan, Mattei. 2003. "Conceptions of Legitimacy" in Mary Hawkesworth and Maurice Kogan eds. *Encyclopedia of Government and Politics*. 2nd. London：Routledge.V2：116-219.

208. Domes, Jürgen. 1981. "Political Differentiation in Taiwan：Group Formation within the Ruling Party and the Opposition Circles 1979-1980." *Asian Survey*. 21(10)：1011-1028.

209. Draper, Hall. 1977. *Karl Marx's Theory of Revolution*. New York：Monthly Review Press.

210. Easton, David. 1965a. *A Framework for Political Analysis*. Englewood Cliffs：Prentice-Hall.

211. Easton, David. 1965b. *A Systems Analysis of Political Life*. New York：Wiley.

212. Eberstadt, Nicholas. 1991. "Some Comments on Democracy and Development in East Asia." In Thomas W. Robinson ed. D*emocracy and Development in East Asia：Taiwan, South Korea, and the Philippines*. Washington, D.C.：AEI Press. pp：261-271.

213. Fairclough, Norman. 1995. *Critical Discourse Analysis*. London and New York：Longman.

214. Femia, Joseph V. 1987. *Gramsci's Political Thought：Hegemony, Consciousness, and the Revolutionary Process*. Oxford University Press.

215. Feuer, Lewis S. ed. 1959. *Marx and Engels：Basic Writings on Politics and Philosophy*. New York：Anchor Books.

216. Finocchiaro, Maurice A. 1988. *Gramsci and the History of Dialectical Thought*. Cambridge：Cambridge University Press.

217. Fiori, Giuseppe. 1970. *Antonio Gramsci Life of A Revolutionary*. New York：Schocken.

218. Fontana, Benesetto. 2006. "Liberty and Domination：Civil Society in *Gramsci*," *Boundary* 2 33(2)：51-74.

219. Forgacs, David ed. 1988. *A Gramsci Reader：Selected Writings 1916-1935*. London：Lawrence and Wishart.

220. Foucault, Michel. 1972. *The Archaeology of Knowledge*. London：Routledge.

221. Gee, James Paul. 1999. *An Introduction to Discourse Analysis：Theory and Method*. London and New York：Routledge.

222. Gerring, John. 2007. *Case Study Research：Principles and Practices*. New York：Cambridge University Press.

223. Gibson, James L. and Richard D.Bingham. 1984. "Skokie, Nazis, and the Elitist Theory of Democracy." *The Western Political Quarterly*. 37(1)：32-47.

224. Glassman, Ronald M. 1995. *The Middle Class and Democracy in*

Socio-Historical Perspective. Netherlands, Leiden：E. J. Brill.

225. Gold, Thomas B. 1986. *State and Society in the Taiwan Miracle*. New York/ London：M. E. Sharpe, Inc

226. Gramsci, Antonio. 1957〔1967〕. *The Modern Prince and other Writings*. New York：International publishers.

227. Gramsci, Antonio. 1971. *Selections from the Prison Notebooks of Antonio Gramsci*. Quintin Hoare and Geoffrey Nowell Smith eds. London：Lawrence and Wishart.

228. Gramsci, Antonio. 1977. *Selections from Political Writings I：1910-1920*. Quintin Hoare ed. John Mathews trans. London ：Lawrence and Wishart.

229. Gramsci, Antonio. 1978. *Selections from Political Writings II：1921-1926*. Quintin Hoare trans. and ed. New York：International publishers.

230. Gramsci, Antonio. 1994. *Pre-Prison Writings*. Richard Bellamy ed. Virginia Cox trans. Cambridge University Press.

231. Gramsci, Antonio. 1995. *Further Selections from the Prison Notebooks*. Derek Boothman trans. and ed. Minneapolis：University of Minnesota Press

232. Habermas, Jürgen. 1974〔1964〕. "The Public Sphere：An Encyclopedia Article." Trans. by Sara Lennox and Frank Lennox. *New German Critique*. 3：49-55.

233. Habermas, Jürgen. 1975. *Legitimation Crisis*. Translated by Thomas McCarthy. Boston：Beacon Press.

234. Habermas, Jürgen. 1979. *Communication and the Evolution of Society*. Trans. by Thomas McCarthy. Boston：Beacon Press.

235. Habermas, Jürgen. 1984. *The Theory of Communicative Action*. Trans. by Thomas McCarthy. Boston：Beacon Press.

236. Habermas, Jürgen. 1989〔1962〕. *The Structural Transformation of the Public Sphere*. Trans. by Thomas Burger and Frederick Lawrence. Boston：Polity Press.

237. Hadenius, Axel and Jan Teorell. 2006. Authoritarian Regimes：Stability, Change, and Pathways to Democracy, 1972-2003. Working Paper 331. Project was provided by the Swedish Research Council. 1-39.

238. Hall, Peter A. and Rosemary C. R. Taylor. 1996. "Political Science and the Three New Institutionalisms." *Political Studies* 44(5)：936-957.

239. Hall, Stuart. 2001. "Foucault：Power, Knowledge and Discourse." In Margaret Wetherell, Stephanie Taylor, and Simeon Yates. *Discourse Theory and Practice：A Reader*. London, Thousand Oaks, Calif.：SAGE. pp. 72-81.

240. Hanham, H. J. 1971. "Opposition Techniques in British Politics：1867-1914." In Rodney Barker ed. 1971. *Studies in Opposition*. London：Macmillan Press.

pp. 131-145.

241. Heberle, Rudolf. 1951. *Social Movements ： An Introduction to Political Sociology*. New York ： Appleton-Century-Crofts.

242. Hinrichs, Thomas R. 1992. *Problem Solving in Open Worlds ：A Case Study in Design*. New Jersey, Hillsdale ： Lawrence Erlbaum Associates, Publishers.

243. Hoover, Kenneth and Todd Donovan. 1995. *The Elements of Social Scientific Thinking*. New York ： St. Martin's Press.

244. Hunt, Geoffrey. 1986 "Gramsci, Civil Society and Bureaucracy" *Praxis International* 2 ： 206-219. In James Martin ed. 2002. *Antonio Gramsci ： Critical Assessments of Leading Political Philosophers*. London and New York ： Routledge. Vol II ： 450-464.

245. Huntington, Samuel P. 1968. *Political Order in Changing Societies*. New Haven ： Yale University.

246. Huntington, Samuel P. 1971. 2nd "Political Development and Political Decay." In Claude E. Welch ed. *Political Modernization*. Belmont ： Wadsworth.

247. Huntington, Samuel P. and Joan M. Nelson 1976. *No Easy Choice ： Political Participation in Developing Countries*. Cambridge, Mass. ： Harvard University Press.

248. Huntington, Samuel P. 1991. *The Third Wave ： Democratization in the Late Twentieth Century*. Norman ： University of Oklahoma Press.

249. Isaak, Alan C. 1985. 4th ed. *Scope and Method of Political Science ： An Introduction to the Methodology of Political Inquire*. Fourth ed. Homewood, Illinois ： The Dorsey Press.

250. Ilting. K. H. 1984. "Hegel's Concept of the State and Marx's Early Critique." In Z. A. Pelczynski. ed. *The State and Civil Society ： Studies in Hegel's Political Philosophy*. Cambridge ： Cambridge University Press. pp. 92-113.

251. Jacobs, Jeffrey. Bruce. 1981. "Political Opposition and Taiwan's Political Future." *The Australian Journal of China Affairs*. 6 ： 21-44.

252. Jessop, Bob. 1982 *The Capitalist State ： Marxist Theory and Method*. Martin Robertson, Oxford.

253. Joll, James. 1977. *Gramsci*. London ： Fontana.

254. Jones, Steve. 2006. *Antonio Gramsci*. London and New York ： Routledge.

255. Keane. John. 1988. *Democracy and Civil Society*. London ： Verso.

256. King, Gary, Robert Keohane and Sidney Verba. 1994. *Designing Social Inquiry ： Scientific Inference in Qualitative Research*. New Jersey ： Princeton University Press.

257. Kuhn, Thomas S. 1970. 2nd ed. *The Structure of Scientific Revolutions*.

Chicago：University of Chicago Press.

258. Kuper, Adam and Jessica Kuper ed. 2004. *The Social Science Encyclopedia* Vol.1. New York：Routledge.

259. Laclau, Ernesto and Chantal Mouffe. 1985. *Hegemony and Socialist Strategy：Towards a Radical Democratic Politics*. Winston Moore and Paul Cammack trans. London, New York：Verso.

260. Landé, Carl H. 1977. "Introduction：**The Dyadic Basis of Clientelism**." In Steffen W. Schmidt et al. eds. *Friends, Followers, and Factions：A Reader in Political Clientelism*. Berkeley：University of California Press. pp. xiii-xxxvii.

261. Landé, Carl H. 1983. "Political Clientelism in Political Studies：Retrospect and Prospects." *International Political Science Review*. 4(4)：435-454.

262. Landy, Marcia. 1990 "Socialism and/or Democracy：Gramsci and/or Bobbio," *Boundary* 2. 17(3)：154-189.

263. Lakatos, Imre. 1970. Falsification and the Methodology of Scientific Research Programmes. In. Imre Lakatos and Alan Musgrave eds. *Criticism and the Growth of Knowledge*. Cambridge：Cambridge University Press. pp. 91-196.

264. Lasswell, Harold Dwight. 1950. *Politics：Who Gets What, When, How*. New York：Peter Smith.

265. Lee, Nelson K. 2008. "How is a political space made?-The birth of Tiananmen Square and the May Fourth Movement." *Political Geography xxx*. 1-28.

266. Lerman, Arthur J. 1977. "National Elite and Local Politician in Taiwan." *The American Political Science Review*. 71(4)：1406-1422.

267. Lerman, Arthur J. 1979. *Taiwan's Politics：The Provincial Assemblyman's World*. Washington, DC：University Press of America.

268. Linz, Juan José. 1970〔1964〕. "An Authoritarian Regimes：The Case of Spain." In Erik Allardt and Stein Rokkan eds. *Mass Politics：Studies in Political Sociology*. New York：Free Press.

269. Linz, Juan José. 1973. In Robert A. Dahl, ed. *Regimes and Oppositions*. New Haven and London：Yale University Press. pp. 171-259.

270. Linz, Juan José and Alfred C. Stepan. 1996. *Problems of Democratic Transition and Consolidation：Southern Europe, South America, and Post-Communist Europe*. Baltimore ：Johns Hopkins University.

271. Lipset, Seymour Martin. 1959. "Some Social Requisites of Democracy：Economic Development and Political Legitimacy." *The American Political Science Review*.53(1)：69-105.

272. Lipset, Seymour Martin. 1960. *Political Man : The Social Bases of Politics.* New York : Garden City.

273. Lomasky, Loren E. 2002. "Classical Liberalism and Civil Society." In Simone Chambers and Will Kymlicka eds. *Alternative Conceptions of Civil Society.* pp. 50-67.

274. Macrae, Donald. 1972. "A Discussion : Can the Party Alone Run a One-Party State?-Stagnation of the One-Party States" In Leonard Schapiro ed. *Political Opposition in Non-Party States.* London : Macmillan. pp. 28-30.

275. Macridis, Roy C. 1986. *Modern Political Regimes.* Boston : Scott, Foresman and Company.

276. Marsh, David and Gerry Stoker eds. 1995. *Theory and Methods in Political Science.* London : MaCmillan Press Ltd.

277. Mattei, Dogan. 2003. "Conceptions of Legitimacy" in Mary Hawkesworth and Maurice Kogan eds. *Encyclopedia of Government and Politics.* 2nd. London : Routledge.V2 : 116-219.

278. Mayer, Adrian C. "The Significance of Quasi-Groups in the Study of Complex Societies." In Steffen W. Schmidt et al eds. 1977. *Friends, Followers, and Factions : A Reader in Political Clientelism.* pp. 43-54.

279. McCarthy, Thomas. 1978. *The Critical Theory of Jürgen Habermas.* Cambridge, Mass : MIT Press.

280. McCarthy, Thomas. 1984. "Translator's Introduction." in Jürgen Habermas. *The Theory of Communicative Action I : Reason and the Rationalization of Society.* Boston : Beacon Press. pp. vii-xxiv.

281. Merriam, Sharan B. 1998. *Qualitative Research and Case Study Applications in Education.* San Francisco : Jossey-Bass Publishers.

282. Mills, C. Wright. 1956. *The Power Elite.* New York : Oxford University Press.

283. Morera, Esteve.1990 "Gramsci and Democracy," Canadian Journal of Political Science 23(1) : 23-37. In James Martin ed. 2002. *Antonio Gramsci : Critical Assessments of Leading Political Philosophers.* London and New York : Routledge. Vol IV : 177-190.

284. Mosca, Gaetano. 1939. *The Ruling Class.* New York and London : McGraw-Hill Book Company, Inc.

285. Nachmias, David and Chava Nachmias. 1987. *Research Methods in the Social Sciences.* New York : St Martin's Press.

286. Nun, José. 1986 "Elements for a Theory of Democracy : Gramsci and Common Sense," *Boundary* 2. 14(3) : 197-229.

287. O'Donnell, Guillermo, Philippe C. Schimitter, and Laurence Whitehead eds.1986. *Transitions from Authoritarian Rule : Tentative Conclusions about*

Uncertain Democracies. Baltimore：Johns Hopkins University Press.

288. Paltridge, Brian. 2006. *Discourse Analysis*. New York：Continuum.

289. Pelczynski, Z.A. ed. 1984. *The State and Civil Society：Studies in Hegel's Political Philosophy*. Cambridge：Cambridge University Press.

290. Phillips, Nelson & Cynthia Hardy. 2002. *Investigating Processes of Social Construction*. New Delhi：Sage.

291. Powell, Bingham. 1982. *Contemporary Democracies：Participation, Stability, and Violence*. Cambridge：Harvard University Press.

292. Popper, Karl R. 1957. *The Open Society and Its Enemies*. London：Routledge & Kegan Paul Ltd.

293. Popper, Karl R. 1963. "Science：Conjectures and Refutations." In Karl R. Popper. *Conjectures and Refutations：The Growth of Scientific Knowledge*, London：Routledge.

294. Pye, Lucian W. 1985. *Asian Power and Politics：The Cultural Dimensions of Authority*. Cambridge：Harvard University.

295. Przeworski. Adam. 1985. *Capitalism and Social Democracy*. Cambridge, New York：Cambridge University Press.

296. Przeworski. Adam. 1991. Some Problems in the Study of the Transition to Democracy. In Guillermo O'Donnell et al eds. *Transitions from Authoritarian Rule Comparative Perspectives*. Baltimore and London：The Johns Hopkins University Press.

297. Ranney, Austin. 1982. 3rd. *Governing：An Introduction to Political Science*. New York：CBS College Publishing.

298. Ransome, Paul. 1992. *Antonio Gramsci：A New Introduction*. New York：Harvester Wheatsheaf.

299. Rapley, Tim. 2007. *Doing Conversation Discourse and Document*. London：SAGE Publications

300. Renton, Dave. 1999. *Fascism：Theory and Practice*. London：Pluto Press.

301. Rigger, Shelley. 1996. "Mobilisational Authoritarianism and Political Opposition in Taiwan." In Garry Rodan, ed. 1996. *Political Oppositions in Industrialising Asia*. London and New York：Routledge. pp. 300-322.

302. Rimanelli, Marco ed. 2000. *Comparative Democratization and Peaceful Change in Single-Party-Dominant Countries*. London：Macmillan.

303. Ritchie, Jane and Jane Lewis. 2003. *Qualitative Research Practice：A Guide for Social Science Students and Researchers*. Sage Publications.

304. Rodan, Garry ed. 1996. *Political Oppositions in Industrialising Asia*. London and New York：Routledge.

305. Sartori, Giovanni. 1971. "Opposition and Control：Problems and Prospects." In Rodney Barker ed. 1971. *Studies in Opposition*. London：Macmillan Press. pp. 31-37.

306. Sassoon, Anne Showstack. 1987. *Gramsci's Politics*. Minneapolis：University of Minnesota Press.

307. Sassoon, Anne Showstack. 2000. *Gramsci and Contemporary Politics：Beyond Pessimism of the Intellect*. London, New York：Routledge.

308. Schapiro, Leonard ed. 1972. *Political Opposition in Non-Party States*. London and New York：Macmillan.

309. Schecter, Darrow. 1991. *Gramsci and the Theory of Industrial Democracy*. Sydney：Avebury.

310. Schmitter, Philippe C. 1982. "Reflections on where the theory of Neo-Corporatism has gone and where the praxis of Neo-Corporatism may be going?" In Gerhard Lehmbruch and Philippe C. Schmitter eds. *Patterns of Corporatism Policy Making*. pp. 259-279.

311. Schumpeter, Joseph A. 1954. *History of Economic Analysis*. New York：Oxford University Press.

312. Schumpeter, Joseph A. 1976. 5th . *Capitalism, Socialism and Democracy*. London：Allen and Unwin.

313. Searle, John R. 1975. "Indirect speech acts." In Peter Cole and J. L. Morgan eds. *Syntax and Semantics：Speech Acts. Volume 3*. New York：Academic Press. pp. 59-82.

314. Searle, John R. 2000. "What Is A Speech Act?" In Robert J. Stainton ed. *Perspectives in the Philosophy of Language：A Concise Anthology*. Peterborough, Ont.：Broadview.

315. Seidman, Steven. 1989. "The Concept of the Life World and the Hermeneutic Idealism of Interpretive Sociology." In Jürgen Habermas：*On Society and Politics*. Boston：Beacon Press.

316. Seligman, Adam B. 2002. "Civil Society as Idea and Ideal," In Simone Chambers and Will Kymlicka eds. *Alternative Conceptions of Civil Society*. Princeton and Oxford：Princeton University Press. pp. 13-33.

317. Shapere, Dudley. 1984. "The Character of Scientific Chang." in Dudley Shapere. *Reason and the Search for Knowledge：Investigations in the Philosophy of Science*. Dordrecht：D. Reidel. pp. 205-245.

318. Shils, Edward. 1971. "Opposition in the New States of Asia and Africa." In Rodney Barker ed. 1971. *Studies in Opposition*. London：Macmillan Press. pp. 45-78.

319. Simon, Roger. 1991. *Gramsci's Political Thought：An Introduction*.

London：Lawrence & Wishart.

320. Skilling, H. Gordon. 1972. "Background to the Study of Opposition in Communist Eastern Europe" In Leonard Schapiro ed. *Political Opposition in Non-Party States*. London and New York：Macmillan. pp. 72-103.

321. Slattery, Martin. 2003. *Key Ideas in Sociology*. Spain：GraphyGems.

322. Stake, Robert E. 2005. "Qualitative Case Studies." In Norman K. Denzin and Yvonna S. Lincoln eds. *The Sage Handbook of Qualitative Research*. Thousand Oaks, Sage Publications. pp. 443-466.

323. Stake, Robert E. 1995. *The Art of Case Study Research*. Thousand Oaks, California：Sage Publications.

324. Sternberger, Dolf. 1968. "Legitimacy" In D.L. Sills ed. *International Encyclopedia of the Social Sciences*. V.9：244. London and New York：Macmillan, 1968

325. Stubbs, Michael. 1983. *Discourse Analysis：The Sociolinguistic Analysis of Natural Language*. Oxford：Blackwell Publishing.

326. Thomas, Peter D. 2009. *The Gramscian Moment：Philosophy, Hegemony and Marxism*. Boston：Brill.

327. Thompson, Mark R. 2004. "Pacific Asia after 'Asian Values'：Authoritarianism, Democracy, and 'Good Governance'. *Third World Quarterly*. 25(6)：1079-1095.

328. Thoreau, Henry D. 1992. William Rossi ed. *Walden and Resistance to Ccivil Government*. New York：W.W. Norton.

329. Todd, Nigel. 1974 "Ideological Superstructures in Gramsci and Mao Tse-Tung" *Journal of the History of Ideas* 35：148-156. In James Martin ed. 2002. *Antonio Gramsci：Critical Assessments of Leading Political Philosophers*. London and New York：Routledge. Vol III：53-62.

330. Trigg, Roger. 2001. *Understanding Social Science：A Philosophical Introduction to the Social Sciences*. Malden, Mass.：Blackwell Publisers.

331. Urbinati, Nadia. 1998. "From the Periphery of Modernity：Antonio Gramsci's Theory of Subordination and Hegemony." *Political Theory*. 26(3)：370-391.

332. Van Dijk, Teun A. 2003. "Critical Discourse Analysis." In Deborah Schiffrin, Deborah Tannen & Heidi E. Hamilton eds. *The Handbook of Discourse Analysis*. Oxford：Blackwell Publishing. pp. 352-371.

333. Valenzuela, J. Samuel and Arturo Valenzuela. 1978. "Modernization and Dependency：Alternative Perspective in the Study of Latin American Underdevelopment." *Comparative Politics*. 10(4)：535-557.

334. Villa, Dana R. 1992. "Postmodernism and the Public Sphere." *The American Political Science Review*. 86(3)：712-721.

335. Walker, Jack L. 1966. "A Critique of the Elitist Theory of Democracy." *The American Political Science Review*. 60(2)：285-295.

336. Weber, Max. 1964〔1947〕. *The Theory of Social and Economic Organization*. New York：The Free Press, Oxford University Press.

337. Weingast, Barry R. 2002. "Rational Choice Institutionalism." In Ira Katznelson and Helen V. Milner eds. *Political Science：State of the Discipline*. Washington, D. C.：American Political Science Association. pp. 661-692.

338. Williamson, Peter J. 1989. *Corporatism in Perspective：An Introductory Guide to Corporatist Theory*. London, Newbury Park：Sage Publications.

339. Wilson, John. 2003. "Political Discourse." In Deborah Schiffrin, Deborah Tannen & Heidi E. Hamilton eds. *The Handbook of Discourse Analysis*. Oxford：Blackwell Publishing.

340. Winckler, Edwin A. 1984. "Institutionalization and Participation on Taiwan：From Hard to Soft Authoritarianism." *The China Quarterly*. 99：481-499.

341. Yin, Robert K. 1989. *Case Study Research：Design and Methods*. Newbury Park, California：Sage Publications.

謝　辭

本書得以完成，我當感謝許多人。無論是博士論文撰寫期間，或是重編論文到出版，我以「得之於人者多」的心境表達感恩之意。

李南雄教授為研究方向提出最關鍵的指導，他是我最需要獻上至高敬意與謝忱的長輩。李教授在本研究撰寫初期，受聘為中正大學政治學研究所的講座教授，之後他回舊金山，數年間常往返東西方，關注公共議題不輟。李教授旅居國外期間，數度透過 skype 與我溝通，經常討論起來就是半個鐘頭以上的時間。感謝李老師照顧孫兒之餘，還撥冗為此研究付出寶貴的時間。

謝敏捷教授則是本研究啟端的重要人物，四年多前，當我初次拜訪謝教授，央請他擔任指導教授時，他帶著和煦的笑容在研究室門口歡迎，格外令我難忘。當時他給我兩個定心劑：一、要趕緊順利畢業；二、在原來的智識基礎上，進行一個能夠妥當發揮與處理的研究方向。不待事後證實，在商議論文主題時，謝教授根據我的專修訓練，提供臺灣民主政治發展的大方向，以及引薦我拜訪李南雄教授之際，當時他已大大地助我一臂之力。謝教授的慎思成為我日後寶貴的資源。兩位指導教授的恩情，遠遠超過所有值得獻上謝忱的人，我必終生感銘。

促成本研究完成的學者，還有自臺灣師範大學退休的陳延輝教授。陳教授是國內探討李萬居的學者，他擔任博士論文的口試委員，替本研究增色許多。特別需要獻上感恩的是，他在論文口試當天，帶了本《臺灣民族運動史》，以及所發表李萬居研究的著作給我，期許我在論文中增添內容，強化說服力。對待謀面不多的學生，陳教授如此提攜與愛護，吾深表敬佩。任教中正大學的廖坤榮教授，在民主政治、社會資本、中央與地方治理專長上，提供本研

究可再延展的建議。於彰化師範大學任教的劉兆隆教授，近年來專注政府治理，與政府機構接觸頻繁，他是同儕中樂於助人、心胸寬大且務實幹練的年青學者。

　　幫助我的師長，還當感激林中斌教授。林教授是碩士論文的精神指導教授，當時他旅居美國多年後回到臺灣，在高雄中山大學任教並主持所務，我有幸同時接受楊日旭教授的指導與建議，在論文寫作過程獲得林教授的開示。畢業之後，我與林教授始終保持聯繫。然而，這種聯繫卻因為多年來我的庸碌，經常都是一年半載後才出現老師面前。正式經營此篇博士論文之前，我曾面臨取得學位的困境，當時他給我一段話：I have gone through similar periods in my life. You will overcome。他值得我在此深切表達感恩之意。

　　經營博士論文前的修業過程，有兩位教授影響我在智識層面的擴展。一位是黃紀教授，他以孜孜不倦的研究精神與學術地位啟迪我。猶記他不計酬勞，於暑期額外撥出時間為學生上課，深化社會科學方法論的素養。他曾以「功不唐捐」之語發人深省，表現其治學態度之強調積漸工夫。另一位是服務於中央研究院政治學研究所的吳重禮教授，吳教授在我投稿專業期刊論文時，提供他應國科會邀請所發表的投稿實戰經驗專稿，惠我良多。在此向他們致謝。

　　其他給我無限鼓舞的，還有林政弘校長。他是我在學校兼任行政業務期間的直屬長官，他對我的影響是學術與行政職能雙方面的。林校長轉任他校擔任校長之後，仍數度關心我的論文進展，讓人愈發體會他在教育部與體委會的部屬萬分敬重他的原因。身為他的秘書，我從他的言教身教所習得待人接物的處世原則，終生受用。還有一位氣質獨特的女性長輩－傅晨瑜女士，她相較於任何一位前輩，與我相識最深最久，無論逆境或順境，她曾經是我生活中最大的祝福。我已經數不清叨擾她與勞苦她的次數，更無法斗量她帶給我的寬慰有多麼深厚。

　　從博士論文到出版專書，以及持續增補資料與修訂研究內容的過程，感謝所任教的育達科技大學提供清幽的環境，讓我安心經營學術。另需向所屬通識教育中心的主管和助理致上謝意，所幸他們的體諒與行政協助，我才得以研究與工作兼顧。還要感謝圖書資訊處在館際合作方面的服務，大為紓解遠行的舟車勞頓，我因而保留體力順利撰寫論文。此外，感謝李萬居精神啟蒙館的理事長李文堨先生，他在我隨同李南雄教授、謝敏捷教授前往參觀時，

給了我兩本李萬居百年冥誕限量專刊，為論文增添詳實的口述來源大有助益。同時，本書有機會付梓，當感謝花木蘭出版社的鼓勵；這項任務彷彿將我拉回當年埋首撰文的情境，含莘中卻深感踏實。

　　最後，我的雙親是成就我一生最為重要的人。我若能有點智慧洞悉人性與世事，都要感謝他們在人際倫常的教導與訓示。他們對我的恩情實非言辭所能表達盡致，若非他們辛勤培育，我無法站出世界。他們培養我具備獨立自主的精神，令我有自由如風的生活，卻永遠讓我知道家是最後的避風港。還有我的伴侶與弟妹們，感謝他們持續支持我，當我以和顏悅色和活力面對外面的世界，將疲憊與無奈留給家人的時候，是他們給我無限的包容。但令人深感遺憾的是，父親在我經營論文期間辭世。我悔恨自己無法挽救他，亦責難自己不夠積極謹慎，沒能在更早期完成學業，學業與教學占據生活的大部份時間，以致不能在父親臨終前多陪伴他。父親辭世至今，我對他的思念不減，每每憶起往事，百感交集。跨越不惑之年的我，首度深切體會思念的感受。回想父親辭世後的數小時，他以寬心的笑容安慰了所有無力拯救他的兒女們，他的靈魂得到安息，我們都相信生前助人無數的父親已在美善之地，從事同世間時所熱衷的教育工作。父親曾在夢裡問我：「論文的進度如何？」現在，我可以我對父親說：「那美好的仗我已打過，我完成博士學位，論文要出版成書了」。

徐暄景於山城　民國一〇二年九月